·書系緣起·

早在二千多年前，中國的道家大師莊子已看穿知識的奧祕。
莊子在《齊物論》中道出態度的大道理：莫若以明。

莫若以明是對知識的態度，而小小的態度往往成就天淵之別的結果。

「樞始得其環中，以應無窮。是亦一無窮，非亦一無窮也。
故曰：莫若以明。」

是誰或是什麼誤導我們中國人的教育傳統成為閉塞一族。答案已不重要，現在，大家只需著眼未來。

共勉之。

加密風雲

那些不為人知的貪婪與謊言，
和啟動新世界的推手與反派

The Cryptopians
Idealism, Greed, Lies, and the Making of the First Big
Cryptocurrency Craze

蘿拉・辛 Laura Shin ———— 著

柯文敏、陳依亭 ———— 譯

獻給我的父母

目錄

第1章　以太坊白皮書的誕生　23

1994年至2014年1月20日

「異類」布特林／比特幣價值暴漲超過1,000美元／以太坊白皮書問世／嘉文・伍德加入以太坊／傑弗瑞・威爾克加入以太坊／以太坊迎接首位投資者伊歐里歐

第2章　誰是創辦人？　45

2014年1月20日至6月3日

眾人齊聚邁阿密，定調誰能名列以太坊的創辦人／以太坊於瑞士楚格的「星艦」工作／時任執行長霍斯金森的脫序言行／創辦人與早期貢獻者的以太幣分配

第3章　以太幣正式上線　77

2014年6月3日至2015年7月30日

布特林決定請霍斯金森與謝特里特離開領導團隊／以太幣的眾籌是否屬於證券？／2015年7月22日，以太幣啟動眾籌／眾籌期間比特幣大跌，眾人對於是否應賣掉比特幣取得法定貨幣意見不一／Go團隊與C++團隊都想成為以太坊的主要用戶端／2015年7月30日下午3點26分13秒，以太幣正式上線

群的風向逐漸傾向硬分叉／7月20日上午9點20分40秒，以太坊於1920000區塊硬分叉／舊區塊轉變成以太坊經典，並在市場上引起關注

報導備註

　　本書集結筆者逾3年報導與寫作之大成。所有背景資料，是從200多次的訪談中彙整而得，代表筆者大部分的內容，並非只仰賴任一特定消息來源。雖然有些人不願與筆者對談，但筆者幾乎訪談過全部的主要角色，像是8位以太坊（Ethereum）共同創辦人，還有不願意透露姓名的其他參與者。

　　為求描述事件，我整理封存的網頁檔、社群媒體貼文、區塊瀏覽器（block explorers）、論壇，以及其他網路資源：包含文件、電子郵件、螢幕截圖、照片、音檔、影片，和筆者的消息來源慷慨分享的其他檔案。筆者得以透過文字紀錄還原許多事件，而口頭對話有時能依靠音檔。當沒有逐字資料時，筆者會盡力透過不同消息來源的記憶來拼湊事件。特別感謝為筆者付出時間與心力的工程師，和下列加密數據與分析服務提供商：區塊鏈數據分析公司Chainalysis與Coinfirm、加密貨幣幣價追蹤網站CoinMarketCap與CryptoCompare、區塊瀏覽器與分析平台Etherscan、加密貨幣交易所ShapeShift，以及投資研究公司Smith + Crown、TokenData和YCharts，他們幫助筆者剖析區塊鏈數據、追蹤鏈上（on-chain）投資人動態，並／或提供其他數據、表格與分析，讓筆者能更完整地描述事件。書中提及的加密貨幣

價格，筆者通常採用幣價追蹤網站CoinMarketCap的資料，而更早的歷史價格，則根據時間軸使用幣價追蹤網站Bitcoincharts中交易所Mt. Gox或交易所Bitstamp的資料。

在筆者無法驗證具體細節的少數事件中，則採納筆者的最佳判斷，以更強烈、更具體的記憶為要（除非有其他方式可交叉驗證並推翻此判斷），並／或基於其他已知事實描繪出最可能或最符合邏輯的事件面貌。

本書提及許多網路事件，而筆者選擇保留紀錄中所有錯別字、標點、大小寫及其他文法與拼寫錯誤，而不加註「原文如此」（sic）。因為這些錯誤實在太多，與其一個個加註干擾閱讀，不如就視作網路時代的特色。

這個既龐大又「去中心化」的次文化，其故事涵蓋眾多人物和術語，為幫助讀者理解，筆者在正文開始前提供人物列表，並在結語後附上年表與辭典。不過，那些不在意劇透、僅瀏覽年表的讀者，會錯過許多內幕喔。

資訊揭露：書中一些公司曾贊助筆者的podcast和／或影片節目。分別是加密貨幣經濟資訊平台CoinDesk（由創投公司Digital Currency Group持有）、區塊鏈科技公司ConsenSys、跨鏈技術平台Cosmos、交易所Kraken、微軟（Microsoft）、交易所ShapeShift和區塊鏈開源平台Tezos。此外，筆者在2021年9月開始透過臉書（Facebook）提供電子報訂閱服務（Facebook Bulletin，現更名為Meta Bulletin）。

人物列表

以太坊的共同創辦人

◆ 維塔利克・布特林（Vitalik Buterin）：以太坊的創造者

◆ 米海・阿利希（Mihai Alisie）：《比特幣雜誌》的創辦人

◆ 安東尼・伊歐里歐（Anthony Di Iorio）：分權中心的創辦人暨執行長，以太坊眾籌前的投資人

◆ 嘉文・伍德（Gavin Wood）：C++用戶端的開發人員，技術長

◆ 傑弗瑞・威爾克（Jeffrey Wilcke）：Go用戶端（又名Geth）的開發人員

◆ 查爾斯・霍斯金森（Charles Hoskinson）：執行長

◆ 喬・魯賓（Joseph Lubin）：營運長，區塊鏈科技公司ConsenSys的創辦人

◆ 阿米爾・謝特里特（Amir Chetrit）：染色幣（以比特幣為基礎的另一專案）的共同創辦人

以太坊領導團隊

◆ 泰勒・格林（Taylor Gerring）：技術總監

◆ 斯蒂芬・圖爾（Stephan Tual）：社群／溝通，溝通長

在楚格星艦上的工作人員

◆ 羅珊娜・蘇菈努（Roxana Sureanu）：特別助理

◆ 馬提斯・關努貝克（Mathias Grønnebæk）：營運經理

◆ 伊恩・米克爾（Ian Meikle）：平面設計師

◆ 理察・斯托特（Richard Stott）：平面設計師

◆ 傑瑞米・伍德（Jeremy Wood）：查爾斯・霍斯金森的助理

◆ 洛倫佐・帕圖佐（Lorenzo Patuzzo）：木匠

柏林的以太坊開發有限公司

◆ 埃倫・布坎南（Aeron Buchanan）：嘉文・伍德的友人暨商業夥伴

◆ 尤塔・史泰娜（Jutta Steiner）：安全長

◆ 克里斯托夫・彥區（Christoph Jentzsch）：首席測試員

◆ 克里斯帝安・賴特維斯納（Christian Reitwießner）：C++團隊／語言 Solidity

◆ 彼得・希拉吉（Péter Szilágyi）：Go用戶端團隊

◆ 類夫特力斯・卡拉佩澤斯（Lefteris Karapetsas）：C++團隊

◆ 艾力克斯・范德桑德（Alex van de Sande，又名Avsa）：使用者經驗 設計師

◆ 鮑勃・桑默威爾（Bob Summerwill）：軟體工程師，C++團隊

◆ 凱莉・蓓可（Kelley Becker）：營運長

◆ 弗里喬夫・韋納特（Frithjof Weinert）：財務長

◆ 克里斯帝安・弗梅爾（Christian Vömel）：辦公室經理

以太坊基金會

◆ 陳敏（Ming Chan）：執行總監

◆ 拉斯・克勞維特（Lars Klawitter）：曾在勞斯萊斯任職的董事會成員

◆ 韋恩・海尼斯—巴雷特（Wayne Hennessy-Barrett）：來自肯亞的金融科技公司的董事會成員

◆ 瓦迪姆・列維廷（Vadim Levitin）：董事會成員；醫師和技術專家，有著聯合國開發計畫署的服務背景

◆ 帕特里克・斯托徹內格（Patrick Storchenegger）：董事會成員，瑞士律師

◆ 哈德森・詹姆森（Hudson Jameson）：陳敏的助理，負責開發與營運

◆ 傑米・皮茨（Jamie Pitts）：協助以太坊開發者大會

◆ 陶雅・巴當格（Toya Budunggud）：陳敏的助理

The DAO／Slock.it

◆ 克里斯托夫・彥區（Christoph Jentzsch）：共同創辦人，Slock.it的技術長

◆ 西蒙・彥區（Simon Jentzsch）：共同創辦人，Slock.it的執行長

◆ 斯蒂芬・圖爾：共同創辦人，Slock.it的營運長

◆ 類夫特力斯・卡拉佩澤斯（Lefteris Karapetsas）：Slock.it的首席技術工程師

◆ 格里夫・葛林（Griff Green）：Slock.it的社群經營者

羅賓漢小組

◆ 尤第・貝林那（Jordi Baylina）：上過 The DAO 忍者課程的程式設計師

◆ 格里夫・葛林

◆ 類夫特力斯・卡拉佩澤斯

◆ 艾力克斯・范德桑德

◆ 法比安・沃格史特勒（Fabian Vogelsteller）：以太坊基金會的前端開發人員，最終獲得「ERC-20代幣標準之父」的美譽

白帽小組（已知成員）

◆ 尤第・貝林那

◆ 格里夫・葛林

◆ 類夫特力斯・卡拉佩澤斯

交易所Bity

◆ 吉安・博克斯勒（Gian Bochsler）：4位共同創辦人的其中一位

◆ 艾力克西・盧塞爾（Alexis Roussel）：4位共同創辦人的其中一位，執行長暨董事長

MyEtherWallet

◆ 泰勒・凡歐登（Taylor Van Orden）：共同創辦人暨執行長

◆ 寇薩拉・漢瑪姜達（Kosala Hemachandra）：共同創辦人暨技術長

Poloniex（又名Polo）

◆ 崔斯坦・達格斯塔（Tristan D'Agosta）：創辦人暨共同執行長

◆ 茱兒・金（Jules Kim）：營運長暨共同執行長

◆ 麥克・迪瑪帕勒斯（Mike Demopoulos）：共同執行長暨體驗長

◆ 露比・許（Ruby Hsu）：管理顧問

◆ 強尼・賈西亞（Johnny Garcia）：顧客支援主管

◆ 泰勒・弗雷德里克（Tyler Frederick）：資深法遵專員

序章

　　最終僅過了7週，全球金融就戲劇性地崩盤，但當時還無人預見，數百年來堆砌起的社會信任系統亦將被顛覆。2008年9月15日，擁有158年歷史的投資銀行雷曼兄弟（Lehman Brothers）遞交了史上最高金額的破產申請。全世界的電視和電腦螢幕播放著，2萬5,000名雷曼兄弟員工從環球總部魚貫而出、手拿裝著辦公用品箱子的影像。[1]而在同一週，世上最大的券商、有6萬「牛群」的美林證券（Merrill Lynch），其公牛商標也是華爾街的代表，突然發現自己正向北卡羅來納州的美國銀行（Bank of America）裡，那些被部分美林證券員工視為「鄉巴佬」的人報告。[2]10月中，美國標準普爾500指數（S&P 500）度過經濟大蕭條以來最慘烈的1週，而道瓊指數（Dow's）的跌幅則破了大蕭條時期的紀錄。[3]但所有損害並未在1週內止血：年復一年，多達8.4兆美元的投資人財產蒸發了。接著，雖然當時沒有新聞報導，但在10月31日，一位叫中本聰（Satoshi Nakamoto）的人或團體發表了一份白皮書（white paper），說明跳過銀行、用網路轉錢給他人的方法。[4]

　　接下來的9年裡，利率在其中7年間於0%至0.25%不斷徘徊，幾乎是史上最緩慢的經濟復甦，在此期間，這個奇怪的新網路吸引了一群向它致敬的

支持者。[5] 集結密碼學、賽局理論和存在已久的帳本，這個神奇的組合讓極客（geeks）深深著迷。藥癮者喜歡這個網路，是因為他們不必和陌生人約在街角，只需點擊幾下滑鼠，郵差就能將違禁品送上門；自由主義者崇拜它，因為它有能力讓人在已有千年歷史的政府法定貨幣體系外交易；矽谷企業家則想像它可以為更快、更便宜的金融體系奠定基礎。最後有1%的人，無論是自己投資，還是透過避險基金和家族辦公室投資，都嚐到「比特幣」（bitcoin）這款未來資產的甜頭，其報酬率不僅是10%，而是100,000%。

這個創新概念其實很簡單。先前，當有人在網路上發送內容時，其所發送的是一個副本。就像，如果愛麗絲（Alice）對鮑伯（Bob）發送PDF檔案、照片或訊息，她仍保有該PDF檔案、照片或訊息的副本。比特幣的問世，意謂愛麗絲透過網路傳給鮑伯的內容，僅為鮑伯所有，愛麗絲無法再轉發給別人，而所有人都確信愛麗絲不再擁有該份內容（即為比特幣）。更好的是，就算愛麗絲人在阿富汗（Afghanistan），鮑伯在辛巴威（Zimbabwe），他也可以在10分鐘內拿到錢，而愛麗絲只需支付幾分之一美分（cent，100美分等於1美元），而不是支付30美元、50美元或更高額的手續費，給可能需時1週的國際電匯。讓這一切夢想成真的是一套技術，稱作區塊鏈（blockchain）。

技術專家很快明白，區塊鏈不只可以應用於比特幣。在信用違約交換（credit default swaps）和各家銀行追查不良抵押貸款的一片混亂中，就算是古板的、大理石大廳的職員，也許還有曾駐紮在離美林證券和雷曼兄弟前總部數步之遙的「占領華爾街」（Occupy Wall Street）抗議群眾，都能看出區塊鏈的不同凡響。像摩根大通（JPMorgan Chase）、納斯達克（Nasdaq）、Visa公司、匯豐銀行（HSBC）、道富銀行（State Street）、瑞銀（UBS）、桑坦德銀行（Santander）等有權勢的金融機構，和全球許多其他公司都迅速地

開始探索這項技術。2015年底,「區塊鏈,而不是比特幣」成為華爾街的真言,而從2014年1月到2017年2月,超過50間金融服務公司投資了該領域。[6] 2016年一整年,許多企業爭先恐後地採用類似於私人內網的「許可制」（permissioned）（或私有）區塊鏈。在看到開放、無需許可的網際網路帶給媒體和音樂產業的影響後,這些企業知道無意嘗試創新的下場就是死路一條。

但在這些私鏈（private blockchain）概念得以落實前,一個新概念吸引了所有投資人的注意:首次代幣發行（initial coin offerings,簡稱ICO）。ICO是群眾募資平台Kickstarter的募資專案、首次公開發行（IPO）和比特幣的集合,透過發行一種新代幣（token）,讓專案募得加密貨幣的資金。這個募資方式的成功,彰顯出受經濟激勵的開發者如何迅速地席捲資金,撼動金融服務。2017年,從阿根廷到辛巴威的一般民眾,付出相當56億美元的數位貨幣給去中心化專案,用來顛覆亞馬遜公司（Amazon,全球性電商）、臉書（社群平台,現更名為Meta）和蘋果公司（Apple,科技大廠）等巨頭,不僅讓這些大廠的5.58億美元創投資本額相形見絀,更讓這些熱門但具投機意味、甚至就是一場騙局的去中心化投資案,比少數巨富公司掌控的投資顯得更民主。[7] 時至2017年底,年初價值180億美元的資產類別已膨脹了34倍,來到6,130億美元。兩家大型商品交易所,其一是成立於1898年、著名的芝加哥商品交易所（CME）,前身是芝加哥黃油和雞蛋委員會,前一年清算了價值超過1,000兆美元的合約。兩間交易所在1週內開始交易競爭對手的比特幣期貨合約,[8] 比特幣的價格從年初約1,000美元漲到了2萬美元。而從維塔利克・布特林（Vitalik Buterin）創建的新區塊鏈:以太坊,誕生的另一種資產:以太幣（ether）,不到1年就從8美元飆升至757美元,報酬率為95倍。現在已成百萬富翁（或變得比1年前更有錢）的早期買家,在電子布告欄網站Reddit上貼滿了「藍寶堅尼」的迷因圖（"Lambo" memes）,或真的牽了

一輛新的意大利跑車回家。在推特（Twitter）上，每一次比特幣價格飆升都有記錄，加註共同標記「＃衝上雲霄」（#tothemoon），有關比特幣的討論熱度沸沸揚揚。[9] 試想這一切喧囂竟始於9年前一份沉默的白皮書，文中提出「點對點電子現金系統」（peer-to-peer electronic cash system）。這份發送給密碼龐克（cypherpunk）聯絡清單裡這些加密愛好者的白皮書，原本默默無名，現在竟迅速占據了所有新聞、網站、雜誌、報紙、podcast和影片的版面，各媒體不間斷地報導：「加密」。

為了解事情始末，我們得回到2013年11月中旬，地處太平洋與舊金山西北角，海陸交界的普雷西迪奧（Presidio）。在滿是桉樹氣味、森林茂密的山丘間，一位高瘦的19歲少年，漫步於西班牙帝國與淘金熱的遺跡中。[10] 幾年前，他靠撰寫突破性技術的文章賺取時薪4美元；現在，他正研究一個新的電腦科學問題。未來不到5年間，他的解決方案價值會超過1,350億美元。

以太坊白皮書的誕生

1994年至2014年1月20日

　　維塔利克・布特林像一顆漂泊他鄉的種子,在新環境中努力落地生根,並將找到合適的土壤成長、茁壯。無論是陌生網友或知心同事,是表現親暱或交情淺薄,大家通常都用「異類」(alien)形容布特林,而他本人不自在的肢體語言就是最佳例證。他父親身材高大、肌肉發達,有張帶著柔和微笑的圓臉;他母親有著一雙藍眼睛、身材嬌小,一頭紅色卷髮和豐滿的臉龐。布特林的身材卻像是出生時穿過了一面哈哈鏡,又高又瘦,腳步顯得笨拙卻有彈力。尖挺的鼻子、向前伸的耳朵像在聆聽著什麼,突出的下巴彷彿意指未來。他的藍眼睛十分深邃,比起靈魂之窗,更像是向外張望的靈魂。凸出的頭蓋骨,則像是宣揚其下包覆的聰明大腦。

　　2013年秋季,他不斷思考他稱為「加密貨幣2.0」(cryptocurrency 2.0)的想法。2011年2月他17歲時,父親跟他提到比特幣,一款不受政府或銀行管制的新貨幣。布特林起初並未深思,儘管比特幣以大約80美分的價格交易,他認為它是詭異的虛擬代幣,沒有內含價值。但幾個月後,布特林看了另一份參考資料(比特幣4月的價格超過1美元,接著是2美元),他認為自己應該更深入研究比特幣。

後來，布特林寫了大量關於比特幣的文章，休學去旅行，並參與全球比特幣社群活動，擁有《比特幣雜誌》（*Bitcoin Magazine*），還是一位加密貨幣自由開發人員。他在歐洲和以色列待過數月，並在洛杉磯短暫停留後來到舊金山，為加密貨幣交易所 Kraken 工作，住在共同創辦人暨執行長傑西・鮑威爾（Jesse Powell）的公寓裡。但讓比特幣等加密貨幣成真的區塊鏈技術中存在的問題，令他深受其擾。比特幣是為了付款而誕生。其白皮書的副標是「點對點電子現金系統」。[1] 而開發人員正意識到比特幣的底層技術也可用於建立一套去中心化網域名稱系統，或是作為像賭博等更複雜合約的基礎。

布特林發現的問題是，每個專案都在建構一條區塊鏈以執行單項功能，就像一台計算機執行基本運算。有些區塊鏈試著成為多功能的瑞士刀，但當具備新功能的區塊鏈一出現，這類區塊鏈又會失勢。布特林好奇為什麼區塊鏈不像智慧型手機那樣，能夠支援開發人員建立的任何應用程式，而且可以將之上傳至線上商店（App Store）一般，供所有人使用。

最後，身為散步的長期愛好者，布特林在普雷西迪奧遊盪了數小時。在丘陵滿布又樹木繁茂的軍事基地遺址，一片廣袤的綠地配上金門大橋的壯麗景致中，布特林構思出一種能執行各式功能的區塊鏈，並組成可以支援多種應用程式的去中心化電腦，他將這概念寫成白皮書。同一日，2013 年 11 月 27 日，比特幣首度突破 1,000 美元之際，布特林將白皮書發送給 13 位友人。

儘管他認為自己的構想是區塊鏈合理的下一步，但他不確定為什麼「一種不會快速被淘汰的區塊鏈」這麼理所當然的事，以前沒人做過，或許這種設計有著致命缺點。他可以想像那些功成名就的密碼學家閱讀白皮書，然後讓他這個擁有兩學期大學學歷的 19 歲男孩了解自己的斤兩。他的擔憂其來有自。雖然他當時尚未察覺，但當他為《比特幣雜誌》前往比特幣會議參展時，就算他說他自己對技術議題感興趣，技術人員有時會回應「哦，是

喔」，並認定布特林是「不可能對真正的酷東西感興趣」的「雜誌咖」。就算這樣，布特林還是寄出了白皮書。

　　布特林出生於1994年，在位於俄羅斯莫斯科東南邊約110公里處，人口超過15萬、有種迪士尼風情的科洛姆納（Kolomna）。他的父母德米特里（Dmitry）和娜塔莉亞（Natalia）皆修習電腦科學，並都由父母資助在莫斯科取得學士學位。他們養育布特林直到3歲後，兩人分居。父母雙方都為美國公司工作，父親在自行創業前服務於安達信會計師事務所（Arthur Andersen），母親則在亨式公司（Heinz）上班，並從程式設計轉為財務與會計，而後跳槽到其他跨國公司。而後，布特林的母親搬到加拿大，以在愛德蒙頓（Edmonton）取得商業學位，1年半後與其先生離異，6歲的布特林跟著父親定居在多倫多。

　　布特林從小天資聰穎，外公在他3、4歲時就教他乘法表。有次去看醫生，5歲的布特林在候診區跑來跑去，一邊計算三位數的乘法，讓其他病人瞠目結舌。他與父親一樣，在3歲左右開始認字，另外因為他父親小時候夢想擁有一部電腦而未得，所以在布特林4歲時，他雀躍地送了一部電腦作為禮物。這個小男孩喜歡玩Excel試算表軟體，7歲時用Excel做出一份代表作「兔子百科全書」（The Encyclopedia of Bunnies），一篇有關這種長耳、短尾巴生物，在生活、文化和經濟方面的專題。其目錄包含：

　　兔子船

　　吃掉一艘船要多久？

　　兔子的總重量何時超過100噸？節日

　　牠們的壽命？

牠們何時開始用炸彈戰鬥？兔子錢

如何使用兔子卡？兔子如何賺錢？

兔子可生存的溫度範圍？兔子如何超越光速？兔子電腦

兔子電腦使用何種數字系統？

內文如下：

兔子有多重？數噸。2000年時，牠們的重量大概是614.3噸……牠們喝什麼？一種兔子飲料。兔子飲料怎麼做？第一步：用果汁機把船攪碎。二：加水攪拌。三：把船拿出來……有多少隻男兔子和女兔子？一共有：8隻男兔子。只有一隻女兔子。就是貓……兔子怎麼用信用卡？牠們把卡片放入機器裡，並拿著甲。牠們把卡放在機器裡，並拿著乙。你想取走多少錢？然後過了兩秒鐘，各自取出卡片。牠們拿回付錢的卡片。

裡面甚至還有一張兔子周期表。

儘管布特林在電腦方面很早熟（他也會打電動和開發電玩遊戲），但交談時，他卻給人一種不同的印象。他10歲前，幾乎不說話。他嘗試表達，發現很困難，變得沮喪，最後放棄。他父親看到其他6歲孩子說複雜的長句，但布特林說的是隨機的短句。他父親的第二任妻子，繼母瑪雅（Maia），認為布特林內心世界中的浩瀚思想常與現實生活脫節。她和他父親會跟布特林說：「如果你需要某件事物，停下來，闡述它。」儘管他父親擔心布特林語言發展遲緩，但他也沒有帶布特林求診，因為他認為心理標籤沒有幫助。

　　最後，當布特林9歲時，開始展現他的語言能力，但這個新得到的溝通能力對他的人際關係幫助不大。孤獨就是他早期在多倫多生活的寫照。他和父親住在北約克（North York）一棟13層建築的5樓，附近有許多韓國商店和餐館。布特林就讀公立小學和中學，同學們大多是亞洲小孩，但他的孤立不是因為與生俱來的膚色的緣故。初中時，他突然發現同學們放學後會一起去玩，到對方家裡開派對和聚會。他不僅不屬於團體的一份子，他也不知道究竟該如何加入一個團體。孤獨感加劇，他只希望自己跟一般人一樣。

　　轉機出現了。他就讀私立阿柏勒德高中（Abelard School），全校4個年級共50名學生。阿柏勒德高中由一群教師創立於1997年，師生比為1比5，平均一班有10人。[2] 這間學校跟幼兒園一樣，有著信賴、非正式的氣氛，但同時又有研究所研討會的架構和嚴謹的治學風氣（另外，阿柏勒德的學生大多是白人，布特林心裡對這個差異懷著芥蒂）。

　　布特林的課業表現很傑出。他九年級時就修完十二年級的微積分，並獲得在義大利舉行的國際資訊奧林匹亞競賽（International Olympiad in Informatics）銅牌，又參加了紐約模擬聯合國大會。

　　他終於融入學校生活了。布萊恩・布萊爾（Brian Blair）副校長，也是布特林的拉丁語、古希臘語和哲學老師，遇過很優秀的學生，但他們常常因態度傲慢而不受同儕歡迎，反觀布特林則人緣極佳。某個較年長的男孩，將Linux作業系統（一種開源作業系統，因其可客製化的彈性深受編碼員青睞），以及可以做出數學方程式的3D列印圖表等的駭客空間的資訊灌輸給布特林。這段日子，他還與父親一起參加安東尼・羅賓（Tony Robbins）的研討會，讓他開始注意健康和海鮮素飲食（pescatatarian diet），也讓他更了解其他人的驅動力為何，以及如何向其他人傳達自己的需求和願望。

　　也許這正說明，儘管布特林在童年時期不受他人理解，但到高中時，他

為學校的文學雜誌寫了一篇短篇故事，顯露出高度協調的社會關係感（sense of social relationships）。故事標題為：〈聖誕禮物與友誼〉，有關朋友彼此交換一個祕密聖誕老人的禮物。一位叫歐瑞克（Ulrich）的男孩論斷他朋友雅斯敏（Yasmin）對一張商場禮物卡的幸福感，而另一朋友澤維爾（Xavier）則看不起禮物卡，認為它不如自己送給負債中的韋斯理（Wesley）的現金來得大方。可是韋斯理對現金感到不滿，認為澤維爾的所作所為等於是給一個「略微豐滿的人」全套減肥方案。就像這樣，每份禮物引起每個人不同的心理反應。

　　這個故事也描述出布特林未來將過的非常規生活方式。歐瑞克輕蔑地審視著雅斯敏對禮物卡的喜悅，想著雖然她總有一天會存到足夠退休金，但她永遠無法奢望達到歐瑞克正努力的目標，即財務獨立，因為這是不同的「算術」。「退休代表你正花掉存款，而獨立代表你花掉的是利息。」布特林寫到：「就像你已達成能給這個社會的貢獻，你已還清這個世界的債務，現在可以平靜地靠你的工作收入生活，等待死亡。」

　　那時，布特林不僅尚未達到經濟獨立，更從未工作過。畢業那年的夏天，他才有了第一份工作。儘管布特林在校時沒修過電腦科學課程，但他的確上過一些有關機器學習（machine learning）和人工智慧（artificial intelligence）的磨課師（MOOCs），也就是大規模開放式線上課程。在課程中，布特林製作了一款遊戲，且被科技雜誌《連線》（Wired）的文章報導，讓他得到奧克拉荷馬州的一家教育公司NextThought的實習機會。[3] 畢業後，他去了俄克拉荷馬州的諾曼市（Norman），身為該州少數的自由主義飛地，他在那找到了流行的印度餐廳和提供素食漢堡和秋葵的餐車，比起經典漢堡更受他的喜愛。他那年夏天最高的成就，是讓教育公司NextThought的網路應用程式與微軟開發的瀏覽器Internet Explorer 9相容。接著，布特林前往電腦科

學領域的名校：滑鐵盧大學（University of Waterloo）。

　　與布特林的學業齊頭並進的是他對比特幣的投入。他在2011年冬季的尾聲決定研究比特幣後，就開始瀏覽一個叫做BitcoinTalk的網路論壇，後來看到一段鼓勵大家使用比特幣的影片。布特林在論壇上尋找願意僱用、並支付數位貨幣薪資給他的人。某個帳號名稱為kiba的人，以每篇文章付5個比特幣（當時約4美元）的價格，請他為《比特幣週刊》（Bitcoin Weekly）撰稿。[4]賺到20枚比特幣後，布特林用8.5枚買了一件比特幣T恤。走過一遍完整的比特幣商業循環讓布特林感覺很好，加上他也喜歡研究和寫作，所以便一直寫下去。直到後來，儘管kiba付給布特林的薪水低於最低薪資，還將稿費調降到每篇2.5枚比特幣，他也快花光比特幣了。

　　布特林靈機一動：他和kiba透過每週產出兩篇文章，但只發布每篇文章的第一段，隱藏後段內容，待讀者將一定數量的比特幣發送到指定地址後再開放完整閱讀，藉此維持《比特幣週刊》的運作。[5]不久以前，美國部落格《高克》（Gawker）在2011年6月1日發表了一篇文章，名為「可以買到任何藥物的祕密網站」。[6]內文講的是Silk Road，毒品銷售界的亞馬遜電商，賣家來自世界各地，從大麻到海洛因等各種毒品都能交易。就算到了2011年，也就是網際網路流行超過10年後，在此之前沒有任何類似Silk Road的網站存在過。因為在比特幣問世前，線上支付需要使用一般的銀行系統，這讓毒販無法透過線上交易，不得不面對面交易並使用現金。但比特幣可以讓毒販將毒品直接寄給收件者，風雨無阻，並收取等價的數位現金。另外，不同於使用信用卡或借記卡的線上付款方式，去中心化的比特幣代表沒有公司或執行長會因為促成違法交易，或創造出新的無政府貨幣而停業或入獄。透過在自己的電腦或為其量身製造的類電腦設備上運行比特幣軟體，這個網路等於是由世界各地的人們所一起維護（這些人被稱為礦工。他們參與的動機在於，利

用自己的電腦加入網路中，大約每10分鐘就有機會賺到一次新的比特幣）。讓比特幣停止運作需要全球各國政府聯合行動，追蹤並關閉所有操作該軟體的設備。但就算關閉網路上現有的全部電腦，也無法阻止其他人啟用比特幣軟體。《高克》的部落格文章無意間造成的曝光，在1週後讓比特幣價格從低於9美元飆升到32美元。儘管最後在十幾元時趨於平穩，但從布特林的比特幣文章來計算，他當時的時薪約為6美元。

儘管布特林對比特幣沒有設定特定目標，但它結合了他對社會和政治理論、數學和科學、開源軟體和程式設計的興趣。此外，他父親是道格・凱西（Doug Casey）的信徒，這位無政府資本主義者支持奧地利經濟學，並認為政府發行的法定貨幣會崩潰，導致大規模蕭條。布特林認為如果發生這種情況，他就必須努力工作才能活下去。而由於比特幣的貨幣政策，它似乎是一個很好的避險工具。比特幣供應量固定為2,100萬，軟體平均每10分鐘會鑄造新的比特幣，直到達到數量上限，開始通貨緊縮。就像是數位版本的黃金。

布特林開始因為明確又易懂的比特幣文章而出名，文內通常用大寫的B來描述比特幣網路，小寫的b代表比特幣。下為布特林解釋一些經常誤解的基礎知識：

　　貨幣的價值不取決於其作為商品的價值，它僅取決於一個循環中作為貨幣本身的價值……這就是為什麼「比特幣只是電腦裡的位元」所以它的價值為零之類的論點不成立：這些位元之所以有價值，是因為人們願意為其付費。供需法則中的「供給」部分也很重要：比特幣由於稀缺得以維持其價值，個人或組織都無權任意印製比特幣。[7]

他在另一篇文章中進一步解釋：「比特幣的特點之一，在於其程式碼中強制執行了社會組織的某些特徵，代碼精確控制通貨膨脹率，沒有人能強制其他通貨膨脹率發生。」[8]

由於布特林對於這個複雜主題的論述很容易理解，2011年8月，米海·阿利希（Mihai Alisie）透過電子郵件，詢問他為新出版物《比特幣雜誌》擔任第一位作家的意願。布特林有如瑞典廚師般不帶感情地同意了，而《比特幣週刊》隨即停刊。[9]

阿利希是個高個兒、膚色白皙、身材瘦長、有著棕髮的羅馬尼亞人，講話時手勢很多。多話又親切的他，講故事時會扮演對話中的角色，切換時，他瘦削的身體也會跟著轉到另一側。前一年，他完成了大學學業，但他沒有直接工作，反而花很多時間玩線上撲克。[10]他對賽局理論的不同階段深深著迷。第〇級的基礎賽局，玩家自問最佳的手牌組合為何？當玩家理解了第〇級，他或她接著思考對手有哪些牌？下個階段不僅要想自己和對方各有哪些牌，還要問對方認為自己有哪些牌？更進一步地問，對方認為自己認為他或她有哪些牌？

對於阿利希來說，線上撲克是意外的好運。羅馬尼亞最低月薪約為200美元，而他常常在一次賭博中就能賺到2倍金額。他第一次贏得彩金時，看著人們搭公車通勤，對自己的人生感到驚訝。

2011年冬季，他聽說了比特幣，並和布特林一樣，花很多時間瀏覽網路論壇BitcoinTalk。他注意到許多優質文章都是布特林寫的，也注意到與比特幣相關的主流媒體報導都是在關注販毒網站Silk Road。阿利希注意到一個需求，那就是更聚焦在比特幣本身的明確資訊。他聘請了布特林，並透過網路論壇BitcoinTalk徵求其他共同創辦人。

阿利希對雜誌的初步構想，是採用隨選付費（pay-what-you-wish）模式的
PDF檔案，取得小階段成功後，最終目標是發行可刊登付費廣告的實體紙本
雜誌。但2011年12月的某晚，當第一份PDF出現時，商業夥伴馬修・賴特
（Matthew N. Wright）提議「要就玩真的，不要扮家家酒」，也就是直接印雜
誌。阿利希以沒錢為由，拒絕這項提議。但第二天，在阿利希不尋常地離線
數小時後，他發現自己的Skype通訊軟體有大約600條未讀訊息。賴特在網
路論壇BitcoinTalk上宣布將會印製《比特幣雜誌》的創刊號。[11]

在夏天那篇《高克》文章刊出、導致比特幣價格上漲後，同年12月價
格跌回3或4美元，因此比特幣公司並不完全一帆風順。阿利希等人忙忙碌
碌，最後在預購訂閱和廣告挹注下，獲得了足夠的錢印刷紙本雜誌。下一個
問題，是如何將雜誌寄送給世界各地的訂戶。從員工所在的英國郵寄，費用
很昂貴；美國公民賴特住在韓國，但訂戶大多在歐美。從羅馬尼亞寄出1本
雜誌的價格，寄到歐洲是1到2歐元，寄到美國則是3到4歐元，只是可能要
1個月才能寄達。阿利希自告奮勇。

很快，5,000份《比特幣雜誌》創刊號從美國送到英國，再用20噸重卡
車運到羅馬尼亞，總算抵達阿利希老家。當卡車在前院卸貨時，阿利希心想
也許我應該先跟爸媽說一聲。50個箱子塞滿了客廳。阿利希、其女友蘇拉努
（Roxana Sureanu）和她兄弟負責將雜誌裝入信封，並手寫每位收件者姓名和
地址。最後，他們把信件帶到郵局，而那裡的郵票不夠他們用（時間一久，
那間郵局接受了這本初出茅廬的雜誌所帶來的新業務，大學四年級的蘇拉努
則接手這份後勤工作。每天放學後，她都會去阿利希老家，管理訂閱、處理
廣告、貼上標籤和寄出雜誌。《比特幣雜誌》最後有了一部標籤印刷機）。
儘管有壓力，但阿利希覺得值得，因為這份雜誌讓他成為社群一份子。

2012年5月號出版時，正值布特林高中畢業那年的春季。開始在《比特

幣雜誌》工作後，他持續產出關於加密貨幣的易讀網路文章：

> 比特幣網路是電腦網路，推播比特幣交易內容與維護公有區塊鏈。有時，這個詞用來稱呼礦工。……區塊鏈是所有已傳送交易的公開列表，確保每個人都知道哪些比特幣屬於誰。……礦工是嘗試在區塊鏈上新增區塊的人（該詞也代表執行此功能的軟體）。礦工藉由比特幣協定獲得獎勵，該協定自動將50枚新比特幣分配給建立有效區塊的礦工。這就是世上所有比特幣誕生的方式。[12]

他還為記者寫了一篇關於比特幣錯誤觀念的回應文章：「比特幣沒有中央組織或主管機關。……與其將比特幣視為傳統公司發表的產品，不如認定它與黃金雷同，是一種自給自足的數位商品來得貼切。它有健全的周邊產業，提供相關產品和服務，也有自己的業務和宣傳組織，但就是沒有中央黃金公司。」[13]

當紙本創刊號送達時，他看到裡面有12篇文章，主題包括比特幣匿名創造者中本聰的個性、過往嘗試加密貨幣的歷史，以及2011年的比特幣泡沫（比特幣價格從聖誕節開始幾乎沒變，約為5美元）。瀏覽完這份69頁的雜誌後，布特林發現12篇文章中有9篇出於他手。推論其他寫手難尋，布特林很感激有這個機會。

《比特幣雜誌》的好戲持續上演。在網路論壇BitcoinTalk上，賴特爭辯一項叫海盜（Pirate）的東西不是騙局，他和其他相信海盜不會在3週內盈利的人打賭，賭注是對方所賭的2倍。不到1個月，賴特表示他在這個賭注已欠下「這輩子無法償還的金額」後，向比特幣雜誌提出辭呈。[14]此外，另一位

商業夥伴被抓到詐欺公司。根據阿利希的說法，他收取8,000美元用於8個月的部落格軟體與內容管理系統WordPress的託管服務，和3,000美元用於「數位出版品」軟體，這是他們原先對紙本雜誌提供一個可下載的「數位版權管理」版本的想法，也就是一種改良版的PDF檔案，內建保護功能，無法隨意更動內容。然而，最後並沒有出版數位出版品。

這場動盪正值布特林滑鐵盧大學的第一個學期，他修習了5門進階課程，並擔任大學研究助理，同時為《比特幣雜誌》撰稿。他住在像牢房的單人房裡，在自助餐廳吃飯，偶爾去超市買水果。日常生活是起床、工作2小時、吃飯、工作4小時，移動到另一個地方，吃飯、再工作4個小時，日復一日。生活既單調又孤獨。

他不再甘於只寫比特幣文章。他幫一位程式設計師解決問題，而對方用比特幣作為報酬，另外因為《比特幣雜誌》的各種轉型，他開始領薪水。兩學期後，在他的自由接案生涯和比特幣從2012年夏季的6.5美元，一度升值到4月時266美元的高點（通常在100美元徘徊）期間，他擁有了約1萬美元的比特幣。

滑鐵盧大學也有產學合作計畫，只要學生找到願意合作的公司，就可以用工作抵學分。布特林想與位於舊金山的加密貨幣公司Ripple合作，該公司的目標是成為「個人對個人支付的開源網路」，[15] 創辦人傑德・麥卡勒布（Jed McCaleb）隨即同意布特林的申請。但礙於規定，產學合作的公司需成立超過1年，因此與這家當時成立9個月的公司的合作便宣告破局。

後來，布特林決定環遊世界探訪比特幣社群，他到過新罕布什爾州、西班牙和義大利，睡在蒲團上（包括那個「生態工業後資本主義」〔ecoindustrial post-capitalist〕群體的蒲團），還花很多時間慢跑、思考和研究吸引他的難題。不過，是日後為期1個月的以色列之行，讓他對比特幣的理

解提升到新的水準。他在那裡與做染色幣（Colored Coins）的人相處。染色幣是新的概念，把詮釋資料（metadata）添加到1聰（satoshi）的交易上，而1聰代表比特幣的最小單位，為0.00000001一枚比特幣，相當於一分錢的一小部分。如此可使人們利用比特幣區塊鏈其資料無法被片面篡改的特性，交易現實世界的資產。例如，某人可以發送一筆交易，其詮釋資料顯示某間公司的1股已從愛麗絲轉移給鮑伯。因為幾乎不可能篡改這樣一份普世認可的交易資料，所以比特幣區塊鏈可以作為附加於這些微乎其微的比特幣上的其他資產或交易的優質歷史紀錄。布特林對「第二層」（layer 2）功能的可能性持開放態度，他在滑鐵盧大學學資料結構和程式語言，而建立第二層的人正為每個應用程式建造特定功能。他想知道，為什麼他們不設計一種通用的程式語言，讓所有人都能打造出想要的應用程式？

　　布特林試著推動另一個叫做萬事達幣（Mastercoin）的專案（區塊鏈中的「瑞士刀」，因它囊括多項功能而得名），往這個方向開發。一開始，他在網路論壇BitcoinTalk的貼文裡，提出了萬事達幣執行「差價合約」（contracts for difference）的概念。[16] 然後他寫出了他稱為終極指令檔（Ultimate Scripting）的提案（並向萬事達幣收取250美元費用），一份能升級萬事達幣，讓合作雙方的金融合約使用雙方想要的任何規則。第一段指出，萬事達幣相較比特幣的主要優勢在於有潛力從事更進階的交易類型。萬事達幣不必自限於個體間的支付工具，可以處理綁定交換（binding exchange，如果你下單某物，而有人完成訂單，就會強迫你付款）或是下注與賭博。他總結：

　　　　然而，萬事達幣到目前為止，基本上將每種（交易類型）都當作有個別交易代碼和規則的獨立「特性」，而對這些概念的開發流程相對鬆散。本文件概述了設定萬事達幣合約規則的另一方法，也就是

遵循開放式理念，僅設定基本數據和運算建立區塊（arithmetic building blocks），允許任何人任意製作複雜的萬事達幣合約以滿足自己的需要，甚至包括我們未預見的需求。

　　他在11月13日將文件傳給萬事達幣團隊，希望他們能夠全力投入。但是，萬事達幣的威利特（J. R. Willett）回覆一封電子郵件說，雖然布特林提出的概念未來可能成為一項進階功能，但「現在投入開發可能會導致我們的開發人員鑽牛角尖，大幅減慢開發進度。（我預計）極端案例的數量會呈指數型成長，而我寧願看到萬事達幣先完成核心功能，再開始用指令檔實驗」。[17]

　　布特林決定自己動手。他在比特幣價格近乎失控時，結束舊金山之行。比特幣從2013年10月約100美元的低價位，到11月初的200美元出頭，當他在舊金山時，價格為400多美元，然後突破了800美元。在一片狂熱中，布特林提出Primecoin的概念，一種架構在區塊鏈上，像是萬事達幣的層級，如同萬事達幣奠基在比特幣上一樣。由於可能只有他和另外幾個編碼員會執行，用這種方法來驗證可行性應該不錯。布特林在普雷西迪奧散步許久，釐清了如何從技術面實現他的願景後，改寫了白皮書，再翻閱科幻小說中的元素列表找尋靈感。「以太坊」（Ethereum）一詞引起了他的注意。這個詞聽起來不錯；此外，它還能參照19世紀關於以太（ehter）的科學理論，即以太是宇宙的基質，是光波傳播的介質。布特林希望他的網路能成為許多事物的底層，一個支援任何交易類型的平台，就像他向萬事達幣提議的一樣。因此他定名為以太坊。他在11月27日將提案寄給朋友，那天比特幣首次突破1,000美元，幾天後更創下1,242美元的歷史新高。

　　其中一位收件人是多倫多的比特幣企業家，叫安東尼·伊歐里歐

（Anthony Di Iorio），瘦小、黑髮，布特林最近曾在兩篇《比特幣雜誌》專題報導中與他問答。[18] 伊歐里歐在2012年開始舉辦多倫多比特幣小聚（Toronto Bitcoin Meetup），建立比特幣賭博網站 Satoshi Circle 後出售，還成立加拿大比特幣聯盟（Bitcoin Alliance of Canada）。[19] 此前，他服務於製造拉門的家族事業，並創辦一間地熱鑽探公司。由於他早期購買比特幣、賣出比特幣賭博網站 Satoshi Circle（成交價為2,400枚比特幣，大概2,000枚在價格低於150美元時歸他所有），加上比特幣價格飛漲，伊歐里歐發現自己手上的比特幣價值已超過200萬美元，儼然就是社群間流傳的「比特幣百萬富翁」，指的是那些很早就獲得大量比特幣、身價已達數百萬美元的人。

伊歐里歐是行銷和生意人，沒有技術背景，所以他請朋友查爾斯・霍斯金森（Charles Hoskinson），來自科羅拉多州的數學家、博士肄業，曾設計一套名為比特幣教育專案（Bitcoin Education Project）的線上課程，最近離開了一份 BitShares 的專案，以鑽研白皮書。[20] 霍斯金森是一個留著鬍子、行為舉止像中年男子的20多歲青年，他認為布特林的白皮書蘊含幾個創新概念：第一，將世界各地的電腦透過雲端整合，個人的運算力可被衡量，因此付出的每一分努力都可以收費；第二，在區塊鏈上使用程式語言。有了霍斯金森的背書，伊歐里歐向布特林提出15萬美元的比特幣，讓他開發以太坊。

2013年12月，布特林和伊歐里歐參加了拉斯維加斯的比特幣會議，[21] 那是段令人士氣大振的旅行。布特林發現，隨著比特幣價格在數週內漲了5倍，越來越多人接受他的概念。有了伊歐里歐的投資，布特林能將以太坊打造成一項成熟的加密貨幣，有自己的區塊鏈，不用架構在 Primecoin 之上。在美高梅大酒店（MGM Grand）的浴缸中，布特林向伊歐里歐和其商業夥伴史蒂夫・達赫（Steve Dakh）解釋，他為何決定反對「預挖礦」（pre-mine），即創造新幣的團隊在公開發幣前先自行挖礦，以這些代幣作為報酬。

　　不預先開採以太幣（以太坊錢幣的名稱），創辦團隊將給每個人，包括他們自己，平等的開採機會。這是發行新幣最大公無私的方式，類似在不承諾自己持股數的情況下，自行資助新創公司。布特林向更多感興趣的人宣布這個去中心化計畫，然後邀請開發人員打造用戶端的軟體，例如桌面版應用程式，以利其他人下載後執行網路。

　　關於以太坊的概念，其中一項更新穎的想法是兩種類型的實體可以發送和接收交易：第一類，如同大家的預期，是人；而第二類，也更有意思的是，合約。與人或與聊天機器人傳訊息的方法雷同，以太坊能促進雙方的金融交易，包含（1）兩人之間；（2）一個人和一份「智能合約」，一種軟體基礎的金融自動販賣機；或（3）兩份智能合約之間。合約是以太坊上的一小段程式碼，也有地址和餘額，就像一個能發送和接收交易的個人。如果有人向合約發送交易，會觸發合約的程式碼，更改其紀錄或發送交易。

　　例如，假設你想建立一個去中心化的共乘網路，一個像是Uber的汽車網路但沒有Uber公司。你鑄造了一種新加密貨幣，姑且稱為CabCoin，並在以太坊網路上建立CabCoin的募資合約。合約可經由程式設定，以預設的比率（例如1萬枚CabCoin換1枚以太幣），將新幣發送給任何將以太幣發送到此合約的人。然後CabCoin的持有者可以用它來付車資或對此網路的變更投票，像是定價、司機工資和網路的行銷預算。無需打電話或任何人際互動，任何想投資和使用CabCoin的人都可以直接與合約交易，或者他們自己可以寫合約來執行此操作，完全不需其他的人力操作。以太坊上的一切，包含交易所、博奕網站、去中心化域名系統、股東公司、保險、去中心化市場在內，都是一份合約。合約使用的是「圖靈完備」（Turing complete）語言，代表它能夠表達開發人員想要的任何概念。

　　布特林在新版白皮書中有如下總結：

以太坊協定的設計理念，在許多層面與現今多數加密貨幣採納的相反。其他加密貨幣意圖提高複雜度、增加「功能」的數量；反之，以太坊不崇尚功能。本協定不「支援」多重簽名交易、多項輸入和輸出、雜湊碼（hash code）、鎖定時間，或甚至比特幣也有提供的多項功能。取而代之的是，所有複雜度都來自一種全能、圖靈完備的彙編語言，只要能以數學描述，就可以打造出任何功能。語言本身遵循奧威爾式新話（Orwellian Newspeak）原則，能被少於4個其他指令的序列所替代的指令都已被刪除。因此，我們有一個代碼庫非常小的加密貨幣協定，但其他加密貨幣能做的事它都能完成。

歡迎來到金融奇點（singularity）：)

4天後，12月19日上午11點53分，布特林收到一封電子郵件，是一位可能的共事者，他叫嘉文‧伍德（Gav Wood）。信中寫著：「強尼（Johnny）先跟我說過了 —— 我可以寫C++語言（我的GitHub記錄：github/gavofyork）。以太坊目前做多少了？」

布特林歡迎更多幫手。他和另外兩個開發人員已經開始寫程式了，他認為他們可以在幾個月內架設好且開始運作，然後他就可以回到《比特幣雜誌》和學校。

布特林回覆給i@gavwood.com兩封信，第二封似乎是因為他沒有意識到自己15分鐘前就回過信。兩封電郵的開頭都是布特林歡迎伍德加入，並詢問伍德想為C++用戶端建立什麼項目，而結尾都提到會有「豐富獎金」。

嘉文‧伍德（Gavin Wood），33歲的英國人，深棕色的眼睛，眼神強烈

而直率，拖把般的灰短髮垂在高高的前額上，是一位有電腦科學博士學位、因工作到處奔波的編碼員。他一直對開源專案做出貢獻，包括一個叫做KDE的專案，他的博士專案是一個軟體，能將音樂轉成具「朦朧美」的圖片。有一次，他和高中死黨埃倫・布坎南（Aeron Buchanan）一起做生意，將他的博士專案打造成一種能將音檔轉成燈光秀的設備，賣給了倫敦幾家夜店。他涉獵過各種新創企業，賺的不多，但後來取得開發資金，創立一間前景看好的商務合約軟體公司OxLegal。

不過，在2013年初，他也因為讀到《衛報》（*Guardian*）上關於販毒網站Silk Road的文章，引起他研究比特幣的好奇心。[22]文章主要報導布特林的兩位朋友阿米爾・塔基（Amir Taaki）和阿利希，他們霸占了倫敦一座橫跨一個街區的辦公大樓，內容提及他們漫步在以往的會議室中，還引用阿利希對反比特幣政客的批評，他說禁止比特幣「就像為了烤一頭豬就燒掉整個村子，因為某人發布色情內容就禁用網際網路」。文章附帶的影片裡顯示一扇木門，上面有人用綠色麥克筆寫下「比特幣雜誌全球總部」。最後在辦公大樓的屋頂上，塔基對著遠方的摩天大樓比中指。

伍德想與這位鄙視陳規的比特幣革命者見面，於是用他的KDE.org帳戶向塔基發了電郵，希望對方認得他。然後這位無政府主義者邀請伍德參觀那座巨大的7樓建築物，其可看性在於傾頹的牆壁、壞掉的廁所和毀損的電力變壓器。對於大半輩子都待在約克（York）和劍橋（Cambridge）的伍德而言，這是令他瞠目的景象。某次塔基打開一間辦公室的門，裡面空無一物——除了地上的床墊和裹在毯子裡的阿利希和蘇菈努（舉手打過招呼後，他們火速把門關上）。而也是在這次拜訪中，他遇到了綽號強尼・比特幣（Jonny Bitcoin）的喬納森・詹姆斯・哈里森（Jonathan James Harrison）。

兩人在同年12月再次見面，強尼建議他為以太坊設計程式，而伍德為

了證明自己便接受這項挑戰。伍德收到了白皮書後也深受其吸引，因為過去數月中，他在商業合約新創OxLegal的工作，讓他不得不處理很多微軟的Microsoft Office軟體，包含Word文書處理程式，不僅很難用還得與舊版相容 —— 天哪。反觀以太坊，他可以從頭開始打造。在聖誕節後的幾週裡，這看起來是值得一試的有趣專案。

所以，他這段假期去了他朋友鄰近蘭卡斯特（Lancaster）的酪農場。在那靠近海洋、強風陣陣的泥濘平原上，有著錯落的大小穀倉、散落各處的故障曳引機、堆疊的成捆乾草，與上百隻牛於田野間漫步。伍德與朋友們待在一間維多利亞時代的房子裡，窩在火堆旁。

他們吃聖誕大餐、玩遊戲，偶爾清清壁爐餘燼；伍德則埋在沙發裡，寫著以太坊的程式碼。假期後他回到牛津，從早到晚，分別為OxLegal和以太坊各工作8小時。身為OxLegal的聯合創辦人，他沒有領薪水，開發資金也並非常態性。雪上加霜的是，伍德過去2年一直沒有固定收入。他窮途末路。早就涉足加密貨幣的強尼繳清了伍德12月到1月的房租，讓伍德可以寫以太坊。伍德的財務狀況迫使他設下停損日期，決定該找一份正職工作或是為OxLegal找到資金，但他也捨不得以太坊。停損日期就設在：2月1日。

差不多與伍德得知以太坊的同時，荷蘭的編碼員傑弗瑞‧威爾克（Jeffrey Wilcke）也得到消息。聖誕節那天，他也開始用Go語言（Google開發的一種程式語言）寫一個以太坊用戶端。30歲的威爾克不高，有著健壯卻柔軟的身形，留著蛋形的光頭，下巴凹陷，舉止慵懶，讓身邊的人感覺自在。他未完成電腦科學的大學學位，在兒童數學學習平台工作時發現比特幣。

他摸索加密貨幣，甚至曾短暫地幫萬事達幣工作。因為威爾克喜歡寫程式，一位萬事達幣的朋友傳給他以太坊白皮書，他發現白皮書在技術方面相

當有趣。除了寫程式,威爾克還喜歡建造虛擬機(virtual machines),也就是在實體電腦內架構出虛擬電腦。他聖誕節期間待在父母家裡,位於阿姆斯特丹郊區一個友善兒童、僅限步行的地方,他抓緊時間利用慶祝活動空檔設計以太坊。他選擇用 Go 語言寫,因為他並不熟悉這種語法,想藉機精進。另外,Go 語言快速、簡單,沒有太多異常,對於像以太坊這類的專案,都是可能的優秀特質。

他和伍德聯繫,聖誕節那天,當伍德在農場沙發裡,而威爾克在他父母家時,他們透過 Skype 討論錯綜複雜的白皮書。

此時各種以太坊 Skype 頻道如雨後春筍般出現。伍德、威爾克、比特幣教育專案的霍斯金森、加拿大比特幣聯盟的伊歐里歐、阿利希和其他人開始加入,包括布特林在染色幣的朋友阿米爾・謝特里特(Amir Chetrit),布特林幫他取了綽號叫「資本主義者阿米爾」,而阿米爾・塔基則是「無政府主義者阿米爾」。資本主義者阿米爾與伊歐里歐一拍即合。

另一位 Skype 參與者是芝加哥的泰勒・格林(Taylor Gerring),一位身材結實、個性外向的開發人員,他有著輕鬆、孩子氣的笑容,眼周有笑紋,手臂上還有一個「愛」字紋身,加上一列心型符號。去年 12 月,阿利希在米蘭的會議中認識格林,而因為以太坊官方網站常由於無預警的大量關注導致不斷故障,所以阿利希邀格林維持網站正常運作。還有許多其他人,包括一位由程式設計師轉行為大麻食品企業家、圓臉上留著落腮鬍和小鬍子的安東尼・迪諾弗奧(Anthony D'Onofrio),他的網路名稱是 Texture(最後他在現實生活中也用了這個名字)。

此時,伊歐里歐正在他主辦的多倫多比特幣小聚同歡,受到啟發後決定在市區建立一個比特幣的聯絡處。他租了一座超過 150 坪、樓高 3 層的舊磚

房，將其命名為比特幣分權中心（Bitcoin Decentral）。

在世界各處快閃後回到多倫多，布特林用Python語言設計以太坊用戶端，而伍德和威爾克分別負責C++和Go的用戶端（布特林希望以太坊能在不同的用戶端軟體上運作，這樣整個區塊鏈就不會被一個瑕疵所癱瘓。當其中一套軟體瑕疵正被處理時，網路上的各用戶可以使用另一套）。2014年1月1日，室外溫度為攝氏零下15度，布特林參加了分權中心的開幕典禮，會場焦點是加拿大第二台比特幣自動提款機。[23] 熱鬧的一群人擠進狹窄的會場，大多為男性。布特林身穿有著藍、紫和白色細條紋的黑色毛衣，其他人選擇不脫下毛茸茸的連帽大衣。當晚，伊歐里歐交談過最有意思的人是喬・魯賓（Joseph Lubin），有著光頭和輕柔嗓音的多倫多當地人，他站著時習慣交叉一隻手臂，並抓住另一隻。此外，他是一名接近50歲的普林斯頓（Princeton）校友，已從華爾街退休，曾在高盛（Goldman Sachs）工作過一段時間，現居牙買加。伊歐里歐邀請魯賓加入Skype群組。

以太坊社群逐漸成形。一位住在倫敦、身材結實的法國人斯蒂芬・圖爾（Stephan Tual），留著一頭烏黑頭髮、小鬍子，和幾乎垂到脖子的濃密鬍鬚。他於1月中加入團隊，負責建立社群和溝通，對即將到來的眾籌（crowdsale）是特別重要的工作。

伊歐里歐提議大家1月25日至26日時，在邁阿密舉行的北美比特幣大會上見面，布特林將在會議中致詞。因著自己比特幣富豪的新身份，伊歐里歐覺得自己很富有，所以打算在當地租一棟房子讓大家住，只要其他人自行負擔機票前往。如果大家合得來，就可以繼續一起工作。

大會的前個週末，伍德一直住在強尼在倫敦公社的房間裡。因為他希望在大會前完成一些以太坊的成果，所以他整個週末都用來寫程式和叫外賣。但也因為他沒錢，所以他同時與布特林在Skype上討論如何能參加大會。

　　最後到了週日，霍斯金森到邁阿密機場接了伊歐里歐。截至目前，提供以太坊的開發資金和大會住宿，伊歐里歐已建立投資人的地位。霍斯金森問伊歐里歐可否幫伍德付機票錢，伊歐里歐說他會。之前只造訪美國3次的伍德，隔天就要搭飛機，在美國待上1週了。

　　1月初，伍德與強尼和他的比特幣富翁友人共進晚餐。那位比特幣富翁建議伍德：如果你正打造以太坊，不要讓他們辜負你。

　　在伍德登上飛往邁阿密的班機時，這個建議仍言猶在耳。

第二章

誰是創辦人？
2014年1月20日至6月3日

　　從1月的英國來到邁阿密，伍德心想：哇。攝氏22度的完美天氣，是個好兆頭。[1] 走進伊歐里歐在比斯坎灣（Biscayne Bay）的港口灣群島（Bay Harbour Islands）租用的近44坪海濱住宅，伍德感受著腳下涼爽的大片米色瓷磚。客廳區有撞球桌、奢華的棕色皮革沙發和吧台。玻璃滑門外是露台，有躺椅、商用烤肉爐和閃閃發光的青綠色海灣，對面是高爾夫球場和更多棕櫚樹。啁啾鳥鳴伴隨微風，帶點夏天氣息。在水裡的人可以與海豚共游。

　　以太坊工作人員為了工作提早在大會幾天前抵達。除了幾個例外，他們大多是第一次見面。大約有十幾個人無論何時都待在屋內：布特林、伊歐里歐、霍斯金森和魯賓；布特林的染色幣朋友「資本主義者阿米爾」謝特里特；負責維護網站的格林；做過大麻食品的Texture；還有一些伊歐里歐帶來的人，像是攝影師、他的商業夥伴達赫和其他幾位（阿利希甚至沒嘗試飛來參加；因為要到美國旅行的羅馬尼亞公民必須交出一堆資訊，以阿利希的狀況，他說他必須交出《比特幣雜誌》完整的客戶名單）。第一晚約有10人住宿，人數逐日增加。也有人純粹來參觀，比如一些女性與會者（有些工作人員，幾乎是男性，很歡迎其中一些女性參觀者進入臥房）。在閒聊中，這些

新朋友發現他們大多數都試過迷幻藥，而在這些藥物屬於違禁品的情況下，事情似乎不太單純。氣氛十分帶勁，尤其是當比特幣價格令人心癢地在接近1,000美元處徘徊，比特幣2.0即將問世更讓大家激動不已。

至少大多數人是這樣。在一開始幾小時內，19歲的布特林不見蹤影。當他終於出現時，Texture說：「很高興見到你。」臉頰和前額上散布著粉刺，下巴還有著稚嫩細毛的布特林打了招呼，然後細聲補充：「我正用手機練中文。」他在邁阿密時一直盯著手機，就連在搭車時也不停止使用那個語言應用程式。有一次，伊歐里歐的商業夥伴達赫幾乎說動了還未達法定飲酒年齡的布特林吸食大麻，但達赫被分神了一會，當他回來時，布特林已經失去興致。結論就是，這群人不得不照顧這個天才男孩，因為他經常專注於思考中，對周遭環境漫不經心。在餐廳時，他感覺很像迷了路，讓他們不得不對他喊：「走這邊！」

有人告訴伍德會有一場黑客松（hackathon），但除了錢包程式設計師外，他應該是在場唯一的開發人員，因為在阿姆斯特丹寫Go用戶端的編碼員威爾克是公認的宅男，他決定不參加。沒差。霍斯金森自稱以太坊的執行長，給了伍德一個目標——在霍斯金森於大會上做實體展示之前，讓以太坊能夠運作，所以伍德待在餐桌邊工作。其他人坐在某個沙發區，商討以太坊的重大決策。

在某次會議中，布特林高舉理想主義大旗：沒有階級、特定創辦人集團或是預挖礦，就只是發布用戶端，使以太坊成為一項開放的社群專案，像中本聰那樣高尚，也不用以太幣保障任何人的「權益」（equity）。

伊歐里歐立刻回應：「不，我們討論過這個，布特林，我們討論過。要有創辦人，也必須有受託人。」

專案到目前為止幾乎全部的資金，包含15萬美元的開發成本，加上住

宿費和像伍德一樣的交通費，都出自伊歐里歐的口袋。另外他認為，為了回報那些在啟動專案中投入金錢、時間和精力的人，有必要採取預挖礦。因此，團隊需要募資。至於無階級這回事，儘管中本聰不想曝光，但伊歐里歐表示以太坊不一樣：它代表開放和信賴，會揭露負責專案的人員。

他們在黑板架上放了張紙，開始擬定有哪些創辦人。在沙發區的斜對角，還守在餐桌前工作的伍德聽到討論，精神一振。此時，這位英國人還不知道每個人都是第一次見面。他們都是美國口音，互相擁抱打招呼，表現得像兄弟，伍德原以為他們已經共同為以太坊工作了一段時間，而一切都已成定局。為什麼他們要討論這些？如果以太坊還沒有成立，那該死的，我要成為創辦人！

還有一個問題是「資本主義者阿米爾」。他參與的染色幣可算是以太坊的競爭者，雖然沒人強制下最後通牒，但他可否算是一份子的問題仍懸而未決。

與此同時，伍德想起友人強尼對於合理報酬的建議，決定爭取自己成為創辦人之一。伍德25歲前都在學校，之後做的是一些小專案，所以他幾乎沒有談判技巧。但他走了過去，盡全力呈現自己，畢竟當其他人動口討論做什麼時，是他實際上動手做出東西。因為伍德的創業經驗和技術專業，自稱執行長的霍斯金森和魯賓都很支持。

負擔包括伍德機票在內幾乎所有費用，並和「資本主義者阿米爾」最親近的伊歐里歐卻說：「不可能，伍德，這是不可能的。」伊歐里歐跟伍德說是因為他太晚加入這項專案。對伊歐里歐來說，伍德「只是像在場其他50人一樣，一直寫代碼。……（他是）創辦團隊中除了布特林外，沒人真正認識的人」。他認為伍德沒有參與任何關於以太坊架構的事，「你有開發人員，但核心開發人員不一定得參與決策過程。」他後來說。對伊歐里歐來

說，像伍德一樣僅做程式設計不代表就能成為共同創辦人。伍德看起來很生氣，他指出他才是動手做以太坊的人。經過5分鐘越來越激烈的來回爭辯，伊歐里歐的商業夥伴達赫說他請伊歐里歐到外頭抽根煙。

他們走到後門。幾公尺外，陽光照得海浪閃閃發光，海灣的另一邊是有著棕櫚樹、寧靜的高爾夫球場。達赫說：「兄弟，你至少得承認伍德是創辦人。你不用給他那麼多的股份，但你不能說他不是創辦人。他是唯一在寫C++用戶端的人。就連布特林也沒有，因為他只做Python用戶端。」（Python是一種較慢的程式語言）

後來不記得此事的伊歐里歐深吸了一口煙，吐氣。之後，達赫說伊歐里歐承認，「對啦，你說的對。」然後他們就回到屋子裡。

無法確認對於共同創辦人／領導團隊是否有最終共識，但存在的各種妥協，正是「去中心化」專案混沌的特性，與有清楚階級的傳統公司截然不同。今日，沒有人質疑最初的5位共同創辦人是布特林、伊歐里歐、霍斯金森、阿利希和謝特里特（但是，伍德感覺伊歐里歐希望創辦人只有他自己和布特林，而他能接受自己的朋友霍斯金森和謝特里特並列共同創辦人，卻不同意加入布特林的朋友阿利希。伊歐里歐反對這個說法，他說在邁阿密大會前已確定5位共同創辦人，而布特林也記得是如此）。5位共同創辦人中，似乎還有一個由其中4位組成的團隊，不包括謝特里特，他們承擔財務責任，也會在網站上列名（謝特里特聲稱，那是因為他視個人隱私較面子來得重要，其他人則認為，是因為如果證券交易委員會〔簡稱證交會，Securities and Exchange Commission，SEC〕那裡出了差錯，謝特里特不想負責。而伍德以為是因為謝特里特同時在染色幣工作，所以沒有列名）。最後，至少伍德還記得自己、威爾克和謝特里特共3位，被任命為較低位的創辦人。這3位能出席創辦人會議、協助突破僵局，獲得的以太幣為受託人的一半。伍德以為這

樣就拍板定案了，阿米爾不這麼認為。後來當伍德發現，霍斯金森只比他早一天加入 Skype 群組時，身為低位創辦人的他覺得被騙了。

那天稍晚，伍德成為共同創辦人最大絆腳石的伊歐里歐，找到了英國人，給他一個禮物袋（時隔多年，伊歐里歐不記得這件事，但猜想自己當時的確一直添購住宿用品）。雖然不清楚達赫和伊歐里歐的對談，但伍德的感覺是有人跟伊歐里歐說明，因為他必須繼續與伍德合作，所以應該表現得友好。他瞄了一眼禮物袋，裡面是一瓶約翰走路（Johnnie Walker）紅牌，最便宜的蘇格蘭威士忌，他想。5 年後，他仍留著瓶子提醒自己，無論受到某人多麼強力的阻擾，他也不會讓他們隨心所欲。

1 月 26 日週日，上午 9 點 30 分，布特林發表了演說。[2] 那個時段不算好，加上前一晚還有通宵的派對，不過與會者仍拖著身軀去聽布特林的演說。會場坐滿到剩下站立空間，還站了 4 排人。主辦單位估算共有 600 多位與會者。布特林結結巴巴地講了不到 30 分鐘，但他說出了重點：以太坊與其他加密貨幣不同，不是設計特定功能，而是創造一種程式語言。他說：「從這一塊積木、這一塊加密貨幣的樂高積木中，你幾乎可以製造出任何東西。」不僅如此，這些應用程式還可能像比特幣一樣是去中心化的，也就是如果架構正確，任何人或政府都不可能讓它們停止運作。儘管與比特幣類似的東西很多，但至少有一位觀眾察覺到這是首次加密貨幣的想法不僅是比特幣的變形，而是本身就有重要意義。最後的提問環節很踴躍，但時間很短，所以在眾人起立鼓掌後，一大群人跟著布特林離開了會場。

隨著以太坊接近完成，人們開始爭奪頭銜。遊說大家讓他做執行長的霍斯金森，曾在一場西洋棋中隨口邀請伍德擔任技術長（chief technology officer，CTO）。伍德在週三時，用他的筆電將第一筆以太幣交易發送給霍斯金森後，問布特林他是否可以答應。布特林對頭銜或命令旁人的興趣不

如做研究（或學習中文）來得濃厚，一邊回答當然，一邊封自己為機器長（C3PO）（譯註：C3PO為電影《星際大戰》（Star Wars）裡的禮賓機器人）。

除了以太坊的事物之外，那個週末也展現出比特幣泡沫的浮華和魅力。一位最早的「鯨魚」，也就是擁有大量硬幣，足以影響價格的人，舉辦了一場屋頂派對，有著冰雕和只身著金漆的女舞者。對伍德來說，這像是詹姆士·龐德（James Bond）的電影。派對張揚著，要怎麼證明我們比其他人都有錢？他想，這就是我未來的生活嗎？

一到希思洛（Heathrow）機場後，他就打電話給合夥人：「我不繼續做OxLegal了，我要見證以太坊的發展。」

眾籌預計於2月1日開始，計畫內容是以太坊團隊收取來自世界各地的比特幣後，給買主一個錢包，在網路啟動後，買主就可以在錢包中收到以太幣。[3]但在大會期間，大家對眾籌日期開始產生疑慮。像魯賓、霍斯金森和謝特里特這樣的人（即「生意人」）認為延後眾籌，直到他們確定不會違反證交會證券銷售的規定，才是謹慎的作法。畢竟，眾籌在法律層面上是有問題的。他們基本上是持有像是首次公開發行（initial public offering，IPO）的股票，而在美國，所有股票都必須在證交會註冊，除非它們符合能獲得證交會豁免的資格。以太坊團隊不僅不想去註冊股票，更因為他們沒有產品、收入或資金作為股票的根本，所以也不屬於典型的股票；另外，以太坊也不符合任何豁免資格。本質上，他們是在不合法的情況下，做大多數人理解的首次公開發行。年紀較長且有交易背景的魯賓知道，這樣做的可能處罰包含入獄；而謝特里特與感興趣的投資者聯繫後，他們發現可以募到一個瘋狂的金額，比如，2,000萬美元。霍斯金森聲稱他因為代幣銷售的監管影響的爭執和其他原因，已經離開了BitShares；此外，相關的技術支援也尚未到位。因

此在會議的最後一天，即1月26日，他們延後了眾籌發布日期。

在此同時，伍德前往阿姆斯特丹與威爾克碰面，在一間霍格華茲風格的紅燈區酒吧，兩人寫了一個早期用以串連Go和C++用戶端的以太坊網路，就像電子郵件網路，一個朋友可用Gmail寄信，而另一位用Yahoo奇摩信箱。與伍德互動的人數從每週4到5位暴增到每天50位，他常將30個Skype視窗排開成棋盤狀，來回切換。從聖誕節到2月中，伍德和威爾克為各自的以太坊用戶端寫了7萬多行程式碼（最終，布特林的Python用戶端主要用於研究）。[4]

作為執行長的霍斯金森，研究了適合建立以太坊並舉行眾籌的司法管轄區。位於瑞士的楚格是一個環繞楚格湖東北角的小行政區，四周有青翠的丘陵、山脈大多低矮，它藉由提供企業優渥的稅率，從一個有著酪農場和櫻桃樹的州，搖身成為瑞士最富裕的地區之一。為了讓稅務機關和監管機構滿意，阿利希與有關單位開了一連串的會議；另外，先進的瑞士顧問和律師事務所MME，也同意盡全力讓主管機關批准在瑞士銷售以太幣。

當霍斯金森告訴伊歐里歐，他們正在瑞士建立以太坊的營業單位時，他感覺伊歐里歐很生氣，而霍斯金森認為這是因為提供專案大部分資金的伊歐里歐逐漸失去掌控權（在霍斯金森前往瑞士的3天前，伊歐里歐成立了加拿大以太坊，部分原因是為了讓受託人小組可以「調查創辦人背景／刑事記錄」，而他後來聲稱，加拿大以太坊註冊登記的分權中心是以太坊的第一個總部）。另一方面，除了管理過避險基金，以及曾在高盛短暫工作過等的華爾街經驗，讓魯賓認為瑞士是完美選項。

另外，隨著開發人員伍德和威爾克寫出更多程式碼，他們都覺得如果是他們和布特林正在親手打造以太坊，那麼他們理應成為同等的創辦人。他們向5位高階創辦人提出了這個想法。

　　大約在這個時候，霍斯金森向阿利希抱怨只有5個人有投票權。阿利希先前在創辦人電話會議時，看到霍斯金森與伊歐里歐產生衝突，所以阿利希認為此舉是霍斯金森想要更多權力來對抗「創投家」伊歐里歐。當是否增加新創辦人的議題出現時，霍斯金森告訴開發人員伍德和威爾克，如果其他人不接受他們並列共同創辦人，他會離開團隊，因為他非常愛他們。無意中聽到這段對話的阿利希認為，霍斯金森是想討好伍德和威爾克，這樣他們就會與他同一陣線來對抗伊歐里歐。當最初的5位創辦人討論增加新創辦人時，唯一反對的人是伊歐里歐。霍斯金森打電話給伍德和威爾克，告知他們並列共同創辦人的消息，另外還有魯賓，因為他會繼續資助開發以太坊，尤其是現在眾籌延後舉行了。儘管多年後威爾克會說霍斯金森成為執行長的方式「就像有人插嘴說：『嘿，我現在是蘋果公司的執行長。』」，但當時威爾克很滿意霍斯金森執行長，也很感激他，而伍德對於其他人承認他和威爾克的重要性，覺得揚眉吐氣。[5]

　　除了布特林，每個創辦人都獲得同樣的報酬和投票權，而布特林能獲得的以太幣為雙倍，和兩票的投票權，主要是為了避免8位共同創辦人的表決出現平手狀態。

　　研究以太坊法律和行政架構的工作團隊，先是住在位於楚格湖對面的自治市邁厄斯卡珀爾（Meierskappel）的Airbnb民宿裡。阿利希是holons（生活、工作同一空間）的大力推廣者，與去中心化的以太坊網路相互輝映，他們在狹小的空間裡工作、煮飯和拍攝彼此。霍斯金森會和記者通電話。23歲的馬提斯・關努貝克（Mathias Grønnebæk），丹麥人，因為祖父在金融危機中損失數百萬美元的親身經歷，讓他加入以太坊，負責寫網站程式碼。團隊的另一名成員正在煮飯，感覺就像以色列的集體社區體制基布茲（kibbutz）。

負責溝通的圖爾，日後將這個早期階段稱為他最美好的以太坊回憶。民宿退租後，赫伯特‧史特奇（Herbert Sterchi），團隊與楚格當局的瑞士聯絡人，將他在琉森（Lucerne）的公寓提供給大家住。經過一次IKEA之行，至少有11個人擠進這間鋪滿床墊的兩臥房公寓。

蘇菈努找到了以太坊接下來的家，一座有著現代感、3層樓的灰褐色堡壘，他們暱稱為星艦（Spaceship）。這艘星艦位於鄰近楚格的巴爾（Baar），在有著田園詩般的瑞士山丘中，遠離楚格湖，樓高3層、有地下室，頂樓有兩個陽台外，還可以容納每個人一張長工作桌。他們覺得租金沒有那麼貴，至少在瑞士是這樣，特別是在約有10個人隨時在裡面生活和工作的條件下。

這個時尚、採光好、極簡風格又有電梯的家，非常適合他們，但房東對租給以太坊股份有限公司（Ethereum GmbH，GmbH等於瑞士的股份有限公司名稱）這個全新的營業單位有些疑慮，因為沒有過往信用紀錄。此時，阿利希火力全開，將自己剩下的比特幣全換成瑞士法郎（CHF），預付1年租金：5.5萬瑞郎，而魯賓則付了1萬6,500瑞郎的押金（瑞士法郎兌換美元的匯率約為1比1）。他們沒有銀行帳戶，而是透過比特幣瑞士銀行（Bitcoin Suisse）將比特幣換成瑞郎，比特幣瑞士銀行是一間促成大量比特幣交易的公司，由酷似海盜的尼克拉斯‧尼古拉森（Niklas Nikolajsen）創立，他是丹麥人，前瑞士信貸（Credit Suisse）銀行家，有著長馬尾灰髮、濃密鬍子加山羊鬍，戴著皮革項鍊和有個骷髏綴飾的銀鏈。

楚格的生活工作空間啟動了。儘管阿利希催生了這樣的空間，他卻發現這樣的生活頗緊繃。不僅一起床就會見到同事，另外由於廚房和工作區在同一個空間，導致工作的人會被煮飯的人干擾。為了有點緩衝，他們買了腳踏車，然後阿利希和蘇菈努的木匠朋友洛倫佐‧帕圖佐（Lorenzo Patuzzo）在二樓建了一面牆，隔出了一個新房間，白天當作娛樂室，大家會在那裡看《冰

與火之歌：權力遊戲》（Game of Thrones）。他們還每週烤一次肉，有時會大醉一場，但不鋪張。由於大多數的成員都很窮，也沒有收入，他們在門上貼了一個比特幣QR Code，這樣就可以收到硬幣換啤酒錢。有一次，比特幣瑞士銀行的員工帶來了一整箱啤酒，他們非常高興，給了他一張4,000枚以太幣的本票。

　　但很快地，這裡的緊張氣氛就不只來自共同生活與工作的不便。霍斯金森就算穿著亮藍色牛津襯衫、口袋裡插著筆，在宣傳影片中的表現也能讓團隊驚豔。能夠很有魅力的他，同時也可以很無禮。比如說在邁厄斯卡珀爾的民宿時，他忘了把放樓梯上的指甲剪收起來，還有其他的危險跡象。某天，在邁厄斯卡珀爾，當霍斯金森與蘇菈努獨處時，他說自己便是中本聰。因為某位女子離開他後，為了分散自己的注意力，所以創造了比特幣。中本聰的身分是加密貨幣的終極謎團，而無論最初的意圖或目的，他、她或是他們現在在加密社群中的地位，因其展現出極致的密碼龐克行為：創造出沒有一個政府能掌控的去中心化貨幣，並看似不為私利般瀟灑離去，可算是社群中神一般的存在。

　　當蘇菈努把霍斯金森的說法告訴其他人時，發現他曾對另外兩個非技術人員講過類似的故事：都是設計師，其中一位相信了霍斯金森。還有一次，當楚格小組在民宿的山形天花板影音室休息時，霍斯金森將他手機上的一個電郵帳號給大家看，那個帳號似乎與中本聰有關。事後看來，有人認為他註冊了一些電郵地址，再匯入一堆中本聰寄出的電郵。到了星艦後，他也做了類似的事，展示了一個2009年註冊、叫做中本聰的論壇帳戶；一名目擊證人推測，在呈現給大家看前，霍斯金森剛改掉一個2009年建立的帳號名稱。與其他人相比，霍斯金森更拐彎抹角。對阿利希，他會這樣起頭：「喔，對，2008年、2009年，那幾年都很不錯。我那時在忙一些有趣的事。」當阿利希

追問他忙些什麼時，霍斯金森會說：「哦，沒什麼。」他後來說他在2008年
分手後，讓自己躲進沒日沒夜的工作中，過了幾個月，咻砰——比特幣誕
生了。崇拜中本聰的《比特幣雜誌》創辦人阿利希最後會問布特林：「中本
聰可能是霍斯金森嗎？」布特林告訴阿利希，他認為霍斯金森沒有數學和密
碼學的必備知識時，阿利希鬆了一口氣。[6] 真正的中本聰只要透過移動比特
幣區塊鏈第一個區塊中的硬幣，就能輕鬆證明他／她／他們的身份，根本不
需要霍斯金森那樣的花招。大部分楚格小組的人最終認為查爾斯不是中本
聰。

　　霍斯金森有時會繞著星艦，一拐一拐地走路，若有人問他是否沒事，他
會說那是自己在阿富汗時，從阿帕契（Apache）直升機上進行高空低開軍事
跳傘（HALO jumps）的舊傷。還有，他誇耀自己是美國中央情報局的資產，
某天隨口答應會帶圖爾去「農場」。圖爾上網搜尋農場的資訊，發現它是中
央情報局一個祕密訓練場，叫皮里營（Camp Peary），但這位法國人也意識
到霍斯金森不太可能帶他進去。霍斯金森還聲稱在從阿帕契直升機上跳傘時
遇到了一位女間諜，並在彼此追逐、發生槍戰後與她墜入愛河。這個故事
不僅不可思議，再加上他的公開資訊，讓其他人從時間軸來判斷，他應該
沒當過兵。他曾暗示阿利希，自己曾在著名的國防高等研究計畫署（Defense
Advanced Research Projects Agency，DARPA）工作，做加密工作，還告訴關努
貝克他很早就上大學，但為了解決哥德巴赫猜想（Goldbach's conjecture）而
發瘋。玩撲克出身的阿利希忍不住想，為什麼霍斯金森要說這些話？是因為
他真的相信？或這些都是真的？還是因為他試著操縱我去做某些事？

　　更誇張的是，不論是無害的或是嚴肅的人際關係，他的處理方法困擾著
一些星艦上的人。霍斯金森談起他女友的方式讓某些人覺得很詭異，就算
霍斯金森跟蘇菈努不是在討論私事時，他經常沒頭沒腦地跟蘇菈努說：「我

好想念瑪琳（Marlene）。」蘇菈努覺得他試著裝成完美男友，另一個假的人設。當瑪琳真的現身時，格林說他和他當時也來拜訪的女友都覺得霍斯金森這對的互動「無敵奇怪」。對其他成員來說，比霍斯金森年長的瑪琳，表現得其實比較像他媽媽。

更不妙的是他嘗試操縱他人的方式。他們覺得他會用約人一起去散步的策略，問出他們的心願，再利用這些資訊挑撥離間或控制他們。一個楚格員工說：「我覺得最貼切的描述，就是他像一個邪教領袖。」

更令人不寒而慄的，是在最初的民宿裡，霍斯金森將自己的筆電投影到一個共享螢幕，通常大家會把正在寫的程式碼投影到那裡。有人回憶起霍斯金森投影了一份針對他的禁制令，來自一位BitShares的求職者。霍斯金森說是因為他太聰明又很強，所以她想毀了他（她從未對霍斯金森提出禁制令，霍斯金森在面試一次後，就沒有再回覆她了）。與霍斯金森密切工作的某人突然意識到，這個人可能是反社會人格者。

當時他們還不知道，霍斯金森與許多不在楚格工作的人，也有過反感或是毛骨悚然的經驗。同住在邁阿密時，有人注意到當伍德和布特林大部分時間都在工作時，霍斯金森則是在豪宅裡享受一根根粗大的雪茄，並高談著以太坊總有一天會讓他們成為擁有遊艇的億萬富翁。大家覺得查爾斯是在故意模仿史蒂夫・賈柏斯（Steve Jobs），言不由衷又東施效顰。還有一次，霍斯金森給Texture看一個女孩傳來的訊息，寫著：「我要吸你的屌。」Texture回他：「我不知道你為什麼要讓我看這個。」霍斯金森說那是他為國防高等研究計畫署在阿富汗前線工作時，遇到的一名女軍官，而她現在傳訊給他。一位曾為霍斯金森工作過的大學生則發現他「眼睛長在頭頂上」，因為他常常叫這個比他小4歲的大學生為「好孩子」，像是自己已經步入中年了一樣。

在星艦裡，當人們為了眾籌網站或法律和行政工作等事而忙碌時，將地

下室臥房（星艦中僅有的私人領域，屬於黃金地段）據為己有，又讓木匠做了一張桌子的霍斯金森，會上樓談論藍寶堅尼（Lamborghinis）和跑車。格林覺得雖然霍斯金森是執行長，卻沒有與他們並肩作戰。若將領導類型分為兩種，霍斯金森就是那種出一張嘴、高高在上的老闆，喊著：「走那邊！」而不是戰壕中的領袖，與他們一起打仗，同時指揮。他還叫他的助理傑瑞米‧伍德（Jeremy Wood）「男孩」，就像「男孩，早上叫我起床」這樣。其他人震驚於他的行徑，也對他抱持的優越感感到荒謬，更何況執行長這個職稱只是他要來的。

　　下一次所有以太坊共同創辦人（阿利希再度缺席）聚會的日子，是4月11日至13日在多倫多舉行的比特幣博覽會（Bitcoin Expo）。這場盛會的主辦單位為伊歐里歐的組織：加拿大比特幣聯盟。為了增加以太坊的曝光，由伊歐里歐出資3萬美元，讓以太坊成為冠名贊助商。

　　當與會者進入這場比特幣會議的贊助區時，以太坊就在最顯眼處。展位上的超薄電視展示一個旋轉中的以太坊標誌：一個雙四面體，或兩個堆疊的金字塔，一個尖端朝上，另一個朝下。另外還有數張黑色皮面扶手椅，和幾張放有以太坊名片、徽章、圓形貼紙和精美傳單的高腳桌，[7]他們還送出1,000件T恤。布特林的演講最受歡迎，有300名與會者。格林想，哇，這就是行銷啊。舉辦一場活動，就有理由花錢贊助。

　　大多數共同創辦人都住在伊歐里歐的分權中心，睡在斜頂閣樓的床墊。謝特里特穿著另一個加密專案的T恤出現，因此惹惱了一些人（謝特里特說他在比特幣會議和比特幣中心都穿著比特幣T恤）。他們嚴肅地討論，再次談到了與染色幣的利益衝突。伍德試圖強迫謝特里特只投身於以太坊，這樣如果謝特里特獲得創辦人的報酬，就會是因為他投入以太坊的貢獻，而不是

因為他早期獲得了頭銜但沒有盡全力付出。為了證明自己的論點，伍德稱染色幣是競爭對手。謝特里特反駁，說布特林和阿利希正為《比特幣雜誌》工作，而伊歐里歐也為分權中心工作。

　　（在共同創辦人的會議外，謝特里特隨心所欲。當伊歐里歐在舞台上招呼以太坊夥伴拍團體照時，一位與會者記得謝特里特當時忙著吃飯，並用「不了，去他的」回應伊歐里歐的邀請，不過謝特里特說他當下是禮貌地回絕。他著名的口頭禪是「我只在乎錢」。謝特里特指出，團隊正在建立一個金錢平台，而這種傳聞是那些頭戴無私面紗，事實上只關心自己口袋的人試圖抹黑他。）

　　但其實主要的權力鬥爭，本質上是生意人和研發人對於個人的利潤與幫助他人的工具的角力，也就是貪婪與利他主義。引發了一場應將以太坊打造為傳統的營利新創事業，還是去中心化網路的辯論。這個衝突的具體表現之一，是頭銜。由於一半的人在意傳統的階級制度（那些更有商業頭腦的人），而另一半人則否（大多為科技宅），以致於任何人都可以隨意要求一個頭銜。霍斯金森雖被正式選為執行長，但當時真正的支持者只有他本人和伊歐里歐（伍德說：「很明顯，他認真覺得自己是以太坊的執行長。」而布特林則將其描述為「他堅持擔任執行長」，然後說霍斯金森獲得該頭銜的過程是「他說服了所有人讓他成為擁有這個頭銜的執行長」。）。伍德被任命為技術長，而魯賓是營運長。伍德記得威爾克被任命為軟體長，但也許因為威爾克不在意頭銜，他從來不知道自己是軟體長。

　　然而，從邁阿密起就開始的主要辯論，圍繞在以太坊將如何實現成為去中心化應用平台的願景。像是霍斯金森、伊歐里歐和魯賓（即「生意人」）等共同創辦人，想要一個營利的加密版Google，取得顧客資料並從中獲利，再將網路中所有收益保留下來。這是Google、臉書和推特等網路巨擘的模

式，也是信奉自由主義與密碼龐克的比特幣和加密貨幣群體想避免的。伊歐里歐身為資本主義和經濟誘因的信徒，甚至想採用封閉性軟體，只讓公司有權取用程式碼（伊歐里歐在多年後說，他了解這兩種方法個別的優點，但不記得他當下支持哪個）。這讓阿利希覺得，不，不對！如果有什麼是我們能達到共識的，那就是開放原始碼！開放原始碼以使用者為優先，而不是從他們身上獲利；另外，程式碼也會更有彈性，因為世界各地的所有程式設計師都可以做出貢獻。支持成立非營利組織的人想像的是做開源軟體，而不是剝削客戶，想像的是引導一個像比特幣一樣，全新、去中心化的網路，就算表面上負責它的非營利組織消失了，還是可以在世界各地的電腦中運作，沒有人可以擁有或停止它。儘管布特林非常希望以太坊由非營利組織管理，但其他人說，在瑞士創立基金會比建立公司更耗時且更多行政事務，因此他不情願地同意了營利組織。

　　以太坊最適合哪類組織的爭論，在伍德腦海中揮之不去，比特幣博覽會結束之後幾天，他發表一篇部落格文章，標題參考「去中心化應用」，叫做〈去中心化應用：一窺 Web 3.0〉（ÐApps: What Web 3.0 Looks Like）。文章開頭就點名當前主宰網路世界的 Google、臉書、推特和無數公司採用的商業模式：消費者交出個人資料，換取由廣告金援的免費服務。[8] 伍德在幾天後發布「較低技術含量」的修訂版中這樣開場：

　　　早在艾德華・史諾登（Edward Snowden）洩密前，我們就已意識到將自己的資訊託付給網路上的任意實體很危險……將自己的資訊託付給一般組織，是一種本質上就故障的模式……由於這些公司的收入模式通常需要盡可能多了解大眾，現實主義者會發現很難高估轉換濫用的可能性。[9]

然後伍德提議重新構想網路，讓大企業不再提供發布內容、傳送訊息或金融交易這類的產品。更確切地說，這些服務將成為公共財，以去中心化軟體的形式呈現，就網際網路本身是公共財一樣，不由任何營利公司經營。此一願景終究會虜獲許多人的想像力。

伊歐里歐在預挖礦議題上也占了布特林上風。不過，應如何分配留給創辦人和早期貢獻者（定義為在眾籌前參與專案開發的人）的一成呢？在眾籌後，一旦建立了網路，另外的一成將用於長期捐款，以及讓那些符合員工買進計畫的員工購買。因為早期入手比特幣已經讓很多像伊歐里歐這樣的普通人變成比特幣富豪，所以大家都知道，趁早在低價時取得貨幣，將讓他們躋身以太坊富豪之列。

伍德在飛往邁阿密前就被告知要確保自己不被辜負，所以他認為在分配一成給早期貢獻者時，應衡量那個人對專案的價值。參加過幾次會議的人或私人助理，不應獲得與編寫以太坊的人（像伍德）一樣比例的以太幣。在他眼中，建立高層人脈是顧問或天使投資人的作用，而像伍德那樣親手在打造科技的人，更像是創辦人。因此，伍德建議使用薪資行情來決定分配比例，但多數人不同意他的提議，因為他們是建立人脈的人。伍德打了敗仗。

他們反而決定從布特林寫白皮書的2013年11月起，一直到眾籌前，每月平均分配那一成的預挖礦。依照全天、半天或四分之一天的工作，將當月份額度分配給該月份為以太坊工作的所有人。11月，作為唯一貢獻者的布特林獲得全部。12月，威爾克、伍德、阿利希、霍斯金森和伊歐里歐加入，因此他們與布特林一起分配當月額度。2月，當帕圖佐全職在星艦砌牆時，他與伍德得到等量的以太幣份額。伍德在多年後，對於他身為以太坊的主要編

碼員之一，卻跟一位木匠領相同月薪仍心存芥蒂。

下個戰場是個人的薪水。伍德認為，如果他輸了分配，至少可以爭取高薪資。使用從薪資調查網站Payscale等網路資源蒐集到的標準薪資資料，伍德和威爾克獲得年薪19萬美元，而布特林是18.5萬美元。但布特林不滿伍德的爭取，後來描述這段過程「大家只決定把錢給自己」。布特林最後的年薪數字為15萬2,000美元。

比特幣博覽會時的爭論只不過是縮影，源於邁阿密比特幣大會以來，那些不斷交鋒的矛盾。例如，阿利希和伊歐里歐就處於光譜的兩端。羅馬尼亞人阿利希是《比特幣雜誌》的創辦人，住在無政府主義的空屋中，喜歡喝酒、善於交際、有自發性和創造力，他希望以太坊能由一系列生活工作共享空間組成。另一端是伊歐里歐，想擁有控制權的出資者，認為自己是「創投」，接近獨資地金援專案，渴求投資報酬。小從品牌識別設計，質疑每一個沒知會他的決定，並將生活工作共享空間的扁平結構視為無政府狀態：小駭客窩在沒電力的前毒窟裡。很不幸，這些截然不同的人都認為自己是行銷人員。伍德是打造其中一個主要用戶端的開發人員，定位自己為技術長，視自己為專案的實力，少了他以太坊就無法啟動的關鍵人物之一（他在那個月還會發布以太坊「黃皮書」，布特林白皮書的技術版本）。還有以色列的比特幣大亨謝特里特，他同時在做比特幣的染色幣專案，沒人明確知道他在以太坊的職責（他後來聲稱是他提出代幣銷售的想法，在世界各地巡迴見了數十位投資人，幫助制定代幣經濟學，倡議依法行事，也參與了品牌、行銷、技術和物流事務）。另外，霍斯金森是科羅拉多州的前數學博士候選人，沒有商業背景，一開始自稱執行長；與之相反的是逍遙的布特林，不只自己不想要頭銜，而是根本反對這個作法。

　　一個核心矛盾是，儘管霍斯金森是執行長，而布特林捨棄頭銜，但布特林才是有權力的那方。雖然20歲的他並沒有意識到，但許多人都看在眼裡。首先，他純真、無邪又單純；其次，這些特徵人盡皆知；第三，有些人會試圖操縱他。再加上布特林並不死守自己的觀點，對所有事情都有固定想法的伊歐里歐來說，布特林的觀點就像一個隨風擺盪的充氣玩偶。最重要的是，每個人都發覺布特林會迴避衝突。所以那些想動搖他的人只要跟他一起走走，把想法說給他聽，就能因為他不會拒絕別人而得償所願。

　　另一個因素是其他人認為布特林與眾不同。許多人猜測或開玩笑說他「在光譜上」，亦即有自閉症（autistic）。他有些呆板，不像許多人那般風趣或多情。例如，在餐廳時，大家可能會看菜單、分享餐點和酒的心得，而布特林則是掃描菜單、決定點什麼餐後就盯著手機，大家想跟他閒聊都沒辦法。面對異性時，他也顯得尷尬、不多話。儘管布特林父母在他小時候就發現他的社交狀況，甚至在他語言發展遲緩（自閉症的徵兆之一）的那段期間，他們也從未帶布特林去看治療師，而是專注於他朋友很少或容易被自己情緒淹沒等實際問題（布特林說他不知道自己是否有自閉症，也從未研究過自閉症的定義或種類）。

　　無論布特林有無自閉症，大家都清楚他無法理解社交暗示、肢體語言或言外之意，就算被某人占便宜時也是如此。布特林比其他人更誠實和純真，如果有人跟他說了什麼，他不會想到那個人在說謊。這讓旁人有機會遂行自己的目的，有些旁觀者認為布特林不知道實際狀況。

　　伍德仍不斷玩味自己身為開發人員相較其他人的工作來得更重要，隨便一個人都可以砌一堵牆隔出第四間臥房，但全世界只有一組精選的編碼員才能建造以太坊。最重要的是，眾籌後就不需要許多早期貢獻者了，像是取

得批准以太幣啟動的法律印鑑的人，因此伍德認為有幾位共同創辦人應該是顧問職。在他眼中，唯一不可或缺的、當之無愧的創辦人是開發人員：布特林、威爾克和他自己。生意人的角色誰來做都可以，而他特別懷疑魯賓。一部分是因為魯賓曾在高盛工作，但主因是聽說他的前避險基金合夥人陷入監管麻煩，導致魯賓後來去了牙買加（魯賓說是他合夥人的前老闆有監管問題，而不是合夥人本人，他去牙買加是與朋友一起做音樂專案，也因為那裡很不錯）。

隨著眾籌一直延期，伍德越來越火大，「再延2週」成了流傳的笑話。伍德無法理解為什麼都已經3個月了，還在「再延2週」。他們到底都在搞什麼鬼？

伍德認為倫敦過度關注金融，所以搬到柏林，另外他也在意他耳聞瑞士團隊的許多派對故事。不算太令人震驚的消息，就是喝了相當數量的啤酒，加上偶爾吸吸大麻。楚格團隊買了一個大型行動式擴音器，可以馬上放出重低音節奏的這回事，解釋了一切。伍德想，布特林、威爾克和我正在一步步地建立以太坊。你們在做什麼？

在阿姆斯特丹的威爾克也有同感。8位創辦人中有3位在寫程式，另外5位天知道在做什麼。他們在推廣專案嗎？如果真是如此，他們真的需要5個人做宣傳，而只讓3個人完成專案嗎？每週的電話會議上，當共同創辦人講到自己做了哪些事時，在威爾克耳裡就像是堆砌詞藻：我去了這個會議，還有那個大會，讓大家了解以太坊。威爾克心想，也許他們應該在參加會議前真的開發出一些東西。威爾克不討厭魯賓，但與伍德一樣不信任魯賓。威爾克有種直覺，魯賓是得留心的對象，因為若情況允許，他會在背後捅你一刀（魯賓認為，此時的威爾克嚴重地被伍德操縱了）。不過就威爾克而言，最誇張的共同創辦人還是謝特里特。如果團隊中有誰盡可能地不做事，那非謝

特里特莫屬。

　　兩位編碼員伍德和威爾克的不滿，主要針對業務人員（霍斯金森、伊歐里歐、謝特里特和魯賓），尤其是因為他們大多支持成立營利實體，所以伍德和威爾克覺得這些人不懂開源軟體。加上阿利希的開發人員，都支持像Mozilla（自由軟體社群，開發出火狐Firefox瀏覽器）風格的基金會，專注為大眾服務並為公益創造產品，而不是為一己之私最大化利潤。

　　與此同時，生意人也有自己的看法。當魯賓看到開發人員（伍德和威爾克）以及業務人員間逐漸加大的分歧時，他認為這是伍德奪權所致。伊歐里歐覺得，既然已經開始寫程式碼了，開發人員就認為他貢獻的資金不再重要。伊歐里歐當時37歲，大伍德4歲，比威爾克年長7歲，視他們和26歲的阿利希為不了解現實又對法律法規天真無知的菜鳥。

　　就算伍德和威爾克認為自己針對的是生意人，有些非程式設計師，甚至還有非業務人員，像是在星艦做行政工作的人，也覺得被迫選邊站。開發人員對他們似乎也很感冒。在楚格，身為程式設計師但負責網站的格林，認為伍德和威爾克將他歸類於低價值的非技術人員。他覺得開發人員認為楚格的成員幾乎都不需要（儘管不完全是那樣，但伍德和威爾克確實質疑他們的關聯。例如，威爾克認為阿利希很好，但他的奇怪專案，像是那個生活工作共享空間，則與以太坊無關）。

　　團隊開始意識到這些問題將以某種形式浮出檯面。事實上，有兩名不是共同創辦人、甚至也不在楚格的高階成員，即將強行處理這個問題。

　　曾建過以太坊網站的24歲丹麥人關努貝克，後來到瑞士處理眾籌的法律和監管事務，在5月時去了圖爾在倫敦西南部特威克納姆（Twickenham）的家中，幫忙成立倫敦分部。關努貝克回憶說，他剛到時，圖爾不喜歡他，

因為這位法國人以為丹麥人屬於霍斯金森陣營（圖爾否認，說他們從楚格的第一天就建立起友誼）。無論事實為何，在兩人通宵暢談加上葡萄酒的幫助，很快就談開了。接下來的數週，他們討論了以太坊內部的不信任和分裂；最後，他們決定不能再讓事態繼續這樣發展。不僅如此，為了拯救以太坊，他們還甘冒被踢出專案的風險。兩人同意，問題主要是出在霍斯金森上。

不只因為霍斯金森那些令人膽戰心驚的操縱手段（那些都很嚴重，一個執行長不可能幾乎不被旁人所信任），而是他們經過深思熟慮後意識到，緊張局面的核心來自對以太坊使命的分歧。有兩項使命的組織像一艘駛向峭壁的船，若一位船長想左轉、另一位想往右，船會撞毀。說穿了，霍斯金森對以太坊的願景與布特林的願景無法共存，以太坊的資金則無法負擔同時開發兩者。依照關努貝克估計的預算，最小可行產品的開發成本將超過1,500萬美元。他們不確定能籌到多少資金，而軟體專案幾乎總是超出預算。然而，目前的預算只有約60%用於開發，另外的40%則花在他們認為是霍斯金森的「虛華」專案上，像是孵化器。圖爾和關努貝克認為事態緊急，他們意識到真正不可或缺的共同創辦人是開發人員伍德和威爾克，這兩人甚至比布特林更重要，因為布特林無法單靠自己建立以太坊。這是一項軟體專案：沒有開發人員就不會存在。

一旦他們了解利害關係，對尚未建立家庭的關努貝克來說，就很容易衡量了。自從他接觸比特幣後，就認為不受政府監管的去中心化交易是2008年金融危機的解決方案，因為這場危機讓他祖父的數百萬美元付之一炬。因此，當以太坊出現時，他把它視為實現夢想的平台，而他願意賭上一切來挽救以太坊。關努貝克記得，雖然對圖爾來說是不同考量，但他倆獲得同樣結論：圖爾有妻小，也已投入無薪工作將近半年，若以太坊失敗，他也毀了。

圖爾說，雖然事實是如此，但他想拯救以太坊，是因為他認同一個更公平、去中心化的世界，也相信以太坊是唯一一個能成為不受審查的行星等級電腦的加密專案。

每位共同創辦人都有1票，除了布特林是2票。他們推測魯賓、伊歐里歐和謝特里特不會投下霍斯金森的罷免票（霍斯金森本人也不會）。所以圖爾和關努貝克必須試著說服伍德、威爾克和阿利希開除霍斯金森，如果他們成功了，最終決定權會落在布特林身上。

他們必須步步為營，深知若他們走錯一步，霍斯金森就會除掉他們。兩人先聯絡阿利希。圖爾和關努貝克在5月26日深夜與阿利希、蘇菈努、格林和理察・斯托特（Richard Stott）的Skype通話中，提出霍斯金森的議題。阿利希很快就同意霍斯金森的行徑是個問題。

基於另一理由，這次通話至少對星艦中的一個人來說很重要。根據格林的回憶，那時圖爾和關努貝克帶著醉意，口無遮攔。而身為溝通主管，所以同時在業務和開發人員的Skype對話群組裡的圖爾說，他看見一場大型的政治棋局正在角力中。格林說，圖爾表示他確信，一旦獲得眾籌資金，瑞士團隊和業務人員都將失去權力，而開發人員會主宰錢包。由於開發人員將伍德視為領頭羊，這代表著伍德將勝出（圖爾和關努貝克都說他們沒有喝太多，圖爾還重申此次通話是有關霍斯金森，而不是伍德）。

截至目前的數月，都沒人領過薪水。在伊歐里歐和魯賓捐出大筆啟動資金後，與格林狀況相同的人靠比特幣貸款來維持生計。所以格林說，圖爾告訴其他人他要選伍德，因為他需要薪水來支付家庭開銷（圖爾不記得自己說過這些話，但他說因為他和伍德雙方有著友誼和尊重，所以給旁人這種觀感是合理的）。

這讓格林腦內的警報聲大作：哦該死！大家正在選邊站。

取得首勝後，關努貝克和圖爾接著打給伍德與威爾克。他們總結與阿利希和其他成員強調過的議題，但這次加了個翻轉。兩人讓伍德和威爾克意識到他們握有終極絕招：如果不罷免霍斯金森，就離開專案。由於只有伍德和威爾克有能力做出以太坊，布特林就不得不出手。

而早在一段時間之前，威爾克就察覺到這件事。當關努貝克和圖爾知道每個人都意見一致，就又喝了幾杯酒慶祝。

幾天後，伍德、布特林、以太坊研究員弗拉德‧贊菲爾（Vlad Zamfir）和另一位朋友亞尼斯拉夫‧馬拉霍夫（Yanislav Malahov）現身維也納（Vienna），在裝飾華美、校齡198年的維也納工業大學（Vienna University of Technology）參加比特幣會議。布特林同樣穿著他1月時在分權中心開幕式上那件紫、藍和白色條紋毛衣，[10] 伍德和馬拉霍夫一起喝酒、晚歸，年輕的布特林和贊菲爾則留在民宿打電腦。但白天時，伍德和布特林討論了更重要的議題。兩人一直都傾向以太坊成為加密版的Mozilla，一個支持開源研發的非營利組織，最後他們討論了對營利模式的疑慮。根據布特林的說法，他們在那間長頸鹿雕像裝飾的民宿時，伍德在某次討論中表示，如果要由營利性而不是非營利組織來管理這項技術，他不願意留下；不過伍德後來說他不記得這件事。伍德回憶，他說自己願意與布特林平行或直接在布特林手下工作，而非霍斯金森。

布特林明白伍德的看法：非技術的領導人是累贅，只是幸運地獲得了他們不配的職位。某程度上，布特林也同意。他不像伍德那樣，認為技術比其他事情更重要，但他的確認為非技術成員的貢獻度不夠。謝特里特同時為染色幣工作，似乎不完全相信以太坊。阿利希，布特林的好友，不適合他的行銷現職；圖爾有人際關係問題；魯賓很好，但主要透過人脈和天使投資提供

價值；伊歐里歐有幫助，但誇大了自己的重要性，將自己安插為業務。然後是霍斯金森，一個沒有真實商場歷練的「數學家」，卻擔任商業運作的最高職位。

就算布特林某種程度上同意伍德的觀點，不過若專案突然開始讓人降職，他認為其他人可能退出，而以太坊會崩毀。例如，這些人裡有部分正在研究以太坊的法律策略，確保共同創辦人不會違反證券法，而這是布特林和伍德不熟的領域。布特林認為，與實際情況相比，伍德以為這些角色極易被取代，但完成眾籌並讓專案上線、運作，比人事安排更重要。

布特林說，某些時候，伍德確實拋出過沒有其他人、只有開發人員（布特林、伍德和威爾克）繼續執行的想法。雖然布特林考量大家都為了眾籌等待許久，所以不傾向這個作法，但他心裡明白情況會變得白熱化。

同個週末，特威克納姆的圖爾和關努貝克打了通不祥的Skype電話給伍德和布特林，他們說了些像是「楚格團隊問題很大。會有狀況發生，以太坊會分裂，可能會有大規模出走潮」的話。圖爾和關努貝克才剛與阿利希和格林講過電話，他們發現了一些霍斯金森的重要資訊，而大家都需要知道。圖爾和關努貝克與阿利希和格林同一陣線，表示推進專案前先得解決這些問題。這讓伍德和布特林心生警惕。對布特林來說，這是他第一次聽說楚格團隊內部的不合。

而讓他特別驚訝的是，他一直覺得霍斯金森人很好且友善，他們會一起吃飯、討論數學。儘管如此，布特林和伍德還是同意與其他成員一起討論這些問題。

幸運的是，布特林和伍德在幾個小時內就準備搭上火車前往楚格。先前所有的共同創辦人已約好在瑞士會面，準備簽署文件，正式成為以太坊股份有限公司的董事。這場會議約定在幾天後，6月3日。

當楚格團隊對霍斯金森已有一段時日的疑懼，格林對他的好奇則在5月26日深夜的Skype通話後被徹底激起。那次通話中，關努貝克問過其他人是否曾搜查過霍斯金森。他聽過傳聞，加上當他搜查時，完全找不到霍斯金森在一個特定日期前的任何資訊。一一盤點霍斯金森說過的虛構故事，團隊成員都開始不安，以致於蘇菈努還拿出為了行政手續取得的霍斯金森護照影本（上面的姓名是霍斯金森，讓大家鬆了口氣）。

通話結束後，格林開始在網路上挖資訊，試著釐清霍斯金森是否真的從阿富汗的直升機跳下後弄傷了腿，卻讓他發現了霍斯金森成立的一些公司。格林沿著霍斯金森的網路足跡仔細地確認，但全都不能證實霍斯金森的說詞。據他所知，霍斯金森提早上大學的故事與他從軍的說法衝突，他網路上的貼文日期也是。

泰勒透過網路到處爬文，比對出霍斯金森在Reddit等網站上用過的一些網路化名。其一是Ravencrest，用Google交叉參照後，在某個論壇上發現一個科羅拉多州波爾德（Boulder）的同名帳號。與霍斯金森住在那裡的同段時間中，有則貼文讓他們感到不自在，行文語氣與他自吹自擂時的方式很像。

格林將螢幕截圖為證，並將他的發現集結成一份檔案。在他看來，霍斯金森是扭曲自己的身份，編撰荒唐事蹟。

幾天後，伊歐里歐、謝特里特和魯賓啟程飛往瑞士簽署文件，準備成為真正的以太坊的營利事業代表——以太坊股份有限公司的董事。文件已準備妥當，只待他們簽名。而根據瑞士的法律，需要開實體會議。蘇菈努花了幾天買齊星艦將需要的18張床墊。關努貝克和圖爾未被邀請，就自費參加。

就連遠在紐約的成員，都能透過數位協作中心Slack上的對話察覺

到以太坊有點不對勁。從律師轉行的工程師史蒂芬・內瑞歐夫（Steven Nerayoff），正與魯賓一起研究如何在美國合法眾籌，說他送魯賓和霍斯金森到機場時告訴他們：「兩位，出狀況了。」

內瑞歐夫確信魯賓回答：「你想太多了。」魯賓則不記得這段對話內容。

霍斯金森問內瑞歐夫他覺得出了什麼狀況。

內瑞歐夫回說：「你看過《蒼蠅王》（Lord of the Flies）嗎？你們當中有一位是小豬，但我不確定是誰。」

當眾人陸續抵達星艦時，氣氛詭譎。格林、阿利希、蘇菈努等人都知道即將討論的內容，但因為人尚未到齊，要到隔天大家才能打開天窗說亮話，所以有種不尋常的壓抑感。

不過，有些張力會藉機發洩。像是，當伊歐里歐和關努貝克在房子「下面」抽煙時（部分二樓懸在一樓上），伊歐里歐對關努貝克說：「我看你不順眼。」關努貝克回道：「我也是。」

時至 6 月 3 日的早晨。薄透的白雲點綴著藍天，空氣中帶著些微涼意。從阿姆斯特丹出發的宅男威爾克最後一個抵達，也將是最早離開的人之一。布特林還是穿著那件紫、藍和白色條紋的毛衣，與伍德、阿利希和格林一起去火車站接威爾克。由於威爾克的班車誤點，幾人就在楚格湖畔的斑駁灰色巨石上等待。格林覺得很諷刺，對楚格所有人不滿的伍德，跟他和阿利希上午都待在一起。他們還聯合對抗霍斯金森，不過這就是他現在需要的。

威爾克一到，他們就從車站走回星艦，約 30 分鐘路程，途中在閃閃發光、鏡面外牆的城市花園酒店（City Garden Hotel）附近的公園裡短暫停留，坐在小丘的長椅上。格林把蒐集到的資料給大家看，其中一項是，先前霍斯

金森離開 BitShares 專案的原因，可能不是他自述的擔心該專案的代幣銷售可能觸怒證交會，而是因為曾有求職者指控他性騷擾。

伍德的考量為，不論詳情為何，連與霍斯金森關係最密切的同事都不信任他。格林選擇製作檔案，而他和其他楚格成員甚至在讓霍斯金森看之前，就透漏給大家，單憑此事就充分說明了不信任度。儘管伍德大多時間都是獨立作業的編碼員，也沒有處理人事問題的經驗，但他至少判斷的出：這些人不該共事。布特林必須決定該支持哪方。

他們5人，還有圖爾，談起別除霍斯金森和謝特里特。其中一些人也希望伊歐里歐走人，可以的話還有魯賓也一起。基本上，就是全部的生意人。但經過一番討論後，他們發現仍需要魯賓，因為只靠技術人員無法完成專案。

他們回到星艦時，喜愛親子時光的魯賓與他20多歲的兒子基倫（Kieren James-Lubin）也到了，讓包含伊歐里歐在內的一些人翻了白眼。他幹麼帶兒子來？伍德和威爾克還有一些人告訴魯賓和伊歐里歐，他們事實上不是來簽文件的，也簡要說明了那份檔案。伍德看到魯賓露出一貫的苦笑，好像事不關己。

到了頂樓工作區，圖爾、格林，可能還有阿利希，與魯賓開會，格林把檔案給了魯賓。一位旁觀者說，當魯賓瀏覽內容時，臉色開始發白。他的表情透露著，絕對不能走漏風聲。我們現在就必須擺脫這個傢伙。然後魯賓還開玩笑說，沒有人想與格林為敵。

阿利希無意間聽到霍斯金森在陽台上和某人的對話，說：「他們要在背後捅我一刀。」他告訴蘇菈努，他認為自己會被解僱。霍斯金森開始有點感冒症狀，而知道格林那份檔案的蘇菈努感到不自在。她盡可能圓滑地告訴他：「不要悲觀，先看看事情如何發展。」當霍斯金森探關努貝克口風時，

儘管感到內疚，但關努貝克仍裝作不知情。

霍斯金森還向圖爾提議：「如果你投票罷免伊歐里歐，他的股份和頭銜就都給你。」

圖爾基本上是跟他說去你的。

終於，一到下午，大家開始往頂樓的長桌集合。桌子由6張又長又寬的漂白木質廚房工作檯組成，3張一排併成兩列，桌面有灰色細條紋，搭配淺色木桌腳。有些人坐在高椅背、黑色網布的旋轉辦公椅上，附有頸椎和腰椎支撐，還有在平整木地板上太容易滑動的輪子，其他人站著。坐主位的布特林，背對小露台，面向廚房中的眾人，說了幾句話後，讓每個人輪流上來發言。

威爾克以為他、伍德和布特林已經講好，他們不認為霍斯金森能帶領大家，因此得請他離開（伍德和布特林否認這件事）。所以，威爾克很驚訝布特林沒有提到隻字片語。接著輪到伍德，同樣地，他沒表明要霍斯金森離開（儘管後來其他人聲稱伍德確實說過如果霍斯金森留下，他會離開去做新專案）。不過，伍德的確說了類似「謝特里特對專案的貢獻微乎其微」的話（謝特里特說，那是因為他做業務，而伍德做研發，所以伍德不知道自己做了哪些事情，而伍德說這些是為了鞏固自己的權力）。

但伍德沒有提及剔除霍斯金森，讓威爾克大吃一驚。威爾克看著伍德，伍德也回望。他覺得被伍德和布特林背叛了。兩個混帳，你們怎麼什麼都不說？

作為誠實的荷蘭人，威爾克全盤托出：「霍斯金森，我們覺得你正引導大家往錯誤的方向前進。我們不想當Google，我們想做Mozilla，我們希望你離開。我不想讓你當執行長。」對至少一個旁觀者來說，威爾克看起來非常

生氣，他真的是想要讓霍斯金森好看。

霍斯金森看起來很震驚，但一直覺得霍斯金森很假的威爾克，無法判斷那是不是真心的。然後威爾克丟出了震撼彈：他明確表示，如果霍斯金森還在，他就退出專案。[11] 霍斯金森反駁，列舉他做的所有事項，但威爾克說，「那不重要。我不信 Google 那一套。我們要為人類、而不是為私人企業打造東西。」

威爾克還說：「謝特里特，很遺憾我先前選擇相信你，但我不認為你是一份子，因為我看不到你的付出。」

接著換阿利希發言，他說他同意威爾克對霍斯金森的看法。威爾克暴怒：「不要只附和我，要把錯的事情說出來！」阿利希補充說，他不知道哪部分是真、哪部分是假，簡言之，霍斯金森似乎偶爾會說謊。魯賓說他信任霍斯金森，相信他也是為以太坊好，並支持他留在這個專案，但也會支持最終的決議。有人覺得魯賓好像大吃一驚（他本人則否認）。至少還有圖爾表示霍斯金森得離開，不過由於他認為把那份檔案公開會讓以太坊完蛋，所以沒有說得很明確。他只是說：「霍斯金森必須離開。這傢伙是累贅。」還用了更有意思的詞語來形容，像是「反社會人格」。

格林推動把謝特里特趕走，因為雖然謝特里特嚴格來說是他的老闆，但他跟失蹤了沒兩樣。所有工作都由格林完成，但他卻無法參與決策會議。儘管做了檔案，他卻沒多說霍斯金森的事。

稍早發過言的伍德看著會議進行，被布特林請眾人輪番指名道姓的抱怨嚇得目瞪口呆。而碰巧在屋裡的每個人，包含魯賓的兒子，也都聽到了這些敏感的討論。坐著看眾人撕破臉1小時，非常尷尬。伍德認為霍斯金森不至於要被公審，既然布特林已經知道大家不滿霍斯金森，還召開會議，讓伍德覺得很不妥（布特林的想法是，那是場自發性的會議，不是安排好的，而且

他認為該討論這些問題的人也都在場）。

策劃這個狀況的主謀之一關努貝克，覺得左右為難。就算他深知這樣做是對的，但他一直抗拒當面對質，加上每個人對霍斯金森開炮的情況讓他覺得很難受。所以當輪到他發言時，他手下留情，只講出部分他對霍斯金森的真實感受。

蘇菈努很焦慮自己要說什麼，但輪到她時，她和盤托出。她說她不信任伊歐里歐，因為他表現得像是自己高人一等，加上他也推動成立營利組織。然後她直視他們，說：「霍斯金森和伊歐里歐都不值得信任，你們不能相信他們。」

在他們人生中數一數二最不自在的時刻中，蘇菈努表示出最直接的負面評價。霍斯金森張大雙眼，像是對蘇菈努完全不相信他的故事感到驚愕。她從沒當面說過自己認為他說謊，而蘇菈努覺得霍斯金森很荒謬，沒發現她另有主見。

在桌子另外一端的伍德，當下了解霍斯金森已無力回天。對他而言，直到那刻前都還只是「男生」在譴責霍斯金森，所以這些歧見感覺很像男生間的爭執。但當全天候住在這裡的唯一「女生」說出她不信任霍斯金森，感覺就定案了。

霍斯金森後來說這次會議是他被其他人「摧殘」了1個小時，當下他為自己辯解，說他們會成功的，他會讓情況變好，他們也可以做非營利組織。他似乎以為營利與非營利的問題是事情的癥結，沒有人說到那份檔案。

總算，大家都講完自己的想法。每個人都同意由布特林做出決議。正如關努貝克和圖爾的預測，魯賓、伊歐里歐、謝特里特和霍斯金森共4票，選擇讓霍斯金森留下，另外伍德、威爾克和阿利希等3票則是罷免霍斯金森，

這樣就剩下布特林的關鍵2票（然而，有些人對這部份持不同印象：兩人說沒有投票，其中一人還說伍德和威爾克向布特林下最後通牒，看是要他們，還是霍斯金森和謝特里特。布特林說，唯一為霍斯金森和謝特里特說話的只有他們自己）。8人投票決定解散受託人群組，也就是領導團隊。共同創辦人會留下，但主管們都離席，讓布特林思考。當他回來後，他要能重新聘請任一位他想要的人。

　　布特林走到前露台上，頂樓兩個露台較大的那個。外頭正下著毛毛雨。他腳踏筆直、櫻桃色的木質地板，旁邊有個黑色烤肉架、4個種著灌木的黑色花盆和一支黃色的花風車。在他面前是與星艦一模一樣，有著灰色陶瓦外牆的另一棟房子，再往前一點，翠綠的山丘上滿是樹木，再過去就是楚格市中心了，但這一切都被薄霧掩去。他照習慣開始走路，與他平常繞行漫步的公園相比，這裡顯得有點狹窄。不過，至少在接下來的1個小時中，這樣已經夠了。

第三章

以太幣正式上線

2014年6月3日至2015年7月30日

　　布特林在星艦的前露台踱步。他剛目睹了多位團隊成員對霍斯金森的強烈譴責，但包含霍斯金森在內的每個人，對他來說都不可或缺。事實上，霍斯金森曾是最關鍵的角色之一，身為執行長的他，得負責整合專案中的所有大小事。儘管布特林知道其他成員會跳過霍斯金森，直接找他做一些決定，但這位20歲的年輕人卻希望盡可能把時間拿來做研究。每當他想到要趕走那位一手包辦他不想處理的行政和組織細節的負責人時，都會感到緊張。

　　但同時，他也知道自己必須做的事。在他仔細思量罷免霍斯金森的意義時，他試著說服自己這個專案能夠繼續下去。

　　謝特里特的部分比較簡單，布特林一直都清楚擺脫他是沒問題的。這場會議只是為布特林提供了機會，做完早就該做的事。當布特林在前露台斟酌他的選項時，包括霍斯金森在內的其他共同創辦人都擠在較小、風景較少的後露台上。那裡面對著幾棟公寓，百葉窗遮住了公寓裡大部分的人影。

　　伊歐里歐看到牆上寫給他朋友霍斯金森的字，一直說：「嗯，霍斯金森是創辦人之一，不能不承認這件事。」他的另一個好友謝特里特也這樣說。

　　但阿利希說：「霍斯金森得走人。」

　　看到像阿利希這樣跟霍斯金森在楚格共事的人如此堅持，讓伍德覺得以太坊的執行長確實必須離開。

　　威爾克仍對其他人沒有遵守他以為達成的協議耿耿於懷。有次，伍德和威爾克下樓時，威爾克說他問伍德為什麼沒有像他們同意的那樣，明白地表示要把霍斯金森從專案中趕走。後來不記得這次溝通的伍德，迴避了問題。威爾克還責備關努貝克說得不夠完整，但關努貝克說，因為他不是領導團隊一員，那不是他的責任。他也說，如果布特林選擇讓霍斯金森留下，他的處境會很尷尬，也有可能被解僱。

　　後來，兩人回到樓上，而高挑的謝特里特找上較矮的威爾克當面對質。「你看我不順眼。」他說。

　　威爾克回說：「沒錯。」

　　後來謝特里特對這次交流有不同的印象，而威爾克回憶謝特里特說：「你看我不順眼，因為我是猶太人。」

　　威爾克嚇傻了。現在是什麼鬼情況？他想。「為什麼這麼說？」他問謝特里特。

　　後來謝特里特表示，他從未在團隊中遇過針對性的種族歧視言論，但事後認為有人可能因他的血統而產生刻板印象。比如，他和其他人記得一些玩笑話，有關他是以色列人、他可能會被以色列政府籠絡。當下謝特里特回應威爾克：「你是個他媽的種族主義者。」（謝特里特否認說過這句話，還有使用「他媽的」這個詞，他說：「我根本不會說種話。」）

　　「我不是種族主義者，」威爾克說，語氣冰冷。「我根本不知道你是猶太人，就算這樣，那有差嗎？我看你不順眼，是因為你沒在做事，而且你現在這樣很沒禮貌，我才不是種族主義者。」

　　這時，威爾克察覺有隻手大力搭上他的肩膀。是伍德，把威爾克拉住。

威爾克對謝特里特說：「你少鬼扯。」

　　布特林總算回到後露台，說他已做出決定。共同創辦人開始聚集。開發人員伍德和威爾克比肩而立，往威爾克的右邊一路到底，站著方才指指控他是種族主義者的共同創辦人謝特里特。

　　布特林起頭：「每位創辦人都還是創辦人，沒有改變。創辦人保有原先的以太幣額度。」

　　伍德看到謝特里特臉上的表情：中獎！伍德覺得謝特里特已經確保自己一直想要的東西，也很高興自己能繼續日常職責。這職責主要是他的私事，而他的朋友們出於謝特里特討喜的誠實個性，都知道那主要是和女人上床（謝特里特說，在這之前，創辦人保留其持有的以太幣額度就已設定了，布特林只是重申自己已知道的事。關於他的風流韻事，他說：「我認為在一群極度內向的電腦阿宅裡，一個能適應社會、完整說話的成年男性的正常約會就跟花花公子沒兩樣。就當他是在稱讚我。」）。

　　根據阿利希的印象，布特林繼續說，「在剛才的討論後，很明顯這裡有兩條陣線，這就是問題。我們應該都在同一陣線。」他說霍斯金森已失去身為領導人的尊重。但就算他這麼說，他其實還是無法完全認同。至少一位共同創辦人說，也許是因為布特林為他即將要宣布的事感到壓力或難過，讓他在某一瞬間開始流淚。

　　在他振作後，他請伍德、威爾克、阿利希、伊歐里歐和魯賓繼續參與專案；霍斯金森和謝特里特則未受邀請。

　　他們走回室內的大桌，布特林向其他成員公告新的領導團隊。更早之前，阿利希和魯賓曾建議邀請，一直隸屬謝特里特、負責所有工作，但未參與創辦人電話會議，還曾做過霍斯金森調查檔案的格林加入領導團隊。魯賓

還提名一直負責溝通和建立社群，住在倫敦的法國人圖爾。布特林讓兩人都進入領導團隊，圖爾接手霍斯金森先前負責的溝通和訪談，格林則取代謝特里特。

楚格成員並未鼓掌或慶祝，但霍斯金森的離開讓他們鬆了口氣。

據幾個人說，謝特里特就開始在餐桌旁，與布特林談判他的預挖礦額度，問他將拿到多少以太幣。謝特里特對自己不再是領導團隊，好像不那麼在意。一位楚格員工後來回憶道：「謝特里特得到了他心心念念的全額以太幣，又不必再假裝成領導者，真的是雙贏。」（謝特里特說，他因提供資金給專案而賠錢，當時的以太幣毫無價值，所以對他沒有意義，另外那是之前就定好的分配額度）

感冒中的霍斯金森也不接受這個安排。一開始，他走到關努貝克正坐著曬太陽的露台，想和他聊天。關努貝克有點害怕，因為他不信任霍斯金森；另外，他還覺得內疚。儘管關努貝克知道自己做得對，但還是覺得自己背叛了霍斯金森。關努貝克一直很同情霍斯金森，不管是什麼事讓他變成騙子，關努貝克認為那一定是很可怕的遭遇。但就算關努貝克相信霍斯金森最需要的是他人的幫助，他也別無選擇，只能盡全力挽救以太坊，不然會被霍斯金森搞砸。

然後霍斯金森和他的助理傑瑞米一起下樓到他底層的房間，據說他把他所有的創辦人以太幣都留給傑瑞米。布特林一開始坐在他的電腦旁，好像什麼事都沒發生。後來他下樓與霍斯金森一對一談話，而霍斯金森的感冒已經嚴重到不斷冒汗。霍斯金森說出了他的失望和悲傷，但接受這個結果。

那天晚上，伍德、布特林、阿利希和蘇菈努睡在同一個房間，伍德和布特林同睡一張床，阿利希和蘇菈努在另一張。等他們都躺好但還沒睡著時，伍德沒開口就起身鎖上了門。

　　第二天凌晨5點，嚴重感冒的霍斯金森，最後一次離開星艦，回到科羅拉多州，試圖釐清他未來該何去何從。

　　霍斯金森（和謝特里特）的離開，讓團隊安了不少心，可惜只是曇花一現。宅男威爾克回到阿姆斯特丹，其他人在頂樓碰面（就是前一天血流成河的會議地點），商討專案事務。就在那時，布特林意識到一些共同創辦人誤導他，其實要快速建立瑞士基金會相當簡單。布特林對於他們為了賺更多錢而誤導他一事感到驚駭，他想，在這個有望改變世界的區塊鏈／加密專案中，你們所關心的只有多賺幾百萬？

　　他決定建立一個類Mozilla的非營利基金會，也就是瑞士基金會（Swiss Stiftung），以引導以太坊開源專案。儘管伊歐里歐一直是營利組織的大力擁護者，但他默許非營利基金會成立（也許是因為他的好友霍斯金森和謝特里特被踢出專案，而他仍留下，這讓他如釋重負）。

　　第二天（6月5日），傳來布特林獲得提爾獎學金（Thiel Fellowship）的消息，該獎學金會在2年內提供10萬美元給大學輟學生，用來創造有意思的事物。其實布特林早就預期會獲獎，因為該基金會打過電話催他申請，並讓他追加報名參與徵選。由於「創投」伊歐里歐的比特幣資金因市價暴跌而縮水（640美元上下，約12月市值的一半），魯賓不得不加入挹注資金的行列。布特林靠提爾獎學金每月給的4,000美元度日，在眾籌前保持無給薪，幫助專案繼續。

　　但現在團隊又在爭其他事，像如何分配眾籌資金。參加完在舊金山舉辦的提爾獎學金峰會（Thiel Fellowship Summit）後，布特林寫給親友一封長電郵，談到那場會議（以太坊圈內人稱為「權力遊戲日」或「血色婚禮」〔the Red Wedding〕）。

大家各分陣營、脣槍舌戰，而我們半競爭對手的執行長講過一名員工，我還以為那些是惡意的謊言，結果竟然是真的……我只是希望大家齊心工作，所以每天花幾個小時努力讓大家團結，感覺好像快成功了，結果5個小時後他們又開始吵……。

我是唯一一個仍受大家尊重的人。我本來以為我可以把辛苦的組織工作交給一個稱職的團隊，這樣我就可以專心寫程式和解決加密經濟學中困難但有趣的挑戰，但事實證明，我必須先肩負起讓這艘船不分崩離析的任務。

唉。

緊接著的數週，在非楚格成員離開、還有楚格團隊開始設立以太坊基金會後，該分配多少資金給各發起人的爭論持續上演。有些人再度察覺伍德特別渴望金錢和權力。某天下午，當楚格成員騎著腳踏車回到星艦，趕赴一場已開始的會議時，他們用手機加入了進行中的通話。一位楚格員工說，伍德提出他們需要在眾籌前處理好預算議題，因為一旦資金到位了，衝突會更激烈。最後，某人直截了當地說出大家的感想：一毛錢都還沒進來，就已經有很多人在搶錢了。在眾籌前成立基金會的重要性，顯而易見。瑞士基金會不必然是慈善機構，只要一個與盈利無關的使命，基金會需確保將資金運用於該項使命，並由瑞士政府單位負責監督。以太坊基金會的目標是管理以太坊去中心化的「世界電腦」，如同各非營利組織管理網際網路的方式。及時成立基金會，將避免潛在的數百萬美元用於違背組織使命。

相關的議題還有，如何在不觸怒證交會的情況下預售並給自己獎勵。那年早春在瑞士，他們的律師已確認過，由於此專案去中心化的本質，他們在

眾籌中發行的金融工具不被視為證券。因為並非由一個中央機構發行，所以不像需要被課增值稅的產品一樣徵稅，但取得的錢仍會被視作投資課稅。同樣有幫助的是，他們發行的這種金融工具本身就有效用，且其成效並不仰賴第三方的績效，而是使用者對協定的接受程度。他們有段時間一直在研究，如何在擁有大量資金的美國採取類似的法律行動。紐約的以太坊工作團隊已請普萊爾・卡什曼事務所（Pryor Cashman）寫了一份意見書，聲明以太坊的眾籌不應被視為在美國發行的未註冊證券。以太坊讓該事務所的主責律師非常興奮，以致於他提出事務所標準收費10%的折扣，還在寄出聘書的信裡寫著「比我曾給過的折扣都來得優惠」。權力遊戲日當天，尚未討論出合法舉行眾籌的方式。

而同一日，證交會以發行未經註冊的證券為由，指控一位比特幣企業家艾瑞克・弗里斯（Erik Voorhees，他將比特幣賭博網站的匿名買主介紹給伊歐里歐），這正是以太坊團隊害怕陷入的境地。[1] 普萊爾・卡什曼事務所的律師寫道：「我初步的觀點為，（弗里斯）的案件再次強調出，在以太坊預售中支付比特幣很可能構成豪威測試（Howey test）的第一個要件『投資人出資』。」

大事不妙。法院使用豪威測試來判斷投資合約是否具證券性質。基於美國1946年證券交易委員會訴豪威（Securities and Exchange Commission v. W. J. Howey）的案例，測試有四項要件，滿足所有四項要件的投資則被視為證券。四項要件為：（1）金錢投資；（2）投資於共有的事業（指一種投機活動，將投資者的財富與他人〔如發行此風險投資的人〕的財富掛鉤）；（3）出資人期待獲利；（4）其存續需依靠一個可識別的個人或組織。[2] 若以太坊預售正如弗里斯案例所示，符合第一要件；若以太坊可視為「共有事業」（第二要件）；若人們在眾籌中購買以太幣並期望隨著更多人買以太幣、使

用以太坊，讓以太幣價格上漲（第三要件）；還有若以太坊團隊是為利潤負責的可識別組織（第四要件），那看起來預售可能就會被認定為發行未註冊證券。

瑞士團隊的法律意見逐漸傳到紐約。內瑞歐夫在酒吧與布特林討論時意識到，由於要有以太幣才能使用以太坊（人們要為運算付費），就像要加油才能開車。因此，預售是賣產品，是一項人們要使用的東西，而不是一種證券（相同地，法院案件已經裁定，即使買公寓有獲利預期，公寓也不是證券，因屬於住宿用途）。

普萊爾・卡什曼事務所的意見書區分了非營利基金會和營利股份有限公司兩者，後者在以太坊網路上線、且預售參與者收到以太幣後，將終止存續。理論上，這代表網路成功建立並非由舉辦銷售活動的同一組織負責，可能會提高滿足豪威測試第四要件的難度。意見書試圖反駁購買以太幣所獲得的利潤與以太坊基金會有關，指出以太坊基金會或任何有關的營利實體都無法主導該系統的變動。此外，意見書中陳述，預挖的以太幣不是給開發以太坊的營利公司，而是給在此之前一直為以太坊工作的人（這招可能過於明顯，因為同樣一群人最後大多會與該公司有關聯），並且公司是以推廣產品的方式行銷以太幣，而非一種投機性投資（這是「效用」論點，類似於將公寓定調為非證券）。

以太坊基金會總算在7月9日成立。[3] 7月18日週五，以太坊團隊收到了普萊爾・卡什曼事務所的意見書草稿；在7月21日週一收到了簽署完成的意見書。7月22日週二，中歐夏令時間的午夜整點，眾籌啟動。

隨著眾籌推展，他們高舉極客大旗。正如布特林在他公告眾籌的部落格文章中所寫道：「以太幣的售價最初設定為每一枚比特幣可買到2,000枚

以太幣，持續這個優惠14天後，直接降至1比1,337的最終售價。這次眾籌開賣期限為42天，於瑞士楚格時間9月2日晚上11點59分結束。」[4] 選擇1比1,337作為最終售價，是因為1337是「菁英」（elite）一字的「黑客文」（leetspeak），代表實力或成就。在早期的網際網路，人們用數字取代字母，在留言板上討論會被審查的議題。像「菁英」這樣無法用數字表示的字詞被改為「leet」，可用「1337」代換。「1」近似L，「3」代表反轉的E，「7」則是T。42天的販售期限，典故源於道格拉斯・亞當斯（Douglas Adams）《銀河便車指南》（*The Hitchhiker's Guide to the Galaxy*）書中關於「生命、宇宙和一切的終極問題」的解答。

撇開這些有的沒的，布特林的部落格文章顯然經過律師處理，再加上他自己的風格。13項要點中有2項指出：

- 以太幣是產品，不是證券或投資工具。以太幣只是一種代幣，用於支付交易手續費，或用於以太坊平台上建立或購買去中心化應用服務。以太幣不賦予您任何表決權，我們也不保證以太幣未來的價值。
- 結果，我們不用封鎖美國。耶。

關於預挖礦，布特林指出，他們最後決定為兩個資金集合，每個資金集合的規模為第一輪賣出的以太幣數量的9.9%，其中一個分配給眾籌前為專案付出的貢獻者，另一個則是基金會的長期資金來源。[5]

條款和條件這樣起頭：「以下條款和條件（『條款』）適用於以太幣（『ETH』）銷售，即以太幣諸買受人（多人稱為『諸買受人』，個別稱為『買受人』）在以太坊開源軟體平台（『以太坊平台』）上，運作分散式應用

程式所需的加密燃料。」[6] 像產品一樣銷售？是。像汽油一樣可用？是。希望監管單位同意這次的眾籌並非發行證券。

最初2天湧入5,742枚比特幣。以620美元的價格換算，約360萬美元。開賣後14天內，在1枚比特幣兌換以太幣的數量從2,000枚降到1,337枚前，結算銷售量有12,872枚比特幣，以接近590美元的兌換率，市價為760萬美元。還有28天可以銷售。

領導團隊想在眾籌結束前還清部分債務，但錢又再一次地成為眾矢之的。他們需要付律師費、積欠早期貢獻者的薪資、伊歐里歐、魯賓、格林和其他人的貸款，以及約6萬瑞郎給正確瑞士主管機關的引薦人史特奇，但在眾籌結束前就從多重簽名中取走比特幣的觀感並不佳（多重簽名比特幣錢包，又名多重簽名，意思是需要多個私密金鑰來同意一筆交易，以便從錢包中轉移資金。許多錢包需要3個可能的簽署人中的2個，或5個中的3個）。一方面，在眾籌結束前從多重簽名中取出資金，可能會讓他們將這些比特幣重新投入眾籌，導致看似籌到比實際上更多的資金，並造成買家的錯失恐懼（a fear of missing out）。就算他們沒人這樣做，也盡量公開這些行動，提早支出也會壯大比特幣和其他酸民，他們不斷散布對以太坊的恐懼、不確定性和懷疑（所謂的FUD，加密圈用語）。例如，先前與霍斯金森不歡而散的專案BitShares發布一支影片，內容是創辦人丹尼爾·拉里默（Daniel Larimer）在布特林於邁阿密比特幣大會演講後質問他，批評布特林沒有回答他的問題，並說以太坊既不具永續性又集權。[7] 同時，許多比特幣護航者聲稱不需要像以太坊這樣的「山寨幣」（alt-coins）。例如，3月份時一篇名為〈山寨幣將死（以及如何加速它的滅亡）〉的部落格文章寫道：「有人說，『可是以太坊能做智能合約！』這實際上是錯的……以太坊註定無法兌現承諾，一

旦發生，很快就會像其他幣一樣被遺忘。」[8]或者，像在網路論壇BitcoinTalk上，眾籌開始的2天內，網民Spoetnik以〈以太坊＝一場騙局〉為題，發布一篇貼文：「這就是首次公開發行，而加密領域的首次公開發行『都是』騙局。」[9]網民TaunSew寫道：「以太幣可能是洗白的比特幣，或都是他們自己人在衝銷量，讓人看起來像真的有需求一樣。」網民Seriouscoin回應：「見過伊歐里歐（以太幣的創辦人）的人都知道他超級無敵可疑的。」網民TaunSew回說：「你忘了高盛也參一腳咧。」指的正是魯賓。

　　此時，伍德、威爾克和圖爾正各自在自己的城市中建立以太坊實體機構。阿利希認為，領導團隊中公認最有控制慾的伍德，正試圖將資金移轉到他自己在柏林的營利實體，以擺脫瑞士母艦的掌控（伍德說他當時的推動是為確保以太坊能成立）。但阿利希、格林和布特林身為瑞士以太坊基金會的董事會成員，受政府監管，確保以太坊基金會達成揭示的目標。阿利希擔心伍德將資金匯到柏林公司的行為，可能會讓專案與身為基金會董事的他在面對瑞士主管機關時陷入窘境。伍德的確非常希望最小化外界干擾，但主要干擾源是魯賓，伍德發現他越來越礙事。後來，伍德用楚格的科技人才太少，瑞士物價高昂等理由，合理化在柏林設立一間獨立營利公司的決定。總之，他在德國成立了瑞士基金會的分部：以太坊開發有限公司（Ethereum Dev UG，人稱「ETH Dev」），因為唯有德國營業單位能聘僱德國公民。威爾克在荷蘭設立一個實體，因為只有合法的荷蘭居民才能擁有荷蘭公司。而倫敦也成立了一間英國營業單位，以太開發有限責任公司（Eth Dev Ltd），由伍德、威爾克和布特林擔任董事。

　　不過，他們當時承受最沈重的財務壓力，是比特幣價格在眾籌的42天間暴跌。開始眾籌當天約620美元，眾籌結束時則近477美元。也就是說，像是最初2天募到的比特幣，原本價值360萬美元，最後只有270萬美元。如

果他們每獲得1枚比特幣時就兌換成美金,那麼眾籌的募資結果會是1,840萬美元。但當眾籌結束時,募到的31,530枚比特幣僅值約1,500萬美元,超過300萬美元蒸發了。

　　眾籌開始時,布特林、伍德和威爾克一直與許多以太坊客戶保持聯絡,3人迫切希望儘速售出至少一半的比特幣,因為他們承諾平台將在那年冬季上線。要開辦公室;聘請開發人員、經理和辦公室職員;設計測項;建立工具;委託安全稽核;還有更多待辦事項,他們馬上就用的到帳戶裡的數百萬美元或歐元。身為營運長的魯賓,由於他有對沖基金的歷練,負責兌換比特幣,但他不想賣。伍德認為部分原因是魯賓的交易人心態:賣出的時機只能在漲價的時候,絕非跌價。伍德和其他開發人員認為,不可以!我們無法再等,我們需要錢經營組織!要法定貨幣!

　　討論變得激烈且急切。比特幣的價值持續下挫。眾籌結束過了幾週,價格已低於400美元。雖然當時他們並不知道,但到10月底,價格會跌破340美元,到了1月份將低於300美元,最後交易價在1月中來到172美元以下。

　　魯賓在閒談和會議中說如果由他決定,他會將所有募得的資金維持比特幣(這是擁有比特幣的人一種常見的思維模式:持友〔英文拼為HODL〕,出自網路論壇BitcoinTalk,有位喝醉的網友貼文意圖勸大家持有〔HOLD〕,但拼錯字)。[10]但魯賓從未直接拒絕賣掉比特幣,他會提出將出售行動延遲到下次會議的理由:他需要再深入研究,弄清楚要換成哪種法定貨幣等等。伍德認為,因為魯賓知道布特林總是尋求共識,建議大家考慮更多選項就能拖延行動。威爾克認為魯賓的行為等於拿別人的錢去賭博,他們多次告訴魯賓:「賣掉那些該死的比特幣。」但魯賓一直撐著看價格會不會回漲,結果反而跌更深。魯賓後來聲稱他不知道布特林、伍德和威爾克都認為是他負責兌換比特幣。對於他們想要他出售,還認為自己礙到他們的願望這些,魯賓

也否認知情，並說他們生他的氣很怪，因為都是大家一起做出的團體決策。

　　從魯賓的角度來看，伍德是為了奪權。把資金匯入他4月時建立的以太坊開發有限公司，才是伍德急著想把比特幣脫手的原因。他也認為，既然是由瑞士基金會募資，就不適合馬上將大部分資金轉到德國公司。所以魯賓想分階段撥款，驗證是否達到開發過程中所設定的里程碑。他請開發人員每幾週寫一份進度報告，伍德提出條款，反駁說報告應該發布於以太坊部落格。他不想讓魯賓知道內線消息。理由為何？魯賓在布魯克林開創了自己的營利單位，能培育以太坊上的去中心化應用程式。他命名為共識系統（Consensus Systems），簡稱ConsenSys。

　　隨著德國、荷蘭和英國的實體機構都設立完成，魯賓總算開始透過LocalBitcoins（類似交換比特幣的分類廣告網站〔Craigslist〕）和比特幣瑞士銀行賣出比特幣，並定期將法定貨幣發送給開發人員。[11]伍德和威爾克開始招募團隊。伍德一開始在柏林的共享工作空間Rainmaking Loft Berlin租了半張桌子，到了9月，隨著新成員加入，增加到兩張。其中一位是克里斯托夫·彥區（Christoph Jentzsch），認真、濃眉的物理學博士生，來自德國一個傳統地區的摩門教徒。他講話時搭配很多手勢，很愛笑，一笑起來就變成瞇瞇眼。作為首席測試員，他設計了3個用戶端（伍德的C++、威爾克的Go和布特林的Python）的測試內容，檢查用戶端會否故障，或者用戶端是否開始建立獨立的區塊鏈，而非與主鏈同步。這些測試就像確保不同文書處理軟體（像是微軟的Word、Google Docs和Apple Pages）的用戶能讀取和編輯同一份文件（本例中的以太坊區塊鏈），而且不管對文件做出哪些更動，還是能對每個人呈現出一模一樣的內容。彥區還仔細閱讀伍德寫的黃皮書，檢查用戶能否正確執行。他的工作基本上是試著破壞區塊鏈。他以自由業者身分為以

太坊工作，打算從博士的課業中休息6到8週。另2名新進人員則被指派，聚焦在伍德為執行智能合約設計的Solidity語言上：克里斯帝安・賴特維斯納（Christian Reitwießner），一個安靜、矜持、戴眼鏡的德國人，有多目標最佳化、演算法和複雜性理論領域的博士學位；以及類夫特力斯・卡拉佩澤斯（Lefteris Karapetsas），一位喜歡自嘲、風趣的希臘軟體開發人員，有著一頭深色捲髮，曾就讀東京大學，最近任職於柏林的甲骨文公司（Oracle）。

建立Go用戶端的威爾克團隊則大多遠距工作，成員有像柏林的菲利克斯・朗格（Felix Lange）這樣削瘦、健談、愛笑和有活力的程式設計師，他曾與以太坊開發有限責任公司在同一處共享工作空間創業，後來發現以太坊比自己失敗的創業更酷。儘管身處柏林，但因為他設計的是Go語言，他最後加入威爾克的團隊。還有彼得・希拉吉（Péter Szilágyi），一位平易近人、捲髮、寬牙縫的匈牙利羅馬尼亞人，他剛寫完分散式和去中心化運算領域的博士論文，非常喜歡Go語言。

伍德為柏林辦公室花了非常多心力。不同於租了一個空間、放些家具，就稱其為阿姆斯特丹辦公室的威爾克，伍德選了一個廢棄空間，按他的要求翻新，並請來設計師，在天花板配置了黑色電線，掛上訂製的燈與愛迪生風格的燈泡，就像一間餐廳或北歐風室內設計室，再放入eBay的二手物品。柏林中心設有唱盤、投擲飛斧、一排赭色劇院椅（第四排）、丹・福雷文風格（Dan Flavin–style）的螢光燈、1960年代的棕、金色傑森（Jetsons）式餐櫥櫃裡塞著黑膠唱片機；軍綠色的學校儲物櫃，不放在學校裡看起來更酷；希特勒時期之前的「歐洲」（Europa）和「中歐」（Mittel Europa）地圖，以及只有一個數字的極簡風壁鐘：12，整點響一次。

他們不同的風格不只顯露在辦公室的裝修方式。伍德覺得以太坊的所有呈現都必須很講究，他將自己的行銷態度應用在員工身上。這些極客程式

設計師中，有許多人並不熱衷於為這種他們從未聽過的新加密貨幣工作。例如，對朗格來說，他們可以無中生有創造金錢（或編出一張收支表，其中一些項目很值錢），這想法很詭異（雖然當他開始領薪水後，他就覺得棒極了）。伍德說該專案將成為他們職業生涯的標竿，試著激勵他們。柏林中心的其他人發現，對於公告還不存在的項目，或積極推廣該項目為「世上首見」，或在產品名稱中加入「狂飆」字樣等事，伍德一點都不害臊。身為德國人的朗格，猜想這就是英國人。反之，威爾克的態度就偏向歐陸人，他相信人們會親眼見證以太坊有多吸引人，沒必要自吹自擂。不過空間完成翻新後，有些德國人覺得柏林辦公室讓訪客很驚艷。

第一次是在11月24日週一，在柏林中心舉行的以太坊開發者初始大會（DevCon 0）時。幾乎算是全新的辦公空間，因為他們3天前才剛搬入；而當數十個與會者魚貫入場時，洗碗機也還在安裝中。像朗格一樣，一些完全是加密貨幣新手的柏林員工，發現這個活動超乎他們的想像，非常神奇。古斯塔夫・西門森（Gustav Simonsson）是一位一直關注以太坊的程式設計師，起先認為以太幣銷售可能是一場騙局，參加後意識到許多參與者都擁有博士學位，像是伍德、賴特維斯納、和有數學博士學位、負責管理安全和稽核的尤塔・史泰娜（Jutta Steiner），她曾在麥肯錫（McKinsey & Company）服務數年。此外，布特林剛榮獲2014年世界科技大獎（World Technology Award）中的資訊軟體類獎項，中箭落馬的候選人包含馬克・祖克柏等。西門森拋開疑慮，開始與史泰娜一起進行安全性方面的工作。

開發人員開始了繁重的工作階段。每天，威爾克從他西阿姆斯特丹的小公寓起床後，會帶他的牛頭梗布魯斯散步、喝咖啡，然後除了吃個晚餐外，到睡前都在寫程式。在德國的彥區，主要都在米特韋達小鎮（Mittweida，人口1.5萬人）遠距工作，偶爾會進柏林辦公室。起初他發現了許多會破壞協

定的漏洞，大部分是來自威爾克的Go用戶端，因畢竟黃皮書是伍德寫的；[12]
隨時間過去，漏洞越來越少。彥區對以太坊著迷到放棄了博士學位。目標是
連6週，全部的用戶端裡都沒有發現漏洞，之後就會正式啟用平台。

伍德的柏林辦公室和較分散的威爾克Go團隊，每天都會站著開會，成
員會說明他們已完成的工作，以及他們正在做的事。就像伍德先前一直對
布特林嘮叨的，許多「共同創辦人」和其他創始成員，如伊歐里歐、魯賓、
阿利希以及幾乎全部的楚格職員，都沒有參與建立以太坊（不過，威爾克倒
是聘請了格林做基本測試）。霍斯金森和謝特里特離開了，魯賓在紐約創了
ConsenSys，伊歐里歐在多倫多忙自己的錢包公司Kryptokit，生意人幾乎走光
了。開發人員主導一切。

威爾克的團隊特別注意到自己的上司有彈性又隨和。威爾克告訴他們，
他們可以選擇做哪些工作、決定想做多少，但如果他們濫用他的信任，就
會被解僱。威爾克還很有趣，他雖然看起來脾氣暴躁，但其實是隻熊寶
寶。他常取笑或鬧別人，但很明顯是在開玩笑。他是個不想當上司的上
司。另外，他很容易親近。他整天都掛在即時通訊聊天室Gitter裡一個公開
的Go以太坊頻道，對他的遠距團隊成員來說很方便，像是在特蘭西瓦尼亞
（Transylvania）、黑捲髮的希拉吉，和在里約熱內盧（Rio de Janeiro）的設計
師艾力克斯・范德桑德（Alex van de Sande，又名Avsa），他的高額頭和亂髮
讓他有種教授的感覺。每個人都覺得自己是團隊的一份子。

伍德底下的人則有不同的體驗。如果伍德不喜歡他們做的事情，他會不
加修飾地直說（至少他的讚美也很直接）。儘管有些人認為他的批評是針對
個人，但有名員工發現，伍德透過文字聊天挑他工作毛病後過了5分鐘，伍
德來找他並問：「我們中午去哪吃飯？」伍德技術高超、效率也高，不過很
有競爭意識，所以如果伍德和其他成員分工，他會先做完自己的部份，然後

不耐煩地催問對方：「你做完了沒？做完了沒？」與討厭微觀管理的威爾克相比，伍德對事情該怎麼做的想法很嚴謹。如果有開發人員提出一個想法，伍德有時會當場否決它。通常伍德是對的，但無論對或錯，與一個不斷說你錯了，強迫你照他的方式做事的人一起工作仍令人沮喪。他甚至會訓斥布特林，在 Skype 上告訴他，「你說過你要做這個」，或「這才是更重要的」，還有「這個想法會更好」。大家都覺得他至少是「緊繃的」，且正如某人所說：「總是期望每個人都跟他一樣高效率。」有次，當范德桑德從里約熱內盧飛到阿姆斯特丹與威爾克一起工作時，伍德一聽說范德桑德在那裡，他立即叫范德桑德搭火車到楚格跟他一起工作。同樣的事在范德桑德的第二次阿姆斯特丹之行也發生了，那次他被叫到倫敦。

　　然而，日子一久，伍德的員工發現他變得比較像是「出點子的人」，讓部下執行他的願景，但將功勞攬在自己身上，從不稱讚他們。就算這樣，他們還是覺得伍德「才華橫溢」，或認為他「是個聰明人，但不是最好的上司」。一位員工認為伍德「合理地」能「非常自滿……因為……他非常擅長他所做的事」。一位擁護者將伍德與史帝夫・賈伯斯相比。「他會用錯誤的方法磨損人嗎？會。……但這會讓他成為壞人嗎？不會。」因為伍德很孤傲，他的 C++ 團隊在一個私人 Skype 群組中交流，至少一個人覺得這讓 C++ 用戶端不如威爾克的那樣平易近人，因為 Go 用戶端的 Gitter 是個公開的聊天室。

　　儘管伍德的性格難相處，但他的魅力、表達能力和美感仍受人欽佩。他簡報時的沉穩嗓音，能吸引聽眾注意（反之，威爾克寧願不做簡報）。伍德豐富的詞彙量和優秀的品味，使他特別擅長命名事物。例如，他將自己夢想的安全訊息協定，取名作悄悄話（Whisper）。為描述「最後一次確認」一個區塊（該區塊中的交易不可再逆轉的過程），他創造了「秘封

劑」（sealent）一詞，更具美感和直觀效果（儘管他原本可能是要用「密封劑」〔sealant〕）。他的個人風格就算在那份2014年4月發表的黃皮書（也就是「技術規格」）中也很明顯，它呈現出以太坊技術面的運作方式，並將布特林的抽象概念轉化為數學和程式碼。[13] 首先，在白皮書林立的加密貨幣世界中，他選用黃色；[14] 其次，它似乎要求讀者膜拜智力優勢，以不常見的字體和滿是希臘符號的數學方程式來說明（黃皮書催生了多個Reddit討論串，有關它「難以理解」、「超級複雜」等等）。[15] 事實上，黃皮書的美感令人驚艷，直到幾年後，才有一位以太坊研究人員發現一些小錯字和錯誤。[16]

要說威爾克和伍德有什麼共同點，那就是兩人都想用自己的方式建立用戶端，並強迫對方比照辦理。2015年1月加入Go團隊，在柏林辦公的德國開發人員法比安·沃格史特勒（Fabian Vogelsteller）注意到伍德和威爾克兩人並不常交流。沃格史特勒會跟C++團隊說「你們應該和Go團隊聊聊，因為他們也在研究（某產品或功能）」等類似的話。每次他這樣說時，伍德都看起來很不悅，就像是他想當那個提出點子的人。

儘管提供三種以太坊執行工具的用意是鞏固網路，但威爾克認為伍德將這種多用戶端的策略變成一種競賽。伍德希望他的C++用戶端勝出，但威爾克不願競爭；伍德鞭策自己脫穎而出，聚焦在將一切最佳化，威爾克只想創造一些可運作的功能。伍德叫他的版本為「狂飆以太坊」，因為預期它運作速度最快，而且目標用戶設定為網路中的「專業人士」——開發人員和礦工。由於威爾克不在乎自己的用戶端是不是最出色的，目標用戶是沒有技術知識的一般消費者。相較之下，較少虛華。伍德的用戶端一開始的確運作得更順暢，而威爾克的狀態則有點慘烈。

每次威爾克的用戶端出錯時，伍德都會大肆張揚，昭告天下。反之，威爾克說他禁止自己的團隊說C++團隊的壞話或聲張失誤，因為這兩個用戶

端都是為以太坊基金會這個僱主所開發。威爾克和一位 C++ 用戶端開發人員
說，伍德的確曾指示他的團隊不要與 Go 團隊合作（伍德說雙方都有競爭意
識，而威爾克卻拒絕管好特別偏袒 Go 的希拉吉。威爾克說是伍德挑起的對
立讓希拉吉激烈反擊，且早在伍德與他談論希拉吉前，他就已經告訴希拉吉
不該這樣發洩）。伍德的競爭意識影響到威爾克在柏林的成員。技術長大肆
宣揚他們的所有失誤，使其士氣低落。由於兩個團隊不能順暢合作，因此安
排了週五下午的友誼賽。第一次，大家都參加了；第二次，只有 4 人參與，
之後就再也沒有比賽了。自己與伍德間的友誼惡化，讓威爾克覺得很沮喪，
他試著和伍德談，但伍德會說自己的意思不是威爾克理解的那樣，或迴避威
爾克的問題（然而，伍德多次私下向布特林透露，自己的團隊技術比威爾克
的強）。威爾克下了結論，他不可能與伍德共事。

　　就連布特林也對伍德的作風感到惱火，他在給親友的電郵中寫道：

　　　　伍德整體上對他的團隊非常專制，也傾向由他認為是合格的專家
　　小組做決策，但我堅信更開放的決策風格，每個人都應有機會表達自
　　己的意見。我傾向讓基金會盡可能對大眾公開、透明，而伍德更喜歡
　　維持封閉，因為他認為一般人太無知又不了解狀況，無法理解事情演
　　變的細微差異。

　　開發人員以這樣功能異常的方式，跌跌撞撞地靠近終點。

　　雖然他們打的算盤始終是先讓以太坊上線，再推出更新以改善軟體，但
上線的版本仍要夠穩定，以利網路能一邊運作、一邊讓他們處理問題，而不
必擔心這些問題會癱瘓整個網路。另外，區塊鏈會產生金錢，如果以太坊不
安全，使用者會失去信心。因此，史泰娜手握 75 萬美元的安全性稽核預算

（而他們選擇稽核公司 Deja vu）。還有，他們公告給社群中的開發人員，若發現並向團隊報告錯誤的話有獎勵。

各用戶端的上線日將至，基金會的資金則顯得拮据。他們在 9 月 11 日以接近 480 美元的兌換率賣出比特幣，2015 年 2 月上旬更跌至 227 美元，只換到約 900 萬美元，如果他們當初在眾籌時就變現，會得到超過 2 倍的金額。在 4 月初時，比特幣僅剩 486 枚。照 4 月 2 日的收盤價，其價值只剩下不到 12 萬 3,000 美元。

布特林對伍德墊高自己和威爾克的薪水感到惱怒，他寫信給親友：「他們說，以他們的技能，領的薪水低於市場行情（而他們在之前的工作可以領到一樣或更高的收入），儘管我認為這樣的標準完全不適合非營利組織，因為人們通常樂於為接近維持生計的薪水工作。」而他們 3 位都對魯賓沒有馬上將眾籌裡至少一半的比特幣變現感到非常憤怒。但預算出狀況的主因還有伍德建立的以太坊開發有限公司燒掉大量資金，根據布特林估計，每個月花費 20 萬美元。

在付清 220 萬美元的法律費用和 170 萬美元的欠款後，資金所剩無幾。一位行政人員常看到領導團隊的電話變得尖酸刻薄，人們會說「為什麼你女友也在薪資單裡？她什麼都沒做，你也什麼都沒做。我想我們應該把你們踢出專案」，諸如此類的話。

不管原因為何，經費已不夠同時稽核 Go 和 C++ 兩個用戶端（布特林的 Python 用戶端為研究用途，所以稽核的重要性較低）。剛開始與伍德約會的史泰娜不得不與伍德、威爾克和布特林一起決議，將她有限的預算用來稽核哪一個用戶端。由於伍德的 C++ 用戶端偏技術導向，而威爾克的 Go 用戶端除傾向一般消費者外，同時也能滿足技術人員的需求，因此她、伍德、威爾克和布特林決定優先稽核威爾克的 Go 用戶端。計畫是在網路上線、取得以

太幣後，在秋季再來稽核伍德的C++用戶端。

　　5月初，他們發布了以太坊第一版的「測試網路」。若有開發人員發現問題，或製造出顯著分叉（fork），意即切分出新網路，產生兩條彼此競爭的區塊鏈，就獎勵2.5萬枚以太幣（他們想在發布前找出錯誤，避免正式上線後不小心製造出第二條區塊鏈）。[17]就在他們即將完成測試，而Go用戶端也正在稽核時，伊歐里歐在多倫多分權中心的一位員工，於6月12日寄了電郵給布特林。主旨為〈無法存取冷儲存裝置（CSD inaccessible）〉，內容：「我收到通知，伊歐里歐已將冷儲存裝置帶走，直到他能與你對話後才會恢復。」

　　此電郵副本給比特幣安全顧問麥可‧珀可林（Michael Perklin），他在前1年受僱建立所謂的冷儲存解決方案，離線儲存以太坊基金會的眾籌比特幣（除了將資金從網路斷線外，還設置成多重簽名，需要多位簽名者才能轉移資金）。珀可林之前曾為加密貨幣交易所和博奕網站建置過這類系統，他設計出13頁冷儲存方針和6頁金鑰洩露協定，概述如果熱錢包或冷儲存金鑰遭「洩露」，或由不應有使用權的人取得時應遵循的流程。電郵中的冷儲存裝置是指位於多倫多的那個，其他的分別在倫敦和柏林辦公室，若要移動眾籌募到的比特幣，需要3個中的任2個簽名。不僅如此，每個裝置所在地還需要取得3位官方簽名人中的2位同意，才能執行交易。

　　伊歐里歐拿走其中一個「橄欖球」是嚴重的安全漏洞，橄欖球是他們對可以造訪基金會比特幣錢包的筆記型電腦（Chromebooks，Google筆電的舊名）的暱稱。珀可林援引緊急金鑰洩露協定，聲稱如果他被告知的事情屬實，伊歐里歐的行為根本等於「把金鑰當作人質」。大約過了緊張的1小時，伊歐里歐歸還冷儲存裝置，說他將裝置帶離分權中心，是因為翻新工程

讓分權中心的大門變成了「一塊膠合板」，讓該辦公室不夠安全，而且他忘記了先告知其他人。布特林發了一封群組電郵，稱狀況「最後解決了，且各方皆同意未發生人質事件」。

　　儘管沒有損失任何1聰，但這只是讓以太坊團隊與伊歐里歐關係惡化的其中一項事蹟。有一陣子其他共同創辦人，特別是開發人員，認為他沒什麼貢獻。有人將他視為「想依附（以太坊）以致富的失敗生意人」。雖然有兩位並不認為伊歐里歐是失敗的生意人，但他們同意他的主要動機之一是「龐大的私人利潤」。一位團隊成員在意識到每個與伊歐里歐共事的人都有過糟糕的經歷後，總結他是個「蠢蛋」。一位早期的貢獻者認為，伊歐里歐不覺得自己「卑鄙」和是個「爛人」，是因為他以為大家都這樣（伊歐里歐說，這些人是出於嫉妒，又「不懂承擔風險和投入資金的意思」。他也提醒那些認為他是想依附以太坊的人，他是布特林最早透露白皮書內容的人，而布特林說伊歐里歐是其中一位最早看到的人）。一位多倫多的同事發現，伊歐里歐不僅脾氣不好，如果他不是眾人矚目的焦點時，還會非常沮喪。當加拿大比特幣聯盟的成員向加拿大議會的銀行委員會做簡報時，伊歐里歐對於沒被問到是否跟他們一起簡報非常不滿，甚至過了幾個月後他還耿耿於懷（伊歐里歐仍堅持，身為執行總監的他應該要一起）。之前，當伊歐里歐和加拿大比特幣聯盟向安大略證券委員會簡報時，一位官員問到加密貨幣的安全性，伊歐里歐回答：「嗯，你們現在就身處險境。」他指的是傳統的金融體系（伊歐里歐說，那位官員是在問量子計算，就連傳統金融體系也容易遭受攻擊）。

　　特別令人煩躁的是，就算他自己除了資助以太坊外什麼都沒做，他對於給出「共同創辦人」頭銜的吝嗇態度幾乎病態。還有，楚格團隊覺得伊歐里歐在監視他們。他們說，有次伊歐里歐覺得他們在吸毒（有人會抽大麻），

他沒有告訴任何人就飛到楚格（伊歐里歐說他通知過他們，「你才不會直接過去」，而就算楚格職員會抽大麻，那也「沒什麼」）。他和助理抵達楚格的那天，所有工作人員都去露營了，他在星艦外久候多時，冒雨又七竅生煙，最後訂了旅館。儘管多位楚格成員說他們不知道伊歐里歐要來，伊歐里歐仍認為辦公室空無一人、手機又不開機的狀況是「安排好」、「幼稚」的行徑。

　　但經驗最糟的是為伊歐里歐工作的多倫多職員。大多數職員會先與伊歐里歐口頭談定工作安排，但他們說，要簽訂合約時，伊歐里歐似乎總要占盡便宜。珀可林初見伊歐里歐時，剛成立自己的比特幣顧問公司，伊歐里歐則需要人手回答分權中心的未預約客人的提問。他們握手達成協議：兩人不是僱傭關係，而是珀可林接待分權中心的未預約客人，以免費使用那裡的共享辦公空間。在珀可林將冷儲存系統的請款單寄給以太坊基金會的1週後，伊歐里歐邀他抽煙，而伊歐里歐的律師艾迪森・凱麥隆－賀夫（Addison Cameron-Huff）也加入他們。珀可林覺得很奇怪，因為凱麥隆－賀夫不抽煙。

　　他們到了外頭，伊歐里歐告訴珀可林，當初是因為他的遊說，讓珀可林得到這份冷儲存系統合約。伊歐里歐做出類似的結論：「所以我覺得50%是合理的。」

　　珀可林說：「50%？什麼的50%？」

　　珀可林說伊歐里歐的回答是珀可林做的50%。

　　珀可林回說：「這份請款單的？」

　　根據珀可林的說法，伊歐里歐說他要的是包含未來，所有請款的50%。

　　拿低眼鏡的珀可林瞪視著伊歐里歐：「你說什麼？」

　　珀可林說伊歐里歐解釋，他之所以勝出是因為他在伊歐里歐的空間辦公，而且原本以太坊董事會想選另一間安全服務提供商，但伊歐里歐為他聲

援。伊歐里歐說珀可林其他的顧問客戶也是這樣來的,是看在他在伊歐里歐的分權中心空間裡工作的份上,因此伊歐里歐認為未來所有請款單金額的50%是合理的。

珀可林說:「你不就是在講回扣嗎,回扣不是違法的嗎?」

後來伊歐里歐憶起這場對話,是關於他想在分權中心推動的新方案「轉介協議」,向用他空間提供服務的公司抽佣金,而不是回扣方案,但他不記得分權中心收取的比例。珀可林說,那時凱麥隆－賀夫插進對話,說在安大略省,回扣不盡然違法。

珀可林還問到,在那些董事會會議裡,伊歐里歐是否一直代表以太坊做決定,或者在知道自己可以從珀可林身上賺到錢的情況下做出決策。他最後說:「這不就是典型的利益衝突嗎?」

珀可林說,凱麥隆－賀夫插話,說他的客戶伊歐里歐在董事會會議上是否存在利益衝突並不重要,正在討論的是伊歐里歐的論點,即珀可林的比特幣顧問公司Bitcoinsultant,未來50%的請款金額要給擔任伯樂角色的分權中心。

珀可林拒絕。之後兩人決裂。珀可林說伊歐里歐開始向他收在分權中心工作的租金(伊歐里歐說,就算情況是這樣,也與此事無關)。珀可林最後搬離分權中心。

這種侵略性的伎倆伊歐里歐似乎不只做過一次。回溯當年他和達赫建立博奕應用程式Satoshi Circle時,達赫說伊歐里歐讓自己的律師告訴他,因為他美國公民的身分,擁有一家賭博公司是違法的(伊歐里歐有不同印象:達赫自己有相同顧慮)。伊歐里歐同意支付達赫一筆費用,讓達赫像是員工而不是商業夥伴,而伊歐里歐確實向達赫承諾,在120天內如果賣出應用程式,達赫就可以抽成。然而,達赫說伊歐里歐答應他不會很快就賣掉該應用

程式;但2天後,伊歐里歐就賣掉了達赫開發的應用程式(伊歐里歐說本來就有打算要賣掉它)。就是這筆交易使伊歐里歐成為比特幣富豪,讓他後來能提供資金給以太坊專案,並獲得「共同創辦人」的頭銜。

據錢包公司Kryptokit的員工說,伊歐里歐曾口頭答應給兩個行銷人員2.5%的股權,不過一旦要白紙黑字寫明時,他扣住兩人的薪水,直到他們簽下文件說他們不會獲得股權(伊歐里歐說:「從來沒有扣住誰的薪水⋯⋯股權的事,若當初沒有協議,就不代表雙方同意。」)。

布特林從不同的多倫多人那裡聽到這些傳聞和其他故事,所以儘管冷儲存裝置一事不是那根最後的稻草,卻足以對伊歐里歐產生更多懷疑。因此,就算需時數月,以太坊基金會還是開始與這位視自己為以太坊主要創投者切割。

終於在7月下旬,迎來上線日。幾個月來,威爾克團隊打造的Go用戶端很明顯地在至少一個關鍵層面上勝過伍德的C++用戶端,那就是安裝(或是開發人員的術語「從原始碼開始建置」〔build by source〕)時間只需幾秒鐘或最多幾分鐘;相較C++,因為它是一種較舊的語言,可能需要半小時左右。另外,雖然C++用戶端具備較多功能,但Go用戶端運作更順暢。再加上它被稽核過。威爾克的Go用戶端較優秀的可用性與可靠性,對伍德而言必定是沉重的打擊,身為技術長,似乎對威爾克團隊所犯的每個錯誤都津津樂道,還雄心勃勃地希望自己的用戶端成為「狂飆以太坊」。

伍德不認為Go用戶端應該獲得比C++用戶端更強力的宣傳。他在6月份一篇部落格文章中寫到:「講明白些:Go用戶端通過稽核流程不是因為它有什麼過人之處⋯⋯我認為與其他用戶端(C++或Python)比起來,沒有非選擇Go用戶端不可的理由⋯⋯沒有一個用戶端能提供絕對保障。而較少人使

用的用戶端〔就像他的C++〕因為人數較少，較不易成為被攻擊的目標，這樣的論點確實存在。」[18]

　　他講的可能是事實，但對其他團隊成員來說絕無善意。以太坊正式上線時，官網上所有主要連結都導向Go用戶端，偶爾會導向C++作為其他選項。[19] 就算伍德是技術長，他也無法叫溝通團隊隨機排列用戶端，或把Go用戶端放到C++用戶端的下層。Go用戶端，威爾克的心血結晶，成為正式上線時主推的選項。

　　布特林寫了一份指令檔，檢視比特幣區塊鏈，列出誰購買了以太幣，以及買的數量，以便將資料寫入創世區塊，接著預售參與者先前定好的以太坊地址裡，就會收到他們當初購買的以太幣。布特林、伍德、威爾克和布坎南選擇了測試網路中的第1028201區塊，因為這個號碼是迴文質數，並告訴所有想運作以太坊軟體的人將該區塊的雜湊值放入自己的創世檔案中。一旦完成，就可以啟動自己的用戶端，它會找到其他創建相同區塊的用戶端，這條鏈就此誕生。與其說是加密公司的人啟動了這條鏈，不如說是一種「媽媽妳看，我可以放手耶！」的方式更貼切。

　　布特林在7月28日從中國飛到柏林。7月29日，以太坊工作人員做了些上線前的安全檢查。7月30日，在有著如餐廳燈光和復古家飾氛圍的柏林辦公室中，大家盯著螢幕上的計時器，等待測試網路達到1028201區塊。終於，在2015年7月30日，世界協調時間（UTC）下午3點26分13秒，到達該區塊。螢幕上跳出一張榮恩·保羅（Ron Paul）興奮地高舉雙手，在空中揮舞的動圖（gif），搭配「成真了」的字樣。伍德造了一個創世區塊，大喊：「我完成了！」

　　布特林接近2年前幻想的概念，總算成真了。

上線日那天，在第一篇相關的部落格文章後，以太坊基金會發布了第二篇文，標題為〈宣布新的董事會和執行總監〉。[20]內容提到，目前董事會有4名成員和1位新的執行總監，是「麻省理工學院（Massachusetts Institute of Technology，MIT）的校友」，並「歷時數十年，帶領並完成複雜的資訊科技與管理顧問專案，創立並培育新創事業，且與頂尖教育工作者、科學家和投資人合作，實現具啟發性的研究創新。」通知電郵中有一張留著瀏海、笑容甜美的亞洲女性照片，身穿一件看似北歐滑雪毛衣，內文提及她生於瑞士，自2013年，也就是還只有少數人有白皮書的那時起，就一直關注以太坊。她叫陳敏。

第四章

創始成員遭無預警解僱
2015年2月至11月下旬

　　2月下旬和3月初，領導成員伍德、威爾克、魯賓、伊歐里歐、布特林、阿利希、圖爾和格林在楚格星艦集合，共度1週。出席會議的還有伍德的舊識、也是柏林辦公室的得力幫手布坎南，以及以太坊安全稽核經理史泰娜，伍德那時的女友。在這些討論中，伍德和其他以太坊開發管理小組成員建議以太坊解散現行的領導團隊，包括基金會董事會成員阿利希和格林，加上布特林、威爾克、伍德、伊歐里歐和魯賓，並使基金會的董事會專業化，讓它統籌基金會的長期戰略。同時，柏林的以太坊開發有限公司會成為執行分部，負責日常決策，由布特林、伍德和威爾克領軍，儘管只有伍德住在柏林。伍德、威爾克和布坎南私下說服布特林，其他領導成員與其說是幫助，更像是負擔，而布特林覺得他那時受情勢所逼迫，只好任由事態發展，魯賓也沒反對，因為他自己已逐漸調降了參與以太坊基金會的程度，並將重心移轉到ConsenSys。

　　當格林在那次董事會會議紀錄上簽名時，他並沒有意識到此舉等於同意自己被免職，這件事未被討論。他懷疑這是伍德又一次的奪權行為，讓他可以透過代理控制基金會（伍德說這是布特林的決定，若格林覺得被騙也是他

們兩人之間的事；布特林說他以為格林知道這件事）。

　　為了取代布坎南，柏林的以太坊開發有限公司聘請了一位營運長，管理所有辦公室，她是一位直腸子的美國外籍人士，叫凱莉・蓓可（Kelley Becker），有著攏到一側的深色大波浪長髮，還有一位財務長，弗里喬夫・韋納特（Frithjof Weinert）。

　　蓓可曾服務於一些非營利組織的財務、營運和開發領域，起初楚格團隊中的一些人對她的印象是，她自以為是個萬事通，覺得其他人都做錯事。至少一人曾提醒她，聽命於伍德會讓她成為一場更大遊戲中的棋子（蓓可說她很遺憾他們對自己有負面印象，但因為他們沒有非營利組織的經驗，而伍德是她老闆，所以本該聽命於他。另外她說，這些評論正說明當時的環境多麼有害）。

　　蓓可在2015年初就職，也就是權力遊戲日的9個月後，她意識到她需要釐清以太坊成員到底經歷過什麼。她的感覺是，他們是一群孩子，在多個國家見縫插針、毫無章法地建立了事業單位，因此浪費了數百萬美元。她發現他們深受霍斯金森所傷，也認為魯賓原本可能扮演成年人的角色，但應該是他那強勢的賺錢策略讓他們卻步（幾年後會成為億萬富翁的魯賓，說他從不在意錢）。

　　蓓可專注於布特林交給她的任務：將以太坊基金會打造成能保護這項技術、純粹的教育性質基金會。她說，不像魯賓，賺錢是布特林最不上心的事。布特林想公開招募董事會成員。蓓可說明這不是最好的方式，他應與自己的人脈談談，但布特林堅持公開招募。所以在4月10日，以太坊基金會在部落格上公告一篇職缺貼文，同時在《經濟學人》（Economist）上刊登廣告。

　　結果他們收到了一些令人驚豔的履歷，不過由於上線日逼近，他們匆忙透過Skype面試。他們最後選擇了拉斯・克勞維特（Lars Klawitter），戴眼

鏡的英國人，有資訊科技背景，時任勞斯萊斯（Rolls-Royce）的總經理，參加過倫敦的以太坊小聚，並在他家的個人電腦上玩過以太坊。他回覆的是布特林的部落格貼文。另外兩位入選的人是韋恩・海尼斯－巴雷特（Wayne Hennessy-Barrett）和瓦迪姆・列維廷博士（Vadim Levitin），他們是看到《經濟學人》的招募訊息。海尼斯－巴雷特的資歷廣泛，從英國軍隊到管理顧問，目前在一間非洲的金融科技公司工作。列維廷曾在聯合國開發計畫署任職多年，還擔任過一間全球教育和培訓公司的執行長。布特林是第四位董事會成員。

　　基金會同時招募執行總監（executive director）以監督各公司的營運。[1]他們當面在蘇黎世高檔、時尚、極簡風格的B2精品水療旅館裡與3位候選人面談，該旅館的紅酒圖書館裡，有著教堂式的窗戶和挑高書架，另外還有可欣賞蘇黎世市容和山景的無邊際泳池，以及熱浴澡堂。幾十名申請者中，最後的3位候選人有：一位瑞士當地的銀行家，另一位有在聯合國工作的豐富經驗，布特林認為他的履歷很「高級」，以及最近在密西根大學的教育網站「中國明鏡專案」中擔任8年助理，名叫陳敏的女士。除了她麻省理工學院校友的身分令布特林印象深刻外，她還花了幾年時間打造一款叫「我寫文字」（iWrite Wenzi）的行動應用程式，在下載商店中獲得2次評分的中文教育應用程式，在科羅拉多州生活了將近10年的時間裡，也涉足過一間滑雪新創公司。[2]

　　在旅館房間裡與伍德、威爾克和布特林面談時，陳敏毫無條理可言。為了多了解她一些，他們以閒聊開場，而她就像脫韁野馬，沒人能制止她。她興奮地說個不停，而當他們提問時，她的回答牛頭不對馬嘴、一直閒扯淡。因此，威爾克和伍德傾向那位來自聯合國、更符合資格的候選人。但那場會議前的某晚，陳敏打電話給布特林，而布特林很享受那次兩人3小時的對

談。因為都是極客，也都撐過傳統的學校體系，兩人建立起情誼，更還談到了加密貨幣。

因為伍德和威爾克傾向聯合國候選人，屬意陳敏的布特林提出折衷方案：如果聯合國候選人索求高薪，他們就選陳敏。當那位候選人提出23萬美元的薪資、搬家費用另計時，布特林理所當然地選擇了薪資條件約15萬美元的陳敏。

一開始，陳敏似乎滿是活力和熱情。其中一件她首先告訴董事會的事是，她認為自己是神童，幾乎與布特林程度一樣。她和董事會成員分散各地：密西根、倫敦、拉斯維加斯和奈洛比（Nairobi），一起工作了1個多月後，發布了她到任的部落格文章。

但幾乎在陳敏加入以太坊後，一場人際關係的八點檔大戲立刻開演。8月初，也就是到任公告3天後，她指責列維廷在一次2小時的Skype通話中性別霸凌、侮辱她。她指出他試圖控制、排擠她和其他董事會成員。

儘管克勞維特和海尼斯－巴雷特才剛認識列維廷，但以他們先前的相處情況判斷，這類行為不太像是列維廷會做的事。他是最年長的成員、退休教授和前高階主管，曾任職於多間非營利組織董事會。儘管他沒有加密貨幣背景，但以他的實務經驗，能就非營利組織的運作提供建議，並解釋某些情況下董事會該做些什麼，以及如何建立投票結構或章程。有關他試著奪權的認知，與他們看到的不符。此外，海尼斯－巴雷特和克勞維特無法想像列維廷發動政變的企圖為何。儘管如此，由於克勞維特和海尼斯－巴雷特認真看待陳敏的敘述，他們沒有先就陳敏的主張對列維廷示警，以利他們可以調查事件。

克勞維特寄信給陳敏，謝謝她分享對列維廷行為的擔憂。「請放心，董

事會非常重視此事，我們會保證有個公平和全面的衝突解決流程，以利產生適切的結果。」克勞維特寫道。「能否請你記錄、證明違規內容，讓我們有依據能採取對應行動，以達到上述目的？」

第二天，克勞維特的Skype帳號收到來訊。是陳敏傳的，使用代稱為「保險桿陳」（Bumper Chan）。

〔保險桿陳：2015年8月4日〕克勞維特昨天發信給我，裡面提到：2015年8月3日上午8點6分，從lars.klawitter@ethereum.org發送。

（她將克勞維特前一天發給她的信件內容完整貼出）

〔保險桿陳：2015年8月4日，晚上8點5分15秒〕海尼斯－巴雷特看不起所有人，包括其他董事會成員。他說他會把一切處理好。聽起來是海尼斯－巴雷特說服克勞維特寫這封信。海尼斯－巴雷特跟我說「妳不能離開」，其他人也是

〔保險桿陳：2015年8月4日，晚上8點6分7秒〕他比列維廷還糟。

〔保險桿陳：2015年8月4日，晚上8點6分59秒〕謝天謝地，諾菈（Nora）相信我能跟布特林一起取得主導權，還有你幫忙示範給我看

〔保險桿陳：2015年8月4日，晚上8點8分37秒〕她後來描述一個情境，就是如果我願意，我可以成為董事會主席，布特林則擔任董事長。她還讓我知道我能自己選擇顧問委員會（不是蓓可）。

我只跟她談了一下，但她的確說情況不妙，聽起來（董事會）狀況不友善。

克勞維特不太理解他看到的。他隨即把訊息複製／貼上到筆記軟體 Evernote 中。突然，陳敏意識到自己犯了錯。兩人的 Skype 聊天記錄現在顯示：

〔已移除此訊息〕

〔已移除此訊息〕

〔已移除此訊息〕

〔已移除此訊息〕

〔已移除此訊息〕

〔已移除此訊息〕

〔已移除此訊息〕

〔已移除此訊息〕

克勞維特很驚訝。對於自己要求提供事件細節，讓他們能妥善處理一事，陳敏很不悅。而她為「取得主導權」的方法，很像馬基維利主義（Machiavellian）。

儘管如此，由於他們幾乎不認識列維廷，無法確定是否誤判他，所以海尼斯－巴雷特和克勞維特不但沒告訴他陳敏的指控，甚至也不讓他與其他同事聯繫，以查明事情真相。但當陳敏被問到細節時，她的指控內容從性別調整成言語虐待。而從陳敏那些已刪除、給克勞維特的 Skype 訊息看來，她似乎對海尼斯－巴雷特和克勞維特不單純相信她的說法感到不滿。她開始對兩人的行為做出類似於對列維廷的指控，最終聲稱海尼斯－巴雷特對她咆哮。

當陳敏進一步接受提問時，她對列維廷的指控改變幅度之大，導致一些以太坊開發團隊成員認為，列維廷只是態度強硬地向陳敏提出如何組織董事

會的觀點而已。某人認為列維廷根本沒虐待過陳敏，更不用說性別議題，而
且她的觀念本身就有偏差。不過，這個人不能明說，因為陳敏是這個員工的
上司。而對海尼斯－巴雷特的指控確實讓大家覺得牽強，他們覺得他的行為
舉止根本不令人討厭。某人說他「正向、有趣、隨和」，另一人形容他「為
人正派。總是彬彬有禮」。列維廷也不惹人厭，但由於他較年長，又是生於
俄羅斯的美國人，曾在俄羅斯軍隊服役，也許有點家長式作風，所以陳敏有
可能將他的言論解釋為咄咄逼人，另一位以太坊開發人員也有類似的感受。

　　這段時期，布特林剛從韓國飛到北京，他在那裡的大學開了一門以太坊
的課。他每天起床後去教課，和學生一起吃午餐和晚餐；在休息時，他會接
到陳敏的電話，一講就長達2個小時。他那時還試著研究協定，布特林真的
不知道該相信陳敏還是董事會。

　　當克勞維特把陳敏刪掉的Skype訊息給布特林看時，布特林說了些「你
必須重視從她角度出發的陳述。你們幾位讓她覺得不舒服」之類的話。當克
勞維特指出她訊息透露的是把人撤職的陰謀，而不是不舒服時，布特林會再
次採納雙方說法（布特林說，陳敏自述這些人對她既霸道又帶侵略性，就像
某種特定類型的年長男性可能對待女性的方式一樣）。

　　兩人的通話內容，除了陳敏對列維廷的指責外，布特林認為最重要的是
她叫他繼續主導基金會，而不是任其將他架空到僅剩否決權。布特林越聽，
越發現她說的沒錯，他開始信任陳敏勝過董事會。她也告訴布特林，她想擺
脫其他人。儘管布特林不盡然是為了權力，但他對這些幾乎沒有經過審核的
董事會成員也沒有信心。

　　陳敏告訴一位未參與以太坊的朋友，因為其他董事會成員好像只是為了
錢才加入，所以她不信任他們。而這位朋友不知道的是，董事會成員其實是
無償工作。

　　接著的1週，布特林再度面臨危機。去年10月眾籌結束後，仍包含他、格林和阿利希的基金會董事會已碰過面，決議早期貢獻者的分配數量。他們確認過名單上的84人，都為以太坊做出實質貢獻，而他們的付出值得的對應以太幣數量，使用的是布特林設計的全職、半職或兼職公式。這就是伍德在多倫多比特幣博覽會時爭取到的薪資結構。

　　既然現在網路已經上線，他們準備把各別的以太幣分配量，發送給已經過三度確認以太幣地址的早期貢獻者。此時，溝通長圖爾依據他對這些人是否真的應得這麼多以太幣的看法，試著減少某些人的分配量。他對阿利希和蘇菈努兩人將近50萬枚的分配量忿忿不平，而這些數量是由布特林很久以前制定的公式所訂。儘管圖爾未在Reddit上提及，但他也不滿霍斯金森的分配量（296,274.826枚），因為他覺得霍斯金森真的傷害了以太坊。圖爾的一位友人也指出，因圖爾為發展以太坊社群鞠躬盡瘁，他恨透了謝特里特就這樣偷走的分配量（謝特里特能分配到308,324.368枚以太幣，只比伍德、威爾克、伊歐里歐和阿利希少一點點，比圖爾的分配量188,139.623多出64%）。

　　布特林擋下重新評估早期貢獻者分配量的打算，因為此時董事會已經三度確認過分配金額；另外，他也想不出公平地改變分配量的方法。加上他還親自承諾過一些人他們的付出會得到回報，他不願背信忘義，認為這會傷害基金會的聲譽，同時樹敵。除此之外，他根本不同意圖爾認為許多人溢領薪水的看法。

　　布特林諮詢一些人後下了決定，由於他有權阻止董事會內部的決議，他甚至不需要將這件事知會克勞維特、海尼斯－巴雷特和列維廷。

　　事件看似告一段落，直到8月16日某位Reddit用戶貼出一條連結，內容看似是從以太坊基金會的多重簽名，釋出以太幣給應該是專案早期貢獻者的

交易紀錄。[3] 圖爾決定透過Reddit發起公審，表達不滿。他回應該則貼文，而他所謂「大約82名」早期貢獻者將獲得約500萬枚以太幣，但「只有12名真的與以太坊有關，而現在還與我們同在的人數更少（聲明：我是其中之一）」。[4]

　　布特林在Reddit上回應，他的公式用1代表全職，0.5表示兼職，0.25表示最少量的工作，「因為我想避免大家孩子氣地比較各自的工作到底多有價值。」[5] 他詳述前一週的爭論和自己的決策過程，並說接收者裡有33人仍積極貢獻於以太坊。

　　圖爾回覆，由於布特林並未執行董事會建議的修改，代表他沒照正當程序走。[6] 圖爾也指出，這件事不會留下紀錄，且只因為圖爾回覆了這則Reddit貼文，所以才公諸於世。他抱怨布特林諮詢過「多人」，但不把諮詢對象告訴包含布特林、伍德、威爾克、布坎南和圖爾等人的資深管理團隊（多年後，布特林說不記得那時諮詢過誰）。後來圖爾挑戰布特林，要他公開早期貢獻者名單，「讓社群決定獎勵標準是否符合投入專案、社群或開發的心力。」他還預測，支付的數量會「對以太幣未來的價值產生負面影響」，很可能是因為如果有人大量出售以太幣，但市場沒有那麼大量的需求時，價格可能會下跌。

　　針對貼文討論串中的多個爭點，布特林回應道：「可以說，我們犯下的最大錯誤是把分配比例訂死，將9.9%的以太幣分配給眾籌前的貢獻者，另外的9.9%給基金會。若專案如預期般準時在2014年10月上線，這樣的分配會很公平，但事情發展並非如此；而如果我們當時就知道會在2015年7月上線，我會讓分配比例更接近4.9比14.7，那這次討論會大不相同。」[7] 但他反對圖爾說這些人可能拋售以太幣的論點：「還有值得注意的是，『大量拋售的人席捲市場』是個不應提出的爭論，以太坊基金會不做操縱加密貨幣價格

的事。」[8]

　　深藏在這則 Reddit 貼文的討論串裡，布特林確實提到，用 1.50 美元的價格計算，以太坊基金會還剩下 1 年的資金。布特林當時還不知道的是，就在他們那天將第一批分配支付給早期貢獻者後僅僅幾個小時，以太幣的價格會略微上漲，收於 1.69 美元；但在接下來的 5 個月裡，交易價格不僅將再下探，有時甚至遠低於 1.69 美元。

　　第一次實體的董事會會議訂於 8 月 23 日至 24 日在楚格星艦舉行。某位工作人員說，因為陳敏希望能仿照大型公司的董事會會議，所以對如何盡可能呈現出專業感到極度焦慮，她花了超多時間把銀行對帳單、監管公文和其他文件，整理進栗色金屬環活頁檔案夾。布特林由北京、威爾克從阿姆斯特丹、伍德自柏林，分別飛到蘇黎世。與伍德一起抵達的，還有不是以太坊基金會、而是伍德經營的以太坊開發有限公司的員工，營運長蓓可、財務長韋納特和布坎南。更多非董事會的成員也來了，像是從多倫多飛來的伊歐里歐，其他人覺得他似乎極度希望保持參與度：他為大家準備蛋和三明治。當然，穿著套裝的陳敏和董事會成員也不會缺席。海尼斯－巴雷特因為家人臨時發生緊急狀況，所以他在肯亞透過 Skype 與會。

　　列維廷總算得知了陳敏對他的指控，並強烈否認曾以任何方式虐待她。他甚至威脅提告陳敏誹謗。事發後，伍德打電話給陳敏，由於陳敏先前像迷妹一樣崇拜自己的建樹，導致伍德發現自己很難認真地看待她。他說他告訴她列維廷的事：「既然他現在威脅要採取法律行動，而且應該認識不少優秀律師，妳得確定自己站得住腳。」她對此好像很感謝。

　　幾乎所有人此時都懷疑陳敏的說法，但就是不包含布特林。他一直說他們必須從她的角度出發，儘管對董事會而言，從不明白這麼做的好處為何。

在董事會眼中，儘管布特林才華洋溢，但他似乎很難辨別誰在幫他、誰又在利用他。而他們相信陳敏屬於後者，也試著用不太具侵略性的方式想讓布特林明白。

某位以太坊開發有限公司的成員在露台上目睹過一次兩人對話，陳敏似乎在操縱布特林。他做了一些無關緊要的決定，而陳敏希望他選別的。她說了些像這樣的話：「我真的很在乎你。我是為了要保護你，如果你選擇這樣做，事情對我們會簡單一點。」而因為這件事微不足道，讓這個人覺得，陳敏是在試探她能否控制布特林，「像個恐怖情人。」

董事會會議的第二天，用的是以太坊權力遊戲日同一張長桌開會，3位董事會成員堅持在沒有陳敏的情況下，與布特林開一次高層會議。他們盡可能試著輕鬆以對：「好了，輪到下個議程。可以麻煩大家讓我們單獨討論嗎？」包括伊歐里歐、威爾克、伍德、布坎南、蓓可、韋納特以及其他不是正式基金會的人，都離開了該區（因為就在廚房旁邊，也算是一種公共區域）。

只剩他們在星艦頂樓時，他們問布特林：「我們是否都不能接受陳敏的指控行為？」此時的董事們很沮喪。數週以來，大家都知道陳敏有像是馬基維利主義的行為，但什麼都沒變。董事們對不得不把事情攤開來講，覺得很氣憤；而布特林則是情緒激動，非常不自在。董事會成員說他們先前做的錯誤決定，得讓陳敏離開才得以撥亂反正。他們認為讓陳敏擔任執行總監既有害又危險，會傷害到基金會。

布特林總算答應了。他說，他會和陳敏談談她和董事會成員間的摩擦。

列維廷、克勞維特和布特林接著得去MME事務所，與以太坊的瑞士律師開會。

　　布特林在離開星艦的路上告訴陳敏，董事會決定不讓她擔任執行總監。他說，陳敏跟他一起走到楚格火車站附近的MME辦公室，20分鐘的路途全程邊走邊哭。

　　他進去辦公室，與董事會成員和基金會的主要顧問盧卡·穆勒－斯圖德（Luka Müller-Studer）碰面，討論法規、行政和財務議題。然後董事會的幾位新成員問穆勒－斯圖德，根據瑞士法律，基金會董事的個人責任有哪些。

　　每位董事會成員都有1票，但布特林一人就有3票再加決勝點，這代表布特林有絕對主導權。早在6月時，董事會就注意到這個奇怪的安排。被問到此事時，布特林曾說：「這是你們上任前遺留下來的，因為我得確保其他人的票數不超過我的。但我們現在要改變這件事，不用擔心。」現在已到了8月下旬，情況毫無改變。

　　儘管董事會成員無法肯定，但他們懷疑陳敏試著在布特林心中播下不信任董事會的種子，像是告訴他：你要小心，這些人要的是掌握董事會，然後再搶走你一生的成果。

　　一位董事會成員回想穆勒－斯圖德的回答為：他們個人需負全責。而當他們指出投票結構讓他們無實質掌控權時，穆勒－斯圖德說那不重要，他們對董事會的作為或不作為都負有法律責任（無法明確談論以太坊基金會的穆勒－斯圖德說：「董事會成員對於基金會之作為與不作為，並不存在所謂需由個人負起的全責。在某些情況下，若董事會成員的行為違反法律和基金會條款，基金會可能會要求其董事會成員對基金會造成的損害負責。」）。

　　他們邊拖著步伐邊離開MME，而克勞維特和列維廷勿忙趕往蘇黎世搭飛機回家。他們公益性質的董事會職位，除了這次董事會會議往返蘇黎世的交通補助外，沒有薪水、不會分配到以太幣，什麼都沒有，計算其風險報酬完全無意義。兩人登機時，他們也不知道這次行程是他們的第一個，也是最

後一個「補助」。

離開楚格後，董事會成員1個半星期內沒收到任何消息。他們寄信給布特林，詢問陳敏得知消息後的反應，以及未來如何安排。他們不僅沒有馬上收到回音，還陸續收到陳敏請他們簽署文件的來信。

他們再度寫信給布特林，詢問為什麼一直收到這位應已被解僱的人的商務書信。9月2日，布特林回信告知，由於先前太過倉促，他將實質性決定推遲到9月10日。他們向布特林提出更多疑問，最後在9月26日，布特林寫道，他收到的「普遍建議」是他應該保留對基金會所有的主導權，而他理解要他們承擔個人責任但沒有實權是不公平的，他想重啟董事會選拔流程。

那時，某位知情人士表示，他們的法律風險變得很明顯：他們應對基金會的作為負責，但他們的投票權毫無意義，而一位馬基維利主義的執行總監正操縱所有日常決策，他們認為不值得為了這個職位賠上自己的生活、職涯和名聲。

2015年9月28日，他們傳了電子郵件給布特林，也寄出紙本信件到星艦和MME事務所，提出辭職且立即生效。他們以「親愛的布特林主席：」起頭，信中寫道：「維塔利克，你身為基金會董事會主席，卻從未兌現自己的承諾和保證。反之，你選擇讓自己擁有董事會投票權的3票，讓我們實質上變得無關緊要。從所有角度來看，我們身為董事的唯一功能，似乎就是背書你下的所有決定。」他們祝布特林一切順利。

董事會從不知道，在解僱陳敏後，布特林在自己、克勞維特和列維廷與MME事務所的那場會議中改變了想法。正如伍德所言，聘請董事會成員的根本用意，就是想讓高度專業人士來打理基金會。當克勞維特和列維廷問到穆勒－斯圖德有關個人責任時，布特林覺得他們的反應和肢體語言透露出他

們並不真正在乎以太坊基金會。

　　相較之下，陳敏的行為讓他覺得她真的在乎。畢竟，就算在布特林解僱她後，儘管她毫無理由相信自己能保得住這個職位，她仍繼續做財務審計的工作（當他告訴她董事會的決定時，她的合約變成暫時性的）。

　　從9月2日到7日，布特林、陳敏和她的男友凱斯・迪特里奧（Casey Detrio），一個比她小超過15歲的密西根在地人，一起在多倫多租了間小屋，住了5天。他們討論基金會的重組方式、它的使命和價值觀，以及處理預算和網站，由迪特里奧協助陳敏。

　　他們待在小屋的那段時間裡，直到將在分權中心舉辦以太坊活動的前一天，伊歐里歐在Skype上傳訊給陳敏。

　　〔2015年9月7日，上午9點52分59秒〕伊歐里歐：陳敏，早安。我有點擔心你隔離布特林的打算。這似乎欠考慮，還有點像操縱傀儡，特別是布特林正對妳在以太坊的未來做出取捨，而他還在觀望。

　　〔2015年9月7日，上午11點24分4秒〕保險桿陳：我們很有進展，且我們都感謝你的支持和關心。期待分權中心的活動。正準備轉推（retweet）活動訊息。

　　〔2015年9月7日，上午11點38分12秒〕伊歐里歐：無意冒犯，但「我們感謝」？你現在是代替布特林發言嗎？如果我要他的意見，我會直接問他，就像今天稍早時一樣。我那些擔心訊息就是給妳的。當我向妳提出疑慮時，請不要冷處理我，然後試圖代表妳們兩位說話。

　　另一位在多倫多擔任財務職務的人非常同情陳敏在董事會成員中的經歷，在她被指控的期間支持她，而他發現，當陳敏在董事會一役中看似占

了上風，她對他的態度就開始變糟。他回想：「她從一個非常有同情心、真的很棒的人，突然變成『哦，我大權在握了。你可以滾了』。」「她性情大變，變成一個截然不同的人。」他警告布特林：「我認為陳敏跟我們想的不一樣。」

這些請求並未讓布特林清醒，而他不再信任伊歐里歐或其他董事會成員，儘管他仍相信這位財務人員，但他接受了他或她的意見後就按下不表。而布特林越想越覺得留住陳敏很合理，9月，他敲定了她的合約。

隨著董事會和圖爾的兩場好戲越演越烈，又出現另一場危機：以太坊基金會的資金即將用罄。春季裡的每個月，根據比特幣的價格波動，原本看似3到6年的規劃，突然變成18個月，然後是16個月、接著是14個月。以太坊上線像是及時雨，讓基金會至少能取得一些以太幣。儘管如此，時至8月，基金會的財務狀況仍已岌岌可危。他們持有的比特幣價值不到50萬美元，而法定貨幣資產約20萬美元。有了基金會的775萬枚以太幣（1,050萬美元），他們只能再撐1年。

這就是8月23日至24日董事會會議的主要討論事項。布特林、克勞維特、海尼斯－巴雷特和列維廷針對產品規劃討論對應的財務問題：基金會是否能負擔得起其他的開發項目，像伍德構思的以太坊瀏覽器Mist還有悄悄話訊息協定？基金會目前在付的是Go和C++團隊的薪水。

他們試算了可能削減的預算。當務之急：每月5,500瑞郎的星艦，當時只有陳敏、迪特里奧和布坎南定期會去，另外偶爾是其他創辦人（像是布特林）的臨時住處。另一項不合理的支出：共同創辦人的差旅費用，基金會支付所有開銷，沒有每日金額上限。就算這樣，基金會很明顯地已經沒有足夠資金同時開發Go和C++用戶端了。

此時，伍德正忙於開創自己的事業，至少有一位董事會成員認為這是他一直渴望做的事。那位董事會成員相信，因為布特林的強烈反對，伍德發現自己沒機會將基金會變成營利組織，還說伍德甚至開始聯絡創投資源。在創辦自己的公司以太核心（Ethcore）後，他在基金會轉為兼職，將釋出更多資金。

他們還審查了另一個項目：第一屆以太坊開發者大會（DevCon 1）。原先計畫於10月第一週在倫敦舉辦。但由於陳敏的鬧劇，加上財務拮据，他們決定延期，另待通知。

這些是第一次董事會會議上做出的預算決定。他們計畫在換掉陳敏後，砍掉更多預算。

圖爾之亂也大約在這個時候進入尾聲。

過去數月裡，伍德、威爾克、阿利希等人開始擔心圖爾難以預測的行為。其中一些麻煩比較私人。他整天在倫敦共享辦公空間裡抽電子煙：單手握住一台巨大圓筒罐狀物體，使用同樣龐大的雙電池。他一直將電池連接到自己筆電上，這樣就可以持續充電。他整個人被不散的雲霧圍繞，就像一台人體造霧機。有些麻煩則與工作有關。例如某天，在阿利希離開基金會、忙於開發自己的以太坊應用程式時，他說圖爾刪掉了自己在以太坊部落格上的所有貼文，還有他早期以太坊小聚的YouTube影片。當這位以太坊共同創辦人質問圖爾，阿利希說圖爾裝做若無其事，說：「哈，你真沒幽默感！」文章被重新貼出（圖爾回想，他刪掉阿利希的一些部落格文章，但不是全部，說那些文章「跟事實不一樣」，且是「我讀過最蠢的東西」）。圖爾會儘早開始工作，也待到非常晚，而他似乎透過目測其他人的疲憊程度，以及待在辦公室的時間長短，來衡量他們工作努力與否。倫敦某天的晚上8點，已工

作 12 小時的 Texture 準備離開時，圖爾問他是否打算早點回家。其他舉動不僅麻煩，還很險惡。從某時起，其他人發現他會詳細地記錄每個人，他錄製全部的通話內容。待過他家的一位訪客說，他聽到他滔滔不絕地講出以太坊基金會所有成員的汙點（圖爾否認這些說法）。

從 Reddit 最近一次的爭辯，以及圖爾把阿利希的部落格文章和 YouTube 影片刪掉的這段期間，布特林、伍德和布坎南的忍耐到了極限。董事會會議前，在楚格某間星巴克，布特林說他和伍德在 8 月 20 日打過 Skype 電話給圖爾，解僱了他（伍德不記得解僱圖爾，圖爾也不記得被這樣解僱）。圖爾未知難而退，照樣出席董事會會議。在星艦外，陳敏要求圖爾離開，布特林就站在她身旁。圖爾轉向布特林：「大男孩，你能自己開口嗎？」

布特林說：「我同意陳敏。」

圖爾憤恨地吐出：「好！」接著拂袖而去。

似乎是為了證明自己的批評是對的，圖爾要求一大筆資遣費（根據阿利希的說法，為 10 萬以太幣）並恐嚇基金會，威脅要將全部的聊天紀錄透露給監管單位。儘管沒人做過違法勾當，但他們不希望監管單位以他們的評論編出故事（圖爾否認他做過這件事，但同意他無法接受自己被解僱，還一直深深覺得自己被誤解，他說他告訴陳敏那是胡說八道）。布特林回想起，衝著圖爾大喊大叫的陳敏，制止圖爾繼續威脅他們，警告圖爾這樣做不僅對以太坊，連對他自己都非常危險。圖爾說他那時還收到一封法律信函，說明他需遵守嚴格的保密協議。

9 月 3 日，布特林、陳敏和迪特里奧待在小屋裡時，圖爾最後一次在以太坊基金會部落格上發布文章。在用詩意美化以太坊「是一個理念，也是理想」後，他寫道：「由於個人價值觀的分歧，以太坊（開發）和我決定分道揚鑣。」[9]

在伊歐里歐的Skype訊息後過了1、2天，陳敏和布特林在他父母家工作。她開始尖叫，而她高亢的叫聲嚇壞了所有人。她尖聲說，布特林沒有說明以太坊付給開發人員的所有交易和款項。「你會去坐牢！」她嚎啕大哭。布特林開了玩笑：「至少我在監獄裡還可以做研究和運動。」陳敏並沒有鎮定下來。布特林的繼母，瑪雅，下樓到兩人工作的地方。「你在搞什麼？」陳敏說。「我再也受不了了。」眼看兒子強忍淚水，布特林父親感到震驚。年近50的陳敏，本應幫助布特林，卻反而是21歲的他擔起成熟的一方。

為了省錢，布特林、陳敏和迪特里奧開車去紐約參加ConsenSys的會議，因為魯賓說要支付第一屆以太坊開發者大會的費用。此時的魯賓，已讓一些紐約人對以太坊感到興奮。他最早的辦公室在布魯克林布希維克（Bushwick），一個髒亂的共同工作空間，牆上掛著壁畫，大廳裡走來走去的都是反主流文化的人，大家共享一大盒代餐飲料Soylent。大家在上線前就開始搶購圖形處理器（GPUs，用於開採以太幣），準備好等網路一上線就開挖。一旦公司在附近一棟滿是塗鴉的大樓裡有了辦公室，他們就有了個迷你推桿果嶺，而有時魯賓會在週六就著牆壁打壁球。

布特林、迪特里奧、陳敏和一位C++開發人員就在那裡，與魯賓和他的職務代理人安德魯‧齊斯（Andrew Keys）見面。齊斯回想起，在會議開始前，陳敏為了接她父親的電話，將身體伸到窗外，後來為了他幫她訂的一段航班對著話筒大吼。關於航班的對話激烈到讓陳敏哭了出來。那場會議中，他們達成11月第二週在倫敦舉行第一場以太坊開發者大會的協議。或許是因為基金會的資金已經耗竭，或者是由於統籌開發者大會是她的責任，陳敏又哭了。一些當時在場的ConsenSys員工認為她在會議前和會議時的崩潰非常奇怪，讓他們一連數月都會跟辦公室的訪客講這些故事。在她爆哭的中場

休息時間裡，她透露她那天還是從前一天開始都沒有吃東西，所以大家去了餐廳。布特林和迪特里奧在餐廳裡嘗試餵她，因為她不吃東西也不吃藥。無論是因為陳敏情緒化的表現，還是因為他們在多倫多小屋裡待了5天後變得親近，又或者是完全不同的原因，在往返餐廳的某一刻，布特林和陳敏牽了手。

　　9月3日，董事會會議後1週，伍德在英國成立了他的新公司以太核心。他的計畫是讓它像魯賓的ConsenSys，但更聚焦在開發用戶端軟體上。他不認為以太核心把他帶離了以太坊，他為基金會兼職，工作內容也一樣。但現在，他能透過投資取得資金。

　　伍德決定建立以太核心的另一個因素是，自網路上線以來，Go用戶端變得最受歡迎，占了99%的網路。C++團隊不僅因為它被期待能具備更多功能而進度落後，也因為C++用戶端仍然未被稽核。另外，由於資金如此稀少，有種感覺是，或許剩下的資源應該分配給Go用戶端而不是C++。伍德覺得就算他是技術長，他也永遠無法支持Go團隊，所以更一了百了的方法，就是成立一間外部公司。

　　一開始，伍德認為以太核心的創始成員應該包括自己、布特林和威爾克，為平行合夥關係，還有布坎南，可能再算史泰娜一份。多年後，威爾克說他不記得同意成為創始成員，除非伍德是把那次因兩人對自己建立的事物感到熱血沸騰，立下了哥兒們間的誓言當真：若以太坊失敗了，他們會另立門戶。當伍德就以太核心的事情聯絡他時，威爾克說伍德那時表示他能獲得股票但沒有決策權，而以太核心會聲稱有Go以太坊的創造者的參與。威爾克回道：「謝謝，但不用了。」

同時在那年秋天，陳敏和威爾克、伍德和一些部屬開會。由於財務吃緊，陳敏不得不在（取得布特林的同意）C++和Go兩支團隊間擇一。伍德的員工、語言Solidity的主要開發人員賴特維斯納，對伍德讓團隊成員對高層決策一無所知的管理風格表達不滿。他特別生氣的是，伍德只是想到了智能合約語言Solidity的概念，就自稱創造者，占盡所有功勞。賴特維斯納做完所有工作，伍德則一直到各地出差。

9月底，布特林在部落格發表了一篇文章，直接地告訴以太坊社群，「基金會的資金受限，而其中很大的因素是我們未能如計畫一般，在價格跌到220美元前，將我們持有的比特幣盡可能全數賣出；結果就是，我們承受了約900萬美元的潛在資本損失。」[10]

他解釋，專案的需求已經增長到基金會和其子公司不足以完成它的程度。此外，由於以太幣的價值自8月中旬以來一直重挫，以至於從布特林將預售分配量發送給早期貢獻者的那一天起，到了發布文章的那時，已跌掉三分之二。基金會可能在9個月裡耗盡資金。布特林說這讓從社群出發的模式變得必要，然後詳細說明了其他實體推動以太坊繼續發展的付出。最大的一筆交易是布特林與一間中國區塊鏈投資公司所達成，以50萬美元的價格購買416,666枚以太幣，即1.19美元兌換1枚以太幣。這是一筆不錯的交易，因為以太幣9月份的起始價約為1.35美元，但在布特林發布部落格文章的當天，收在0.58美元。[11]10月21日，再下探至0.42美元（在此時的區塊鏈世界引發廣泛關注的是，銀行使用區塊鏈技術增加營運效率的概念：這一趨勢的精髓體現在這句口號「區塊鏈，而不是比特幣」。最近成立的銀行團R3宣布，將由包括高盛、摩根大通和巴克萊〔Barclays〕等9個成員共組，而到了布特林發表文章的那天，它公告出匯豐銀行、花旗〔Citi〕與德意志銀行〔Deutsche Bank〕等13間銀行也加入了。[12]有關越來越多銀行加入R3的頭條

在那個秋季占據了區塊鏈世界的新聞版面，而新成員和早期測試的故事則在冬、春兩季現身）。

在與各團隊成員面談後，陳敏決定縮減伍德團隊，維持威爾克的資源在同一水準。她開始告訴布特林，她不信任伍德，認為他正騙走基金會的錢，她還發現他的薪水數字不合理。儘管布特林後來不記得原因，陳敏那時也告訴布特林，若他擔任以太核心的董事會成員會有利益衝突。布特林最後選擇讓步，告訴伍德他不會參與以太核心。

然後第一屆以太坊開發者大會於11月9日至13日舉行。會場選在距離利物浦（Liverpool）車站不遠的新古典主義建築，最初在1860年代曾是銀行的吉布森廳（Gibson Hall），活動吸引了大約400位與會者（包括許多銀行家），不只有以太坊的講者，還有瑞銀和勤業（Deloitte），並獲得微軟贊助。[13] 這間軟體巨擘還宣布將把以太坊整合進自己的雲端運算產品裡，而泰國支付公司Omise則捐給基金會10萬美元。氣氛非常高昂。開發人員現場做了演示，像是C++團隊開發人員彥區，他寫出嘗試拆分以太坊網路的測試，並為了以太坊放棄自己的博士課程。他示範如何透過以太坊控制一把鎖，讓人們可以將財物出租給完成付款的人。然後他站在筆電前，建立一項交易，把幾公尺外的電熱水壺開機。[14] 對那些以為再也見不到圖爾的人來說，他現在是彥區的新創事業Slock.it的共同創辦人。當水壺中的水開始沸騰時，圖爾為自己和一位要求加一塊糖的觀眾準備了茶（在他加入Slock.it的公告中提到，圖爾「在社群中有著傑出的地位」。[15]）。

就算這樣，對刪減預算的焦慮還是澆了大會一盆冷水。至少一個人還記得，有些人在哭。從某一刻起，威爾克和魯賓雙方同意，若基金會不再有錢支付開發人員的薪水，將由兩人討論繼續發展Go以太坊的作法。魯賓叫威爾克不用擔心，如果不是魯賓（意即ConsenSys）出手，也會由其他人來罩

他和他的團隊。

出於對刪減預算的陳敏的恐懼，讓伍德和威爾克暫時團結。兩人和另一位開發人員在一間小咖啡廳裡，半開玩笑地說要組一個「絕地武士委員會」：一個不受制於陳敏的以太坊替代組織。

在倫敦與圖爾一起工作的維奈・古普塔（Vinay Gupta）辦了場派對，而期間布特林和陳敏兩人單獨在一個房間裡待了2個小時。布特林後來說他們很可能在忙工作。

在第一屆以太坊開發者大會結束前，陳敏就前往楚格星艦，幫助柏林辦公室經理找尚未整理完成的收據、發票和合約。儘管需要有人來做，但不清楚為什麼在所有可能的人選裡，特別得要陳敏在開發者大會還在舉行的期間，親自處理這項任務。

但還是能感覺到她的存在。伍德在開發者大會時舉行了一場派對，大多與會者是他的C++用戶端開發人員，而在那場晚會中，他告訴大家會縮編團隊規模：他被告知要刪減70%的預算金額，就連能留下來的人也會減薪。這對其中一些部屬而言絕對是驚嚇，而在只剩數個月營運資金的狀況下，基金會還舉辦大會似乎不太合適。再加上大會的前1週，伍德、史泰娜和溝通團隊成員在亞洲巡迴；史泰娜去了新加坡，伍德則是東京和首爾。看起來根本不像是一間垂死掙扎的企業技術長該有的行為。他們被告知，他們可能會在幾個月內被解僱，而這比他們自己辭職更有利，因為他們符合德國失業保險金的請領資格可以維持更久。

同樣那個晚上，伍德邀請他們所有人加入以太核心。他甚至問了屬於威爾克團隊、但在柏林工作的朗格。一位不喜歡在他手下工作的員工覺得很奇怪，伍德實際上是一面從基金會解僱他們，同時提議由以太核心聘請他們。正如某位不是伍德部屬的開發人員所說，他也被邀請「加入黑暗面」（伍德

說他不記得曾解僱任何一位）。

　　在開發者大會後，伍德急於成立自己的新創事業，沒有意識到某些人對他行為的觀感。既然他們已經打造出以太坊，他認為是時候讓生態系中的其他專案繼續運作，不再依賴資金拮据的基金會。目前為止，伍德與基金會（即陳敏）的安排是，他將保有一個類似「生態系建築師」的頭銜，但基金會不給薪。

　　11月23日週一，柏林時間中午12點12分，伍德的C++開發人員之一馬雷克・科特維奇（Marek Kotewicz）為一個新的以太坊用戶端（伍德計畫使用Rust語言為以太核心建立用戶端）做了第一個GitHu備份承諾，意即代碼庫的快照。以太核心的官網也上線了，招募了4名資深和一般開發人員。[16]

　　近幾週以來，陳敏試圖說服布特林讓伍德離開，但一輩子大都繞著加密貨幣（如果不是只有以太幣）打轉的布特林並不願意。儘管伍德會責備他，也可能看不起他（在黃皮書中，他認同是布特林提出以太坊的「核心」），但布特林仍心繫這位從最早期就幫忙將他的概念化為現實的人。他與陳敏討論時，兩人都會哭，就像他把霍斯金森和謝特里特請走時一樣。陳敏取得證據，證明基金會的給薪員工在上班時間做以太核心的工作，讓她有足夠的火力戰勝布特林。

　　以太坊開發有限公司的營運長蓓可，剛動完緊急剖腹產手術，前1週她和她的寶寶一直待在新生兒加護病房。陳敏叫柏林辦公室的經理去醫院，在新生兒加護病房裡他遞給蓓可幾份要簽署的文件，而當時的蓓可對這段時間僅有模糊印象。其中一份，是伍德的解職信。

第五章

去中心化自治組織
2015年12月至2016年6月17日

　　解僱的消息殺得伍德措手不及，尤其還是由他曾倡導的「專業」執行總監下的手，不知所措的他請史泰娜幫忙協商自己的退場方式。後來雖然史泰娜在放完產假後，就離開以太坊基金會去伍德的新創事業，又雖然某位以太坊開發有限公司的管理階層說，史泰娜原本會與伍德同時被解僱，但當時她正懷著她和伍德的第一個孩子（將來還有一個），因此她受德國嚴格的孕婦工作權益所保護。接下來的數週，正當陳敏將以太坊基金會由星艦搬家到楚格市中心的一個小公寓裡、她和史泰娜以電郵來回討論的同時，由伍德、史泰娜、布特林和陳敏4人共同撰寫伍德離職公告的內部通知信。即使在語言Solidity的主要開發人員賴特維斯納要求正名後，伍德和史泰娜仍堅持在內部通知信中將賴特維斯納的職責從「創造者」改成「首席開發人員」：「因為是伍德構思和設計了語言Solidity，由賴特維斯納把它做出來。」陳敏的電郵以此作結：「希望我們都可以養精蓄銳，因應嶄新的一年。」但她私下告訴布特林，她認為伍德挪用了高達50萬美元（伍德說他在以太坊開發有限公司的財務中沒有任何權限，那時都由布坎南處理。當布特林被問及陳敏是否曾提出任何證據，或他自己是否做過深入調查，布特林說他相信陳敏）。

大約在同一時間，陳敏去了柏林辦公室。伍德和史泰娜都不在。陳敏告訴那裡的員工，刪減預算不是因為缺乏資金，而是有人濫用資金。

2016年1月11日，伍德在以太坊部落格發表了名為〈最後一篇部落格文章〉的貼文，用平克・弗洛伊德（Pink Floyd）的歌詞開場：「時光荏苒，長歌已盡，我還有話想說。」

他從未公開的草稿是這樣起頭的：「陳敏炒我魷魚，所以我今年要去泰國。」貼出的文章則是這麼寫的：「懷著不小傷悲，我必須向大家道別。如同弗洛伊德的創作，在以太坊的這段時間裡，我嚐盡酸甜苦辣。」幾段簡短的篇幅裡，他談及遇過「多位很酷的人」，列出包含威爾克的10人，並表示他會盡最大努力支持C++團隊。最後他寫道：「前路無疑崎嶇不平，但我們深知自己該做的事，而我預期，未來看到的風景會壯麗無比。再見，謝謝你們的魚。」（再一次參考《銀河便車指南》）文章中完全沒提到布特林。[1]

伍德一離開後，柏林辦公室的競爭就消散了。甚至連伍德帶領的C++團隊成員，現在也對特蘭西瓦尼亞的希拉吉等的Go用戶端開發人員很友善，所以他們也意識到C++成員與一般人沒兩樣。

以太坊基金會的開銷也在控制內。早在1月7日，布特林在以太坊部落格上發文，透過搬離星艦、刪減預算：C++團隊約75%、Go團隊10%左右、溝通大概85%、行政近50%，基金會已將每月費用從40萬歐元（43.5萬美元）減少到17.5萬歐元（19萬美元）。[2]此時，基金會有225萬枚以太幣（約210萬美元）、500枚比特幣（23萬美元）和10萬美元的法定貨幣，共約240萬美元，按照他們目前的預算金額，代表還可以再撐1年（他並未提及克勞維特、海尼斯－巴雷特和列維廷已離開，而他是唯一的董事會成員）。

　　然後，在1月下旬，以太坊價格終於突破了8月中旬時分配給早期貢獻者當天的金額：1.69美元。在那之後不久，價格來到2美元，幾乎是9月底0.58美元的4倍，而當時布特林告訴社群，以這個價格計算，基金會可能不得不在9個月內關閉。基金會相較之前不僅有更多錢，而且2美元的以太幣使得以太坊成為區塊鏈價值排名的第3名，超越萊特幣（Litecoin）：若說比特幣是加密貨幣裡的黃金，那萊特幣就是白銀。

　　此時，基金會詢問部分先前被解僱的開發人員是否願意回到基金會（不過並未包含伍德）。一位C++新進人員，鮑勃・桑默威爾（Bob Summerwill），住在加拿大的英國人，於2月時加入，不過事實上從去年夏天網路上線以來一直無償工作。他從那時起就注意到，當他向Go團隊的某人提問時，很容易得到回音，但C++團隊從來沒人回過。當他正式加入基金會後，聽說了「柏林要塞」：兩支團隊彼此不溝通的那段日子，不過「自負的」伍德離開後，大家就和平共處了。

　　但這份和平只限於在基金會裡。既然伍德人在另一間公司，競爭不僅持續，還轉為公開。2月2日，以太核心刊出有關新用戶端Parity的部落格文章：「用最近期的標準（可在parity.io上查看）來測試，Parity顯然領先所有市面上的用戶端，肩負起最快、最輕盈的以太坊區塊處理引擎之名。」[3]威爾克的一位主要代理人希拉吉，仔細確認過那篇文章，發現以太核心調整了Go用戶端，省略掉Go團隊做的優化項目。[4]然後以太核心拿這個條件較差的Go用戶端與新的Parity比較，他認為這是「卑鄙的小動作」。如果伍德光明正大地做出了更好的用戶端，他可以接受這種結果，但絕對不原諒偽造數據。就連伍德的員工科特維奇也承認，他們的方法讓Parity的速度看似快上好幾倍，但事實是快了差不多20%。但在基金會時就否認與威爾克的Go團隊相爭的伍德，後來會說這就是Go團隊和Parity團隊間競爭的開端，因為他

們視 Parity 為威脅。

雖然 Go 開發人員不會這樣描述事發經過，但他們的確說過 Parity 用戶端引起新問題：儘管它是很好的以太坊用戶端，但它並未遵循相同規格，因此開發人員要以不同的方式處理各個用戶端。雖然不足以造成協議的分叉，但足夠為使用它們的人增加難度。而 Parity 不願討論如何弭平這些差異（伍德說：「Parity 一直專注於開發和提供最優良的技術，而不是搞政治或去其他團隊爭議『標準』。」）

有關伍德的所有麻煩仍未解決。1 年後，當卡拉佩澤斯在巴黎的一場會議上見到他的前老闆，他試圖與之談談：伍德和賴特維斯納，誰才是語言 Solidity 發明者的爭論。卡拉佩澤斯的觀點是，從一開始賴特維斯納就代表語言 Solidity，是他從頭到尾把它做出來。卡拉佩澤斯指出，黃皮書、C++ 用戶端以及現在的 Parity 用戶端都歸功於伍德。為什麼就連 Solidity 他也一定要居功？儘管卡拉佩澤斯的母語不是英語，但他說得很標準，他回想那時的伍德「開始針對我不太好的英語對我說教」，還說因為是他想到的，所以他是發明者，而不管接手的是誰，他是發明者的事實永遠不變，其他的只是開發人員。卡拉佩澤斯覺得伍德是在小看他，他非常生氣，再也不和伍德說話。

但基金會有更多正面的消息能關注。到 2 月中，以太幣的價格飆升至 6 美元。以太坊現在是僅次於比特幣的第二大區塊鏈了，領先一種銀行轉帳代幣，瑞波幣（Ripple）。以太坊基金會現在有足夠 1 年，或更長時間的營運資金。然後，在 3 月 1 日，以太幣達到 7 美元；3 月中，15 美元。突然間，基金會可以撐上好幾年。差不多在這時，那位送星艦一箱啤酒的比特幣瑞士銀行的員工，兌現了他 4,000 枚以太幣的本票，取得超過 1 萬美元，為自己買了一隻好錶。

以太坊的轉機總算來了。布特林鬆了口氣，他知道這樣一來自己有至少

3年的時間。然而，他不知道他們即將迎來的是一趟顛簸的旅程。

　　彥區是來自德國米特韋達的C++開發人員，負責在網路上線前，設計能讓網路產生分叉的測試，而現在正忙於一項新創事業。Slock.it是一間用區塊鏈為基礎，促進去中心化共享經濟的物聯網公司。正如他在第一屆以太坊開發者大會上所做的電熱水壺展示，Slock是一種能用以太坊交易解鎖的裝置，例如，一旦客人付款，就可以打開去中心化Airbnb的房門。

　　彥區、他的哥哥西蒙（Simon）和共同創辦人圖爾以及2名員工：卡拉佩澤斯和格里夫·葛林（Griff Green），需要營運Slock.it的經費。他們可以採取傳統路線，找創投資源；可以跟以太坊一樣開賣代幣；或選擇更有趣的：賣具備投票權的代幣。更好的是，他們決定不僅會賣這類代幣，而且不由Slock.it公司來募集資金：這次開賣會建立一個去中心化自治組織（DAO），組織決策將由其代幣持有者決定，並且此一組織（The DAO）將付錢給Slock.it作為他們推展去中心化共享經濟的費用。如果Slock.it只為The DAO工作，那麼它實際上就等同於Slock.it的執行理事會。正如彥區在開發者大會時的解釋：「你提供開發資金，可以為重大決策投票，還有非常重要的是，可以控制資金……（這些）款項不只是給我們而已。」然而，Slock.it很可能成為The DAO的首批「服務提供商」或承包商之一。

　　基本上，人們把以太幣發送到去中心化自治組織，收取Slock幣（後來稱為DAO幣）後，就能被賦予去中心化自治組織的成員資格與投票權。「就像購買一間公司的股票，和獲得實際股息。」他說。獲得股息有以下兩種方式：例如，如果The DAO成員真的聘請Slock.it作為服務提供商，則出租自己公寓的Slock所有者，可以決定自動將每筆交易中的（1）特定比例，或（2）固定費用給DAO幣所有者，數字由The DAO設定。這些股息會自動由區塊鏈

支付。

　　啟發彥區的部分因素，來自伍德在2014年底有關超脫律法（alegality）概念的一場 Web 3.0 演講，也就是既不合法也不違法的狀態。伍德在演講內容中，談到了 SaaS：「軟體即服務」產品，當前的主導地位，像是使用活動管理系統 Eventbrite 販賣活動票券，或使用 Gmail 傳送企業電子郵件的公司，將如何讓位給他所謂的 DsaaS：「去中心化的軟體即服務」產品。例如，線上支付服務商 PayPal 代表的是 PayPal 控股公司（PayPal, Inc.），該事業單位所聘僱的人員，可能會被監管單位起訴、移送法辦或坐牢。他指出，沒有一間叫做比特幣的公司：作為去中心化的軟體即服務，它更像是一種「自然力量」。

　　「當你創造新的去中心化的軟體即服務，其實你是在創造一種全新的自然力量，」伍德說。「一般而言，如果施行得當，這些事物就無法被停止運作。法院無法、警察無法、獨立國家無法……自然力量不理我們，不管我們的擔憂、疑慮或對智慧財產權法的堅持……。」[5] 他們超脫律法。

　　在這個嶄新、去中心化、超脫律法的時代，創業投資資金已經過時，且受中央控制（還符合法律）。為了創造這種超脫律法的自然力量，Slock.it 表示它會免費為 The DAO 智能合約寫程式碼，一旦上線，所有人都可以向 The DAO 提案，嘗試從它那裡取得資金。講明白點，是從組織成員那裡獲得資金。雖然彥區說 Slock.it 願意為 The DAO 工作，但是是由 DAO 幣持有者做最終決定。Slock.it 打算發布程式碼的 1.0 版，然後停止做 The DAO 的工作，讓它成為自然力量。

　　在2015年11月的第一屆以太坊開發者大會後，彥區和卡拉佩澤斯開始認真編寫 The DAO 的程式碼。[6] 他們預計需時1個月，結果一直做到春季。因為彥區還在做 C++ 團隊的工作，所以12月只在以太坊基金會半職工作。為

了在Slock.it前先建立The DAO，他靠積蓄為生。若DAO幣持有者決定不資助Slock.it，The DAO沒有其他備案。同時，卡拉佩澤斯月薪為500歐元，是每週兼職工作10小時的最低薪資，前提是Slock.it獲得DAO幣資金之後，就會給他正常薪資，外加欠薪。身為共同創辦人的圖爾無給薪。還有葛林，因為他只想要加密貨幣，而Slock.it無法以這種方式支付員工薪水，因此他也沒有收入。

　　為了啟動和運作，人如其名，就是個去中心化自治組織的The DAO需要人工協助（因為「DAO」是泛指所有去中心化自治組織的用詞）。[7] 正如圖爾在4月9日的部落格文章中所描述的，一組供應The DAO的人，是由「訂約人」（contractors）組成，他們會繳交開發產品或服務的提案。提案要包含一份智能合約，及一份「簡單的英文說明」。

　　另一組「策展人」（curators），則會驗證訂約人的智能合約是否能按照說明所寫的那樣運作。[8] 如果合約通過審核，策展人會授權或將該訂約人的以太坊位址「列入白名單」，就可以收到DAO的以太幣。

　　DAO幣持有者可能的投票項目包含：決定同意訂約人的提案與否。[9] 所需的最低法定人數將與提案的金額成正比，從不花錢的提案到花光The DAO資金的人數範圍為：20%到53.5%。同意該提案採簡單多數決。

　　另一種提案是分割，可以用來建立一項新的創業投資，能資助與主要的The DAO不同的概念，但拆分最重要的原因是為了離開The DAO：抽回自己的資金。拆分需要一份歷時7天的提案，該提案會建立一個新的去中心化自治組織，一般稱為去中心化自治子組織（child DAO），或去中心化自治分割組織（split DAO），並把投票支持拆分的所有代幣支持者的以太幣全數移到新的裡頭。如果The DAO是母艦，則去中心化自治分割或是子組織就像救生

艇，7天的等待期就像將救生艇放下水所需的時間。可以想像，原本的去中心化自治組織最終會分裂成多個。

要加入去中心化自治組織，你得在它的創造期間向其智能合約發送以太幣（就像要建立一個新的創業投資基金，就必須在某段時機購買股票才能參與）。根據持有的 DAO 幣數量，會獲得提案的投票權利，以及從經過同意的訂約人提案帶來的收入中，獲得某個比例的 DAO 幣「獎勵」的權利（就像創投基金股票也可以讓你影響基金投資的標的，你持有的股數則代表投票權的份量和分潤比例）。

在 Slack 裡討論去中心化自治組織的運作模式時，某位成員評論說，在代幣銷售後才提出 Slock.it 的提案「很瘋狂」。「像對創投者說：『給我些現金，然後我們將來可能會給你一份商業提案。』」

雖然去中心化自治組織的複雜規則已被提出，但 The DAO 究竟是什麼仍很模糊。彥區後來對 The DAO 的描述，像是由數千人或公司的創辦人擁有的「銀行共同帳戶」，無法自行工作，只能委託工作給其他實體。他說 Slock.it 的法律觀點是，建立去中心化自治組織就像聚集數千位創始人，成立一間無需向證交會登記的公司。Slock.it 其他的共同創辦人的概念略有差異，自稱「無政府主義瘋狂者」的葛林，認為它更像他所痴迷的普世共享經濟的非營利管理單位：讓他成為靠個背包就足以過活，承租他偶爾需要的東西的游牧民族。卡拉佩澤斯和圖爾則形容 The DAO 為一間傳統公司，除了其核心為代幣持有者營運智能合約，並提供報酬給他們。

總而言之，許多社群裡的人和準投資人／參與者都將其視為一種「去中心化創投資金」，而購買者無需成為「合格投資人」：美國的定義為 1 年收入超過 20 萬美元（共同收入超過 30 萬美元），或（個別或共同）淨資產超過

100萬美元。因此，The DAO等於是：第一個全球去中心化風險基金，開放給所有國家的任何人參與，只要能使用網際網路，經濟、年齡、資歷等條件都不是問題。

　　對去中心化自治組織的期待逐漸升溫。早在2月，去中心化自治組織的Slack就設立七種外語頻道（以波蘭的最活躍）。到3月下旬，去中心化自治組織的全體Slack頻道有近3,000位成員。一些活躍的Slack成員自發成立了論壇，在4月3日創了個官方網站daohub.org。[10] 同一時期，其他代幣銷售帶來了可觀的資金，區塊鏈平台Lisk和DigixDAO（一個將實體資產代幣化的去中心化自治組織）籌集了超過500萬美元。

　　但是Slock.it遇到了一點小狀況。首先，律師說Slock.it正在做的事情（大部分指販賣代幣）不合法。一位美國律師的印象是，Slock.it想在5月2日美國最大的區塊鏈會議Consensus前發布去中心化自治組織（彥區否認這一點，因為Consensus不被認為是以太坊社群的重要會議），而他回說如果Slock.it開放美國投資人參與，就需要聘請一位證券律師，歷時需6個月。那時起，Slock.it就停止與該律師通聯，彥區說，因為Slock.it需要的全部訊息都到齊了。不過彥區認為DAO幣是證券的想法很無謂，因為並不是Slock.it在賣出代幣。The DAO是不同單位，而它會付錢給Slock.it，Slock.it不是在出售自家股票。在與德國和瑞士的律師討論後，彥區有了不同理解：人們毫無疑問可以購買DAO幣，但如果他們後來想賣掉它們，這些代幣實際上就變成了證券，代表他們需要遵守一整套規定，而這正是他一直嘗試避開的。

　　由於預售可能的法律影響仍不明，圖爾開始在部落格中發表免責聲明，例如，「重要的是要記得，任何使用去中心化自治組織程式碼的人風險自負。我們無法推測去中心化自治組織在全球各國的法律地位。」[11] 在Slack

上，葛林談到DAO幣的眾籌時寫道：「我們從幾個月前不再叫它預售，因為DAO幣是從區塊鏈裡誕生，沒有人事先販售任何東西⋯⋯當有人在創造階段透過發送以太幣來為一個去中心化自治組織提供動能時，那時才會產生新的DAO幣⋯⋯這完全不算銷售，真的是創造DAO的一種行為！」

無論如何，在Slack中，大家不斷詢問預售開始的時間。兩位在瑞士納沙泰爾（Neuchatel）對去中心化自治組織感興趣的投資者：吉安・博克斯勒（Gian Bochsler）和艾力克西・盧塞爾（Alexis Roussel），留意到Slock.it畏首畏尾。最後盧塞爾直接打電話問圖爾。圖爾用兩人的母語法語解釋說，德國稅務機關告訴Slock.it，一間公司不能從沒有法律資格的組織那裡收取資金。盧塞爾是Bity的共同創辦人，Bity是買賣和交易比特幣、以太幣和DAO幣的地方。盧塞爾擁有法律學位，是前瑞士海盜黨主席，該政黨的理念著重於數位版權和隱私，並在聯合國有近5年的工作經驗。他翻譯德國稅務機關的顧慮：如果Slock.it接受去中心化自治組織的資助，會「沒有資料能放在增值稅欄位」。

兩人通完話的隔天，彥區的兄弟暨Slock.it的執行長西蒙前往納沙泰爾共商解決方案。盧賽爾認為，根據瑞士法律，你交易的實體組成並不重要；如果他、她或它有能力付錢給你，雙方就可以做生意。他們決定成立一個名為DAO.link的瑞士代表，這樣就有增值稅號（VAT number）可以用於德國稅務文件上。如果去中心化自治組織同意Slock.it的提案，那麼去中心化自治組織可以將資金支付給DAO.link，由DAO.link再支付給Slock.it。

4月21日，The DAO的官方網站daohub.org正式上線了。[12] 首頁寫著「THE DAO是」，接著一個電子橘色游標。被無形的手移動後，出現完整句子：

THE DAO 是革命性的。

THE DAO 是自治的。

THE DAO 是有回報的。

THE DAO 是程式碼。

下方是一張顯示總體趨勢的線形圖：呈上漲之勢並往右發展。

首頁上寫著：「The DAO 的使命：為求成員的革新，在商業組織中開闢一條新的道路，無所不在又無處不在，並僅以無法阻擋的程式碼的堅定鋼鐵意志運作。」[13]

官網上線時，網頁底部顯示一行小字：「本網站屬於 The DAO 社群，由 The DAOhub 團隊管理，託管感謝瑞士 dao.link 有限責任公司資助。」（翻譯蒟蒻：親愛的證交會，The Dao 不是 Slock.it 的所有物，請不要來追我們！[14]）

在關於網站上線的部落格文章中，圖爾指出 Slack 群組中現在有近 4,000 位成員；他也透露首批預計交給 The DAO 的其中一項專案：打造自租式都會電動車，並鼓勵讀者提出自己的方案給 daohub.org 論壇。

圖爾還提到 The DAO 的程式碼已經接受「享譽國際的安全性稽核公司之一，Deja Vu」的稽核。該部落格還指出：「布特林前幾天在倫敦以太坊小聚上簡報過。他大部分吸引人的分享內容⋯⋯聚焦於去中心化自治組織，他警告大家要小心：設計不良的智能合約、魯莽的加密企業家和⋯⋯呃，根本不算去中心化自治組織的去中心化自治組織。」[15]

官網上線時尚未完成的那部分，是策展人。圖爾和彥區邀請了知名人士擔任策展人（大部分是以太坊基金會的開發人員），說策展人的職責是檢

查人們的身份，並確保一個實體（像是Slock.it）提出付款請求後，請求付款的帳戶確定屬於Slock.it。用加密貨幣的說法，策展人扮演的是「預言家」（oracles）的角色，驗證將用於智能合約的非區塊鏈訊息。

策展人沃格史特勒是一位全端設計師，與威爾克和伍德的團隊都有合作經驗，他認為既然策展人只負責將正確的位址列入白名單中，這個角色就單純是個「門房，而不是DJ」。伍德發現主要責任就像「數學」，有著可以證明的正確答案。

在網站上線4天後，Slock.it公告了策展人名單，圖爾在一篇部落格文章裡稱之為「加密領域的名人錄」。網站的策展人頁面以大張黑白大頭照呈現11位策展人資訊，[16]讓伍德心生猶豫：如果我只是為一個極度單純的判定確保正確性，為什麼要用我的照片，又為何被稱作策展人？策展人精挑再細選事物，不只做基本的預言工作。

一位受邀策展人有些抗拒：威爾克。他想過答應，但又覺得如果他擔下這份責任，就可能因某事被譴責。還有，The DAO沒有募資上限這件事讓威爾克感到緊張。他告訴圖爾，「請設定上限。因為如果你搞砸了，至少還在一定程度內，更何況裡面這麼多利益糾葛。請務必設定上限。」圖爾向威爾克保證一切順利。在以太坊眾籌前，圖爾曾是設定上限的擁護者，但被否決掉。後來他認為自己這樣不對，就反對The DAO做此設定。但威爾克回覆：「如果發生什麼狀況，你會損失非常多錢，且對以太坊來說會非常糟糕。」

但Slock.it團隊反對設定上限。例如，葛林認為設定上限的代幣銷售，像是聚焦於保護資料數據的網際網路幣（MaidSafe）或Digix的代幣銷售都一開賣就秒殺，讓它們的去中心化程度偏低，並將不是最狂熱的加密愛好者排除在外。在Slack中，他指出因為他位於西岸，所以像是Digix眾籌在他起床前就結束了。他還擔心，如果一隻鯨魚把限額全用光，那麼鯨魚可能會從The

DAO中分割（把所有的錢都帶進救生艇）出來，留下一場空。然後他補充說：「我認為大家忘記這個設定與一般的預售或眾籌截然不同。由於分割的可能性，所有DAO幣持有者可以隨時控制他們的那份資產。」他指的就是DAO幣持有者可以分割或建立去中心化自治子組織，隨時離開The DAO的能力。

最後，11位策展人是來自以太坊基金會的9人，包括布特林、巴西設計師范德桑德、寫出語言Solidity也是解僱伍德的核心人物的賴特維斯納、來自星艦的格林等人；僅有的兩個非基金會人員是伍德和他的好友暨以太核心的商業夥伴布坎南，兩人都才剛離開以太坊基金會。

當彥區和卡拉佩澤斯在寫程式碼時，一個充滿熱情的社群正在成形：從熟練的開發人員到徹底的加密新手。Slack不僅有數千位極度活躍的成員，而且社群負責人葛林還藉由付錢給完成了DAO忍者測試的人，學習如何向The DAO提案，確保工程師的參與。

此外，Slock.it走訪各間交易所，說服Kraken、Gatecoin、Bity、ShapeShift和Bittrex使用，不只用數位貨幣，而是能以美元、歐元、瑞郎、港幣等多種法定貨幣購買DAO幣的程式碼。[17]這等於是在歡迎徹底的加密新進者。

同樣地，MyEtherWallet是一個網站，讓大家能用簡單的按鍵直接與以太坊區塊鏈互動，但無需將貨幣的控制權交給任一公司。網站上增設了一個選項，讓人不用讓交易所持有自己的代幣，就能加入The DAO。[18]等同於擁有一個數位錢包、用現金支付，並將DAO幣直接放回皮夾：上述這些動作都透過一個網頁處理。

4月26日宣布策展人後的隔日，Slock.it也正式公告與Bity共同成立了

DAO.link。The DAO的智能合約已經做過稽核，還有包括布特林在內、18位深受彥區敬重的人士看過程式碼，再加上彥區本人針對最糟情境做過多次測試。截至目前，彥區認為他們已把能做的所有事情都做完了。但他覺得，若出現任何狀況，人們會選擇分割。只要那個功能還在，大家就可以拿回他們的錢，且可以撤銷已完成的一切。

到了The DAO上線的時候，為遵循去中心化的原則（也不能成為豪威測試四要件的絆腳石，以避免觸怒證交會），得讓社群成員部署他們寫出的The DAO智能合約程式碼實例，再讓社群決定哪一個會被標示為The DAO。「創造」The DAO，只需有人向它發起第一筆交易：發送以太幣，觸發返還DAO幣給對方。這樣一來，創造The DAO就無法回溯到任一個人或團體，就像一個數位版本的無染始胎（immaculate conception）。

4月29日，MyEtherWallet的創建者之一泰勒・凡歐登（Taylor Van Orden）在Slack上發文：「嘿大家。如果你想部署The DAO，請看這個討論串。我們很快會從此討論串中隨機選出一個作為官方DAO。找一些無法追蹤／沒有歷史紀錄的硬幣（從ShapeShift、btc混幣器等）然後部署。」接著，在Slock.it和其他高階社群成員討論管理問題的私密Slack頻道中，他們評估了8個已部署的去中心化自治組織實例。他們花了2小時，最後歸納出兩個最佳去中心化自治組織：兩者都相當匿名地部署。一個是從各加密貨幣互換的交易所ShapeShift獲得資金，該交易所不用留下帳戶資訊；另一個資金來源是總部位於舊金山的交易所Kraken，擁有客戶的識別資訊，但絕不會在沒有法院命令的情況下透露。

他們喜歡ShapeShift是因為它的「小區塊」（blockie）或識別圖像（identicon），是一個圓角、土耳其綠色的正方形，嵌著一顆敞開底部的棕色愛心，像個底部有洞的袋子。

　　凡歐登和她的夥伴在 Slack 上決定，將最終決定權交給機率。在他們洛杉磯市中心的閣樓裡，凡歐登讓她的未婚夫凱文（Kevin）拋硬幣，由她錄影。她在 Slack 裡寫下：「正面是 011，反面 BB」，指的是這兩個去中心化自治組織實例的雜湊值開頭，分別為 0x011 和 0xbb。凱文身穿紅色長袖毛衣，指甲塗成深紅色，戴著銀戒的兩隻手指，向上輕彈一枚一角硬幣。硬幣落在流理台上彈起一下、兩下、三下，然後在停下前短短繞個圈：反面。

　　「BB」的去中心化自治組織，是由 ShapeShift 資助的實例，那個小區塊長得如一篇部落格文章的描述：「看起來像打開的愛心和外星入侵者的綜合體。」[19] 現在他們知道導引大家的位址，就可以上線了。那個特定的去中心化自治組織已於柏林時間 4 月 30 日凌晨 3 點 42 分，在以太坊區塊鏈的第 1428757 號區塊上實例化。[20]

　　柏林時間下午 12 點 4 分，帳號 ch405 在 Slack 頻道貼文：「開始了！」然後發送一個 daohub.org 的連結，導向被選中的去中心化自治組織實例。頁面中間是一張世界地圖，兩側是統計數據的計數，例如創造的 DAO 幣數量、以太幣總量、等值美元、當前每 100 個 DAO 幣兌換以太幣的匯率，到下一次價格變化的天數，距離 5 月 28 日格林威治標準時間 9 點結束預售的剩餘天數。然後它附上如何接收 DAO 幣的說明。

　　在 15 分鐘內，進來了 7 筆交易，分屬 5 個不同帳戶：分別是 2 枚以太幣、3.1415926 枚以太幣、5 枚以太幣、5 枚以太幣、42 枚以太幣、83 枚以太幣和 500 枚以太幣。後來，Slack 社群發生了更大的事情：

弗里斯 12:37 PM

有人剛剛存入 9,000 枚以太幣

凡歐登 12:38 PM

剛剛看到我的結餘暴增。

12:38

哇！

Africanos23 12:38 PM

這會變超大

　　的確很盛大。事實上，單就第一天，The DAO就收到56萬4,858枚以太幣，等同420萬美元；第二天收到490萬美元。某人在5月1日就投入了價值200萬美元的以太幣，先發送了1枚，然後是5萬枚，再來就7.5萬枚，接著13.5萬枚，用5.5555枚作結，幾週後又追加5萬4,000枚。[21] 第二天，The DAO的推特帳號貼出一張具壓迫感的西亞・李畢福（Shia LaBeouf）的迷因圖，上面寫著「DAO就對了」，但沒必要鼓吹。[22] 根據圖爾5月6日的部落格文章，The DAO的誕生創下以太坊新設立帳戶個數和交易次數的最高紀錄。[23]

　　彥區早在自己和卡拉佩澤斯寫程式碼時，就覺得The DAO可能募集到500萬美元。而因為以太坊1,800萬美元的募資成果，彥區本想The DAO不可能收到比那更高的金額。去年秋天另一場眾所矚目的集資項目Augur，成果是500萬美元，而一些較近期的項目分別也有500萬美元的收穫。彥區推測，若Slack裡的5,000位成員，每人拿出1,000美元，就會達到500萬美元。但當第一天的成績已經接近這個數字時，他意識到這次迴響可能更熱烈。

　　這時的彥區正在度為期2週的假。他自11月第一屆開發者大會以來，就一直忙於The DAO，所以需要放鬆片刻。但當The DAO在第二天就達標500萬美元，而且數字還繼續成長時，他就無法鬆懈了。現在，他明白事態嚴重。

　　5月6日，眾籌的第七天，The DAO突破以太坊當時眾籌募資的金額。[24]

就連布特林也共襄盛舉。隔天，The DAO專案的官方推特帳號發布：「The #DAO已擁有現存#以太幣的3％！！」[25] 又過一日，建立The DAO論壇的社群成員持有的@DAOhubORG推特帳戶，公告一張首頁截圖，特寫出「287萬以太幣，2,715萬等值美元」的數據，並留下評論：「這將成為史上最盛大的眾籌專案。」[26]

　　為了鼓勵早期投入，DAO幣值被設定為逐步緩慢上揚。過程中，每天每百枚DAO幣值的兌換率會增加0.05枚以太幣，到眾籌的最後5天達到1.5枚以太幣兌換100枚DAO幣的價格。

　　在前2天各有超過400萬美元的以太幣匯入後，資金流入速度開始略微放緩。後來幾天的交易金額從180萬美元到超過340萬美元不等，但直到幣值調漲前金額突然暴增：理應是1枚以太幣兌換100枚DAO幣的最後一天，眾籌的第14日，金額突破2,680萬美元。

　　但之後，幣值並未隨即像Slock.it宣傳的那樣調漲。而是在第15日過後才調整，多了一整天的便宜價格！24小時內又吸納2,120萬美元。他們算錯日期，而至少一位留言者認為其中必有陰謀：「我們該相信這是不小心的？……你們這些王X蛋比我想的還愛錢。」[27] 一位Reddit用戶寫道：「這是合約有漏洞的第一個證據。你確定合約檢查得夠仔細嗎？」[28]

　　5月6日，圖爾貼出題為〈勢不可擋的The DAO〉的部落格文章。文章這樣起頭：

　　　　我寫下這篇文章的此時，「The DAO」已成為地球上第二大以太幣持有者（目前已超越以太坊基金會），現有289萬9,016枚以太幣。

　　　　小知識：這超過所有以太坊合約中的以太幣總量的38%。就在幾小時前，它超越了Pebble、Prison Architect甚至以太坊等專案，以2,196萬等

值美元的歷史新高，驚人地榮登全球眾籌專案金額的第三高。

到5月14日，每1枚以太幣兌換100枚DAO幣的最後一天，已募得9,880萬美元。The DAO也可能抬高了以太幣幣值，在它剛上線時每枚以太幣是7.50美元上下。當The DAO在5月28日結束眾籌時，以太幣的幣值略低於12美元，上漲60%。

當The DAO抽乾以太幣時，Slock.it團隊百感交集。彥區與世隔絕，他的精神狀態是「別理我」。只投入500美元進The DAO的卡拉佩澤斯（他覺得將自己的存款投入應該資助他薪水的工具很怪），一開始覺得The DAO的盛況很有意思。但他也感覺很棒，因為其中部分資金很可能會流向Slock.it。圖爾同意Slock.it有可能獲得超級多錢很棒，但因為他在以太坊時已經歷過一次，所以這次並未太驚訝。葛林對他認為的第一個真正的去中心化自治組織感到興奮，但認為Slock.it正在扼殺它。

伍德和彥區一樣，看著不斷膨脹的The DAO，覺得噁心。他5月13日發布文章〈我辭去The DAO策展人職務的原因〉。他的前言解釋The DAO是去中心化、自治，而由於「策展人」職位無關判斷，文章標題應該改為「身份預言機」。他說，策展人職務不應被認定為一種擔保，正是因為這個侷限，他才接受此職。而事實上，伍德坦言，這個職位用途的混淆帶給他「不必要的麻煩」。然後他寫道：

> 為了盡可能明確地表示我（實際上是任何個人）與The DAO的運作無關，我已撤銷自己「策展人」的職位。在此呼籲所有將以太幣投入The DAO的人，不要只看表面，要研究合約架構，正確理解自己的資金

與哪條協議掛鉤。很明顯，你在行動前應該先諮詢專家。別忘了：這個情況是，程式碼決定一切，那些表面上的東西一點都不重要。[29]

　　彥區對永遠無法停下The DAO一事感到憂心忡忡。像比特幣和以太坊一樣，它一旦啟動就應該永遠存續。他發現他的一生就這樣與這個專案綁在一起，而某天他可能會厭惡這件事。他想起歌德（Goethe）《魔法師的學徒》（*The Sorcerer's Apprentice*）一詩，內容關於一開始微小的事物，變得越來越大，直到你再也無法控制它。詩的最後一行是：「應我召喚的靈，對我置之不理。」[30]彥區休完假後，只回電郵，不理會那些關於遺失代幣或錢的訊息，通常這是因為人們打錯字，把錢匯到空無一物的位址。但收到這些訊息也讓他意識到The DAO參與者並非以太幣行內人，普羅大眾占了大多數，他們不知道如何操作沒有簡單使用者介面的技術，還要求他們處理像是JSON檔案格式文件之類的東西，或是直接與以太坊區塊鏈上的合約互動。

　　許多人可能從沒弄懂The DAO是什麼。當范德桑德發表The DAO的演講時，觀眾甚至不知道The DAO和以太坊的區別。在他解釋後，人們的回應是：「所以……你是為一間把錢給人們的大公司工作。」他就必須再次說明：The DAO去中心化，沒有執行長或員工，只是由一組程式碼章程運行的智能合約。他喜歡展示筆電螢幕，部署一個去中心化自治組織，然後示範如何用它來投票，還有將錢從一處公開地移到另一處。他會開玩笑說，他正在用100行程式碼建立一個民主制度，但這個民主制度比其他的都好，因為每個人都可以看到規則。

　　考量那拙劣的使用者界面，眾籌的成就簡直難以置信：在5月28日結束時，The DAO擁有超過1,170萬個以太幣，占現有以太幣總數的14.6%，[31]價值總計為1億3,940萬美元。這是歷史上金額最高的眾籌。[32]

　　大量資金來自加密貨幣交易所，僅僅一間交易所Poloniex，就透過10,269筆交易匯入了87萬1,000枚以太幣。但其他鯨魚從自己的錢包發送：某條鯨魚從交易所Poloniex提領200萬以太幣到他或她的錢包，再轉了31.5萬枚以太幣進入The DAO（這一個人就占了交易所Poloniex其客戶總額高達36%）。[33]

　　與之前的眾籌相比，有超過這麼多的資金投入The DAO的部分原因是，那時的加密貨幣領域不僅有比特幣富翁，而且幣值來到12美元的以太幣，也創造出許多以太坊富豪。他們渴求更多報酬，而因為去中心化自治分割組織（救生艇）的功能，可以讓他們隨時抽離資金，一位用戶的推特內容就說出了大家心聲：「#theDAO是一項無風險的投資。」[34]

　　5月25日，眾籌結束前幾天，圖爾貼出〈DAO.Security，保證The DAO完整性的提案〉一文。[35]這時，由於很大一部分的以太幣都存進The DAO的智能合約裡，因此Slock.it交出一份DAO安全小組的提案。提案內容是由2到3位「專業安全分析師人力」組成一個監控單位，包括彥區，以「持續監控、先發制人和避開The DAO將來可能面對的所有攻擊媒介，包括社會、技術或經濟層面的攻擊」。根據當天以太幣的價格，總成本大概是160萬美元。

　　此舉激怒了社群。某位Reddit用戶說：「Slock在試著搶The DAO錢啦。如果The DAO『只有』1,000萬美元，他們就會端出10萬美元的提案。但他們現在要的是一份150萬美元的兼職耶！」[36]

　　其他Reddit用戶則批評那些錙銖必較的人，說那些年收入4.5萬美元的人「終於有個機會與大咖（創投業者）一較高下，而你們這些傢伙只想省錢用爛貨。」Slock.it最後回到設計階段，第二天又交出另一項提案：用年薪8,000枚以太幣（約9萬9,000美元），聘請一位專家全職確保The DAO的安全。

　　隔日，眾籌結束的前1天，康奈爾大學（Cornell）加密貨幣領域的知名

教授艾敏・古恩・西拉鞠（Emin Gün Sirer），與以太坊基金會研究員贊菲爾，和與ConsenSys的魯賓合作的企業家迪諾・馬克（Dino Mark）發表一篇部落格文章〈呼籲暫時中止The DAO〉。[37] 他們在文章中列出七種賽局理論的方式，使得The DAO承受可能的戰略性攻擊，讓「正直的The DAO投資者其投資（將）被綁架或贊成違背自身利益與意圖的提案」。他們聲稱，由於The DAO的規則，就算人們不同意該提案，他們本質上會更傾向投下贊成票。該論文的研究結果在5月27日的《紐約時報》（*New York Times*）裡有報導。[38]

　　Slock.it團隊擔心The DAO的結構無法做出全盤考量的決策，考慮免費提供一版升級，卻發現通過這個提案的最低法定人數是總人數的53.3%。[39] DAO幣持有者裡有這麼多加密初學者，以當時既有的工具，要達到這個人數幾乎不可能。他們想：哦，我們建了一座銀行金庫，一群人存錢進去，然後金庫門現在打不開了。在資訊平台CoinDesk的一篇文章中，引用圖爾的話：「你不會想要以太坊出事。如果（The DAO）真的崩潰，人們會拿來與交易所Mt. Gox的事相提並論。」該交易所慘遭有史以來最大規模的加密駭客攻擊。[40]

　　無論如何，DAO幣持有者開始提案。那些不花錢的提案投票門檻較低：只需要20%的最低人數。但就算如此，好像還是無法達標。與第一天募資就熱熱鬧鬧的The DAO本身不同，第一份提案在第一個投票日獲得必要票數的0.01%。為升級合約，先暫停The DAO也只需要20%的最低法定人數，但第一天僅有所需選票的0.02%。

　　另外一個The DAO結構的問題也浮出：取出某人的錢太難了。需要先建立一個去中心化分割子組織，而這需要技術知識，再等待各種截止期限到期後才能通過。卡拉佩澤斯做出立即提領功能的提案，銷毀用戶的DAO幣

後，立刻歸還他或她的以太幣。[41] 葛林抗議此舉只幫得到炒短線的人。卡拉佩澤斯提議，希望立即提領的人可支付一筆費用；其他能延遲提領的人則免。某位社區成員回應：「變更規則造成投資者損失是個非常糟糕的想法，可能引起法律爭議。」[42]

　　檯面下，策展人贊菲爾說（經過另兩位策展人確認，儘管另一位說這不是正式約定），他取得多數策展人同意，從此刻起先暫時不將任何提案列入白名單：有效地形成一種暫停局面。然而，策展人不想公開宣告這件事。這個去中心化的專案不該有個集權的控制處。

　　因此，事情走到這個地步，該如何處理這個有缺陷的去中心化自治組織，相關爭論在 Slack、Reddit、GitHub、DAOhub 論壇和推特上越演越烈。

　　6月17日週五的清晨，在德國小鎮米特韋達的野花和草地間，座落著彥區父母的3層樓住家，而躺在頂樓臥室裡的是熟睡中的葛林。

　　190公分，一頭棕色的長髮，傾斜的前額上有著偏平的美人尖，後頭紮成髮髻，還有著濃眉與鬍鬚，在這個繞著金錢轉的產業工作的葛林，與眾不同。在金融危機時，葛林也有自己的苦難：西雅圖超音速籃球隊被出售，成為奧克拉荷馬城雷霆隊。那時，他是一間生物製藥公司的化學工程師，用倉鼠細胞做基因工程，也是超音速籃球隊的死忠粉絲。他頭髮漂白，理成莫霍克狀（mohawk），髮根處染上球隊代表色：綠色。他戴著綠巨人浩克的手套，搭配綠、金色的塑膠首飾，只穿超音速籃球隊的衣服。如果球隊輸了比賽，他次日就深陷悲痛。這支即將轉手的球隊，促使葛林出手協助成立了一個組織「自己的超音速自己救」，爭取讓球隊留在西雅圖。爭取失敗後，既然他已對自由至上主義和奧地利經濟學產生興趣，他決定從現代經濟退場。當時他的公司正在裁員，他就自願了。那時的他24歲。

他失業了一陣子，不過當他還是化學工程師時，曾買賣過金、銀。他會把薪水帶到西北地區鑄幣廠（Northwest Territorial Mint），換成金塊和銀塊，然後賣給西雅圖奧地利經濟學閱讀社團的朋友，取得美金。他全心全意投入嬉皮生活，吃生機素食，減掉約45公斤。最後在2011年時，他擺脫失業身分，註銷銀行帳戶，賣掉所有家當，買了輛廂型車，然後前往火人祭（Burning Man）。接著他把廂型車賣了，就此離開美國（只為他兄弟的生日和火人祭而返）。他旅居南美，在厄瓜多待了很久後再去泰國，在那裡第一次購買比特幣。

從一開始，出於對金錢的迷戀，葛林喜歡山寨幣。因為山寨幣是他自身哲學的體現，即可以改寫金錢的歷史，賦予其他意義。他深為名幣（Namecoin），一種抵制審查的網域註冊硬幣所著迷，還有質數幣（Primecoin），一套探索質數的系統。他開始購買像萊特幣、名幣、點點幣（Peercoin）、羽毛幣（Feathercoin）、泰拉幣（Terracoin）等等山寨幣，但靠黃金增值、化學工程收入和失業救濟金為生。

有一次，當他在洛杉磯做泰式按摩時，萊特幣從2美元漲到了40美元，淨賺1萬7,000美元。那是他1年的生活費！在試著成為「厄瓜多的比特幣專家」的短暫經歷中，他完成了尼科西亞大學（University of Nicosia）的數位貨幣碩士學位，並寫了篇論文：透過去中心化自治公司運作的共享單車經濟。動機？他想投身於一種世界，讓他可以在當個背包客的同時，在參加婚禮時還有高級皮鞋可穿，卻不必自己擁有一雙。

聽到Slock.it的消息後，他多次向他們傳送自己的論文、自我介紹影片，還提議無償工作。他成為Slock.it的第一位員工。

這一刻，他加入的9個月後，幫助打造了史上最大規模的眾籌項目。前一天，以太幣的交易量來到歷史新高。[43] 而由於以太幣在6月17日早上他睡

覺時，來到21.52美元的新高，因此The DAO目前的價值為2億4,960萬美元。

柏林時間早上7點或8點，葛林起床，查看手機。Slack社群成員莫（Mo）傳訊給他，說The DAO的狀況有點奇怪，資金看起來像正被抽離。葛林的檢查結果：資金正不斷以每筆交易258枚以太幣（5,600美元）的頻率，從The DAO流失。噢，媽的。

他打給其他Slock.it成員。莫找到彥區的哥哥西蒙，葛林懇求他盡快把事情告訴彥區。「我不管你得做什麼，你可能必須開車去他家。」葛林說。

彥區和平常一樣，因為經常與住在美國的人一起工作，所以很晚起床。他被妻子叫醒，是西蒙打電話來。彥區接起電話，西蒙說：「The DAO的狀況有點奇怪。請檢查一下。」並傳給彥區一個連結，導向Etherscan（提供以太坊區塊鏈數據的網站）。彥區拿著他的筆電下樓。雖然他無法馬上理解現狀，但知道有人已經從主要DAO分割成功，另外，有地方出了大紕漏。全世界數千位把錢投入The DAO的投資人的錢正消失中：每次不見258枚以太幣。直覺告訴他：完了。而他某程度上卻覺得解脫。

在自己的小辦公室裡，他在地毯上躺了一會兒，雙手交疊腦後。他的周圍是幾堵白牆，一扇小窗戶透進著光。

第六章

駭客竊取以太幣
2016年6月17日至6月21日

彥區下定決心，有上帝和妻子相伴，自己可以應付一切。他從辦公室地上起身，通知以太坊基金會，並約束圖爾和葛林兩個大嘴巴。他、西蒙和卡拉佩澤斯試圖釐清進行攻擊的方式，以及他們能做的事。

布特林在上海當地時間下午3點左右，約葛林醒來1小時後，從某位以太坊社群成員傳來的Skype訊息得知此事。那位成員問他是否可能由駭客所為。布特林心想，99%的機率是虛驚一場。但他隨即發現以太幣餘額的變化，現為900萬，原本是1,170萬。

同時，柏林時間上午8點15分，葛林在DAOhub論壇上發文：「@channel 緊急情況！如果你開啟一個分割組織請儘快傳訊給任一SLOCK.IT成員！！！」他也在Slack頻道中張貼類似訊息。

群眾的回覆沒有幫上忙：

糟糕

怎麼了？喔慘了

剉賽

　　什麼是開啟分割組織？是分割的提案嗎？

　　凡歐登總算出面解釋：「嘘……如果你啟動一個分割組織，而它目前處於開啟狀態，傳訊給 @griff。如果你不知道分割組織是什麼，就沒事。」

　　此時，彥區、西蒙、布特林和其他人趕忙開 Skype 會議，建立數個滿是熟面孔的 Skype 群組：卡拉佩澤斯、布特林、伍德、威爾克、布坎南、希拉吉、賴特維斯納、范德桑德、格林、沃格史特勒等等。他們試著弄清攻擊的方法，以便反擊、收回錢幣。

　　他們之中，有些人加入一個有各交易所業者的 Skype 群組，布特林在裡面寫了訊息：

　　可能的停損方式有：

　　1.扣留所有由交易所經手的以太幣

　　2.有一個會在 2 小時內完成分割的人

　　如果我們能找到他

　　那麼我們也許可以複製這種攻擊，並回收大部分

　　布特林指的是 The DAO 攻擊者是使用一個分割組織來操作攻擊。就像，如果 The DAO 是一艘船，而攻擊者從水上的救生艇展開攻勢。如果試著與攻擊者抗衡的開發人員可以找到另一艘救生艇，他們就可以進行類似的攻擊，自己把資金抽光，把大家與攻擊者隔開。由於去中心化自治分割組織從啟動到能放入代幣需要 1 週，因此他們正尋找一個已開放或即將開放的分割組織。

　　以太坊溝通團隊成員喬治·哈勒姆（George Hallam）寫道：「所有交易

所：請盡快暫停以太幣交易。」

這項措施很嚴重。可以阻止攻擊者兌現他或她偷來的以太幣，但會懲罰到想出售以太幣的交易者：在以太幣價格因相關新聞下跌前，讓他們失去獲利機會。但以太坊圈內人馬克發文稱：「以太坊基金會可以補償交易損失。如果沒有硬分叉（hard fork）和回溯（rollback），這次損害會留存，而生態系會滅亡。」

提到回溯，讓交易所業者全繃緊神經。回溯就像一種系統還原，違背區塊鏈不可侵犯的不可變造原則，這個原則使區塊鏈與其他舊資料庫做出區隔。最為人所知的區塊鏈：比特幣，就是一個帶有時間戳記的帳本紀錄，新舊版本間用密碼學相互鏈接。要改變一筆過去的交易，就不可能保持舊版與最新版帳本間的連結。

但馬克辯稱：「2013年的比特幣發生過。交易所回溯交易紀錄。」（他指的是2013年的事件，當時比特幣軟體的升級版本與之前的不相容，讓整條鏈一分為二。為解決此問題，開發人員決定支持舊版本〔阻力最小的路徑〕；而他們不得不聯繫交易所、挖礦業者、商家和其他大型比特幣業者一起處理。[1]）

馬克還提及另一術語，「硬分叉」，視情況而論，結果可能是無關緊要或極具爭議。硬分叉是指軟體升級，不過無法向後相容。代表若網路上大部分礦工和其他節點選擇不升級，以太坊鏈將分割為兩條，一條新鏈誕生，與舊鏈共享分叉出去前的歷史紀錄，並創造出第二種以太幣。儘管以太坊使用硬分叉為網路添加功能，但這些都是系統層面的升級，沒有社群反對，而且每次發布都像發射火箭一樣經過精心計畫和宣傳。然而，僅僅為了救助DAO幣持有者就採取硬分叉，可能無法獲得整個以太坊社群的支持（特別是出售以太幣的交易所），就可能產生一條與以太坊競爭、有自己貨幣

的區塊鏈。更何況攻擊對象是 The DAO，而不是以太坊。如果以太坊因這次 The DAO 攻擊就執行硬分叉，那就如同蘋果公司因最受歡迎的應用程式被攻擊，就做出可能會傷到自己的行為一樣。若是如此，其他一些應用程式和某些用戶說不定會選擇不繼續使用。但是以太坊的狀況是，沒有能做出決策的執行長，得由整個社群來做決定。

某人對大家示警：

牢記大局：我們面對的是劣質的智能合約和粗心的投資人。沒有經過適當的盡職調查就投資，是他們的責任。不要因此就採取像是硬分叉或回溯之類的草率方法，拿以太坊獨立、去中心化平台的名譽來冒險。如此將創下極度危險的先例，為政府單位之後需要時隨時大開方便之門！

而交易所 Bitfinex 的另一位主管菲利普・波特（Philip G. Potter）這麼說：

這是去中心化自治組織的問題，不是以太幣的

馬克堅稱比特幣 2013 年的回溯是慣例。波特問：「如果讓交易大亂，以太幣就能存活？」馬克說可以，並再次要求交易所凍結交易。

波特寫道：「這個去他媽的幣。」

馬克堅稱，如果這次容許 The DAO 發生竊盜，而駭客又在交易所把數百萬以太幣賣掉，以太坊將無法恢復正常。「價格會變成 0.50 美元，」他寫道。「用邏輯思考。無法挽回的公關災難。」

但交易所 Poloniex 的崔斯坦・達格斯塔（Tristan D'Agosta）指出：「若區

塊鏈被認為是不可靠的，就更有可能引起市場恐慌。」

此外，波特還寫道：「我向你保證，如果任一政府單位意識到，他們有能力可以迫使『無領導』的去中心化自治組織（這裡指的是以太坊）回溯，會產生無法挽回的後果。」[2]

此時，Skype群組的Slock.it團隊和其他開發人員很快就釐清了攻擊的運作方式。早在6月5日，賴特維斯納（那位伍德拒絕給他語言Solidity創造者美名的開發人員）就寄信給主要開發人員，說合約存在一個漏洞，會利用智能合約與現實金融交易不同的運作方式。[3]現實生活裡，如果你從銀行櫃檯或自動提款機領錢，櫃檯人員或提款機會在你領到錢後更新你的餘額數字。但智能合約必須先變更餘額數字，否則惡意的智能合約會趁虛而入，在餘額更新前強制它重啟提款流程。這就是The DAO攻擊者用的方法。就像，若你在銀行裡有259美元，然後你找一位患失憶症的銀行櫃員，提領258美元，在櫃員把你帳戶中的餘額更新為1美元前干擾他，接著一次又一次，不斷重複提領258美元（在我們討論的情況中，The DAO攻擊者每次獲得的是258枚以太幣）。

6月9日，比特幣基金會的共同創辦人彼得・維塞內斯（Peter Vessenes）發表了一篇部落格文章，說這是「一種非常、非常糟糕的攻擊」，賴特維斯納本人也在隔日撰文寫到攻擊媒介。[4]

Slock.it在讓人們執行提案的功能中，找到The DAO的漏洞。他們為此設計了一個修復程式，只需要大多數DAO幣持有者投票給它。某位DAOhub論壇成員還在The DAO裡的「獎勵合約」（Reward Contract）區中發現了這個漏洞。然而，由於那時還沒有錢放在那個合約裡，所以圖爾在6月12日貼出〈繼以太坊智能合約中發現「遞迴要求」（recursive call）漏洞，無DAO資金面

臨危險〉一文。[5] 他寫道：「重要的是：由於 The DAO 的獎勵帳戶中沒有任何以太幣，目前任何 DAO 資金是否面臨危險並不是個議題。」甚至連布特林看起來也不擔心。前一天，他寫了一則推特：「我從那條安全性消息發布以來，一直買進 DAO 幣。」[6]

　　因為在獎勵合約裡可以與陌生人寫的智能合約互動，讓它成為 The DAO 的潛在軟肋。基本上，如果 The DAO 投資有賺錢的事物，這筆投資的收益會進入獎勵合約，按比例支付給每位投入 DAO 幣的投資人，非常像股息。如果有人透過分割成去中心化自治子組織以離開 The DAO，彥區決定，根據其貢獻程度，他或她仍有權獲得日後的獎勵。為了遵守這個承諾，The DAO 會請那位將離開的人指定一個外部位址或合約，以利把獎勵發送到該處（以太坊的帳戶可由個人或合約所有，若你把交易傳送到一個合約的帳戶，會觸發該合約執行其程式碼，就像選擇完自動販賣機的商品後，機器便會吐出商品）。由於彥區不需要承諾給離開 The DAO 的人日後獎勵的紅利，而是仁慈地選擇這樣做，他寫下一則回應：「好人有好報。」（依照開發人員計算合約行數的方式，該漏洞所在位置會在第 667 行，或第 666 行）

　　雖然彥區立意良善，攻擊者卻不是。他或她知道分割組織功能包括 4 個（一次完成）的步驟：（1）離開 The DAO 的人建立一個子組織，並送回將會被銷毀的 DAO 幣；（2）主 DAO 將申請人的以太幣發送到新 DAO；（3）主 DAO 釋出獎勵（到 DAO 幣持有者指定的帳戶）；以及（4）合約更新退出者的餘額。攻擊者預先準備好一個正常的位址，並建立惡意合約。攻擊者使用該位址向 The DAO 發出信號，嘿，我想把我的代幣從 The DAO 裡拿出來，為了啟動提領他或她的 258 枚以太幣，攻擊者會向 The DAO 發送 25,805 枚 DAO 幣。

　　進入第二步，當被問到要把錢送到哪裡時，攻擊者已經準備好位址。回

到6月8日柏林時間上午7點38分，某人（後來確定是一位中國的DAO幣持有者）建立了一個子組織（編號59），他稱之為：

孤單
好寂寞[7]

6月14，那個中國DAO幣持有者在交易所Kraken存入30萬5,000枚 DAO幣，餘下共30萬6,914枚存入交易所Poloniex。[8] 編號59的子組織已被清空。

2016年6月17日週五，柏林時間上午5點34分，攻擊者展開遞迴要求，將他或她的提款存入編號59子組織。[9] 到了第三步驟，當 The DAO 詢問：「獎勵該發送到哪裡？」駭客就把惡意合約提供給以太坊帳戶。接著，獎勵合約會傳訊給那個惡意合約，而惡意合約被設計成：每當收到一則新訊息，就會從 The DAO 將錢轉進子組織的第二步驟重新開始。然後不斷重複、重複、再重複，每次都把以太幣送進編號59子組織。惡意合約不讓 The DAO 進入把餘額更新完成、不再提領更多以太幣的第四步驟。這時，駭客透過這個方式，每次收取258.056565枚以太幣，已經維持了幾小時（根據當天快速波動的兌換率，市價從3,500到5,550美元不等）。遞迴要求（也稱作重入攻擊）如此迅速，以至於攻擊者幾乎每秒就攫取一次該金額，根據當天最高與最低的兌換率來計算市值，等於每分鐘獲得21萬到33萬美元，或每小時1,260萬到2,980萬美元。

然而，那位搶匪也無法拿了錢就跑，The DAO 的規則會同時困住攻擊者的錢。在從 The DAO 中啟動取出以太幣的功能時，攻擊者只能把取出的錢轉到子組織（救生艇）裡（由於獎勵合約裡沒有錢，當攻擊者要求獎勵時，實際上並不會發送任何東西）。這些代幣將被鎖在編號59子組織中28天，或

27天，然後變化。因為時間已經開始流逝（由於分割功能既用於建立新的去中心化自治組織，也用於從系統中提款，若這個分割組織的目的是建立另一個不同議程的去中心化自治組織，那28天的設定將視為此去中心化自治組織的創造期間，其他贊同這個組織願景的人，可以藉由發送資金加入它）。在28天後，攻擊者可以做出另一個有7天投票期的提案，再分割成第二個子組織，也就是孫組織（grandchild DAO）。一旦孫組織成立，攻擊者就得以提案讓那個子組織的成員進行新策展人的投票，或讓自己成為新策展人，這樣攻擊者就可以掌握將資金移轉到交易所所需的控制權（如果交易所允許，攻擊者就能成功兌現）（若攻擊者自行建立了編號59子組織，就無需多建一個子組織來兌現）。總而言之，駭客在接下來的35天裡，都無法對這個子組織裡的錢下手。這為那些想拯救資金的人留了一扇機會之窗，關閉期限是7月22日。

　　由於不確定Slock.it和其他開發人員能否擋下攻擊者，因此大家決定向以太坊網路發送垃圾郵件，減緩資金流出。像是為了阻止一串首尾相連的搶匪逃亡車輛，讓高速公路塞滿汽車。

　　然而，因為下列兩個理由，這只是權宜之計。第一，它使以太坊全部的應用程式都無法使用；第二，既然Slock.it和以太坊開發人員有能力複製出這個攻擊，其他人也行。現在，任何人都可以從The DAO偷走資金。

　　這波攻擊已維持好幾天。6月14日週二，也就是圖爾說明獎勵合約漏洞但資金安全無虞的聲明文章過了2天，柏林時間下午1點42分和晚上11點5分，攻擊者透過交易所ShapeShift開始兌幣：一開始用2枚比特幣換得7,910枚DAO幣（1,321美元），然後當晚再換2枚比特幣，取得8,307枚DAO幣（市價1,387美元），又2枚比特幣換回8,306枚DAO幣，再加上另外1.4枚比特幣兌換52.02枚以太幣（950美元）。他或她將DAO幣和以太幣全數轉移至

以0x969起始的位址。[10]

　　6月15日週三，柏林時間早上6點26分，攻擊者使用兩個不同的合約，對編號59子組織（屬於一位中國DAO幣持有者，但目前裡面金額為0）投下贊成票。[11]1個多小時後，編號59子組織7天的投票期結束，代表沒有人可以再進入。由於那位中國DAO幣持有者並未投贊成票給自己的提案，因此The DAO攻擊者就成為唯一能與該去中心化自治組織分割的人。

　　週四上午11點58分，攻擊者試圖在交易所ShapeShift上兌換市價約500美元的比特幣（0.677枚比特幣），但被退回。有兩類交易可以透過交易所ShapeShift進行：快速或精確。攻擊者選擇精確，意即他或她必須在10分鐘內匯款完成，否則取消訂單。有時用戶（如這位攻擊者）可能會來不及完成匯款，特別是如果他們不熟悉流程時。

　　下午12點46分，攻擊者似乎不確定出了什麼狀況，便填寫了ShapeShift的客服表單，提供的是隨機信箱Mailinator的回信地址（Mailinator是個「僅收信」的電郵系統，人們可以建立一個電郵地址供必填欄位使用，像是顧客需求表單，而回信的信件內容會被公開，任何人都可以讀取，數小時後刪除。這個系統使電郵寄件人得以隱藏自己的身分）。[12]駭客建立了電郵地址Dephisicru@mailinator.com。填入交易編號後，他或她在ShapeShift客服表單留下一段簡短的訊息，迄今是其中一項確信來自攻擊者的少數通聯內容：「請檢查訂單。」

　　客服人員解釋：「您的存款計時器已截止，因此無法完成此筆交易。但是，我們的確將比特幣金額退回此處：http://blockr.io/tx/info/afd6fc9cb2910445b126cbfd8a8dd58b4d5359356688f416635c12b15fcab7bf。」

　　不管這位攻擊者的下一步為何，他或她好像對以不取得顧客身份資訊聞名的加密貨幣交易所並不熟悉。柏林時間下午1點11分，他或她發送了

另一個客服需求：「請檢查訂單。」5個小時後，當「梅根・美溥」（Megan Mempool）（美溥是由區塊鏈術語而生的虛構姓氏）回信時，攻擊者已經成功收到1.236枚比特幣兌換成的46.88枚以太幣（約966美元），並已發送到0x969的同一位址。[13]

下午4點24分，Dephisicru@mailinator.com發送了第三個需求，內文儘管簡短，但表現出對英語和加密術語縮寫的熟稔：「仍未收到DAO幣。應該是這個交易（tx）。請發送tx退款的雜湊值或DAO幣。謝謝你。」

美溥說交易失敗，並退還比特幣。

下午6點13分，攻擊者似乎已掌握交易所ShapeShift的訣竅，不再需要客服，他或她將0.667枚比特幣兌換成25枚以太幣（約519美元），再兌換少量比特幣獲得15枚以太幣（308美元），然後又取得了市價約231美元的1,284枚DAO幣，全部存入0x969位址。[14]柏林時間6月16日週四，下午6點43分，在0x969位址中，用掉10枚比特幣的攻擊者，累積了25,805.61枚DAO幣（約4,650美元）和139枚以太幣（2,724美元）。總價值為7,377美元。

由於在眾籌期間DAO幣與以太幣的比例為100比1，因此合約目前將25,806枚DAO幣換成258.06枚以太幣。而因為更新餘額的程式缺陷，攻擊者每次提領時都能從The DAO中領出這個金額。一艘救生艇（編號59子組織）已在水面，蓄勢待發。

翌日凌晨，柏林時間5點34分48秒，展開攻勢。[15]

那週五，柏林時間下午1點（上海時間晚上7點），當258枚以太幣以每分鐘數十次的速率離開The DAO時，布特林發表了一篇部落格文章，說明一個「遞迴要求漏洞」正將以太幣從The DAO挖到另一個子組織。[16]不過，他寫道：「即使完全不行動，至少在接下來約27天（子組織的創造期間）內，

攻擊者都無法提領以太幣。這個問題的影響範圍限於The DAO；以太坊自身則絕對安全。」

布特林說，開發人員會先實行所謂的「軟分叉」（soft fork），一種不更動區塊鏈歷史，但改變未來規則的方式，讓攻擊者不能在The DAO或任何子組織上再執行這類功能。這樣就算過了27天，也能阻止攻擊者（但其他的The DAO投資人也是）提取資金。

布特林提案從第1760000號區塊開始設置軟分叉，因為它可能會在資金被封鎖的27天期限內發生。最後，他提醒智能合約創作者，要設計不容易受到遞迴要求攻擊的程式碼，也不要建立超過1,000萬美元的合約（翻譯蒟蒻：不要再辦無上限的代幣銷售）。他沒有提到的是，為了以防萬一，硬分叉也正在準備中。

當他發表文章後，點閱率高到它斷線了，大家不得不把文字貼到Reddit裡讓其他人也讀得到。[17]

出乎意料的是，柏林時間下午1點，布特林發表文章不久後，那場針對The DAO的攻擊停止了。[18]攻擊者那時已累積3,641,694枚以太幣，以當天以太幣的高低點計算，市值分別為7,800萬美元或4,900萬美元。[19]攻擊者奪走The DAO中全部以太幣的31%。無人知曉他或她為什麼停下攻勢，不過Slock.it團隊和其他開發人員揣測，因為布特林威脅軟分叉，使攻擊者認為若只拿走The DAO一小部分的以太幣，就能避免這種局面（多年後，葛林還猜想只是攻擊者的合約不再運作）。

攻擊漏洞的那天，對以太坊和DAO幣持有者而言是場騷亂。在以太幣交易量最高的一天：易手價值超過1億9,900萬美元，以太幣價格在攻擊前後從21美元跌至14美元。[20]當天在經歷31%的以太幣被抽走和幣價重挫後，The DAO的市值從早上約2.5億美元，來到當日最低點1億900萬美元。大家

爭先恐後賣出自己的DAO幣，價值已從前一天的0.19美元直直落至0.06美元；第二天更崩跌至0.05美元。恐慌性拋售DAO幣的人受到約三分之二的投資損失，[21] 幾十個人為了自行退出，開始創造去中心化自治分割組織，但此舉等同是只分割他們本應持有的以太幣的69%。

　　儘管有這些紛擾，但有個潛藏的哲學問題：The DAO攻擊是否真為一次駭客攻擊？或就事論事，為一樁竊盜案？這似乎是個對看起來明顯不道德的事物的抽象問題，但秉持著研究精神的布特林，花了一篇文章的篇幅來處理這個問題，而社群就此展開激烈的辯論。[22] 既然程式碼允許把以太幣吸入子組織，加上The DAO的信條是「程式碼即為法律」，因此遞迴要求可算作合約的合法運用方式。布特林總結，由於智能合約竊盜或弊端「從本質上來說，是用途和意圖間的差別」，故解決方案是強化安全措施，以降低出現此類差距的可能性。

　　某位自稱攻擊者的人，寫了一篇沒布特林那麼哲學的版本，發布公開信：

　　致The DAO和以太坊社群：

　　我仔細檢查過The DAO的程式碼，並在發現分割可以獲得額外以太幣獎勵的功能後，決定參與。我已充分利用此功能，且正當地獲得3,641,694枚以太幣，這些報酬都要感謝The DAO……。

　　我對那些以「竊盜」形容利用此蓄意功能行為的人感到失望。我是按照智能合約條款利用這個明確編碼的功能，而我的律師事務所已告訴我，我的行為完全符合美國刑法和侵權法的規範。請參考The DAO的條款：

「創造The DAO的條款規定位於以太坊區塊鏈0xbb9bc244d798123fde
783fcc1c72d3bb8c189413裡的智能合約程式碼。本條款解釋或任何其他
文件或通聯中的所有內容，完全不得修改或增加The DAO程式碼定義
之外的其他義務或保證。任一和所有解釋性術語或描述僅供教育目的
使用，不會取代或修改區塊鏈規定的The DAO程式碼的明示條款；若您
認為此處提供之描述與0xbb9bc244d798123fde783fcc1c72d3bb8c189413的
The DAO程式碼的功能間存有衝突或差異，The DAO的程式碼控制並規
定創造The DAO的所有條款。」[23]

他或她還聲稱，「軟或硬分叉等同於，沒收我透過智能合約條款依法領
取的合法且正當的以太幣。」並表示硬分叉將「永遠且不可逆地，摧毀對以
太坊，還有對智能合約和區塊鏈技術領域的所有信賴」。

一些Reddit用戶同樣地，在回覆布特林那篇宣告攻擊和軟分叉提案的部
落格文章時這麼寫：「我在以太坊上線的第一天簽了一份糟糕的合約，損失
2,000枚以太幣，我也能把它要回來嗎？」網民IAMnotA_Cylon回應：「我知
道這是玩笑話，卻是最切中要害的其中一條評論。以太坊完全照計畫運作。
我認為不應該更新完全照計畫運作的軟體。自己的投資風險自己擔。」[24]但
另一名Reddit用戶諷刺地寫道：「把我車子偷走的人只是比我更懂線路，所
以沒有犯罪行為。」[25]

某人這樣總結這個困境：「以太坊必須決定是給那位『駭客』他按智能
合約所合法擁有的金額，還是決定『智能合約』毫無價值。」[26]

當社群熱烈討論此燒腦的議題時，另一位DAO幣持有者就現狀準

備採取截然不同的方法。2016年初，火紅的社交網路攝影機聊天輪盤（Chatroulette）的創辦人暨執行長安德烈・特諾夫斯基（Andrey Ternovskiy）移居瑞士，出於稅收因素，加上有所大學鄰近，特別選定楚格落腳。幾年前，當他在自己的網站上刊登Google AdSense的廣告時，他說因為自己只有17歲，Google就把他的帳戶停權，後來這間科技巨擘寄給在俄羅斯的他一張支票。他以為支票只出現在電影裡，他想，為什麼Google要用支票？我要拿這張美國銀行支票怎麼辦？除此之外，為了遵守法規，Google要求他回答各種問題並填寫各式文件。就連以線上支付為本業的PayPal，也糟糕得不遑多讓。之後他得知了比特幣。它能促進他的用戶與他之間的交易，不會有人問一堆問題。他馬上發現比特幣是上乘之選。

　　當特諾夫斯基抵達楚格，他聽說了當地的加密寵兒以太坊，於是他從約6美元到10美元不等的價格買進一些以太幣。The DAO眾籌差不多在同一時間開始，所以他也加入了。特諾夫斯基一直透過Google搜尋瑞士可用的優質加密貨幣公司，後來發現比特幣瑞士銀行，幫他先買進以太幣，和後來的DAO幣。特諾夫斯基的以太幣價值翻了不只2倍，其中一些幾乎多出4倍。依照6月17日上午的價格，他有價值1,000萬美元的DAO幣。但幾個小時裡，他和其他DAO幣持有者都因為那場攻擊損失了31%的代幣。雪上加霜的是，剩下的DAO幣價格從攻擊發生前一天的高點0.19美元，次日慘跌到0.05美元的低點。曾經的1,000萬美元，變成180萬美元。

　　由於軟分叉不僅是強硬地阻止攻擊者，同時也讓其他The DAO的投資人無法退出，所以開發人員認為軟分叉只能爭取時間，不是一勞永逸的解決方案。因此布特林、Slock.it團隊和The DAO社群其他成員判斷，最好的解決方法是執行硬分叉，這是唯一能讓人們從The DAO拿回資金的方法（布特林在

事件發生最初幾小時的某次群組通話裡就講過）。如果不執行硬分叉，那不只 The DAO 合約會繼續受到模仿者攻擊，就連每個子組織也會，意即，希望透過子組織從 The DAO 中領出以太幣的所有人，都得承受被攻擊者進入子組織，阻止他們領出錢的風險。

他們想出了日後稱為「不定期異動狀態」的方式，以實行硬分叉。也就是硬分叉的那一刻起，他們只需要將 The DAO 和所有子組織裡的全部資金都移到一份新合約，依照以太幣兌 DAO 幣 1 比 100 的比例，新合約會把對應數量的以太幣送回原本存有 DAO 幣的各位址（他們後來會為不同支付比例，如 1.05 比 100、1.10 比 100 等的人訂定其他方案）。

但 Slock.it 和布特林都無法自行決定採用這個選項，那不是去中心化的行事方式（另外，這樣做會觸發豪威測試的四項要件，代表 The DAO 是由以太坊基金會或 Slock.it 掌控，所以 DAO 幣是種證券）。彥區週六貼了篇部落格文章，概述軟分叉和硬分叉等選項，文末寫道：「基於上述原因，我們認為硬分叉是推進的方法。」[27] 但不只如此，他說：「這是以太坊的部份協定，如果大多數礦工／社群成員認為某事沒有照計畫運作，他們可以升級／分割。這並不偏離去中心化的精神，因為除了礦工和社群自己外，沒有人，而且＊沒有其他人＊，可以決定分叉與否。我們身為軟體開發人員，只能藉由提供程式碼列表來建議分叉。」這好比醫生列出所有治療方案，說出他或她認為哪項療程最好後，以「你自己決定」作結。

葛林在 DAOhub 論壇和 Slack 上送出第一批驚恐訊息後，他、彥區、卡拉佩澤斯和其他熟悉 The DAO 智能合約的社群成員，正研究如何處置 The DAO 中剩下的以太幣，不讓攻擊者得手。這類攻擊非常適合由葛林的 The DAO 忍者課程培育出的開發人員操作。

　　他們的想法是找一些開放的子組織，取得它們的私鑰（就能讓他們對外發送交易），然後對 The DAO 操作相同的遞迴要求攻擊。他們基本上跟攻擊者一樣，將 The DAO 中剩下的69%以太幣抽進一個子組織，只是其目的並非從代幣持有者手上拿走，而是防止攻擊者繼續獲得更多以太幣。他們之後會再想辦法將這些資金還給個別 DAO 幣持有者。

　　阻止攻擊最主要的訣竅，是得擁有大量 DAO 幣。代幣越多，每次遞迴要求能獲得的以太幣就越多。所以此策略的第一步，需要從不同鯨魚那裡獲得 DAO 幣。

　　週五晚上，他們打算使用范德桑德的 DAO 幣，但當范德桑德展開攻擊時，他的網路斷線了。週六晚上，幾位 The DAO 策展人和社群成員再次透過電話群組會議：柏林的卡拉佩澤斯和沃格史特勒、英國的圖爾、里約的范德桑德，以及一位不知身在何處，名叫寇姆（Colm，姓氏不詳）的神祕愛爾蘭人。他們檢查合約裡的一些規則以找出反擊方式，但又他們擔心若從一個子組織執行相同的攻擊，會有其他惡意人士跟著他們進入子組織，偷走獲救的以太幣。不過他們也考量到，假設有4個人跟著加入這個子組織，就能將惡意人士的可能人數從2萬個縮小到4個。

　　但嘗試救援可能會讓他們身陷另一種危險。沃格史特勒說：「這可能是個法律困境，因為我們就像突然採取技術攻擊，對吧？」

　　卡拉佩澤斯用道德駭客（ethical hacker）一詞回應：「沒錯，但我們最後會出面，在完成後立即公告這是一場白帽攻擊，並承認我們這麼做是為了達到這個目的，或出於這個如上述的原因：漏洞攻擊已發生，眾所皆知，每個人都可以利用它。而最好由我們來用，並減少攻擊媒介到4人。」

　　他們質疑了一陣子，若他們能從某些鯨魚那裡取得大量 DAO 幣，這些錢是否再也無法回到他們手上。不過既然 The DAO 合約能在不更新餘額的情

況下轉移資金，因此回收這些代幣的可能性很高。

　　情勢緊迫。范德桑德、沃格史特勒和卡拉佩澤斯加總約有10萬枚代幣，足以在約1,500次交易後清空The DAO的餘額，讓資金免受其他攻擊者侵害。若他們招募更多人獻出代幣，就可以讓每次抽取的金額更高。事實上，如果他們能獲得一位已知的鯨魚所持有的DAO幣，就可以在約21筆交易後把The DAO清空。但這就代表要聯繫主要投資人，還得請他們拿出大量代幣以保護自己和他人的資金。儘管如此，隨著The DAO弱點曝光，更多的遞迴要求可能隨時啟動，所以他們必須很快下決定。

　　那晚的電話會議氣氛很緊張，且爭論持續了一段時間。通話快結束時，他們發現有人正以較小金額，操作遞迴要求。卡拉佩澤斯嘆了口氣。「看吧，這就是我剛為什麼說The DAO到下週就空了。」

　　他們預計隔天就開始救援。

　　6月19日週日，他們再次聚集。由於擔心法律問題，某些群組成員猶豫著是否該當下出手攻擊The DAO。他們傾向等待，看以太坊是否會硬分叉，這樣就不需要從The DAO中救出以太幣。范德桑德認為這場攻擊可以避免硬分叉，但其他人不同意。反之，他們認為若還有人嘗試竊取剩下的以太幣，這場攻擊就能先為救援行動打下基礎。因為他們不確定將使用哪個子組織（救生艇），所以就把一個正常的以太坊帳戶和能執行遞迴要求的惡意合約輸入進多個子組織。葛林找到這些子組織的建立者並取得各個私鑰，如此一來，羅賓漢小組（Robin Hood Group）或RHG（范德桑德取的暱稱）就可以控制裡頭的DAO幣和以太幣。他分別確認過每位建立者的身份證件，例如駕照，也個別講過電話。RHG必須確認，如果他們把救出的以太幣放入那位創作者的子組織，他或她不會捲款潛逃。

　　RHG組員在以太坊測試網路中改善他們用來執行重入攻擊的合約,他們最終掌握了602萬8,947枚DAO幣,其中約94%來自一位鯨魚。[28]還有,居住在里約的加拿大加密貨幣投資者瑞安・祖雷爾(Ryan Zurrer)出借50萬枚代幣,范德桑德拿出10萬枚,小組還分別從葛林、卡拉佩澤斯和尤第・貝林那(Jordi Baylina)等人那裡搜集到一些代幣(貝林那是一位住在巴塞隆納、上過葛林DAO忍者課程的開發人員)。[29]RHG現在手握的金額能讓他們比其他攻擊者更快掏空合約。但他們該馬上開始拯救資金嗎?

　　駭客行為通常違法。大多數定義認為,只有當被駭入的公司或運作網路的組織明確表示同意駭客侵入,此行為才算合法。但The DAO的狀況是,沒有一個實體代表可以同意或拒絕許可,或者,依不同角度思考,它有1.5萬到2萬位大部分匿名的所有者,那麼究竟駭入合約拯救資金是否合法?不論目的,他們與The DAO駭客做的是一樣的事:建立一個智能合約,在缺乏所有者明確許可的情況下,將其他人給The DAO的以太幣移進子組織。卡拉佩澤斯記得,當時彥區堅持因為事關法律,Slock.it不會以官方名義做任何事。The DAO並非由Slock.it部署,所以它不是Slock.it的責任(彥區說是因為公司那時專心於設計硬分叉的程式碼)。葛林認為,羅賓漢小組應該等到發生「緊急情況」(exigent circumstance,法律用語,表示用以避免他人受到傷害的立即行動得以合理化)時,再對The DAO採取重入攻擊,救援剩下的69%以太幣。就連謹慎的卡拉佩澤斯也贊成。儘管他們可能會因駭客行為而犯法,但無作為也有對應的法律後果。若他們在用戶資金看似再次瀕臨危急時出擊,就可以說自己是為了讓大家不再損失更多錢來合理化此行為。

　　終於,他們的機會在6月21日週二降臨。柏林時間晚上7點,一位不知名的DAO幣持有者開始攻擊The DAO的主合約,將資金撈到某個子組織。就算每次只有幾枚以太幣,但攻擊者已累積了幾千美元。[30]認為這個人可能

正在試水溫，羅賓漢小組：柏林的葛林和卡拉佩澤斯，以及里約的范德桑德，使用編號第78號子組織，展開The DAO資金救援行動。[31] 隨著當晚的第一位攻擊者加速撈錢，又有另外6人加入，其中一些人能夠進行30次遞迴，每次要求都移走幾百枚以太幣。但RHG擁有最多代幣，讓他們每次點擊都移走最多錢。柏林時間晚上7點44分，他們啟用自己的合約，分12次搜集到816枚以太幣（9,792美元），共計約9,800枚以太幣（約11萬7,000美元）。確認過合約的執行狀況後，他們做了些調整。他們在晚上7點51分展開第二次攻擊，每次搬離略多於816枚以太幣，共31次，總共25,307枚以太幣（超過32.5萬美元）。[32] 他們再次除錯。第三次攻擊在晚上8點，31次運走4,174枚以太幣（5萬88美元），總計129,390枚以太幣（155萬美元）。[33] 他們剛才只是小試牛刀。柏林時間晚上8點43分，又一名攻擊者開始掏空The DAO，進行金額從不到1枚（11美元）到近430枚以太幣（約5,519美元）不等的遞迴要求。[34] 但到晚上9點2分，擁有600萬枚DAO幣的羅賓漢小組，每個區塊可以分31次移轉41,187枚以太幣（49萬4,244美元），讓每塊激增127萬6,797枚以太幣。[35] 這個數量的以太幣，以當日價格12美元計算，他們合約一擊可移動1,530萬美元。晚上9點36分，又加入一位攻擊者，每次遞迴要求移動53枚以太幣（636美元），但很快就放棄了。[36] 羅賓漢駭客小組排除完合約中所有的錯誤後，他們就能停手，讓程式自行運作。The DAO保衛戰正式開打。

　　接著的數小時，羅賓漢小組執行了他們的遞迴要求合約。每位小組成員都會各自操作，直到合約停下。由於他們的攻擊不算是The DAO的正規使用方式，每份合約大概會在移走70%到80%的以太幣後，像過度操勞的汽車一般失靈。然後由另一個有合約的人接手，搬移剩餘的70%到80%。在等待期間他們會改良合約。

　　正透過Slack觀看的The DAO社群成員表示：「這根本就像在看實況轉播的科幻小說。」「10年後，擁有DAO幣就像擁有一片鐵達尼號的殘骸。酷。」另一位說。但不是每個人都信服The DAO保衛戰：「這絕對是集體亂搞。」

　　然後羅賓漢小組的合約陷入困境。他們的合約無法從約1億美元的主合約中，把400萬美元左右的殘餘金額挖出來。那就該輪到下一種祕密武器登場。

　　貝林那是位戴著眼鏡、寡言又不修邊幅的開發人員，鬢角處頭髮灰白，在巴塞隆納一間小型家族企業擔任技術長。他12歲起就是編碼員，還獲得了管理學學位並創辦兩間公司。如今，他指導一個由6名編碼員組成的團隊，設計像是旅館訂房網站系統等等的管理軟體。自2013年起，他就讀過比特幣白皮書並嘗試設計一些比特幣程式，但他覺得比特幣就只是一種數位貨幣系統。此外，在巴塞隆納辦的小聚都不是太技術性的，而與會者對於討論洗錢之類的議題更感興趣。貝林那在2年後發現了以太坊，意識到他2分鐘內能設計出一份智能合約。他深受吸引，把所有空閒時間都用來研究智能合約和思考去中心化。當去中心化自治組織出現時，他也被捲入這個全球夢想家打造新事物的嘗試裡。他上了葛林的DAO忍者課程，還對出於結業需要，葛林直接給他5美元以太幣的事覺得驚奇。他甚至嘗試在The DAO實施「流動民主」，並設計出一套程式，讓人們能將自己的DAO幣投票權委託給其他代表，但來不及在上線前啟用。不過，這次經驗讓他學到很多The DAO的知識。

　　加密貨幣改變了他的生活。先前的他只是對老闆聽命行事，有了加密貨幣，他覺得自己正在鑽研下個世代會使用的東西。他認為的「舊系統」，無法帶給他這種滿足感。

但由於他還是個新手，所以當The DAO的第一波遞迴要求開始時，貝林那只是在旁關注著。對於那些不完全認識羅賓漢小組，就願意交出市價數百萬美元DAO幣的鯨魚，他感到十分訝異。

不過一看到仍受困的400萬美元，貝林那說：「嘿，我有智能合約。也許我可以試試。」其他RHG組員給他執行攻擊所需的錢，而不出所料，他救出最後的400萬美元。他很驚訝：他無法想像自己先前的工作做一輩子，是否有辦法賺到400萬美元。

羅賓漢小組開始攻擊後，范德桑德在推特上寫道：「**DAO正安全地淨空中。不必慌張。**」[37]（某人回覆：「沒有什麼能比粗體字更讓人不慌張的。」）

3個半小時後，范德桑德推文：「DAO幾乎已經空了。目前為止，720萬枚以太幣已成功獲救。」[38]

在Reddit上，他提到有另外2人已進入羅賓漢小組的子組織，但他說：「攻擊者的風險已從2萬名縮小到剩2位。」[39]

他呼籲這2個人，以及其他已建立子組織的人挺身而出，幫忙恢復更多The DAO的以太幣。接著他說：「如果你就是駭客，那我只能說：我們是來找你的。」

但因為720萬枚以太幣已經脫離危險，羅賓漢小組一夜好眠。

第七章

首次硬分叉
2016年6月21日至7月24日

雖然范德桑德說大部分以太幣已脫離險境的貼文讓人鬆了口氣，Reddit 裡卻針對一件事出現許多評論：「一個範圍有限、出於自願又過渡性的軟體升級是有道理的，既能讓礦工避免發生其他類似的攻擊，又能用它們防止未來子組織受到攻擊。」

最頂端的評論說：「用一個臨時的軟分叉，讓全部以太幣發送到退款合約中，噩夢就結束了！」[1] 然而，圖爾回答：「（恕我直言）硬分叉仍是最簡單、最快速、最安全的推進方式。」[2] 下一位評論者寫道：「我支持硬分叉，但沒必要現在分割社群。捨棄掉30%是在可接受範圍……硬分叉是極端選項。」[3]

從攻擊初期，這場辯論就很熱烈：該硬分叉還是軟分叉？彥區6月18日週六發表篇短文後，他說一切由社群決定，而卡拉佩澤斯週日貼出一篇超長的文章，詳細說明所有選項。[4] 第一項是軟硬分叉都不做，而是協調多位代幣持有者準備攻擊。如果執行良好，它們能避免攻擊者提領以太幣。缺點：他們必須永遠準備好執行這些行動，而且很可能沒人能再拿回自己的錢。

接著他詳盡地解說軟分叉。過程十分複雜，分為5個各有不同截止日期

的要點，而正如卡拉佩澤斯在第一個要點中所述，需時25天：「許多事情必須在此期間步上正軌」。最重要的是，無法取回被盜的以太幣的日子得再多73天。即使都做到這個份上了，但攻擊者最終只要簡單地再把The DAO的資金引流到任一隨機子組織，就可以避免此情況，即便是他或她無法從中得利的子組織都行。軟分叉對攻擊毫無招架之力。卡拉佩澤斯總結：「上述是段非常漫長的過程，有著太多可能失敗的環節……硬分叉終究才是保證能解決問題的簡單方案。」

若拿比特幣裡的類似過程相比，硬分叉確實較不複雜。因為比特幣是個「點對點的電子現金系統」，正如中本聰在比特幣白皮書中的描述，它有一條監管鏈，從一枚比特幣的誕生到某人擁有它（或它的一部分）的每段歷程都可以追蹤。就像追蹤一張美元鈔票，能從完成印鈔到被付給計程車司機當小費的那一刻，司機再用它跟花店店員買花，而店員用它付公車車資，比特幣就是能記錄這些歷程的數位貨幣。所以為了解開像比特幣上的The DAO這類事物的結，就像要退回計程車司機的小費，則公車車票和鮮花也都得退還。

攻擊發生後的隔天，葛林在彥區父母家接受視訊採訪時說：「以太坊的情況完全不同。以太坊有餘額。（在）代幣合約中，當代幣轉移時，沒有歷程紀錄……就只是個資料庫，像Excel試算表。你看得到一段位址和一個餘額數字，每次轉移1枚代幣時，更改的只是這個Excel試算表中的餘額數字……因此以太坊這個去中心化自治組織，有機會做出不影響所有人的改變。」[5]

他解釋，伍德、布特林和彥區已設計出一個解決方案，能像車子在高速公路上自動駕駛時，瞬間將車裡的CD播放器換成藍牙立體音響。是區塊鏈中埃德沃德・邁布里奇式（Eadweard Muybridge–like）的區塊讓此事成真：找

出一個時點，將受攻擊的 The DAO 接上一份退款合約，藉此斷得一乾二淨，也不必中止在以太坊運作的其他項目。

葛林明白表示自己支持硬分叉，並說：「如果我們能一路倒⋯⋯回到完整的 The DAO⋯⋯能使攻擊其他智能合約，特別是像這樣的大型合約較無利可圖。這個方式可以抑制攻擊。」

聊天輪盤的特諾夫斯基覺得軟分叉就行了。考慮發生過的種種，能拿回 69% 的資金還不算太糟；但看著 The DAO 的 Slack，他確信社群最後會走向硬分叉。這是大家受加密貨幣吸引的另一原因。一切都開源，只需要去讀那些內容，不像股票，得成為內部人士。特諾夫斯基只要研讀 GitHub 儲存庫、察看 Slack，看看大家的討論內容。他知道開發人員的想法，也可以看到社群風向。硬分叉即將開始。DAO 幣的交易價格在 5.4 到 12 美分間，換算成以太幣為 0.005 到 0.009 枚。他為自己打了如意算盤。

6 月 22 日週三，羅賓漢小組救出 730 萬枚以太幣的次日，卡拉佩澤斯寫了長篇大論解釋硬分叉選項。[6] 雖然有部分細節待議，像是確切的退款比例（有些人為 100 枚 DAO 幣付出超過 1 枚以太幣），他說解決方案可能需要最多 3 週：「⋯⋯保證每個人都能拿回百分之百的以太幣。」他寫道。

接著他帶到軟分叉，需要追蹤已分裂成至少四個不同宇宙的錢。（1）軟分叉能讓礦工拒絕從最主要的 The DAO 裡把錢轉走的所有交易內容，但若是由策展人的多重簽名和 RHG 的抽取合約啟動的交易則屬例外。一旦礦工以這個判斷標準審查區塊鏈，RHG 會攻擊那個暗 DAO（由最初那位攻擊者掌控的編號 59 子組織），並將以太幣放入某個子組織。攻擊者無法跟進此動作，因為他或她的交易會被擋下。在完成子組織的創造和投票期等其他相關

步驟後，「假設一切順利」，他們就可以在71天後存取攻擊者的364萬枚以太幣。（2）白帽DAO得經歷38天，繁複的The DAO脫離過程，才能恢復760萬枚被救出的以太幣。（3）接著有額外餘額，34萬4,907枚以太幣。有些人的100枚DAO幣是以1.05到1.5枚以太幣的價格兌換，而不是1枚，超額支付給The DAO的這些貢獻，被稱為額外餘額。這筆錢只能在14天後動用。（4）最後，對於那些試著在主要的The DAO上利用重入漏洞的模仿攻擊者，他們建起的所有小型暗DAO，「不能就這麼算了。」他寫道。他們會與暗DAO有相同命運。卡拉佩澤斯用「複雜」形容軟分叉，並表示若這樣執行會「很大程度地分散掉以太坊社群的注意力」，但承認此舉可能「將數量可觀的以太幣還給代幣持有者」。

　　他最後的選項並不算是真正的選項：不分叉。「我很明白告訴你，這會是噩夢般的情境。」他這麼寫。他寫這篇文章時，有位新人正把以太幣捐給The DAO，「來者可能不善。」他說。若不做分叉，他可以想見The DAO保衛戰終無停戰之日。

　　正如截至目前所有部落格文章的結論，他再次建議選擇硬分叉，但又說：「我相信社群能做出正確判斷。」

　　他撰文時，羅賓漢小組已發現他們的「救援」行動並不純粹。其他7個實體已進入白帽DAO，而RHG成員能認出全部，除了2個：一個帳戶，另一個是合約，這就是發動重入攻擊的基本要素。他們看不到這份合約的程式碼，而其他所有分割組織裡，也有這個單一帳戶和合約組合的身影。只有當他或她也打算攻擊（或救援）時，才會這樣做。就是從這個時候開始，他們認為這個同樣在白帽DAO中的新實體就是那位攻擊者。他們可以再次搬走資金，但也預期攻擊者會在新的分割中再次加入，這將變成無限循環的土撥鼠日（Groundhog Day）（譯註：電影《今天暫時停止》（*Groundhog Day*）裡，

主角在土撥鼠日這天醒來後，不斷重複過著同樣的一天）。卡拉佩澤斯在他的文章中，加入所謂的「可疑惡意行為者」的位址：0xe1e278e5e6bbe00b2a41d49b60853bf6791ab614。[7]

第二天，那位「可疑惡意行為者」透過比特幣瑞士銀行在Reddit上發布一封信，該交易所由神似海盜的尼古拉森領軍，先前以太坊基金會在楚格成立時曾伸出援手。他解釋，位址0xe1e278e5e6bbe00b2a41d49b60853bf6791ab614的持有人與比特幣瑞士銀行有保持聯繫，並發布數字串和字母串作為寄件人能控制0xe1e帳戶的加密證據。比特幣瑞士銀行寫道：

> 我們收到來自上述位址持有者的訊息：
> 嗨。嗯，我選擇挺身而出。
> 我有以下訊息要給大家。我認為目前讓白帽DAO裡的資金流向他處，並未符合任何人的最大利益，所以我會阻止它。
> 我正評估我的選項。大家很快就會有我的消息。[8]

沃格史特勒寫道，「我可以證明就是他」，然後貼出一堆雜湊值，證明這段訊息來自先前文章裡所說的「所謂『惡意白帽DAO「攻擊者」』」，也就是0xe1e帳戶。[9]

社群不確定該如何理解這段訊息。某些人認為攻擊者是在試著分裂社群，讓大家無法決定選擇哪種分叉，也就是想要拖時間。另一位Reddit用戶寫道：「任何類似的事都會逆火反彈，並增加對分叉的支持。」

自從他意識到以太坊很可能會硬分叉後，聊天輪盤的特諾夫斯基就像

隻捕食浮游生物的鯨魚一樣，不斷搜刮DAO幣。交易價格為5.4到12美分，比攻擊發生前的價格低35%到60%。如果他對硬分叉的直覺無誤，那100枚DAO幣很快就會重新站回1枚以太幣的原始兌換價格，而他最終會得到比他當初投入The DAO更多的以太幣。

他很享受玩玩The DAO指令檔、調用函數，看看自己能用智能合約做出什麼東西來。他試著複製與DAO攻擊者用來執行重入攻擊雷同的步驟，當他看到RHG在救援資金時，他決定用自己的合約跟著他們進入每個子組織。因為沒有其他人跟著做，代表就連最初那位攻擊者都沒參加這場The DAO保衛戰。當卡拉佩澤斯和范德桑德要求位址0xe1e278e5e6bbe00b2a41-d49b60853b-f6791ab614的擁有者出面時，特諾夫斯基不動聲色。他想繼續低價買進DAO幣。

他決定傳給社群一段訊息，並要求他的交易所比特幣瑞士銀行貼在Reddit。看到RHG的一位組員「證明」這個位址屬於攻擊者，他忍俊不住，想著若真正的DAO攻擊者也在看，他或她大概會想，放什麼狗屁！哪個來路不明的傢伙？

由於要發動更多攻擊的威脅言猶在耳，DAO幣仍維持低價；特諾夫斯基就繼續以極低的折扣買入。

自攻擊以來，多位社群成員提出各種提案和請願，試圖影響結果或判斷支持或反對硬分叉的情緒。網路連署網站change.org一份針對以太坊採取硬分叉的請願書，收集到1,000多個簽名。請願書中，支持硬分叉的評論裡，最受好評的那則淡化了智能合約的不可侵犯性：「加密貨幣中唯一神聖的合約是社會合約。沒有它，我們就只是野蠻動物……是時候該把以太坊和無政府基本教義兩者劃清界線了。」[10]

　　網站Consider.it的一份民意調查顯示，支持硬分叉的人數多於反對者。[11]一則支持硬分叉、受歡迎的評論表示：「這是我們可以監管和保護自己的表現，而社群會挺身對抗小偷。它仍然是去中心化的展現，因為需要大多數礦工同意。」反對方則說：「這個提案雖能拯救我們的DAO，但會扼殺以太坊。」

　　那個爭點的層次更高。孩子氣的康奈爾大學教授西拉鞠（就是他的文章呼籲被駭客攻擊前先中止The DAO），以他的中間名：古恩為代稱，與Slock.it的圖爾兩人在推特、資訊平台CoinDesk和Reddit各平台上爭持不下。早在6月20日，圖爾就在推特上發布西拉鞠演講時用的一張投影片，內容是他在攻擊前6天發的一封電郵的截圖。內容如下：

2016年6月11日週六，17點42分37秒，0400 西拉鞠 <> 寫道
嗨大家好，
我很確定自己知道清空The DAO的方法。

2016年6月12日週日，13點34分9秒，-0400 西拉鞠 << 寫道
……我仍認為去中心化分割組織可能有漏洞。它違背了提款模式，直到調用後才將餘額[]欄位歸零。所以我想它有可能多次把獎勵代幣移進一個分割組織。漏洞發生在DAO.sol程式碼的第640行到第666行（哈！）。我想錯了嗎？

　　圖爾的推特寫道：「.@el33th4xor（西拉鞠）知道有漏洞，但並未知會他在5月31日加入的The DAO安全小組 #theDAO。」[12]

　　西拉鞠被封鎖，因此無法看到這則推特，但他寫了：「這些人（Slock.it）

會做任何事，就是不會承認失敗並承擔責任。」[13] 他建議「（放）一道社交牆把Slockit圍起來」。[14]

MyEtherWallet的凡歐登在她的Reddit帳號insomniaasexx裡貼文：「別像個5歲小孩一樣鬥嘴，他媽的成熟點。我以為這種行為會出現在trollbox聊天室裡。但你是一位受人景仰的教授。」[15]

西拉鞠反擊，在他發布呼籲中止The DAO的文章後，圖爾和葛林在某個私密頻道中聲稱他知情但未揭露該漏洞，並指責他是那位The DAO駭客。**「我努力幫他們和社群的忙，而他們回應說我就是犯下這起重罪的人。」**（原文就用粗體字強調）[16]

葛林、沃格史特勒和卡拉佩澤斯等許多人，對西拉鞠和圖爾的爭執感到氣憤。某些人覺得，媒體上的西拉鞠看起來像個萬事通，但他在The DAO的Skype安全性頻道中並沒幫上太多忙（西拉鞠說他先前沒有分享漏洞資訊，是因為他和另一位研究人員總結這個問題並非問題，而這個指控是「試著透過指責其他參與方來轉移罪責」）。相比之下，沃格史特勒認為，Slock.it的技術長彥區，因為讓別人的錢陷入險境就覺得自己的世界即將終結，一直在以太坊和The DAO的壕溝裡孜孜矻矻，是一位貨真價實的編碼員。他們特別憤怒的是，西拉鞠將這些漏洞公開在《紐約時報》上，每個有心犯罪的人士都看得到，而不是私下提醒群組以便他們將The DAO程式碼分叉到更安全的版本。

但令更多人受不了的，像是加密社群的成員，則是The DAO的公關代表圖爾。駭客攻擊當天，他貼出一張叉子照片，數支尖齒彎曲，整體看似條手臂和豎起中指的手掌，搭配文字：「嘿，小偷！叉死你！」[17]

某人回說：「讓自己的投資人損失數百萬後貼梗圖……這只有在加密世界才看得到。」[18] 其他人推特給圖爾：「老兄別擔心，如果這次不成功，

我們只要再分叉，如果最新一次分叉又沒用，那麼就再分叉，」還有，「對啊，當有人公開代表他們的機器投資計畫有多安全和可靠，這真的超級令人洩氣。」[19]一篇Reddit貼文提問：「圖爾會不會道歉？」[20]引起315條評論。

　　Slock.it的其他成員懇求圖爾停手：「放下手機、什麼都不要管。請幾天假。」凡歐登說她傳了訊息給他：「別再用推特。關掉那些通知。」他回說：「為什麼？很有趣啊。」葛林說有一次圖爾告訴他：「每當我發則推特，就多100位新追蹤者，這很有價值。」葛林認為這樣很惡劣。

　　6月24日，希拉吉在以太坊部落格發布Go和Parity用戶端新版本的連結，如果夠多礦工使用新版，就能開始軟分叉。[21]在6月28日，軟分叉的支持率仍高於門檻，照此情勢發展，將在區塊編號1800000生效。而根據以太坊中13到14秒的區塊平均產出時間，很可能會在6月30日被開採出來。

　　但那天，計畫整個大改。西拉鞠，康奈爾大學的教授，收到一位就讀高三、也是康奈爾大學新生的傑登・黑斯（Tjaden Hess）的電郵，說他認為軟分叉不安全，因此舉可能會將以太坊區塊鏈暴露在所謂的「DoS」（阻斷服務）攻擊風險中。由於軟分叉會要求礦工審查所有減少The DAO餘額的交易，而由策展人多重簽名和RHG的合約所發起的交易除外，所以人們只要對以太坊區塊鏈發送大量複雜交易，然後在最後一筆交易中降低The DAO的金額。礦工們浪費這麼多精力，又不得不放棄這些交易，他們的心力根本無利可圖（通常，礦工執行越多運算，賺的錢就越多）。更令人擔憂的是，這種攻擊不用花錢。黑斯、大學生瑞弗・基福（River Keefer）和西拉鞠於6月28日，發布一篇部落格文章，有關可能的攻擊媒介，而以太幣的價格在駭客攻擊發生後，原本一直在13到14美元間徘徊，突然跌到低於12美元。像往常一樣，西拉鞠引起一陣雞飛狗跳，卡拉佩澤斯則在Slack中評論：「我

很希望西拉鞠教授在我們得出最終結論前先不要發文討論此事。」（西拉鞠
說他做了正確的事：他告知去中心化社群這種補救措施的危險，還補充說：
「Slock.it團隊只在對自己有利時打去中心化牌。」若不利時就要求「決策和
權力都集中在他們手裡」）

沃格史特勒在推特說：「由於軟分叉易受攻擊，那就剩兩種選擇：只影
響The DAO和相關組織的硬分叉，或什麼都不做。」[22]

某位Slack成員說：「以太坊／DAO黑歷史再加一筆。」

在這場該選軟分叉還是硬分叉的強檔中，羅賓漢小組仍得繼續The DAO
保衛戰，把所有小暗DAO中的DAO幣都收回，避免最後沒有發生任何分
叉。由The DAO擁有的以太幣分裂出的四個主要宇宙中，就屬它問題最多，
部分原因是它實際上是6個不同宇宙，各有各的起始和截止時間。第一次的
救援行動後，當范德桑德透過Reddit貼文請其他子組織的策展人出面時，他
指的是：除了原始攻擊者的DAO（暗DAO）外，還有6個小暗DAO——那些
由某人複製原始DAO攻擊者的手法，從The DAO中掏空資金的子組織。最大
的是有360萬枚以太幣的暗DAO，第二大的有26萬8,000枚，第三大的是2萬
9,000枚以太幣，時價超過30萬美元。

為了把錢從那些模仿犯的小暗DAO中拿回來，接下來的數週內，RHG
不得不先與陷入混亂的多位策展人周旋。包括一些諮詢過律師的策展人，很
快就各奔東西，因此RHG改變規則，要求取得6位策展人中的3位簽名。他
們還讓策展人修改最低法定人數，從20%變成10%。

在7月初至中旬，配合最低法定人數的調降和鯨魚的代幣，讓RHG能通
過三項提案。一項是將額外餘額轉移到主要的The DAO，以10.39%的法定人
數低空通過，140名代幣持有者中獲得百分百贊成。[23]如今RHG可以把這筆

錢用來救援其餘的資金。

第二項提案，由於以太坊社群仍在爭論是否硬分叉，也不確定結果為何，因此羅賓漢小組決定為最壞的情況做準備：不分叉。如果 The DAO 維持原狀，他們就永遠都得超前攻擊者，以防他或她變現。因此，他們設計了一份購買 1,000 枚暗 DAO 幣的提案，讓羅賓漢小組能夠執行「分割攻擊」：每當攻擊者提出分割提案時，RHG 都可以進入同一個分割組織並占絕對多數，避免他或她變現（當然，這是一種永無寧日的方法，因為羅賓漢小組必須一直密切注意攻擊者，並總是跟著他或她進入每個分割組織，這個方法才奏效）。[24]

攻擊小暗 DAO 的第三項提案，是將以太幣放入所有小暗 DAO 中進行「51% 攻擊」（51% attack）：他們在該 DAO 中將擁有大部分投票權，可強迫把資金轉到羅賓漢小組的主要 DAO，也就是白帽 DAO 裡。[25]

葛林在這些 The DAO 保衛戰時擬了一份試算表，詳列出每天必須採取哪些措施，才能在各個小暗 DAO 中維持住以太幣的優勢數量。他們此時又額外拿到近 2,540 萬枚 DAO 幣，讓他們每次攻擊其他 DAO 時都能確實圍堵對方。[26] 比方說，7 月 6 日，羅賓漢小組花了一整天將最低法定人數調降到 10%，讓鯨魚投票，並將其他子組織的所有權轉給 RHG。試算表詳載羅賓漢小組必須要在哪些確切時點（精確到秒數），在各個小暗 DAO 中購入代幣，另外還有某些特定 DAO 的截止時間，以利 RHG 立即反應，避免任何敵人搶先他們把錢偷／救走。「7 月 14 日週四 3 點 34 分 48 秒〔世界協調時間〕編號 59 暗 DAO 截止，攻擊它！！！」7 月 18 日週一，因為編號 85 暗 DAO 於 13 點 11 分 36 秒截止、編號 94 暗 DAO 於 14 點 42 分 41 秒截止、編號 98 暗 DAO 於 15 點 25 分 12 秒截止、編號 78 白帽 DAO 於 17 點 44 分 21 秒截止、編號 101 暗 DAO 於 18 點 46 分 28 秒截止、編號 99 白帽 DAO 於 22 點 11 分 37 秒截止，等於一整

天都在攻擊不同的去中心化自治組織（他們當時不知道的是，其實這些警戒都只是徒勞，因為沒有人挑戰他們）。

為了完成這些步驟，卡拉佩澤斯7月4日貼文在Reddit，請每位DAO幣持有者（和鯨魚）至各個去中心化自治組織中投票，幫助他們發動羅賓漢攻擊。[27] 由於這些步驟需要技術知識，卡拉佩澤斯上傳了教學影片，並說明如果有人投了票，在投票期間內他們將無法動用那些代幣。

儘管大部分的評論都偏贊成，但一位Reddit用戶對卡拉佩澤斯不斷強調需要這些手段，以防沒進行硬分叉的事實提出異議：「拜託，/u/LefterisJP（卡拉佩澤斯的Reddit帳號），你用一個像「萬一它沒發生」的聲明讓大家提心吊膽，然後又沒有進一步消息？我們要依賴這些提案而不是（硬分叉）的可能性到底有多大？」[28]

對於這位Reddit用戶的質問，最簡單的回答是RHG也不知道。他們和交易所Poloniex的某人維持固定聯絡，而那人正在收集一些他認為可能導向The DAO攻擊者身份的線索。攻擊者有可能與某位Polo帳戶持有者有關聯，而那位帳戶持有者曾傳給交易所附照片的身分證，並上傳拿著身分證的自拍照，以此驗證個人身份，所以也很有可能那個帳戶持有者就是攻擊者。基本上，當攻擊者透過交易所ShapeShift把比特幣換成以太幣時，他或她必須給ShapeShift一個比特幣的退款位址，以利若有出錯情況，必須退回他或她的資金。那個位址可以藉由少量比特幣（和幾次跳轉）連到一位Poloniex的帳戶持有者。正如葛林對那位Poloniex調查員所說的：「不管怎樣，攻擊者都知道那個為了通過你們驗證而微笑的人……可能就是攻擊者，也可能是他們的朋友，或至少是某人基於某種原因把自己的比特幣位址給了他們。」

其實就在卡拉佩澤斯Reddit貼文的幾天前，那位Poloniex調查員就手

握充足資訊，能將可疑活動報告提交給金融犯罪執法網路。而由於那位Poloniex調查員非常有信心，他甚至在7月1日傳Skype訊息給葛林、卡拉佩澤斯、圖爾和寇姆：「各位，出現新證據。如果可以請暫停硬分叉。我認為我找到攻擊者的機率很高……所以，我個人而言，沒有動力選擇硬分叉或其他方法；而我認為，如果時間足夠，那個人可能真的會被逮捕，資金也就安全了。」7月2日，他寫道：「99.9%確定我掌握了那個傢伙。我也有共犯或某種內部人士的線索。區塊鏈、IP位址、行為、實際位置和傳聞證據都非常確實。不是百分之百罪證確鑿，但此人的嫌疑很大。攻擊從瑞士發動。」7月4日，卡拉佩澤斯在Reddit貼文的那天，他寫道：「這是陰謀，有個團體……我很確定。瑞士有個區塊鏈（公司），攻擊的計畫和執行就是在那裡。涉入者都是以太坊社群中的佼佼者。」他貼出一些他認為是涉入者的連結，但提到若沒有傳票，他無法分享更多證據。

　　因此，即使RHG正在打The DAO保衛戰，他們也同時知道攻擊者很有可能會被逮捕，如此的話就無需硬分叉。但因為他們不知道這些付出是否會有回報，所以他們決定嘗試第二種策略。7月9日，圖爾發布〈為什麼The DAO搶匪很可能會在7月14日歸還以太幣〉的部落格文章，內文的證據都只憑臆測。它引用法國國慶日（Bastille Day），並說這天「以煙火而聞名」。[29]一位Reddit用戶說：「你知道這個自大的雜種在玩弄你。」[30]

　　然而，在他這則看似荒謬、近乎嘲諷的貼文背後有個用意：RHG試著引起The DAO攻擊者的注意，提議只要他或她在7月14號後把錢還來就好。2016年7月11日週一，他們使用暗DAO的策展人私鑰，把The DAO的策展人多重簽名位址列入暗DAO的白名單，讓The DAO攻擊者可以把從The DAO中吸納的31%以太幣發送給策展人分配。[31]前一天，在討論這步棋的Skype對話中，圖爾寫道：「攻擊者將看到交易（和它在reddit上引起的吵鬧），也會

知道我們給他選擇的機會。」但攻擊者要不是沒接收到訊息，就是選擇留下那些吸到的資金。

　　隨著 The DAO 攻擊者開始能把資金移出暗 DAO 的期限逐漸逼近，開發人員也正努力寫出可能的硬分叉程式碼，以免社群選擇按下核按鈕。不過先不論它的爭議，考慮 The DAO 現在的混亂程度，這也不是個簡單的解決方案。

　　7月7日，彥區在一篇部落格文章中說明硬分叉可能的三種主要狀況，其中最棘手的是該如何處理額外餘額，因為一些 The DAO 參與者兌換100枚 DAO 幣的價格超過1枚以太幣。問題在於，因為截止期限將至，他們沒時間依每人當初的支付金額全面退款。他概述三種狀況的可能選項，並推薦其中一個。也像先前一樣，文章的結尾寫著：「總之，我、Slock.it 或其他人都無法代表以太坊社群決定（是否硬分叉）。」[32]

　　社群迅速針對彥區的兩項推薦，就額外餘額的議題不停討論，並開始試著釐清到底社群支持或反對硬分叉。中國的以太坊愛好者建立一個名為 carbonvote.com 的網站，可舉辦是否硬分叉的投票活動。然而，最終計算的是代幣，而不是人數，因此鯨魚有能力影響投票結果。投票的運作方式是，投票者將0枚以太幣發送到贊成或反對的位址。投票位址中的每枚以太幣，即為1張贊成或反對硬分叉的選票。[33]

　　7月15日，Go 以太坊的負責人威爾克在部落格發表〈分叉或不分叉〉一文，他寫道：「因為這不是基金會或其他單一組織能做的決定，我們再次請社群評估意願，以提供最合適的異動協定。」[34] 他解釋說，如果他們選擇在編號1920000區塊硬分叉，那麼 The DAO、額外餘額和子組織中的所有以太幣都會被轉到一個提領用的去中心化自治組織。DAO 幣持有者能將自己的 DAO 幣發送到提領合約中，每100枚 DAO 幣可退回1枚以太幣（8天前，彥

區貼出一篇文章，詢問社群打算如何處理額外餘額裡的錢。一個選項是將那筆錢放入一個多重簽名裡，由The DAO策展人來分派）。[35]既然他們已經寫好用戶端執行硬分叉的程式碼，那最大的問題就是社群是否願意依此進行。這會影響開發人員的一個關鍵設定：在下載和重啟新版本的軟體時，是否預設執行分叉。

持反對立場的人指出，2014年初，交易所Mt.Gox被駭走市值近10億美元的比特幣，那時比特幣並未硬分叉。但其他人認為兩種情況無法類比，因為當年被盜的比特幣的下落無人知曉；而The DAO的情況則是所有人從任一以太坊區塊瀏覽器（一種提供區塊鏈數據的網站）上都能看到被吸走的贓款，也知道它到7月21日前都會被困在那裡。反觀以太坊基金會，並未涉入The DAO的威爾克意識到，儘管The DAO嚴格來說不算以太坊基金會的問題，但Reddit評論（和carbonvote.com最後的投票結果）透露出普遍支持分叉的氛圍。再加上很多人都有金錢損失，而以太坊又才剛起步，他認為值得在以太坊未滿1歲時就硬分叉。

威爾克在文章中宣布，CarbonVote的投票結果將在編號1894000區塊裡統計，而這將決定Go用戶端的預設選項是「分叉」或「不分叉」。7月16日，投票結果很清楚：87%的人贊成硬分叉。儘管實際上只有5%的以太坊參與者投票，但在4天內的編號1920000區塊中，將會執行硬分叉。

加密貨幣交易所覺得以太坊社群冷落他們。一些業者和工作人員表達他們認為區塊鏈有很高的風險會發生分裂，產生一種不是每個人都同意的硬分叉，而是有爭議的硬分叉，讓另一種以太幣誕生，彼此競爭。然而，許多以太坊開發人員似乎有顧慮：如果他們不試著對抗竊賊，做自己認為正確的事，就會陷入窘境，這與大部分比特幣人以協定規則為優先的態度有著天壤

之別。對一些交易所業者來說，以太坊基金會的開發人員似乎看不清一件顯而易見的事：硬分叉會讓鏈分裂。

　　而某些交易所認為，以太坊基金會和Slock.it充滿心懷理想主義的開發人員與不了解加密貨幣交易者。常與加密貨幣社群打交道的交易所知道，許多比特幣「極端主義者」（maximalists）（這個詞可能是布特林創造的，指一種純粹主義者，認為比特幣將會成為且應該要是唯一一條區塊鏈）會把握所有機會，阻礙這個僅次比特幣的第二大加密網路。[36] 另一個問題是，由於以太坊開發人員不認為最初的那條以太坊鏈能存續，而且導入硬分叉的時間非常短，所以他們沒有制定所謂的「重放保護」（replay protection）。這是一個在鏈一分為二時會出現的問題。在某個時點前，兩者共享一模一樣的交易歷史紀錄。除非分叉後採取把帳本「拆分」的措施（稱為重放保護），不然會造成一組雜湊值位址能同時找到兩條鏈上的以太幣和競爭版以太幣（初始以太幣）：當某人想用其中一組幣交易，會導致另一組幣也被交易。舉例而言，不只賣掉初始以太幣，連本來想保留的以太幣也會被賣掉。

　　由於以太坊基金會開發人員不認為The DAO硬分叉需要重放保護，所以希望想要無縫接軌的交易所得自行制定。就交易所的角度而言，基金會沒將這麼明顯的風險納入考量是一驚人的疏失。可能有部分原因是同樣情況下，以太坊基金會的資本並未身處險境。變成兩條鏈後，若代幣跌價，以太坊基金會雖然可能會難受，但除非制定好重放保護，不然在顧客開始存款和取款後，交易所才是實際上會損失代幣的一方。

　　最重要的是，由於最終決定執行硬分叉是在預計執行日期的4天前，沒太多時間能讓交易所導入重放保護。當威爾克透過Skype訊息告訴交易所Bitfinex的波特（The DAO 攻擊後不久，他在 Skype 群組中說過「這個去他媽的幣」）時，波特回訊：「我希望自己從來沒有列出這個垃圾幣。」

因為 The DAO 的事，部分以太坊開發人員對監管單位可能會盯上他們的擔憂，並非憑空杜撰。布特林說，在硬分叉前，以太坊基金會的瑞士律師事務所 MME 的穆勒－斯圖德告訴陳敏和布特林，監管單位瑞士金融市場監督管理局（FINMA）想與他們聊聊 The DAO。7月13日，布特林從上海飛往蘇黎世。穆勒－斯圖德給陳敏和布特林的感覺是，這會是一場嚴肅的會議，但監管單位採納了他們的說法，即 The DAO 是個與以太坊基金會和協定無關的應用程式。

這段時間以來，Slock.it 的彥區覺得他的生活就像一部災難片。他很喜歡在以太坊快2年的工作經歷，還為此放棄博士學位。而他在以太坊的第一份工作，是找出意外產生鏈分裂的錯誤。如今，他看起來可能會成為一個導致鏈分裂的原因，他覺得自己讓朋友們失望了。他也覺得應該對 The DAO 的所有投資人負責。DAO 幣持有者就他估計總數約1.5萬到2萬名，他認為若其中的新手，第一次接觸以太坊的經驗就是賠錢的話，更是糟糕。

所以，他集中心力以解決這個爛攤子（直到發現阻斷服務攻擊的可能性前）。其他人都忙於編寫 Go 和 Parity 用戶端的軟分叉程式碼，他自己便全心全意投入編寫硬分叉。就算他有5個孩子（其中一個剛出生5個月），但他完全沒有家庭時光。他的社群媒體悄然無聲。住在父母家。他、葛林和西蒙在那裡碰面，而他母親除了送來一鍋燉牛肉配馬鈴薯和胡蘿蔔，或外面賣的亞洲麵條外，不輕易打擾他們。曾是按摩師的葛林，看著彥區承受龐大壓力，有時會替他揉揉肩膀。彥區讓自己盡量不去想可能的訴訟，他覺得在上帝、妻子和家人的支持下，最糟糕的情況就是一輩子傾家蕩產。他每天散步1小時，比過去更常禱告，一輩子中沒有哪段時間比此刻更接近上帝。

最困難的是，為了修補現狀，他得協調他完全管不到的人一起推動眾多

改變。這個解決方案需要修改運作以太坊協議的各個用戶端，而他不在以太坊基金會工作了。他甚至把早期以太坊的硬分叉修補好了，[37] 而那時大家都沒發覺。現在的他侷限於寫部落格、在Reddit評論、與基金會的開發人員交談，和與陳敏和布特林講電話。而基金會不願做決定，他們希望由社群選擇。不過因以太坊沒有正式的治理流程，大家其實只是在網路上對談。

　　而網路世界正亂成一團。每個人都化身哲學家，就程式碼是否為法律此命題高談闊論。看著這些激辯，彥區心想，這是自由市場，如果他們想永遠與The DAO和被吸走的資金一起待在這條鏈上，那就這樣吧。由他們決定。儘管他不知道結果，但他不斷寫著硬分叉程式碼。而且說實話，沒有完美的選項。如果決定採取硬分叉，就能解決The DAO問題，但讓以太坊受創。軟分叉在變成不可行之前，看似前途光明，但放棄它更令人痛心的是，因為The DAO各種流程中那些難以理解的7天或14天窗口，失去軟分叉這個選項壓縮了他們找到解決方案的時間。

　　但在彥區寫了硬分叉程式碼、看到carbonvote的投票結果，加上論壇和請願書顯示80%到90%的人都支持硬分叉後，他透過一個Skype聊天群組，裡面包含150位以太坊開發人員、The DAO策展人、重要投資人和以太坊其他有力人士，表示社群似乎選擇了硬分叉。他分享了自己的硬分叉規範，Slock.it和以太坊的眾多人士對待硬分叉的決議如同燙手山芋，沒有人想成為可能被任一監管單位針對，並指名道姓說「由你負責」的那個人。以太坊基金會不想正式涉入The DAO，因此彥區試著在以太坊找到能導入硬分叉的幫手。伍德馬上導入Parity用戶端，但因它只占網路節點的一小部分，所以彥區真正需要的是Go用戶端。威爾克正在休假，而他第一個孩子即將誕生，不過彥區讓他團隊的一位開發人員代表，希拉吉，將硬分叉作為一個選項導入。

最後，額外餘額和其他異常情況的確切處置辦法也制定完成。包含最初 The DAO 策展人布特林和贊菲爾的一群人，同意管理一個多重簽名，用來把這些錢退還給原本的合法擁有者。

7月17日，布特林發了篇 Reddit 文章向社群解釋：「HF（硬分叉）將在編號 1920000 區塊進行，之後會有兩條鏈：一條鏈在 Go 用戶端 1.4.10 程式碼中導入不定期異動狀態，另一條則無。完成後，普遍的預期是，其中一條分支會慢慢被公認為是主要的一條，而另一分支可能會漸行漸遠、再無瓜葛，或可能繼續存在，甚至保有市價。」[38]

布特林後來說，他此時就認為原始的以太坊鏈會繼續運作，所以建議想要留在主導鏈上的人「不要在編號 1920000 區塊和硬分叉『穩定』下來的這段期間，以及確知哪一條分叉居主導地位前，採取任何有經濟意圖的行動（部分交易所已經遵循此建議，存款功能會停止服務 1 小時）」。

他提供了一份重放保護合約，使用後就可以只在其中一條鏈上發送代幣，另一條則否，但一位 Reddit 用戶指出，這個動作遠遠超過大多數用戶的技術能力。[39] 那些不知道怎麼使用這份合約的人，試圖賣出想處置的代幣（如初始以太幣）時，承受在此過程中意外失去原本想保留的以太幣的風險。

威爾克的代理人希拉吉導入硬分叉部分的程式碼。照原本的編碼方式，用戶可以新增一個標記：留在初始鏈上或改到分叉上。根據 carbonvote 和其他民調的結果，看起來大部分會選擇新鏈。如此一來，新鏈的長度將得以延伸，因為會有更多電腦維持它的活力，產生更多區塊。而希拉吉發現程式碼的設計是，若新鏈變得更長，原始鏈將不復存在，因為節點最終會與較長的帳本同步，就算先設置了選擇舊鏈的標記，也根本無法使用舊鏈。希拉吉針

對這部分做出異動，所以就算岔出的新鏈變得更長，如果某些礦工真的想讓最初始的那條鏈繼續發展也可行。

現在以太坊基金會可以抬頭挺胸地說，基金會沒有強迫大家決定該支持哪條鏈。

剩下最後一件事：寫出提款合約的程式碼，由前Google員工，現為Go用戶端開發人員的尼克・強森（Nick Johnson）自告奮勇。所有向該合約發送DAO幣的人，都能按比例收回對應數量的以太幣，這個設計僅需21行程式碼。[40]

7月20日週三，紐約伊薩卡（Ithaca），早上還是完美的涼爽夏日，到下午氣溫就高達攝氏27.22度。[41]那天是康奈爾大學加密貨幣和合約自主行動（Initiative for CryptoCurrencies and Contracts，IC3）舉辦的，以太坊加密暑期訓練營和工作坊的第一日；但首先，以太坊得先完成分叉。[42]

東部夏令時間上午9點15分後不久，布特林、陳敏的男友迪特里奧、范德桑德和幾位開發人員，包括一位名叫馬丁・貝茲（Martin Becze）的印第安納編碼員，坐在蓋茲大廳（Bill & Melinda Gates Hall）咖啡館室外的幾張桌子，靠近玻璃欄杆，俯瞰中庭和棒球場。迪特里奧身著紅色「是拉差辣椒醬」（Sriracha HOT Chili Sauce）T恤，布特林身穿紫色熱昇華衣，印著貓臉握拳的大圖。桌上放著大家的筆電，其中一部外殼有張紫色眼睛的黑貓臉，另外一部有著轉印貼紙，寫著格言：「它不是漏洞，而是種功能。」

駝背對著筆電，他們追蹤網頁fork.ethstats.net的進度。范德桑德用布特林的聯想筆電，跟他一起看著。隨著人們開採新的以太幣，區塊鏈慢慢地往前推進。

上午9點20分40秒，編號1920000區塊現蹤：

1920000 0x498515ca 0x94365e3a

在布特林的螢幕上，之前連接編號1919996、1919997、1919998和1919999等區塊的垂直線現在一分為二，一條新線轉向雜湊值0x94354e3a，指出現存兩條鏈。

范德桑德說：「大功告成！」

布特林開始輕笑並前後擺動著，透露出緊張又解脫的情緒。「耶。」他試著收起笑容。

「我們開始錄囉。」范德桑德說。

「開始分叉了嗎？」范德桑德邊用手機錄影邊問。然後他對著鏡頭自拍微笑，在他後方的是側身的布特林，仍對著螢幕咧嘴大笑。布特林修長的手指繞著免洗咖啡杯的蓋子轉著圈圈。

到新以太坊上的編號1920000區塊時，舊鏈已卡在編號1920001區塊。

後來到了IC3訓練營時，西拉鞠拿了幾瓶香檳，上頭貼著印製標籤寫道：「恭喜硬分叉成功！」和叉子的美工圖案。

西拉鞠的同僚石潤婷（Elaine Shi）舉起一個裝著許多塑膠叉子的免洗杯，而西拉鞠和布特林各拿起一瓶香檳。西拉鞠建議布特林旋開軟木塞即可。「準備好了？」他喊。「一、二、三！」西拉鞠的軟木塞蹦開。布特林多拔了1秒鐘，皺臉出力。砰！霧氣從瓶中飄出。布特林笑了。

在德國偏北，鄰近哥本哈根、迎向波羅的海的巴韋（Baabe），一片廣闊的天空下，微風拂過海灘上的草枝，彥區正躺在白沙灘上滑手機。

那時是7月20日下午3點20分，他正密切注意分叉過程。看到分叉成功時，他總算能鬆一口氣了。那天，他在部落格平台Medium發布〈了不起的成果！〉一文。[43]

「不論因The DAO產生的硬分叉是好是壞，事實是以太坊社群（開發人員、礦工、交易所、研究員……）大家團結一致，拋下個人意見，在這種情況下成功進行了硬分叉，著實了不起。」他寫道。在感謝無數人幫忙援救The DAO資金和硬分叉（幾乎像他下意識地傳達這則訊息，證交會看吧，以太坊不是證券，因為我們並非集權！）後，他總結：「儘管有人質疑『程式碼即為法律』的類比，但我並不會這樣想。我們剛發現存在一個最高法院：社群！」

社群的反應並不是欽佩。以Reddit裡其中一個回應為例：「我不得不說，這些傢伙臉皮有點厚。你的『成果』是幾乎把整個以太坊毀了。[44]」

分叉時，提款合約中有1,200萬枚以太幣（約1億4,800萬美元）。8小時後，剩640萬枚以太幣（7,900萬美元），再過幾天，變成460萬枚以太幣，市價6,600萬美元。[45] 1個月前才剛把三分之一以太幣吸走的The DAO，現在被三分之二的DAO幣回填了。以太幣的價格也自7月2日以來，首度漲到超過12美元。如今價值1億4,000萬美元的眾籌和那個巧妙的漏洞，就像是數位版的海市蜃樓，當彥區躺在沙灘上時能被拋到腦後。

3天後，中歐夏令時間上午7點19分，當攻擊者0x969錢包中的DAO幣經過4次跳轉後移動到一個新錢包，某人（很可能就是那位The DAO攻擊者）再一次將它們跳轉到0x26D的新錢包。[46] 早上7點25分，他或她向提款DAO發送25,805.6141470999999999枚DAO幣，並回收258.056141470999999999枚以太幣。[47]

由於DAO幣現在的兌換價再次站回0.01枚以太幣（從0.005上升到0.009枚以太幣），特諾夫斯基將他便宜買進的成堆DAO幣都換掉，最後獲得的以太幣數量大概是他投入的2倍之多。

當以太坊社群深受硬分叉困擾時，另一行動也在醞釀中。回溯到7月10日，甚至早在決定分叉前，有人建了一個GitHub頁面，叫以太坊經典（Ethereum Classic，ETHC）。分叉前，一位Reddit用戶：jps_，列出不同生態系的參與者願意維護原始鏈的誘因，並指出：「交易所已經證明他們會交易極少部分的以太幣，甚至是交易量小的邊緣貨幣。」jps_還觀察到礦工有維持舊鏈運作的經濟誘因。若區塊鏈像是雲端的Google試算表，會定期儲存帳本狀態的快照，那麼硬分叉就像製作一份副本（也有複製版的代幣），裡頭調整了與The DAO有關的一堆欄位，還有建立了提款DAO。但既然區塊鏈像是加上時間戳記的Google試算表，卻沒有像Google這樣的中心化公司來集中維護這些表單，如果部分礦工同意一起維護最初的那版Google試算表／區塊鏈，那它仍可以繼續使用。如此一來，這些初始代幣也就可能可以再次被交易。就算只有一小部分礦工，或僅有一位礦工開採初始鏈，他們也能得到所有新鑄造的代幣和手續費。而在較流行的那條鏈上，競爭會非常激烈，可能很難讓他們賺到錢。只要礦工們保持初始鏈的活力，那裡的代幣也會存在：只要有一間交易所列出它們，就還有交易的可能。錢包也一樣有激勵用戶兌換舊代幣的誘因。所以jps_總結：「結果是以太坊會有兩條涓流。」[48]

分叉當日，布特林之前的出版品《比特幣雜誌》刊出〈一項分拆專案的誕生：以太坊經典〉一文。[49] 雖然作者艾倫・范維鄧（Aaron van Wirdum）指出，以太坊經典「似乎有點像個為堅持而堅持的玩笑」，他寫道：

　　這個專案已引起一些關注，在 Reddit 和 Slack 上有少數但持續成長的用戶群，還有去中心化交易所 Bitsquare 將經典以太幣列為代幣交易選項。此外，甚至在分裂前，就有約 0.5% 的算力（hash power）加入一個特殊的以太坊經典礦池，看起來很堅持要在以太經典鏈裡挖礦，確保區塊會被開採且保持專案的活力。

　　范維鄧採訪以太坊經典的建立者，他化名為阿爾維科（arvicco），也是俄羅斯加密媒體 BitNovosti 的創辦人。「我們有很多人都對加密去中心化抱持絕對的立場，」阿爾維科說。「簡言之，我們認為區塊鏈體系自始至終應堅守三項特性：開放、中立和不可變造。若沒有這些特性，區塊鏈就只是個虛有其表的資料庫……幫 The DAO 擦屁股就破壞了以太坊平台三項關鍵長期價值主張中的兩項。」

　　儘管在分叉後幾小時，舊鏈看似已日薄西山。7 月 19 日，分叉前一天，網路上的雜湊率（代表運算能力）為每秒 4.51 兆雜湊（即 1 兆次雜湊，[50] TH/s）。[51] 分叉後，舊鏈上的雜湊率崩跌了 99.3%，至每秒 0.03 兆雜湊。[52]

　　但如同 jps_ 的預測，許多人對以太坊經典感興趣。分叉隔天，在網路論壇 BitcoinTalk 上，一位自稱為「比特幣人、加密無政府主義者和密碼龐克」的用戶塞叩爾（Seccour）貼出〈〔ETHC〕推測以太坊經典〉一文，為這個叫做以太坊經典的事物提供一個新標誌，有著與以太坊相似的雙四面體，但改成綠色並以黑色為底色。該貼文串附上以太坊經典區塊瀏覽器、以太坊經典 Reddit、以太坊經典 Slack 和以太坊經典維基頁面的網站連結。「這個話題能用來推測以太坊經典的代幣價格。」塞叩爾寫道。[53]

　　出價金額開始湧入。

去中心化交易所Bitsquare的經典以太幣／比特幣交易訂單顯示，前三名的出價金額從6,800枚經典以太幣／比特幣（每枚經典以太幣等同0.10美元），到1萬枚經典以太幣／比特幣（每枚經典以太幣等於0.07美元）。[54]

以太坊Reddit的副版（subreddit）裡，網民Mentor77在〈把你的經典以太幣／以太坊經典賣給我們！〉主題下留言：「有人想購買你的（不值錢的？）經典以太幣。如果你不打算繼續在以太坊經典交易，請考慮賣掉代幣。」留言中還附上一條連結，說明避免自己的轉帳造成重入攻擊的方法。

因為這則留言發布在以太坊Reddit副版，加上許多以太坊人擔心公眾觀感不佳，以及兩版以太坊帶來的其他不良效果，所以迴響並不熱烈。只有42%的人附議，而一位評論者寫道：「你露出馬腳囉。」[55]

對於那款看似無效的代幣，彥區和布特林也瞥見一些需求。早在6月17日，在The DAO攻擊發生的數小時後，著名的比特幣核心開發人員格雷戈里・麥斯威爾（Gregory Maxwell）發信給布特林，主旨：〈別當個貪婪的白痴〉。他的郵件寫著：

> 如果你重寫以太坊共識規則，以取回你和其他人在執行該智能合約時的代幣損失，就證明其實是政治的衝動（特別是來自你的）在操控這個體系。
>
> 展現對體系的操控，你除了承受個人風險，也會對加密貨幣生態系添加更多不確定因素。政府單位可能會逼迫其他開發人員嘗試同樣的行為。這樣下去會很糟糕。

直到以太坊真的已經硬分叉了，麥斯威爾在分叉次日又寫信給布特林。信件主旨是〈出價購買經典以太幣〉。「你好。以太坊經典鏈看來是一個

有趣的測試網路，」他寫道。「我將為50萬枚經典以太幣支付0.2枚比特幣（133美元，等於每枚經典以太幣0.00027美元）。如果這樣不夠，請開價。」

布特林沒回這封信。

同時，7月21日，彥區還在巴貝海灘，收到一位Kraken的交易員來信：

> 恭喜硬分叉順利進行。我很慶幸The DAO持有者將恢復原樣。而我之所以聯繫您，是因為最近有大量買家透過我們的場外交易（over-the-counter，OTC）櫃檯購買經典以太幣。是否您們或任何您認識的人願意出售經典以太幣，以利達成交易。經典以太幣很明顯屬於劣勢鏈，價值不高，我的期望價格亦然。如果您們願意以夠便宜的價格賣出經典以太幣，我有意買下全部。

（由於一般交易所執行鉅額訂單會導致市價下跌、利潤縮水，所以會用場外交易櫃檯手動進行）Kraken交易員為100萬枚經典以太幣出價每枚0.01美元，並請彥區用Skype聯絡。彥區因為很快就得飛往日本，因此無法取用自己的舊以太幣。不過他其實沒有這麼大量的以太幣（或該說經典以太幣），也不想擔心發生重入讓他失去自己的代幣，所以婉拒了邀請。

硬分叉前，如ShapeShift和Poloniex等部分交易所，基於基金會的提醒安裝了重放保護，迎接分叉後的兩條以太坊鏈（某位交易所業者事後表示：「他們說：『有超過90%的代幣投票〔支持〕。』然後你想：『是說那些有投票的5%？』這是最傻眼的模擬民調。5%裡的90%就代表共識。在開玩笑吧？」）。交易所明白，在廣義的社群中，特別是比特幣人認為，以太坊的硬分叉正能闡明比特幣的核心特性：不可變造性。他們相信，許多比特幣人

會出於對第二大加密網路的厭惡，就成為以太坊經典的粉絲；而維持原始鏈更能提醒世人：以太坊並非不可變造。加上分叉後，有許多錢包服務的合作夥伴（例如，僱用交易所ShapeShift為其顧客在後台執行加密貨幣互換的公司）會找上交易所ShapeShift，表明用戶想交易經典以太幣。對用戶而言，知道自己的錢包裡有著經典以太幣，是難以抵擋的事。這是筆橫財。

交易所也感受到了這股熱潮，顧客敲碗想要自己的免費代幣。無論市場走勢漲跌，交易所透過交易賺錢，所以不管用戶交易的是優質硬幣，或是常說的狗屎代幣，文雅的說法就是：山寨幣。交易山寨幣的王者，是一間名為Poloniex、其貌不揚的交易所，由專才達格斯塔創辦，他是一位話少、有才（有人猜測他屬於自閉症光譜）的電影／音樂會／歌劇作曲家和編碼員。在加密貨幣前，他就因創辦一家以螺旋裝訂為招牌的活頁樂譜出版社而聲名大噪，解決了鋼琴奏鳴曲或歌劇等樂譜無法攤平，或因裝訂成冊而脫頁的問題。[56]

產業人士多稱它為「Polo」，是以太坊網路上線時首先列出以太幣的3間交易所之一。[57]總之，Polo不僅因支援多款山寨幣，更以迅疾的上市速度而聞名：考慮到每條區塊鏈的運作方式迥異，且需要確保買賣的交易安全，這非常了不起。達格斯塔獨力完成各項整合，除了寫完網站全部程式碼，還記住代碼庫所有特異處。他對具挑戰性的代幣特別感興趣。可能是因為Polo是山寨幣世界的焦點，也或許是因為它在2015年春天推出山寨幣保證金交易，讓它成為以太坊上線時購買以太幣的首選。[58]2016年冬／春，當以太幣價格擺脫泥淖，給基金會更多喘息空間時，先前在最高交易量排名中一直徘徊在十幾名的Polo躍升至交易所首位：在加密貨幣資料網站CoinMarketCap的全球所有交易所中，排名第一。[59]

作為以太幣的主要交易所，Polo有許多交易者，特別是現在手握經典以

太幣的以太幣鯨魚，那款在舊鏈看似停滯時也跟著失效的代幣。[60] 鯨魚是交易所最寶貴的顧客，對於擁有1,000萬美元以太幣的鯨魚來說，只要他或她能說動Polo讓經典以太幣上市，他或她就現賺100萬美元的經典以太幣，依市價走勢，可能還會更多。Polo知道，如果它不做，就會有另一間交易所開放經典以太幣（而那個競爭對手會賺走交易費）。實在太難拒絕顧客交易這筆免費資金的要求。此外，據某位Polo員工所稱，對於以太坊經典的未來，達格斯塔本人的態度相當開放。他設計了一份重放安全的分拆智能合約。在7月24日週日凌晨，也就是分叉後3天半，東部時間上午12點23分，Poloniex在推特發出：「經典以太幣（代碼ETC）／比特幣和經典以太幣／以太幣 已新增＃以太坊經典交易市場。」[61] 上午12點25分，再發：「所有在分叉時擁有＃以太坊餘額的用戶，現在也有經典以太幣對應數量的餘額。」[62]

這就是死而復生的以太坊經典。

第八章

經典以太幣的出現
2016年7月24日至10月26日

　　市場對於Poloniex交易所發布經典以太幣交易公告混雜了褒貶不一和貪婪的反應：「哇，真是缺德……關閉我的帳戶……這種幫助犯罪（DAO駭客）的行為，就等著被告吧！」[1] 另一個人說：「原始的才是最好的！這對於純正的以太坊來說是個好消息！」[2] 一位中國礦工則宣告，他計畫將礦機的雜湊算力轉移到經典以太坊上執行51%攻擊，這是一種使用蠻力計算能力以控制區塊鏈的方法，並可以撤消最近交易或重寫區塊鏈歷史——而鑑於是The DAO遭駭才導致以太坊出現分叉，經典以太坊的支持者覺得這種作法很虛偽。[3]

　　但是，對一直在努力維持原始鏈，也就是經典以太鏈的礦工們來說，他們的努力突然得到了回報。經典以太幣未上市之前的雜湊算力只有0.03到0.04TH/s左右，但在Polo交易所上市經典以太幣的那天，它躍升至0.19；第二天，0.24；隔天，0.48；再隔天，0.68。[4] 礦工們現在能夠出售先前開採的經典以太幣，很明顯該鏈將會存活下來。

　　這使得以太坊的工作人員措手不及。卡拉佩澤斯說，他和賴特維斯納當時在柏林附近的布蘭登堡（Brandenburg），一個周圍滿布湖泊的鄉村，他

們認為經典以太鏈（或卡拉佩澤斯和葛林口中的「已死的以太鏈」）是個錯誤。他回憶說，他們當時確信它會在幾天內消失（葛林是名山寨幣玩家，在分叉前夕，他認為以他在其他分叉上的經驗，這條鏈必定會死）。自從硬分叉發生以來，以太幣的價格已經從大約11美元反彈到14美元以上。卡拉佩澤斯說他們決定出售手上的經典以太幣。

當彥區聽到經典以太鏈復活時，他接受了：他現在知道DAO不會消滅，經典以太坊的出現將永遠是他創造的結果。即使他們能夠在一條鏈上清理DAO，但這個影子會一直存在，提醒所有人這段歷史。他會這麼想，部分原因是出自心靈和精神的體悟，知道自己對此無能為力，擔心也沒用。

布特林發現經典以太鏈死而復活時，人正在伊薩卡北峽谷（North Gorge in Ithaca）北邊一家Airbnb民宿裡。前幾天在IC3的培訓營時，他還挺平靜的，對於整齣駭客大戰戲碼落幕也鬆了口氣，但結果發現其實並沒有結束。Polo掛牌經典以太幣當天，以太幣價格再次跌落至12美元上下，而經典以太幣當天開盤價為0.75美元，收盤價衝上0.93美元。

以太坊基金會開發人員在一個叫「以太坊基金會（僅限內部成員）」（Ethereum foundation [internal only]）的Skype群組裡頭抨擊經典以太鏈。沃格史特勒吹噓他把手上的經典以太幣賣了，輕輕鬆鬆就賺了「一大筆錢」。他開玩笑說，威爾克身為共同創辦人，可以大量拋售經典以太幣，讓價格歸零。威爾克回答說：「呵呵，我可以用0.01元的價格賣出。」隨著沃格史特勒問大家，擁有一個區塊鏈，上面沒有開發人員，「還存在一個駭客持有12%的（經典以太幣）」，究竟意義何在，群組裡的人也打蛇隨棍上取笑經典以太鏈。其他人則從支持經典以太鏈的Reddit貼文中開玩笑地總結一個論點，因為經典以太坊「會做出更好的決定」，所以「相信我們」（加密貨幣社群有個長期理念是「無需信任」，意味區塊鏈技術可以用於通常需要人們信任他

人的交易，但會像自動提款機一樣地運作，而人們不必信任自動提款機）。

突然間，他們意識到有人在Reddit上發布剛才對話的截圖。「那是誰？」沃格史特勒寫道。「他不是朋友，卻在這裡交流？？新來的嗎？」來自「太空飛船」的設計師伊恩‧米克爾（Ian Meikle）回說：「天哪，這是什麼鬼。」

威爾克問道：「布特林，你能剔除所有非以太坊的人嗎？這個平台只開放給員工和約聘人員。」

沃格史特勒補充說，「沒錯，我還覺得這裡不再那麼內部了。」此後不久，陳敏加入討論：

〔公告〕：再重複一次：內部頻道僅用於討論基金會事務。報告完畢

在警告該平台不適用於「與我們的業務、支持以太坊平台的研發，以及周邊教育等無關事項」後，她寫道：

〔提醒〕：我們是一個支持開放原始碼去中心化軟體創新的非營利基金會，特別是以太坊平台和技術。作為一個非營利基金會，我們當然絕不也從未參與過以下業務：
- 證券
- 造市
- 為任何營利性公司或其產品和服務進行宣傳／行銷

後來她補充說，沒有任何平台可以免於洩漏的風險。她寫道：「如果你練習用詞完美無瑕，你將消除99%與你的用字相關的認知問題。」「我自己

也在練習，這需要用點心。」[5]

第二天，比特幣圈內最有影響力人士之一巴里・西爾伯特（Barry Silbert）發了推文。他是頭髮金紅、一張娃娃臉的華爾街神童，很早就在傳統金融市場上發跡，目前創立數位貨幣集團（Digital Currency Group，DCG），該集團一直在投資各種比特幣公司。他寫道：

> 買了我人生第一個非比特幣的數位貨幣……經典以太幣
> 在 0.50 美元的價位，風險報酬比感覺是對的。我理性開明地參與了[6]

布特林很驚訝。3 月時，他和西爾伯特才在 DCG 的辦公室見過面，當時西爾伯特提出要幫助他並擔任他的顧問。如今他得知，儘管有這友好的提議，西爾伯特也從未買過以太幣，但現在首購的非比特幣居然是經典以太幣。

幾個小時後，西爾伯特再推文說：「對於那些好奇的人，@Genesis-Trading 正在促成經典以太幣的場外交易。最小單位為 25,000 美元。」[7] Genesis 是 DCG 的機構交易公司，所以只處理大宗訂單。當有人接著問這意味著什麼時，另一個推特帳戶這樣寫道：「這代表如果你原本就一直計畫著要提油救火，而你現在手頭上剛好有 25,000 美元，這可能就更有趣了。」[8] 經典以太幣價格當天最低跌至 0.45 美元，但收於 0.60 美元。布特林心想：「好吧，也許它的市場規模會大到以太幣的 2% 到 3% 的水準，並湧入狂熱的追隨者。」

但到了第二天，也許是經典以太幣大鯨們知道他們可以透過 Genesis 交易經典以太幣，而且價格不會掉太多，它的收盤價衝上 2.55 美元。Kraken 和另一家 Bittrex 交易所開始提供經典以太幣交易也沒有受到什麼影響，[9] 幣價

不斷升高和有更多交易所出售經典以太幣同時吸引了礦工們投入。經典以太幣：以太幣的算力比從紐約當天早上的6：94，到接近傍晚時已上升至17.5：82.5。[10]下午6點33分，西爾伯特又發出推文，

多美妙的一天[11]

布特林意識到西爾伯特可能已經從經典以太幣大賺了一筆。西爾伯特的所作所為對他來說就像是對以太坊發動喬治・索羅斯式（George Soros–style）的金融攻擊。

范德桑德推文說：「經典以太幣感覺就像家中焦慮的青少年：你愛他們、打造他們、拉拔他們長大，但他們所談論的只是如何在趁你睡覺時謀殺你。」[12]有人回覆說：「十幾歲的兒子拒絕想要殺死他的酗酒缺席父母照顧他[51%攻擊他lulz（譯註：lulz是lol，laugh out loudly的變形，大聲地笑）。」

西爾伯特並不是唯一一個和以太坊對著幹的人。霍斯金森自2年前被踢出以太坊社群以來，一直對他受到的待遇感到不滿，他推文說：「我從沒想過我會發這張帖……我將重新加入以太坊，開始為經典貢獻心力。稍後會揭露更多。」[13]

布特林心想，算了，不管怎樣，想當然耳他會做那種事。

布特林還收到一封來自比特幣核心開發者麥斯威爾的電子郵件：

我已從其他人那裡確認你收到我的訊息並把內容分享給其他人。但我還沒有得到你的回應。

你認為經典以太幣比我的報價更值錢嗎？我真心歡迎你還價！無論如何，我的提議仍然有效。

布特林沒理會這封來自他稱為「One-Meg Greg」的電子郵件——暗諷麥斯威爾在具有哲學意味的技術問題激起比特幣內戰期間,是如何支持那些想要保持比特幣「區塊大小」在1MB的人。

Poloniex交易所押寶經典以太幣,結果大獲全勝,因為它早就設置重放保護,所以當有人提取以太幣時,它絕不會發送經典以太幣,反之亦然。但是,其他沒有實施重放保護的交易所則很容易受到重放攻擊。事實上,在Polo上架經典以太幣3天之後,另一家交易所BTC-e發布了一篇部落格文章,宣稱經典以太幣是「騙局」。與其說這是一個事實陳述,不如說這或許是這間交易所對它所有經典以太幣都被盜後的撅嘴反應。這篇文章稱:「在經典以太幣交易開始隔天,BTC-e交易所收到Poloniex通知,說我們需要保護我們以太幣錢包中的經典以太幣。我們的用戶在收到通知時,已經將大部分代幣轉到Poloniex交易所。所以我們錢包裡幾乎沒這些代幣了。」[14] 實情是人們先將以太幣存入BTC-e交易所(或在交易所已經有以太幣),接著把以太幣取出,同時取出經典以太幣,以便在Polo上出售,或是兌換成更多的以太幣,之後再存回BTC-e交易所,繼而再一次的重放攻擊。3天後,BTC-e交易所仍然收到客戶來要他們的經典以太幣,但BTC-e交易所1枚都沒有,因為在過去的24小時內,至少有50萬枚經典以太幣(折合經典以太幣最高價位時為140萬美元)已從他們所知道的經典以太幣錢包流入Poloniex交易所。

在接下來的幾天裡,經典以太幣的價格從2.55美元下跌,落在1到2美元之間。布特林與陳敏、迪特里奧和馬丁·貝茲從IC3結束後搭車回到多倫多,當他在父母家時還密切關注經典以太幣的價格。

西爾伯特再次對他的交易洋洋得意：

有很多人因為我購買經典以太幣罵我白痴，不過我現在真的感覺
很好。這讓我想起了2012年我開始買進低於10美元比特幣的時候。[15]

第二天8月1日，經典以太幣回升至2美元區間；同時，以太幣的價格
則不斷下跌。

有人在推特上問布特林：

@VitalikButerin維塔利，有人說你離開以太坊，現在改和經典以太
坊團隊合作，這件事是真的嗎？你能徹底終結這個謠言嗎？拜託！[16]

布特林回應：

我100%在以太坊工作。[17]

阿利希、魯賓、沃格史特勒、圖爾和其他100多人轉發了他的推文。[18]
很明顯，以太坊社群的大多數人仍然和他在一起。

不過在8月2日，以太幣跌至8.20美元的低點，而經典以太幣觸及3.53
美元的高點。經典以太幣並不像布特林認為的那樣只占以太幣市值的2%到
3%，現在的占比高達43%。

許多以太坊開發人員無法理解為什麼會這樣，他們看不出經典以太幣的
存在有任何意義，認為它現在早就應該死了。以太坊可能會崩潰，而布特林
做好了心理準備。他意識到西爾伯特或者其他崇尚區塊鏈技術不可竄改之特

性的鯨魚大戶，可以利用這股動能讓經典以太幣價格高於以太幣，從而營造出經典以太坊才是真正以太坊的感覺。到那個時候，那些無視差別的人會覺得有必要轉回去加入「（經典）以太坊」的行列，拋下目前名為以太坊的分叉版本。他在去多倫多機場接爸爸和繼母的火車上想著，如果經典以太坊真的贏了，那我該怎麼辦？他決定如果發生這種情況，他會退出以太坊，在這事件的陰影中沉潛一段時間，把精力投入先前早已想好為以太坊做的一些技術升級，然後建構一個新的區塊鏈。

有人推文問布特林，「如果經典以太幣價格超過以太幣，你會怎麼辦？」[19]

布特林回答：「我仍舊不會支持經典以太坊。」[20]

在這期間，在加密貨幣世界的其他地方，Bitfinex交易所（其執行長菲利普・波特在DAO攻擊後曾嗆以太幣「去他媽的幣」）遭駭客盜取了大約12萬枚比特幣，當時價值約6,600萬美元。[21] 這是加密貨幣史上第二大的交易所遭駭事件，僅次於Mt. Gox交易所事件。這一消息引發其他波動，比特幣從600美元以上跌破550美元，整個加密貨幣市場從122億美元左右跌落至約106億美元。由於連交易員都受到驚嚇，很少有人願意將資金投入像經典以太幣這樣的投機性資產中。

接下來的1週，經典以太幣先是支撐在2美元左右，接著跌破了這道門檻。以太幣的價格則反彈至10美元、11美元，然後是12美元。布特林鬆了口氣。隨著時間過去，他知道自己不必再擔心了。儘管幣價波動，但以太幣和經典以太幣的基本盤沒有任何改變。到10月中旬，經典以太幣的價格會掉到1美元以下。

大約在這個時候，葛林、卡拉佩澤斯、貝林那（來自巴塞隆納的DAO

社群成員，他的智能合約在反擊駭客過程中挽救最後剩下的400萬美元）和其他人組織起來，準備將搶救下來69%的以太幣，以經典以太幣歸還給其所有者。他們被稱為白帽團隊（White Hat Group，WHG），卻承擔著法律風險：在未經他人許可的情況下拿走屬於他們的錢、在沒有銀行執照的情況下持有這筆錢，然後找到並把錢分配給應償之人。

在分叉之後，白帽團隊馬上發現自己正要經歷一種「土撥鼠DAO」（Groundhog-DAO），再次偷偷摸摸挖洞進入 The DAO 以拯救資金。在眾籌期間，有位名叫克里斯・哈波（Chris Harborne）的大鯨在DAO中投入了38,383枚以太幣。哈波是一位頭髮花白的英國企業家，擁有一家航空燃料公司，遊走全球各地以避免在任何特定國家納稅，並且一直是弗拉德・贊菲爾的長期贊助者，他資助贊菲爾一套位於倫敦的公寓，讓他可以改進一種稱為權益證明的演算法（proof-of-stake algorithm），而這種機制將會以更環保的方式來運作、保護以太坊（譯註：2022年6月，以太坊已經在公共測試網Ropsten上成功合併權益證明機制，意味以往的工作量證明機制PoW將被淘汰，扭轉目前礦機耗電浪費能源的運行模式）。在硬分叉的那天，哈波去提款合約（Withdraw Contract）中提取他的以太幣。正如他後來告訴葛林和卡拉佩澤斯的那樣，他打開以太坊錢包Mist進行了交易，在彈出視窗出現時，他點擊確定。另外有個彈出視窗要求他確認要將他的DAO代幣轉換為以太幣。他很意外有兩個視窗問他問題，但他還是再次點擊了「確定」。然而，幾個小時後，當他檢查Etherscan區塊瀏覽器時，上面並沒有顯示他已將他的DAO代幣發送到提款合約並接收到以太幣，而是顯示他已向DAO發送了38,383枚以太幣。[22] 根據當天的匯率，他剛剛等於是向DAO發送了50萬美元，而這個智能合約內的任何資金都可能被抽走。正因為這個原因，以太坊為了救回裡面的全數資金才必須在熱門的區塊鏈上首度執行大規模又有爭議的硬分叉。

現在情況就好像在科莫多島（Komodo island）上所有人都被一次直升機救援任務接出來之後，有一個人被送到島上，獨自與科莫多大蜥蜴（Komodo Dragon）待在一起。只是他不是赤手空拳，身上還有將近50萬美元。

哈波因為持有大量股份，早知道並認識白帽團隊。當他告訴團隊出了什麼事時，他們給他起了個綽號叫「胖手指」，因為他們認為哈波錯把以太幣發送到DAO，而不是把DAO代幣發送到提款合約。不過等到他們弄清楚實際發生什麼事時，這個綽號就再也沒意義了：原來在眾籌期間，他並沒有像他想像的那樣投入38,383枚以太幣。由於某種原因，交易並沒有完成，所以在硬分叉的那天，當他打開瀏覽器並在第一個彈出視窗中點擊「確定」時，他確認的是幾個月前的交易。所以相當於在硬分叉之後，他向DAO發送38,383枚以太幣；而由於以太幣的價格上漲，很快就變成了60萬美元。

所以現在，再一次，大約有60萬美元還放在這份合約中，任何人都可以發動重入攻擊全數吸盡。白帽團隊沒有公布事情始末，但對任何想看的人來說，這些資金清清楚楚（由於訊息是公開的，葛林後來推測，任何注意到的人之所以也都保持沉默，為的就是要增加自己搶得吸金頭香的機會）。

他們開始忙碌起來，上演DAO戰爭的重生版（Redux）。他們發起一項與分裂DAO相關的投票，幸運的是，他們是最先這樣做的人。這意味著當7天後投票截止時，所有潛在的攻擊者都將使用在白帽團隊監護之下的分裂DAO。此時此刻，可供他們遞迴呼叫的DAO代幣多達3,340萬枚，高於硬分叉前的DAO戰爭中那2,500萬枚。[23] 7日投票期結束時，葛林說，他們採行多種戰術。首先，他們執行一些重入攻擊合約，就像在最初駭客攻擊後，羅賓漢團隊花4個晚上營救所做的事那樣。但最重要的是，他們以一定的gas費用向以太坊網路發送大量郵件，這是支付給礦工執行交易的費用。然後他們以更高的gas價格發送攻擊交易，進而激勵礦工優先處理這些交易，至於其

他在Reddit上看好戲的攻擊者，他們的重入交易則會延遲。這相當於在一般車道上以製造交通堵塞來減緩競爭對手的速度，然後利用淨空的高乘載車道（HOV）發送自己的交易。

另外的戰術是「摻雜」不純的代幣。因為每一枚代幣都有不同的連帶獎勵（獎勵是投資者在即使退出DAO後，仍可繼續獲得的利潤分成），並非每一枚DAO代幣都是相同的，白帽團隊利用了每個DAO合約在發送以太幣給退出者時所套用的數學計算：最後才減去獎勵金額的方程式。如此一來，從少量DAO代幣到數十億枚的所有合約，白帽團隊都能調整每一枚代幣的價值，然後將這些摻雜高獎勵的代幣發送給試圖取得哈波代幣的攻擊合約。這將大幅減少對手可以從其首次攻擊交易中獲得的金額，就像戳破競爭者的輪胎似的。最後，白帽團隊還能夠鎖住他們建立的子DAO，這樣其他人就無法控制它。

但是這樣做，在一個禮拜的行動期間，從Etherscan上可以看得到這些38,383枚以太幣，其實並不理想（Etherscan是一個以太坊「區塊瀏覽器」，或是提供特定或多個區塊鏈的數據平台）。事實上，一位對硬分叉和白帽團隊直言不諱的批評者在Reddit上提到這件事。他發現這些摻雜過的代幣合約，並試圖弄清楚他們是如何做到的以及做了什麼。卡拉佩澤斯發了訊息給他，「嘿老兄，你能刪除那則解釋我們使用的合約預設功能是什麼的評論嗎？我可以在下週向你解釋這一切，但現在離設定發起攻擊DAO以拯救某人的時間真的很緊迫，（我們）不想向其他人透露絲毫戰略。」葛林也發了訊息（稍後這兩個人的訊息都被截圖，並拿來對付他們）。[24]

儘管面臨所有挑戰，在7月28日，當他們子DAO投票期結束的那一刻，他們將所有策略都用上了。到目前為止，他們是真正的DAO忍者。以太幣最小的單位是Wei，價值0.000000000000000001枚以太幣，小數點後18位。他

們取得了胖手指的全數款項，精確到最後一位的 Wei。

　　在所有這些工作之後，白帽團隊的忍者任務就算完成了。他們花了 1 個多月，每天工作 14 到 16 個小時，完全沒有正常生活，幾乎拋棄了家庭——現在他們已經準備好回到現實世界。當然，為了完成硬分叉計畫，他們還是會幫助在額外餘額（Extra Balance）帳戶和子 DAO 中有存款的人得到退款。**25**除此之外，他們已經準備好要停手了。

　　問題是，原本分散在這 4 個遊戲世界裡的錢，現在都值錢了：只是改叫經典以太幣。正如擁有可能價值數百萬美元經典以太幣的大鯨們影響交易所，進而讓原始鏈復活一樣，他們開始糾纏白帽團隊去拯救經典以太坊 DAO 裡面的錢。其中一名大鯨魚尤其吵鬧：聊天輪盤的安德烈·特諾夫斯基。

　　白帽團隊最初會與特諾夫斯基搭上線，源於當時葛林號召鯨魚大戶們與他們聯繫，好讓白帽團隊可以通過表決並進行必要反擊，從 DAO 中盡量拯救所有資金（與大鯨們合作是很有效率的作法，這代表每次投票時，葛林只需協調少數人，而不是數千人）。特諾夫斯基在雲端通訊軟體 Slack 上的名字是 AZ，他在此時伸出援手，身為大鯨令他引以為豪。葛林一開始並不知道他的真實身分，直到多年後才看到照片。特諾夫斯基有張頑童般的臉，圓圓又孩子氣的鼻子，他的眉毛彎到像小丑在笑。他非常主動——當葛林在 Skype 上敲他催票時，「砰砰砰」，特諾夫斯基會克盡本分。想到大多數大鯨都忙到談不上話，葛林喜歡特諾夫斯基的快手相助。另外他很有意思——常講一堆垃圾話讓葛林發笑，而且幾乎每句話結束時都會發出咯咯笑聲，就好像他還在為十幾歲時因開發聊天輪盤中了大獎而飄飄然一樣。這網站在巔峰時期每天有 100 萬用戶，大概只比特諾夫斯基平常一天中說「幹」的次數要

多一點而已。

不過這並不意味葛林就信任或尊重他。葛林看到特諾夫斯基的主要目標是進場大殺一筆——即使背叛他人也在所不惜。特諾夫斯基曾經告訴葛林自己是如何以0.005枚以太幣搶購DAO代幣的——半價而已。當葛林意識到特諾夫斯基購買DAO代幣時多麼貪婪，他不禁心想如果不是這樣，DAO的價格會跌到多低（以太坊圈子裡的一個邊緣人物在觀察價格時，曾錯估代幣被一家與布特林、魯賓以及以太坊基金會友好的中國投資公司收購）。儘管如此，白帽還是得感謝特諾夫斯基完全值得信賴，同時以其持有的大量代幣，幫助他們通過必要的表決。特諾夫斯基瘋狂搶購結束時，手上一共有5,250萬枚DAO幣，約占總供應量的4.55%。

在硬分叉之後，特諾夫斯基一意識到如果以經典以太幣的最高價位換算，他持有的原始幣值超過120萬美元，就開始糾纏白帽，要求他們在DAO、暗DAO、小型暗DAO等等合約，撿回他的資金——所有他們試圖用硬分叉來避免的一切作為——只是他要求他們在經典以太坊上執行。

白帽對特諾夫斯基和其他來煩他們的大鯨說：「你想讓我們照著做嗎？他媽的！付錢。」他們已經做夠了免費白工。

葛林是白帽團隊和大鯨之間的主要聯絡窗口，他說白帽與特諾夫斯基達成協議：特諾夫斯基向白帽發送1,000枚以太幣後，他們開始計時上工。問題是，在硬分叉之前，DAO攻擊者已經提議要從暗DAO分裂。當時，在攻擊者還不確定會有硬分叉，而白帽團隊已經從額外餘額帳戶中獲得1,000枚以太幣，可供他們用來在攻擊者創建的任何分裂DAO中不斷生成DAO代幣，以防止駭客將代幣兌現。但這種策略需要他們在餘生裡每35天，跟隨駭客進入每個分裂DAO。葛林說，當硬分叉看似已經成功，他們也以為原始鏈已經死了、DAO的罪惡隨之長眠時，白帽團隊中至少一名成員認為他

們不需要一直跟踪攻擊者，於是乎整個白帽團隊就沒再繼續。

但是當原來的區塊鏈復活時，很明顯他們確實有必要這樣做（特諾夫斯基一直向他們施壓要求這樣做——再一次證明他很有遠見，而其他參與DAO的人大多沒有——但因為他是白帽認為很難把他的話當真的那種人，所以並沒有採納他的意見）。因為經典以太鏈是一條「新」鏈（從技術層面來看，實際上它才是原始鏈，但由於大多數社群都使用新鏈，原始鏈現在反而必須取個新名稱），它並沒有像Etherscan區塊瀏覽器的工具，可以顯示區塊鏈上發生的一切。白帽在無法輕鬆確認網路狀態之下，試圖在經典以太坊上的暗DAO中發起投票，但反應平平，所以投票想必是沒過。駭客可以將暗DAO中的所有經典以太幣轉移到他的新子DAO或孫DAO中。[26] 結果駭客在DAO中獲得了31%的經典以太幣。特諾夫斯基是對的。

儘管他們錯過拯救31%的經典以太幣，但仍然控制其他69%——他們拯救所有當時的以太幣／當前經典以太幣，以及其他6個受其控制的攻擊DAO內的經典以太幣，還有額外餘額帳戶的經典以太幣。值得慶幸的是，由於缺乏區塊瀏覽器，其他模仿的迷你DAO攻擊者基本上無功而返。

雖然這是個好消息，但也浮現一個新的難題：他們應該如何歸還救回的錢？這些錢本應該被抹去，但現在卻在經典以太坊上復活了？由於處理經典以太幣的工具極其有限，幾乎派不上用場。而且由於沒有重放保護，人們的代幣很容易不翼而飛。那麼他們應該把救回的錢用以太幣返還嗎？有些人認為應該如此，因為人們最初投資的就是以太幣。

即使他們拿不定主意，但心裡有底即便立意再良好、無論是白帽還是黑帽，駭客行為都是非法的，因此一些白帽團隊的成員對於任何行動都還是會感到緊張。

白帽團隊為了保護自己，求助於瑞士加密貨幣交易所Bity，它曾幫助

Slock.it建立DAO.link公司，並且擁有德國稅務文件的增值稅號碼（VAT）。兩位聯合創辦人博克斯勒和盧塞爾邀請他們到瑞士紐沙提勒（Neuchatel）來解決這個問題。8月5日，葛林和貝林那抵達日內瓦機場，這是他們初次見面（貝林那向葛林打招呼說：「哇，你好高啊！」）。卡拉佩澤斯隔天也到了，他利用午餐時間跑步，但又不喜歡吃完早餐後跑步，所以每天只在接近傍晚的時候吃一餐。博克斯勒讓這個瘦骨嶙峋的希臘人打破規則，僅此一次——就吃一片披薩。

他們睡在Bity總部，約百坪的空間，這裡之前是巧克力工廠，有落地窗和華麗的木頭地板，Bity配置了長桌、舒適的皮革辦公椅和大螢幕。它還有間廚房，住在這裡的人可以自己開伙煮飯，讓辦公室感覺更溫馨舒適。

白帽團隊決定使用類似有限責任公司（limited liability company，LLC）這層法人實體保護傘來達到保護作用。他們可以據此說某些以太坊地址歸該法人實體所有，而且是以該實體的代理人身分，執行任何使用那些地址的交易。他們拿到公證。你瞧，他們受到保護了——但沒多久這層保護罩就會不堪一擊。

8月6日週六，卡拉佩澤斯飛來，白帽團隊和Bity的博克斯勒，與在瑞士楚格的比特幣瑞士銀行通了電話。該公司幫助過早期的以太坊，但是卡拉佩澤斯並不知道這件事。他只知道比特幣瑞士銀行曾轉發一則發布在Reddit的訊息，這是一個追隨白帽團隊進入所有迷你DAO的人發布的，除此之外，他對比特幣瑞士銀行交易所一無所知。

這通電話遠遠超出白帽團隊的預期。他們和博克斯勒當時在Bity的律師事務所，它位於一棟美術風格的古老建築內，[27]他們是在石板鋪成的花園裡打的電話。氣溫攝氏20度多一些，對8月的晚上來說不算太熱。剛過晚

上8點30分，正是日落前後天色幻化之時。他們圍成一圈坐在白色花園鐵椅上，葛林把頭髮盤成男人的髮髻，腳下放著一個拼布袋，袋上有一個正方形的和平標誌。卡拉佩澤斯穿著軍裝風夾克和黑色帶螢光黃的運動鞋。貝材那穿著一件藍綠色有海軍領和羅紋針織袖邊的polo衫。葛林把電話設成擴音，並把電話放在飛盤支架上放大聲音。電話另一頭講話的是比特幣瑞士銀行交易所方——紮著馬尾、看起來很像海盜的的尼克拉斯‧尼古拉森。

根據電話錄音，尼古拉森開場說他代表許多投資者發言，包括他的客戶「AT」，他將提出一種讓比特幣瑞士銀行和白帽團隊可以合作的方式，並且「所有人都會從中獲利不少」。在幾句客套話之後，他清了清嗓子，開始概述他和他的投資者構思的計畫。

他解釋道，在駭客入侵之後，白帽團隊最終獲得大約800萬枚經典以太幣。「要如何處理那800萬枚經典以太幣不是我們的問題，而是你們的問題。當然完全由你們來決定。」他操著丹麥腔調的英語用低沉的男中音說。「從我們的角度來看，如果你們把它放在口袋裡，就不會以任何理由被起訴。或是說你們可以把它還給不同的DAO投資者，再或者你們想怎麼做都行。但在做出任何決定之前，無論是什麼決定，我們——也就是你們和我們——聯手起來可以來一場即使不是空前，也會是一次重大的市場操縱。」

這時，葛林大聲笑了起來，還笑了兩次。市場操縱在美國可以是重罪，最高可處以100萬美元罰款和10年監禁。

尼古拉森繼續說，比特幣瑞士銀行擁有相當多的以太幣，而白帽團隊控制了更多的經典以太幣，因此他們可以「在以太幣上部署巨大多頭部位，然後大量做空經典以太幣」。然後，他建議他們一起參加一個「交易培訓營」，所有利益相關者都將帶著他們的的電腦來，一起執行這套計畫，一步一步地操縱經典以太幣走向崩潰。他建議他們瞄準主要市場——Kraken交易所

上的經典以太幣對美元、比特幣、以太幣和歐元的市場，以及Poloniex交易所上的經典以太幣對以太幣和比特幣的市場。

　　首先，你們在所有市場同步出售一大部分的經典以太幣，然後等到市場反彈時再做一次。這應該會引發經典以太幣投資者的恐慌，接著你們就能以低很多的價格回購，因為這是在市場恐慌的情況下買回的。這個作法是為了把錢還給DAO投資者，也就是如果你們無論如何想要它回來的話。但是，如果你們不希望它回來，那麼操作策略會稍有不同。首先，全部的策略應該都是針對經典以太幣大部位的可控拋售，進而設法取得美元和比特幣，越多越好，剩下的一小部分就用來摧毀它。

　　他接著解釋說，比特幣瑞士銀行可以居中發揮關鍵作用，因為我們有些客戶是以太幣和經典以太幣的最大持有者，因此「我們有大量資金可供做多和放空。」另外，它也有所謂交易所上面的機構交易帳戶（針對大型企業），還有和銀行聯繫的管道。「但我認為，既然你們在經典以太幣中占據主導地位，而我們在以太幣中主導，我們一起合作絕對可行。」他補充道，他的團隊已經預測這種策略可能導致經典以太幣損失90%、以太幣大增15%，而比特幣增加5%。「如果是這樣的話，你們可以算得出來，當我們投入價值700萬到800萬美元甚至更多資金時，將可以獲利100萬美元，或實際上是數百萬美元……反正是好幾百萬美元啦。」他說。

　　尼古拉森向他們保證，操縱加密貨幣市場在瑞士幾乎沒有受到監管。但他也確實指出，如果人們發現，「那麼主要是Slock.it會受到唾棄，但要走到法律程序是不可能的，因為沒有規則可循……不過可以肯定的是，大家會

恨透這組織。我的意思其實是，誰會介意因為2,000萬美元而被人討厭呢？我個人是不會。」

葛林打斷說：「我不知道，老實說，我不想被討厭。」

過一會，卡拉佩澤斯糾正尼古拉森：「你多次提到Slock.it，但我只想讓你明白，羅賓漢團隊與Slock.it沒有任何關係。」（他之前已經正式離開Slock.it）

尼古拉森指出，羅賓漢團隊中某些人的名字已經為人所知。「這是一個必須自己做出的決定，特別是卡拉佩澤斯：你想成為百萬富翁，同時背負著網路上流傳的謠言，說你可能不是世界上最好的人呢？還是你寧可不要這幾百萬美元，也不想有這個爭議？」

尼古拉森還提醒他們，比特幣瑞士銀行的律師認為他們不會因此被起訴，他說：「這不是我需要做的決定。我並沒有參與，但我應該會認真考慮應不應該歸還這筆錢。容我引用：程式碼就是法律，對吧？」然後他笑了。

此時，太陽已經下山，黃昏讓位黑幕上場。在整個談話過程中，除了最後的簡短問候，有個客戶在後面一直悶不吭聲：安德烈・特諾夫斯基。

在談話過程中，葛林聽得目瞪口呆。在美國，如果這段談話涉及特定法規所禁止的炒股行為，那麼執行尼古拉森所說的計畫應該是違法的。他想像撒旦正從電話裡走出來，這個惡魔用尼古拉森的低沉聲音說著話。他和其他白帽心想，我們大老遠來為的是把這些錢還給大家，現在你認為我們要幹掉所有人嗎？他們認為尼古拉森和特諾夫斯基根本不知道自己是什麼樣的人。

但在他們對這個提議做出最終決定之前，他們不得不先與特諾夫斯基處理一件事。直至目前為止，白帽團隊——尤其是葛林——認為他們很了解特諾夫斯基。不僅僅所有救援行動得以執行都多虧他大力促成，而且他比所有

其他大鯨更好溝通。

博克斯勒在電話中向尼古拉森問到DAO攻擊者的情況時提到，他覺得比特幣瑞士銀行與此人有聯繫，因為在比特幣瑞士銀行在Reddit上留有一則攻擊者的訊息。卡拉佩澤斯糾正博克斯勒，「不，那是另一個人，不是DAO攻擊者。」自比特幣瑞士銀行在Reddit上有這則訊息後，發布消息的這個人其實也進入白帽團隊所有迷你救援DAO，即使沃格史特勒已驗證這則訊息來自此人帳戶，但這並不能證明他或她就是原先的攻擊者。過了一段時間之後，卡拉佩澤斯和葛林只能假設他們是兩個不同的人，因為攻擊者也沒有動機再做更多比他之前做過的事，而且沒有證據顯示他們是同一個人。

不過，現在他們得以確認了，因為尼古拉森隨後對博克斯勒說：「那是另一個人，他是我們的客戶－ AT，他是白帽的參與者。」

這對葛林來說是新聞，他可是通話中唯一知道AT／AZ真實身分的白帽成員。

卡拉佩澤斯上了Skype聯絡到特諾夫斯基，得知他是聊天輪盤的創辦人。接著當卡拉佩澤斯在Bity辦公室2樓來回踱步時，特諾夫斯基坦承了一切──他加入所有的迷你DAO，不斷推動事情朝著硬分叉的方向發展，這樣他就可以繼續低價購買DAO代幣，然後兌現他所有以30%到60%折扣買到的DAO代幣，並賺回大量以太幣。

關鍵是「攻擊合約」實際上並沒有起作用──只是特諾夫斯基努力要讓它看似可以令DAO元氣大傷。實際上他並不知道如何編寫智能合約來吸錢。

卡拉佩澤斯很震驚。他以70%或更低的價格把價值500美元的DAO代幣賣出了。同一時間，特諾夫斯基卻將卡拉佩澤斯認為是難以為繼的投資，變成了一大筆錢（特諾夫斯基也可能在這當中推動了以太坊硬分叉）。

葛林知道後非常憤怒。特諾夫斯基總是惹他笑，但這次特諾夫斯基令他

很不爽。當他和其他白帽滿頭大汗試盡各種計策，只為完成這些救援時，特諾夫斯基卻為了數百萬美元一直在算計他們。這名俄羅斯企業家完全在浪費他們的時間。

比特幣瑞士銀行提議後的隔天下午，葛林和卡拉佩澤斯打了電話──另一頭只有特諾夫斯基。葛林盡可能客氣地表示，他們拒絕尼古拉森的提議。特諾夫斯基一聽到他們的決定，結結巴巴地想說服葛林相信他從不贊成這套操縱市場的計畫。

葛林打斷他：「是的，這個決定只是針對尼古拉森的提議。」

「好吧，再說一遍，我不缺現金，」特諾夫斯基說。「我有自己的工作。無論你怎麼決定，我都會接受。因為我有為人們創造價值的信念，而不是只想賺快錢。」他從嘴裡吐了口大氣。

特諾夫斯基問了還有誰在電話旁，在得知只有白帽後，他說：「請不要告訴博克斯勒，不過……好吧，你們有多信任博克斯勒？」葛林說非常信任。

特諾夫斯基希望他們了解博克斯勒代表的Bity是比特幣瑞士銀行的競爭對手。「（比特幣瑞士銀行）大致上是說（博克斯勒）去了他們的辦公室並冒充客戶，試圖要拿到他們的業務訊息，然後開始自己的事業。」他說，所以「如果你的意見有受到博克斯勒絲毫影響，最好持保留態度」（博克斯勒並不把這些公司視為競爭對手，他之後會說，他只在尼古拉森問他是否想投資比特幣瑞士銀行時見過尼古拉森，但當時博克斯勒已經在Bity工作，他早在2013年12月就先把Bity註冊為公司了）。

葛林和卡拉佩澤斯表示，他們並沒有受到博克斯勒的影響，因為尼古拉森提出的提議實在是「他媽的太瘋狂了」。

「還有，特諾夫斯基，」卡拉佩澤斯用略帶希臘腔的英語附和說，「在我看來，那提議相當挑釁。（尼古拉森）有問過我，是否想在被世界憎恨的情況下獲得2,000萬美元？這就像是……你知道的，有點……你知道的……嚴重。」

特諾夫斯基好像真的對於把這個計畫怪罪在尼古拉森身上感覺不太好，他接著提到尼古拉森在前一天在掛斷電話後，說他認為白帽團隊應該退還這筆錢。

之後，特諾夫斯基似乎是想看看是否能讓白帽重新考慮，他提醒他們，有很多大鯨也有能力把經典以太幣的價格拉下來，比特幣瑞士銀行和它的投資者並不是唯一有這種想法的人。

葛林仍然拒絕「讓社群對他產生一絲絲的憎恨而擁有數百萬美元」的提議。沒多久，他們就掛了電話。

在這一時間點上，白帽團隊做出一個讓他們當中有人將來會後悔的決定。首先，他們能從收到的詢問以及比特幣瑞士銀行的電話中得知，不只很多大戶，DAO駭客也有可能，試圖讓經典以太幣市場崩盤，或者至少試著在持有DAO代幣的散戶之前得到經典以太幣，以獲得更大的利潤（特諾夫斯基開始每隔1小時打電話給卡拉佩澤斯，用卡拉佩澤斯的話來說，特諾夫斯基「非常非常熱切地」要求卡拉佩澤斯把他的資金直接發送給他，而不要包含在整體大眾的資金裡一起發送。他如此熱切地懇求，「有時候，他聽起來就像個孩子。」卡拉佩澤斯有點擔心：這個不老實的俄羅斯傢伙有可能做出把我們搞垮之類的事！最終，葛林告訴卡拉佩澤斯別再接特諾夫斯基的電話）。這讓他們意識到，假設會有大量代幣傾銷，要是他們真的把經典以太幣退還，將面臨何時開始提款的困境，因為總有某些時區比其他時區更有

利。此外，像以太坊上設計的提款合約，在經典以太坊行不通，因為並非所有交易所都允許人們提領他們的經典DAO（DAO-C）代幣，因此並不是每個有資格的人都可以拿得到。

另一方面，以太幣則更好用，由於重放問題而造成損失的風險較小，而且價格沒那麼容易崩盤，這將阻止大戶割韭菜。如果白帽團隊自己先將經典以太幣轉換成以太幣，他們可以平均掉DAO代幣持有者的價值（譯註：因為若由白帽統一轉換成以太幣，退回給每人的幣值都趨於一致，沒有時間差造成幣值不等的問題。時間差有兩種，一種是地理上時區的時間差，一種是如特諾夫斯基想利用退款先後順序的時間差），並且由於DAO代幣持有者出售以太幣的可能性低於經典以太幣，因此價格可能下跌的問題就不大了。

因此，白帽團隊決定將經典以太幣歸為他們所有，再轉換為以太幣，然後返還給用戶（經典以太幣支持者、比特幣極端主義者，和那些提倡區塊鏈技術不可竄改的人，可能會將上述理由視為不加掩飾的藉口，目的就是要陷經典以太幣於不利，並利用10%經典以太幣的供應量讓形勢變得對以太幣較有利）。

歸還以太幣而非經典以太幣的決定，導致至少一名大鯨向布特林和不同的以太坊開發人員、白帽團隊成員，還有DAO監護人發出了多道法律威脅。第一份是8月8日由當時在博格・新格曼律師事務所（Berger Singer-man）的律師安德魯・辛克斯（Andrew M. Hinkes），代表他的委託人特諾夫斯基發送的；文件一開頭就提到，「鑑於對你們提起訴訟的可能性」，並告知他們必須保留所有他們對於利用DAO漏洞所回應的相關文件，「以供此案件審理使用」。

縱使有這封信，白帽團隊還是下定決心。Bity決定幫助白帽團隊在所有它有帳戶的交易所銷售代幣，白帽團隊則提供完整的護照掃描和其他身分資

訊，以便交易所了解他們並沒有要洗錢。Bity幫助白帽團隊建立一個網路機器人，這機器人可以在所有交易所同時下單，並讓價格保持在同一水平，因此交易者無法因套利而讓DAO代幣持有者的資金價值縮水（交易機器人的創造者相信這種操作是企圖傷害經典以太幣，他開玩笑地把它取名為「拉屎」〔takea-dump〕）。[28] 例如，只在Polo交易所上銷售是因為它擁有最大流動性，所以那裡的價格會降低，這使得機器人或其他交易者能夠在Polo交易所上購買，並在其他交易所以更高的價格出售。

他們使用一種功能混淆資金來源，這樣人們就不會意識到有10%的經典以太幣即將出售。[29] 然後，在8月9日週二，他們在Polo、Kraken、Bittrex和Yunbi等交易所之間釋出經典以太幣。[30] 他們的存款流向了各交易所，除了Polo。

該死！Polo交易所收了錢，但沒有記入他們的帳戶。他們想把大部分的經典以太幣放在那裡，因為Polo交易所的委託簿深度最深，這意味著即使有大量賣單，那裡的價差仍最小（特諾夫斯基在他們不知道的情況下，已經向多家交易所寄發了法律威脅）。

Bity打電話給Polo交易所並留言，詢問為什麼錢沒有入賬。他們沒有得到回應。不過幾個小時後，他們收到通知該帳戶解除封鎖了，終於可以執行經典以太幣的出售計畫了。他們透過機器人在所有交易所同步銷售，好讓各交易所的價格保持在同一水平。[31] 每間交易所的交易價格都降了，除了Poloniex交易所。又來了，媽的！儘管Polo交易所讓他們存入資金，但它在沒有通知的情況下，阻止他們的帳戶交易。

白帽團隊想把錢退還給人們，但大部分的錢卻被凍結在交易所。當他們問為什麼Polo交易所阻止交易時，葛林和貝林那說，Polo交易所的代表反問他們，Polo怎麼知道如何區別白帽和黑帽駭客。根據葛林的說法，該代表

隨後表示Polo交易所將扣住這筆錢，因為這不是白帽團隊的錢。[32] Bity和白帽團隊則對交易所說，這筆錢也不是Poloniex的（最終，白帽團隊會明白，雖然Kraken交易所很樂意允許Bity的帳戶進行交易，但交易所已經阻斷其提款）。

大約這時候，據當時正在協助白帽團隊的Bity辦公室的人回憶說，他們從可靠消息來源那裡聽到一個謠言，說美國聯邦調查局（FBI）已經對白帽團隊的活動展開調查，這把一些團隊成員嚇死了。接下來的2天，他們大部分的時間都盯著大螢幕，不斷更新Poloniex帳戶頁面看資金是否解凍。這段時間，他們睡得很少——他們在知道資金遭凍結的那天晚上，早上8點才準備睡覺——當大家都睡倒時，白帽團隊也倒在辦公室的沙發上，大麻和威士忌酒瓶散落一地，但他們當中無人享用。

第二天還是再隔1天，另一名大鯨胖手指哈波也開始向白帽團隊施壓，要求把他的錢以經典以太幣而非以太幣的形式退還給他，並威脅要和律師談一談。在一次電話中，Bity的成員在外面，背對頂樓的廚房，旁邊有一條山坡路經過，他們說哈波爭辯道：這好像如果他在街上丟失了一根金條，任何人找到它都無法將它轉換為美元。Bity辦公室裡一位熟悉英國和瑞士法律的工作人員則反駁說，根據「丟失」的定義，沒有人失去經典以太幣，而且他們實際上早與以太幣分開了。

博克斯勒說他對於哈波的威脅採取的回應是，走過去並告訴這個英國佬，「也許你的船載著殖民主義態度帶你去了很多地方，但你無法用你的船到瑞士找到我。而如果你想找到我，你就必須來瑞士。」博克斯勒知道，瑞士對他來說是一個更友善的司法環境。

大約就在他們抵擋哈波的時候，他們聽說聯邦調查局已迅速結束調查。有人記得，這些徹夜未眠的工作人員彼此說好了，他們之間絕不再談論這件

事。

　　然而，他們面臨的壓力還沒有消失。第二天，他們再次收到了MME代表特諾夫斯基寄來的法律信函，由以太坊的律師路卡・莫勒－席度德和加布里拉・豪澤・斯普勒（Gabriela Hauser-Spühler）交給他們每個人。這封信在「要求羅賓漢團隊退還經典以太幣」的標題下寫著，「安德烈・特諾夫斯基能提出事實證明他在「The DAO」全部持股部分比例……大約是4.55%（52,533,041枚DAO代幣）。」接著解釋了羅賓漢團隊反擊期間所發生的一切，並用粗體強調：

> **接受、轉移、更改、管理和／或以其他方式，控制從羅賓漢團隊或其關聯組織的單一或所有成員控管的錢包轉移經典以太幣的每個人、交易所和／或其他實體都可能面對洗錢責任。**
>
> 　　因此，我們的客戶要求立即（在電子郵件送達此通知後48小時內）轉移由羅賓漢團隊和／或其關聯組織持有的346,718.0706枚經典以太幣（我們客戶持有52,533,041枚DAO代幣），以前每枚經典以太幣的價值遠高於3美元，相當於120萬美元（按當前市場價格1.72美元計算，則為596,355.08美元）。

　　信裡最後說：「請注意，除了退還給DAO投資者之外，如果我們被告知和／或得知任何經典以太幣轉讓，我們將為委託人引入刑事、民事和行政訴訟通知。」

　　自從卡拉佩澤斯和葛林不回應特諾夫斯基在Skype上的請求：在歸還給其他人之前直接交還他的經典以太幣，特諾夫斯基的律師發出了這封威脅。如果白帽團隊默許這封信的要求，並立即將經典以太幣轉讓給特諾夫斯基，

那麼他在其他DAO代幣持有者收到之前，可以早一步將其出售。

MME還找到他們的住家住址，這讓卡拉佩澤斯和寇姆嚇壞了。在那之後，寇姆消聲匿跡，再沒人有他的消息——至少是不用那個名字了。很明顯，Polo交易所不會讓他們執行計畫。由於白帽團隊是一群程式開發人員，就像他們在硬分叉決策過程中，無法看到交易所的觀點，這一次他們也不了解商業交易圈的運作方式。儘管白帽團隊不將經典以太幣返還給人們的部分原因在於它的使用難度，但交易員對開發人員設想的經典以太幣「使用」方式，並不感興趣。交易員希望把它當作在交易所交易的資產，而交易所會為他們處理所有技術問題。是否有經典以太坊版本的區塊瀏覽器根本無關緊要。他們將經典以太幣視為金錢，並想要這些從原持有資產裡細胞分裂出來的新資產，而不是更易於使用的雙胞胎貨幣。交易所會使它們操作更友善；他們想要錢白白送上門；他們希望能夠在交易所之間套利價差，和／或有機會把它「傾銷」給願意出價讓他們獲利的傻瓜。

除非白帽團隊以經典以太幣退還這筆資金，否則Polo交易所不會解凍存款，他們只好決定遵從。8月12日週五，瑞士紐沙提勒時間凌晨2點33分，貝林那在Reddit上發布一篇總結這些事件的貼文，然後提到他們會再次宣布經典以太幣的分配方式。[33]

一則熱評說：「所以基本上你偷了700萬枚經典以太幣之後，試圖拋售並用它購買以太幣。完全合法，老兄！」[34]另一Reddit版友則為白帽團隊辯護：「你必須知道，如果沒有他們的努力，這筆錢早沒了。他們拼死拼活做白工，幫你們保住這筆錢，現在你們這些人卻把他們踩在腳底下。」[35]

現在白帽團隊和Bity面臨誰有資格得到經典以太幣的問題。有人認為，資格應該根據DAO於5月28日啟動時誰擁有DAO代幣；有人認為應該基於6

月17日重入攻擊發生時誰持有DAO代幣；其他人則主張分發DAO代幣給目前在經典以太鏈上的DAO代幣持有者；還有些人希望他們發給7月20日在1919999區塊（即分叉前的區塊）的DAO代幣持有者。

上述最後一個選項是大鯨們——胖手指哈波、尼奧寵物（Neopets）創辦人亞當・鮑威爾（Adam Powell）和特諾夫斯基——想要的（當然，特諾夫斯基在硬分叉時所擁有的DAO代幣，比他在發布眾籌或遭駭時所擁有的還要多很多）。而這就是白帽團隊最終決定的行動方案（特諾夫斯基後來撤回了他的法律威脅）。

幾天後，Bity的盧塞爾發表了一篇關於經典以太幣退款狀態的部落格文章，解釋為什麼白帽團隊首先想全數轉換為以太幣，一位網路化名WhalePanda的比特幣極端主義者發表了一篇題為〈以太坊：騙子和小偷之鏈〉的文章，其中他描述白帽團隊試圖在各種交易所進行的交易並得出結論，「文長勿入（TLDR）；我們為了讓經典以太幣崩盤／死亡，在市場上傾銷非法獲得的經典以太幣，但失敗了，現在我們希望拿回被鎖住的資金，抱歉。」

他接著秀出Bity如何藉由DAO.link與Slock.it搭上線（前者4名主管／顧問，2位來自Slock.it，2位來自Bity），並說：「可以肯定的是，他們正聯手保護自己免於法律糾紛。」他把他們的貼文形容是「狗屎和謊言」，接著開始痛批羅賓漢和白帽團隊的成員是怎麼與以太坊基金會或Slock.it串聯，公布他們在拯救胖手指資金之前的私人訊息截圖，收訊人就是在Reddit發布有關摻雜代幣消息的那位。他附上一張評論的截圖，其中布特林否認以太基金會和羅賓漢團隊是同一批人。WhalePanda評論道：「你相信與羅賓漢團隊成員在同一個聊天室的仁慈獨裁者會不知道這一切嗎？」

評論下方是一張中國共產黨風格的蘇聯國旗海報，經過Photoshop處理，左下角描繪了中國無產階級小人物在以太坊標誌下遊行的遠景，在他們的上方，毛澤東巨大的上半身赫然聳現，而貼在毛澤東光頭上是布特林的臉。[36]

大多數與DAO相關的人都遭受批評，但圖爾在推動DAO之後的遭遇可以說是最慘的。最後，彥區跟他說他應該向社群致歉。一開始圖爾叫彥區滾蛋，但隨後他冷靜下來。他去過彥區的家一次。他那次拜訪，了解到彥區與小孩的關係，比自己和小孩的關係要好得多。對這一點，他真的很尊敬彥區。因此，在WhalePanda長篇大論2天後，圖爾發表一篇簡短部落格文章，題為「來自斯蒂芬・圖爾的個人筆記」，裡頭寫道：「我為DAO計畫付出我的全部心血，有時這會導致我對批評者和當下的情況有些情緒反應。我想為當時考慮不周的推文和帖子道歉，同時也為DAO直接或間接造成的所有麻煩致上歉意。」[37]

有一些評論是善意的：「在我看來，你唯一的錯誤是在駭客攻擊之後，在推特上表現得過於挑釁／傲慢。」[38]但其他人可就不一樣了。有一個人只寫了「LOL」，並連結到他的部落格文章──「DAO資金沒有危險」（No DAO fund at risk）。另一個人說：「你已經失去了90%加密社群的尊重。你自戀和傲慢的態度確實在DAO硬生生插了一把叉子，並有可能毀掉以太坊的聲譽。」另一位回應者說：「超級大笨蛋就是你。操你媽，圖爾，你的『道歉』如果在幾週前還有點意義。但你沒有，你發的是你的酷迷因，而且表現得像一坨爛鳥屎。」[39]

Bity的盧塞爾在他的部落格貼文解釋他與交易所的辯論，以及要建立經典以太幣提款合約的新計畫，1週之後，他在Reddit上發布經典以太幣提款

合約的原始碼並徵求大家的意見。[40] 有版友回覆說：「讓我們在經典以太幣歸零之前把它交給 DAO 持有者。」[41]（經典以太幣當時約為 1.75 美元）另一位寫道：

> 「白白送上門的錢！」第二回
> 這一次錢少很多。[42]

更多人責備白帽團隊的退款對象是在 1919999 區塊的 DAO 代幣持有者，這讓白帽團隊在兩方面感到心痛：人們的抱怨，以及解決方案的困難度。他們必須重新計算從 4 月發布到 7 月 20 日硬分叉為止，DAO 代幣衍生的每一筆轉帳，製作當時帶有此類代幣的地址列表，並寫程式分析。有了每個地址在 1919999 區塊時的 DAO 代幣數量後，每枚 DAO 餘額可以換回大約 0.7 枚經典以太幣作為退款。至少他們藉由讓 MyEtherWallet 建立一個網站讓一切變得容易些，而人們可以一鍵完成從額外餘額帳戶、退款 DAO 帳戶（Withdraw DAO）和經典以太幣提款合約（ETC Withdraw Contract）中取得欠他們的資金。

8 月 26 日，他們在 Bity 的部落格上發布修訂後的經典以太幣提款合約，其中包括人們向白帽團隊捐款的方式，並宣布他們將從 8 月 30 日開始部署該合約。[43]

同一天，盧塞爾私底下發了封電子郵件給 Poloniex 交易所執行長崔斯坦·達格斯塔，這是一連串未得到回覆的信件中最新一封。盧塞爾解釋說，Bity 不知道為什麼 Polo 交易所凍結了他們的帳戶還不回應，他們也曾試圖聯繫之前調查 DAO 攻擊者身分的 Polo 員工。然後他提到另一個出人意料的秘辛，是 Polo 調查員發現的。

　　早在7月5日，這位Polo員工與卡拉佩澤斯、葛林和寇姆在Skype聊天時寫道：「我剛剛找到了另一個比特幣地址，還確認另一個人在（瑞士公司的名字）工作。他與其他人在幾分鐘內從同一IP位址登錄，進一步證實了這一點。」然後他補充說，「他和Bity一夥的。」最初的嫌疑人，也就是這間公司負責人，不僅僅擁有的地址與攻擊者使用的地址有互動。Polo調查員覺得他很可疑，因為在6月14日，也就是攻擊前3天，他先前用來在Polo提取比特幣的地址，一直在ShapeShift交易所將比特幣轉換為以太幣──這和攻擊者的行徑相同。如果想到Polo是全世界以太幣最具流動性的交易所，這就特別奇怪了。為什麼不在Polo上交換就好了？至於與Bity的關聯，據一位熟悉情況的消息人士所稱，在攻擊發生前一天，這家瑞士公司的負責人在幾分鐘內就從同一IP位址登錄Poloniex，這個IP曾被Bity的一名最近離職的員工用來連線賣出大約價值65,000美元的以太幣。使用相同的IP意味著即使不在同一棟建築，他們的地理位置也非常接近。然而，Bity總部在紐沙提勒，而這家瑞士公司的總部設在距離火車或汽車2個小時車程的地方。之後，這名在價格還沒因駭客攻擊而崩盤前就賣掉以太幣的前Bity員工，在攻擊開始3個半小時後的早晨，將1,054枚以太幣（根據Etherscan的數據約為16,300美元）發送到這家瑞士公司的執行長從Polo提款的地址。假設該地址歸這個企業家所有，在Polo調查員看來，彷彿這位執行長可能事先向前員工提醒這次攻擊，現在收小費作為後謝的回報。

　　當時，盧塞爾對於Polo的人說Bity前員工也牽連在內感到驚訝。他寫道，Bity已經自行進行內部調查，如果Polo需要，他很樂意通力合作。「但我希望這不完全是Poloniex的員工對Bity的誹謗，」他寫道。「這已經損害我們在以太坊社群的形象。目前，這件事未被證實。」他繼續解釋說，他相信這就是為什麼Bity存放在Polo的經典以太幣被凍結的原因，但Bity仍然不

知道Polo為什麼保持沉默。然後他提出了兩個選項並要求Polo做選擇：要嘛Polo保留Bity已存入的經典以太幣，要嘛把錢轉到Bity正在準備的經典以太幣提款合約中。然而，還是沒有得到回應。

8月29日，盧塞爾在Bity部落格上發表另一篇文章，說明經典以太幣提款合約隔天就要部署，並從整個與經典DAO代幣相關的11,538,165枚經典以太幣中，填入4,171,615枚經典以太幣。[44] 並非所有經典以太幣都可用，部分原因是Polo交易所那2,800,004枚經典以太幣和Kraken交易所的499,402枚經典以太幣仍被凍結中。盧塞爾寫道：「我們已就這些資金問題，試圖與兩家交易所聯繫，但沒有收到任何答覆。」

8月30日，中歐夏令時間（CEST）下午5點，白帽團隊部署了經典以太幣DAO提款合約，但很快就注意到程式存在漏洞。[45] 他們在重新部署幾次之後，合約才正常運作。

最後，在8月31日北美東部時間凌晨1點31分（瑞士時間早上7點31分），Polo推文打破沉默：「釋出白帽經典以太幣合約之前，我們正在等待執法部門批准，現在提款合約已經準備好了。」[46]

啊，執法部門。這解開Kraken執行長傑西·鮑威爾於8月29日在Reddit發表的神秘評論，這則評論回應一名用戶說：「這些交易所真的是糟透了。退款合約就要部署，還在等待的時候，資金仍然被壓在他們屁股下？」鮑威爾回說：「我們真的是有夠糟的，因為我們凍結了一些帳戶，這些帳戶用你的錢暗中進行一些無法交待清楚的活動？對此我很抱歉。不幸的是，我們並不是唯一一個認為『白帽』團隊的奇怪行為應該額外審查的人，目前正在尋求其他對此有興趣的相關部門批准，好放行讓資金在退款合約中使用。」

MyEtherWallet的泰勒·凡歐登捲入了這場衝突，回批鮑威爾說他們才是最糟的，凡歐登指控Kraken進行「內線交易」。鮑威爾起初似乎很生氣，因

為凡歐登批評了他，而他前幾天還好意私訊她，告知有個針對MyEtherWallet用戶的網路釣魚網站。之後鮑威爾回嗆，「『內線交易』的指控毫無根據。我們沒有要求將這場災難強加給我們，我傾向根本不要和它有任何瓜葛。下次你們的白衣騎士看起來像要洗錢和清除被盜硬幣時，請確保他們是在監管／執法下曝光度較低的交易所進行。」

鮑威爾在另一條評論中寫道：「當我們不能說發生了什麼時，你們大概也能猜到是發生了什麼。我很希望我能多透露一些。我們的目標是讓代幣歸還給合法主人。白帽早先的滑稽行為引起了很多關注，以致讓事情變得更複雜了。」[47]

最後在中歐夏令時間8月31日週五，晚上10點25分，據當時的Polo工作人員說，交易所在得到原先命令停止交易的美國司法部機構批准後，推文表示：「我們準備在接下來的幾個小時，將白帽的經典以太幣釋出到提款合約。」[48] 2分鐘後，Kraken交易所也發了推文：「在接下來的幾個小時內，Kraken將向白帽團隊的提款合約釋放499,402.88737枚經典以太幣。」[49]

白帽團隊在幾乎不分晝夜地做白工下，終於完成所有的任務（在尼古拉森的「提議」之後，白帽團隊決定將1,000枚以太幣歸還給特諾夫斯基）。從DAO被攻擊的那一刻起，卡拉佩澤斯就一直與其他人在線上工作，從黎明到深夜。如果妻子要求他花點時間陪她，他會說：「你不了解這事的嚴重性。」但她根本不在乎他的電腦世界。不單如此，他並沒有從羅賓漢和白帽的工作中拿一毛錢，實際上還動用了自己的積蓄。令人遺憾的是，白帽團隊如此無私的奉獻，收到的捐款還不夠1個月的開銷。

而葛林這邊，他甚至從未收到過Slock.it的報酬，因為他不想接受加密貨幣以外的任何東西，可是Slock.it除了法定貨幣之外，無法支付給他任何其他

形式的報酬。但是，葛林說他並不介意，因為他本就屬於熱心公益／熱血志工類型。不過，他確實在之後幾年保留了一堆DAO代幣——以防萬一他需要為另一起胖手指事件，再次攻擊DAO。

　　9月6日，最後一筆用於白帽提款合約的經典以太幣存入——剩餘這筆是來自其中一個子DAO，以及白帽團隊最初在Kraken、Bittrex和Yunbi交易所上轉換為以太幣、比特幣和歐元的資金。白帽團隊在轉換回經典以太幣的過程中，他們為DAO代幣持有者賺取額外的186,516.63枚經典以太幣（27萬4,000美元）。有了這筆最終存款，DAO代幣持有者可以獲得積欠他們的剩餘經典以太幣。

　　那天，DAO攻擊者開始撤退。早在7月23日硬分叉後不久，而經典以太幣還沒開始在Polo交易所掛牌的那段時間，攻擊者已經將暗DAO中的經典以太幣以10筆交易、每筆364,240枚發送到孫DAO，因此總共有3,642,408枚經典以太幣在孫DAO。[50] 9月6日瑞士時間凌晨12點3分，他將所有經典以太幣（約530萬美元）從孫DAO提取至另一個0xc362錢包，然後幾分鐘後，凌晨12點6分33秒，將錢再次轉移到0x5e8f主帳戶。[51]

　　駭客在凌晨12點34分13秒，用這筆錢做的第一件事是捐贈1,000枚經典以太幣（約1,460美元）到經典以太坊開發者的捐款地址。[52]

　　當天下午2點33分25秒，駭客的錢包進來了0.6931枚經典以太幣（約1美元）。[53] 這筆錢來自所謂的虛榮地址，這種現象始於比特幣。由於大多數加密貨幣地址是數字和字母的隨機字串，例如0x5e8f和0x969地址，加密愛好者會暴力生成一串特別的地址，類似於看起來不那麼隨機的虛榮車牌號碼，例如，以幾個零開頭或名字拼寫。DAO駭客收到的這筆0.6931枚經典以太幣，則是來自一個以11個a開頭的地址：0xaaaaaaaaaaaf7376faade1dcd50b104e

8b70f3f2。

　　像這樣的地址，平均算起來用戶電腦需要執行8.8兆次才能獲得這樣的公鑰。[54] 這代表該地址的所有者的電腦或GPU（圖形處理單元）運算能力比普通電腦的晶片更強大，在當時經常用來挖掘以太幣。也許這筆來自0xaaaaaaaaaaaa地址的交易是駭客自己發的，他在揮手示意「哈哈，傻瓜！」。

　　（這名駭客似乎是虛榮地址的收藏家。9月6日上午8點3分41秒和42秒，0xaaaaaaaaaaaa地址分別在經典以太鏈和以太鏈上，收到一筆以0x222222222222fc20開頭的虛榮地址發來的錢。而在硬分叉之前，該地址已從0xdeadbeefb880開頭的虛榮地址收過錢，接著這個0xdeadbeefb880開頭地址又從0x0000000008b4c9開頭的地址收到錢，而最後這個地址除了0xdeadbeef，還從另外4個虛榮地址收到錢：0x666666666660bfe3、0x111111111b41fad、0x0000000000015b和0xffffffff3984f569b4。[55]）

　　除了從虛榮地址發出交易為0x5e8f帳戶增光之外，之後也沒發生其他事。直到10月25日，駭客開始將資金以1,100、5,000、10,000和25,000等整數分配到不同的錢包，有些錢包接收多筆交易。[56] 例如，0x085acc地址收到了7次這樣的交易。自此駭客再次發送的經典以太幣就變少了，大約都在2,310到2,340枚之間。

　　此時，澳洲雪梨一位DAO助手巴克・古（Bok Khoo），網上暱稱BokkyPooBah，知道也許有種方法可以防止DAO駭客套現。BokkyPooBah原先是一名精算師，但他厭倦了計算保險費和管理他人資金。他在以太坊和DAO出現時，藉著在Stack Exchange問答網站上回答很多問題來了解這兩者，Stack Exchange問答網站類似回答電腦程式問題的線上問答網站Quora。攻擊發生後，他著手撰寫有關用戶如何獲得退款甚至提款的詳細說明——通常是在雪梨時間晚上11點，他的4個孩子上床睡覺之後。

10月26日，一名DAO Slack軟體的用戶注意到這名駭客的戰利品有動靜。BokkyPooBah檢查時看到所有交易都大約是2,333枚經典以太幣或更少——約2,500美元。他知道這些金額是在ShapeShift交易所的交易上限內，而在ShapeShift上交易，交易所不會索取客戶的身分資訊。他最初猜測駭客會試圖將經典以太幣轉換為匿名幣，例如門羅幣（Monero），這有助於掩蓋資金流動並使其更容易兌現。但他意外發現實際上駭客似乎想將經典以太幣換成比特幣，而後者交易特性是可追溯的。

然而，當時比特幣網路正處於壅塞期，一場關於比特幣區塊鏈應該擁有多少百萬位元組數據的內戰正在醞釀。隨著交易量的成長，任何特定時間的交易數量都會頂到當前的天花板上限：100萬位元組。由於一些區塊已滿，許多交易會一直延遲到它們可以包含在有空間的區塊為止。在DAO駭客兌現的那一刻，出現4個月以來壅塞最嚴重的情況，DAO駭客的交易至少被延遲了半天。BokkyPooBah試圖聯繫ShapeShift未果，所以他請葛林伸出援手，但等到ShapeShift弄清楚可能可以做什麼時，比特幣網路佇列已經清空，因此在2天內，DAO駭客執行將近50筆交易，每筆從零頭到一次超過3.6枚比特幣，淨賺近146枚比特幣（約96,000美元）（然而，那年秋天，ShapeShift封鎖了10筆來自這名駭客及其相關地址的交易，總計14,566枚經典以太幣）。

雖然不是最佳結局，但由於硬分叉，最終駭客獲得的戰利品價值大約是原本的十分之一，如果它仍然是以太幣的話。雖然硬分叉創造了一個邪惡的雙胞胎以太坊，但不存在一個能控制5%代幣的人是很重要，因為以太坊計畫最終要轉移到新的挖礦系統。在這套系統中，各個實體擁有的代幣數量將會決定誰可以控制以太坊網路。

所以，以太坊似乎克服了在最初生命周期中所面臨的最艱難挑戰。整個崩潰讓它的市值下降了7億美元（41%），但社群的大部分用戶並沒有轉而

支持經典以太坊。儘管仍在Slock.it工作的圖爾被罵得狗血噴頭，但彥區的遭遇就好多了，至少其他開發人員對他還不錯。只是，他在餘生中必須忍受的一件事是，任何關於智能合約安全的演講都會提到DAO。即便Slock.it沒有錢支付葛林和卡拉佩澤斯，但也沒有不歡而散。卡拉佩澤斯不確定自己是否會繼續投入區塊鏈技術，因為他確定大家都討厭他甚至恨不得殺了他。至於布特林這位以太坊開發者，覺得這次經歷讓他變得更好：雖然他之前只是個兜售夢想的幸運男孩，但現在他變得更加踏實、學會不要過度承諾，說話也更有分量了。

第九章

再度硬分叉

2016年9月13日至秋季

9月13日，葛林發表了一篇部落格文章，稱以太坊（不是經典以太坊）的額外餘額提取合約（Extra Balance Withdraw Contract）資金終將在9月15日到位。[1] BokkyPooBah和其他3位開發人員為了建立此合約，必須獨立建立貢獻者列表、交叉檢查，並解決不一致的問題。葛林發布如何得到退款的說明，包含12張標有紅色圓圈、方框和箭頭的操作步驟截圖，以幫助不知道區塊鏈是什麼、剛剛購買DAO代幣的小白發財致富。幾天後，BokkyPooBah發了一篇Reddit貼文，列出人們可能擁有以太幣或經典以太幣的所有情況：提款合約中的以太幣、額外餘額中的以太幣、在誠實手動分割DAO情況下的以太幣，以及在DAO攻擊後救回的那73.15%經典以太幣（高於69%是因為白帽團隊被迫將先前轉換為以太幣和比特幣的部分，再轉換回經典以太幣）。[2] 另外，他還不得不放上如何避免重放攻擊的說明。他在把這些資源送給Reddit的時候說：「及時趕上，好讓你們都可以享受即將到來的Devcon2@Shanghai。」

再3天，第二屆以太坊開發者大會（DevCon2）就要開始。它選在上海濱江地區的外灘凱悅酒店（Hyatt on the Bund）舉行，從這裡可以欣賞到這座

東方巴黎閃亮又壯麗的天際線。

陳敏一直盡全力拚命在準備在上海的大會，只靠著哈德森・詹姆森（Hudson Jameson）和他的同事兼妻子蘿拉・彭羅德（Laura Penrod）、還有陳敏在安納保時期（Ann Arbor）的朋友傑米・皮茨（Jamie Pitts）。票已售罄，將有1,000多人與會。

24歲的詹姆森一頭紅髮，留著濃密鬍鬚，2011年就讀北德克薩斯大學（University of North Texas）時注意到比特幣，他在此主修計算機科學、挖掘比特幣，還讓一位教授也迷上了它、參與以太坊眾籌，然後獲聘USAA銀行的區塊鏈架構師。他一開始在Solidity聊天平台提供協助，之後當他在2015年秋季第一屆年度以太坊開發者大會當志工時，見到了所有他在網上互動的人。這段經歷改變了他的生活。

大會之後，他對以太坊感到非常興奮，他發了一封電子郵件給陳敏，對會議抒發感想與意見。據詹姆森回憶，自己印象很深刻的是，陳敏說基金會需要像他這樣具有溝通技巧和開發背景的人，還有就是陳敏在一通勸他離開USAA銀行的電話中提到，基金會剛剛裁掉了一些有毒的人（讀作：伍德）。

他在DAO攻擊之亂中受僱。詹姆森最初的角色是開發營運（軟體開發和資訊科技營運）──設置伺服器、管理電子郵件系統──並和妻子蘿拉一起籌備開發者大會。

因為陳敏處理基金會財務的作法──降低燒錢率、確保以太坊基金會有足夠資金支持長年營運，詹姆森對於他的新老闆既喜歡又尊敬。此外，陳敏似乎非常關心布特林和開發人員。例如，她會親自面試和錄用新進員工。

詹姆森說，陳敏似乎也很喜歡他。沒多久，她每週都會打幾次電話給他，每次2到4小時。陳敏會聊她的個人生活，也會透露一些以太坊基金會早期的事──像是她發現伍德資金管理不善還把很多錢放到自己的口袋、有

人從以太坊基金會偷錢——並且分享其他讓詹姆森覺得老闆很信任他的事情。詹姆森回憶，妻子曾經對他說老闆跟他聊這些事不太恰當，而且至少，老闆對他的說話方式越界了。但詹姆森剛從大學畢業，覺得這很正常。陳敏告訴基金會的人週末不要工作，不過詹姆森說她會在週六晚上在 Skype 和他們聊天，問他們為什麼不回她的訊息。雖然詹姆森的妻子認為這種作法就是想控制別人，但他認為如果陳敏週末打卡，他也會。他是如此專注在陳敏和基金會身上，再加上常和老闆長時間講電話，以至於有時候他跟老闆交談的時間，比起妻子還要多。

其實陳敏打來講超久的電話是出了名的，幾乎所有的工作人員都接過這種會聊上數小時的電話。1小時、2小時、4小時都有。一些開發人員可以忍受，例如賴特維斯納，他每次和陳敏開會，至少都會空出1小時。他在伍德底下感覺很多事一直被蒙在鼓裡，所以起碼他可以知道基金會裡發生的事情。另一位開發人員認為這些電話很友善但沒有重點，陳敏開頭會說：「我沒有時間做這些、我已經3天沒睡了、我得和家人一起過聖誕節、我的狗快死了，或是我整個聖誕節晚上都必須趕文件。」然後她會談到中國歷史、她父母經歷了什麼，不然就是中國文化大革命是如何導致她的家人落腳瑞士的。他覺得這些對話很有趣，但過了一會兒，他不得不想一個優雅的藉口掛電話。其他人可沒那麼有耐心。一位開發人員後來回憶道：「你可以將她設為靜音，在30分鐘後取消靜音，然後你只需要偶爾應應『是的，嗯嗯』。」

這些滔滔不絕的談話內容與專業不完全相關。她有時抱怨起別人會長達1小時或更久。她經常會哭訴——所有的事壓力有多大又有多難、以太坊本身和財務狀況有多糟、對監管機關有多抓狂，還有每個人如何把每件事都搞得一團糟。她也會說她的工作特別難、沒有人欣賞感謝她，甚至如果同事再不把她當一回事，她就會辭職，這樣一來大家才會了解到是她拯救了基金

會。因為她不斷在電話裡倒垃圾，這名工作人員覺得陳敏將電話聊天當成一種療癒的方式，但對他們來說卻是一種情緒勞動。曾有人向她的男朋友迪特里奧提到，他觀察到陳敏經常抱怨別人，沒想到迪特里奧居然也同意，說她一旦進入自嗨瘋狂的旋轉模式，就很難讓她出來。他心想，好吧，你現在是在說啪啪啪（迪特里奧是為以太坊工作的開發人員，但是並無給薪，或只是任何像每年1美元的象徵性收入）。整體說來，她無法將個人與專業領域分開，因此當員工想以專業的角度告訴她一些事情時，她聽不進去，因為她滿腦子都是自己的感受有多糟糕，或者有人對她做了什麼可怕的事情。但因為她是老闆，即便她的行為不恰當，底下的人也不會直說。一位C++開發人員形容她是「我見過最不專業的人」。

如果不是開發人員，但因業務／管理角色需要與她打交道的話，那就很難完成任何事情。就算和她講1小時或更久的電話，也不會有任何結論。一名行政人員為了避掉和她講電話，會把所有待議事項都用白紙黑字來取代。當基金會的人知道她幾乎跟每個人都有超長時間的通話時，他們開始質疑她的工作效率。

有一位在楚格與她一起住過的人說她整天都在講電話，不過即使她看起來像在工作（不在電話中）時，也很難做出決定。例如，舉一個簡單的問題，像是：「我們應該去CES嗎？」（CES，Consumer Electronics Show，是拉斯維加斯的一個科技貿易展，每年有超過150,000人參加）簡短分析——它的曝光率很高但不是我們的客群，就算免費進入，展位也很貴——對大多數人來說，這是個簡單的拒絕；但對陳敏來說，卻變成讓她情緒激動的問題：哦，所以你這是不喜歡我花了很多時間的想法了嗎？

她反而對一些無關緊要的事情憂心忡忡。有一次，以太坊管理Reddit的人決定建立以太坊子版（subreddits），專門給開發人員使用，稱為ETH Dev，

這和伍德在柏林的以太坊基金會子公司剛好同名。儘管選擇這個名稱的人，壓根沒聯想到另一個公司也用了相同的名稱，或是該名稱的含義存在任何爭議（會有這種情況是因為伍德的關係），但陳敏打電話給一名reddit子版的協調人員，大談這個名稱是如何害人不淺。

其他關於以太坊生態系統的基本事實也會觸發她的敏感神經。例如，魯賓。由於他的公司ConsenSys是聚焦在以太坊的主要私人公司之一，所以有許多開發人員會和ConsenSys或魯賓打交道，但開發人員和員工都明白，他們不能對陳敏提及ConsenSys或魯賓當中任何一個，否則他們得設法讓陳敏冷靜下來，或是把迪特里奧拉進來幫忙處理她。

陳敏與魯賓的衝突可以追溯到前1年，當時魯賓提出要支付在倫敦舉辦的DevCon 1費用。基於這個保證，基金會開始策劃這個活動、支付押金並且購買物品。然而，有人察覺魯賓不想付錢，說魯賓在實際要撥款時拖延（魯賓說，即使不是在交易的情況下，他也很樂意花錢換取知覺價值和慷慨名聲）。他身邊的一位公司高層安德魯・齊斯不得不用個人信用卡先墊35,000美元。由於當時基金會的資金少到幾乎維持不了幾個月，因此拖欠付款的壓力山大。魯賓的拖延給以太坊基金會（基本上是布特林和陳敏）造成流動性危機。

另一樁關係到錢的問題導致陳敏不信任魯賓：2015年3月，以太坊基金會捐贈100萬美元的比特幣，要成立一個名為加密貨幣研究小組（Cryptographic Currency Research Group，CCRG）的組織來投入加密經濟研究。魯賓的兒子基倫是內定主持人，但這組織最後胎死腹中。後來基金會決定將這筆錢轉而捐贈給IC3（由康乃爾大學西拉鞠領導的學術區塊鏈研究計畫，硬分叉發生時，布特林當時正在參加IC3培訓營），因為這兩者的目標相同。[3]但是，當基金會要轉移這筆錢時，事實證明魯賓從一開始就沒有把錢

交給CCRG，而比特幣仍在他的手上，也就是說，基本上等於基金會捐了100萬美元給魯賓。這實在太扯了，因為魯賓獨自資助了ConsenSys。陳敏則懷疑那筆錢早已不在魯賓手中（魯賓說他錯過第一次布特林要求收回資金的請求，但在第二次就照做了）。

（魯賓在談到他與陳敏的關係時說，「她不是個正常人。」在DevCon 1上，他還曾經有點太大聲地說陳敏是「瘋婆子」，讓陳敏身邊的人無意中聽到了。「我認為有人向她告狀，因為不久後她便認定我是大撒旦。」魯賓說）

還有一個人發現陳敏「思想狹隘」，覺得她「拒絕接受」任何合作。2016年春天，在伍德被解僱後，英國出身的加拿大人鮑勃・桑默威爾被C++團隊聘用，並且會見了Hyperledger的執行董事布萊恩・畢連朵夫（Brian Behlendorf）。Hyperledger是由Linux基金會主導，並有數十家銀行、新創公司，以及包括IBM在內的IT公司參與合作的專案計畫，旨在為大公司開發區塊鏈軟體應用工具。[4] 桑默威爾認為讓C++客戶端得到軟體再授權許可是一個好主意，這樣對Hyperledger來說就可以提供企業專用的以太坊版本。畢連朵夫還認為桑默威爾可以幫忙Hyperledger，看看以太坊如何與其他區塊鏈合作。當時，桑默威爾說他是以太坊基金會的約聘人員，每週工作60小時，但只拿40小時的薪水。他認為他可以把為基金會無償加班的20小時，轉而為Hyperledger工作。在桑默威爾、陳敏和畢連朵夫3個人的通話中，陳敏質問畢連朵夫Hyperledger是否企圖接管以太坊。她最終砲轟畢連朵夫說：「你竟敢偷我的人？如果你想要我分你一半的桑默威爾，那你乾脆把桑默威爾整個人帶走。」

在IBM身上也發生過類似情況，但造成更大傷害。在2015年的DevCon 1上，微軟宣布將為以太坊提供寬鬆授權許可的版本。[5] ConsenSys的安德魯・

齊斯希望與IBM也達成類似的協議，認為這好比在網際網路早期，大公司在轉向公共網路之前使用私有內網。[6] 雖然這家名列《財星雜誌》（*Fortune*）評選前五十大的公司很感興趣，但沒有寬鬆授權許可的版本可供他們達成類似的協議。齊斯說，他為陳敏與IBM區塊鏈技術副總傑瑞・古莫（Jerry Cuomo）以及IBM區塊鏈團隊的其他資深成員安排了3次電話會議。[7] 結果，陳敏3次都晃點（就連桑默威爾為她安排與IBM的電話會議也一樣被放鴿子）。每次齊斯都覺得自己丟盡了臉。他問陳敏為什麼沒出現，得到的回答是太忙，還有其他優先事項，比如籌劃DevCon 2。從齊斯的角度來看，像IBM這樣的大型企業要在以太坊上開發專案，比DevCon 2重要10倍。他最終放棄了，後來他相信是這些事件是導致IBM主要的區塊鏈原始碼資料庫（codebase）才是有競爭力的技術，而非以太坊。

到DevCon 2為止，這些都是以太坊的人對陳敏的印象，但很少有人知道布特林的想法。

講到IBM，在DevCon 2之前，陳敏並非唯一一個扯基金會後腿的人。齊斯和桑默威爾開始考慮讓以太坊客戶端軟體加入Hyperledger時，齊斯甚至見了IBM的古莫和一位高階主管。正如他在與桑默威爾聊天中所說的那樣，他們「對我們以太坊的介紹表示讚賞，並表示基本上他們將扔掉他們捐贈給Hyperledger的代碼，而且要推動以太坊成為Hyperledger fabric的核心部分。」問題在於，所有以太坊原始碼資料庫的授權條款規定，任何實體若進行修改都必須將它們的貢獻釋回開放原始碼專案，以便其他人也可以使用。[8] 然而，寬鬆授權條款（Permissive licenses）允許企業在不必共享的情況下，編寫開放原始碼私有版本。[9] 如果企業不必洩露自己祕密的配方，那開放原始碼軟體會很受公司企業的歡迎。

齊斯認為讓以太坊加入 Hyperledger 需要一個寬鬆授權條款的原始碼資料庫，因此桑默威爾提議以太坊先前捨棄的 C++ 版本作為高性能客戶端，它對於企業來說是個不錯的選擇。實際上伍德之前已經研究過這種可能性。桑默威爾和齊斯接下任務，要讓 C++ 原始碼資料庫的 99 位貢獻者簽署文件以拿到授權許可。這項任務長達 5 個月，需要緊追開發者、陪他們散步打撞球，或者請他們吃壽司。

桑默威爾於 5 月著手進行這個計畫時，伍德在網路聊天中對他說，「如果背後有一些潛在推動力的話，我當然很樂意考慮支持再授權。」但到了 8 月，也就是 DevCon 2 前 1 個月，一個人就貢獻 30% 原始碼資料庫的伍德，在網路聊天中回應桑默威爾關於授權文件的最新訊息：「是授權許可變更的事嗎？你要我考慮嗎？」然後，「鑑於以太坊基金會拒絕認同或公平地支持我們的工作」，他要求桑默威爾不可讓 Parity 員工參與以太坊基金會的工作，並繼續發洩不滿和備受輕視的怨氣（至此，就在旗下第一個以太坊客戶端產品發布後，伍德已把他的公司以太核心更名為 Parity）。

最後到聊天結束，桑默威爾甚至沒有聽到伍德本人最終的回答，而是 Hyperledger 的畢連朵夫與 Parity 通了電話才得到結論：伍德的公司決定不接受授權提議。[10] 桑默威爾覺得伍德的決定是為了洩憤。桑默威爾還想著，伍德是不是想滅了 Parity 的潛在競爭對手。伍德表示，負責處理 Parity 公司授權策略的律師已決定反對寬鬆授權。Parity 公司藉由大推實作企業版以太坊而爭取到部分創投資金，因此如果 C++ 版原始碼資料庫拿到寬鬆授權，它可能會與 Parity 未來的產品競爭。

對於以太坊開發人員來說，這就是 Parity 的典型作法——競爭而非協作。例如，以太坊生態系統在討論某個協議，Parity 就為 Parity 的節點單獨創建另一個協議。[11] 在多次這樣的例子之後，彼得‧希拉吉說他曾問過

Parity，為什麼會做出他認為與以太坊和／或Geth（譯註：以GO語言開發的以太坊客戶端軟體）對立的技術選擇，而不是他認為會共同造福整個生態系統的方案。[12] 希拉吉說，當時的Parity技術長腓德烈・哈利森（Fredrik Harrysson）回應說，這是為了創造競爭優勢，讓使用者想轉換客戶端軟體時變得困難。對希拉吉來說，這將導致原本要與多個客戶端建立協作生態系統的願景變成一場激烈的割喉戰，每一方都想把對方搞垮。哈利森說希拉吉從未找過他，而且他也不知道希拉吉是否曾聯繫過Parity的任何人。他的說法是，Parity提出一個更好的區塊同步策略，但希拉吉認為它可能容易受到惡意攻擊，因此拒絕安裝。Parity實作名為「warp sync」的同步功能（或直譯壓縮同步功能），當他們成功時，哈利森說，「希拉吉大為惱怒，因為這代表我們的客戶端對普通用戶來說是更好的，而且我們因為這個功能搶奪了大量市占率。」哈利森說Parity希望Geth也能採用這種同步策略，但以太坊團隊並沒有，「據我所知純粹是固執」。腓德烈主張，Parity的理念是競爭讓軟體變得更好，而且Parity也參加（以太坊）核心開發的電話會議，這就表明了Parity一直有心想合作。

不管發生了什麼事，到最後即使是從未與伍德共事過的以太坊開發者，也覺得只要對他或Parity有好處，對社群再不利的事情他都會願意去做。這意味著當以太坊在DevCon 2上尋找反派角色時，首先想到的就是伍德。

在DevCon 2上，陳敏的微觀管理、積怨記仇和情緒不穩的問題開始發酵，這是每年就這麼一次（以太坊）社群各個不同領域齊聚一堂的活動。那年夏天，亞瑟・佛斯（Arthur Falls）聯繫到陳敏，他是播客兼攝影師，一向很關注以太坊，這次希望製作有關DevCon 2的影片。他說陳敏的反應很興奮——直到她發現佛斯隸屬於ConsenSys。在後續電話中，他說她毫不隱藏敵

意。這是佛斯在工作環境下碰到最火爆的一次挑釁。她還留下一條令人不快粗暴的訊息，說她不希望魯賓強行進入控制基金會。

　　陳敏會忙於那些對基金會沒有影響的瑣事。例如，皮茨的妻子會中英雙語，所以他推薦妻子在上海大會擔任翻譯。他的妻子對陳敏說，因為自己有博士學位，希望在大會時掛上「博士」頭銜。陳敏聽完很生氣，所以皮茨只好親自介紹他們認識，希望打破僵局，但陳敏死也不讓。但也許這是最好的結果，因為皮茨的妻子反對陳敏不挑時間打電話給他──陳敏在楚格的工作時間，對皮茨而言是舊金山的晚上。

　　陳敏為了籌劃這次大會制定了一項規則，即必須得到她預先的批准，員工才能發送大多數電子郵件。只是對她來說，「預先批准」指的是，她必須自己寫這封電子郵件──即使在有人需要退款的情況下也是如此。有一次，一名員工發了一封電子郵件並送了副本給她，結果她打電話給那名工作人員，開始大吼說那封信完全錯了。那人在聽完訓斥後告訴陳敏，這封郵件其實是她自己寫的。

　　整體說來，以太坊基金會的人認為陳敏無法把工作交付他人，以致於開發者大會就要登場了，工作人員應該處理的一些後勤工作仍還沒完成或做得很差。例如，她自己審查找了一個影音團隊，但詹姆森才是影音負責人，他到大會現場時才發現這個影音團隊幾乎不會講英語，迫使一些中英雙語的以太坊社群成員不得不為詹姆森翻譯。甚至連識別證都亂七八糟，亂到陳敏在第一場與談會中特地為這些混亂場面道歉。[13]

　　還有她情緒不穩的問題。她是整個活動的主持人，應該在台下介紹每位演講者。有一次，魯賓說了一些話惹到她，結果她當場坐了下來、閉上眼睛。那場演講結束時，她已經徹底當機，不會也不能介紹下一位演講者。詹姆森說，他必須把麥克風搶過來介紹接下來的幾場講演，直到她回神為止。

但是，陳敏在DevCon 2上引爆的所有問題都還不算是重頭戲。

9月19日週一，那是會議的第一天，凌晨5點15分，布特林正在外灘君悅酒店睡覺，酒店房間的電話響起。電話那頭是詹姆森。

「代誌大條啦，」他說。「現在就下來。」

布特林抓起他的筆電往下衝。前Google工程師尼克・強生是一個紐西蘭人，之前他為硬分叉寫過退款合約，也被詹姆森叫醒。他帶著一份人員名單去接待櫃台，請酒店打電話，要求在對方接聽之前別掛斷電話，即使這些人是客人，因為這真的非常非常重要。其中幾位開發人員想找間會議室來工作，但由於時間太早都還沒開。最後沒辦法只好在2樓一間會議室外面的大廳裡抓了椅子坐下。

區塊鏈正受到DoS（阻斷服務）攻擊。在DoS攻擊中，攻擊者試圖發送大量超過負荷的請求以癱瘓服務。之前發過電子郵件給西拉鞠的高中生傑登・黑斯，早就知道這種攻擊會阻止DAO軟分叉運作。

這群人坐在扶手椅上，要嘛麼弓著背縮在筆電前，要嘛身體前傾在矮矮的咖啡桌工作。地毯的圖案看起來像一排排空白無字的多邊形停車標誌。頭1個小時現場鴉雀無聲，因為他們試著弄清楚攻擊的手法。最後，他們了解到它是利用一個實際程式處理的狀況，即每次以太坊虛擬機讀取或寫入一個值時，它都會將這個值存在記憶體中，以便將來能夠快速引用它。這種攻擊會耗盡一個合約的大量內存記憶體，然後重複呼叫自己。一次運算將複製一整套快取資料，即1,000個值。而攻擊者的合約會呼叫自己1,000次，所以這1,000個值會被複製1,000次，這意味著每個區塊的處理時間將超過1分鐘，而不是一般的12到15秒。[14] 因此，攻擊者支付N筆gas費用來執行N次運算，但基本上是耗盡N^2內存記憶體，任何沒有32GB RAM（隨機存取記

憶體）的節點都會從網路下線——近乎90%的節點都崩潰了，全是（執行）Geth。

　　最後有人意識到沒必要保留所有的記憶體資料。他們花了半小時製作一個補丁軟體（patch），又花了1小時部署、測試，以確保它能正確處理區塊鏈，最後在上午9點30分左右發布這個名為「來自上海的愛」（From Shanghai, with Love）的補丁。[15]

　　上午9點25分，布特林匆匆上台，由於識別證問題，與會者註冊的時間比他和其他開發人員發補丁還要晚，所以基本上還算是準時開場。范德桑德在推特上寫道：「已修復。該漏洞造成的總損害是devcon2的演講延遲30分鐘。」[16]

　　撇開組織問題不談，大會進行得很順利——對於那些隸屬於DAO的人來說也是如此。一整個夏天，卡拉佩澤斯以為每個人都想告他或殺死他，但現在他得到很多人的鼓勵，其中許多人說他們喜歡DAO的想法。他決定留在加密貨幣圈，後來在得到工作機會時說：「好吧，只要工作當中沒有DAO。」

　　卡拉佩澤斯還遇到了一個他永遠不會忘記的人。那是在一場會議的午餐上，他遇到了一個又高又瘦，超級可愛的男人。交談之中，卡拉佩澤斯一直在想，我怎麼會認識這個人？接著這個一起吃午餐的傢伙開始談論DAO。之後，卡拉佩澤斯跑回他的酒店房間，查看Polo工作人員發給他調查攻擊者身分的網路連結。這個給他留下快樂學生印象的新朋友，的確是嫌疑人之一。

　　隔天在空中酒吧Bar Rouge，安全人員站在屋頂邊緣保護醉酒的顧客，他又遇到了嫌疑人。卡拉佩澤斯開始談論DAO如何搞砸了他的生活，他的快樂朋友說，「但現在你很好，對吧？你撐過去了吧？」然後補一句，「也許

駭客心情也很差。」卡拉佩澤斯想，天哪，他真的能從那個角度聊嗎？！

這個學生繼續猜測攻擊者對他的所作所為感到後悔——他發起攻擊但無法讓它停下來。卡拉佩澤斯心想，隨隨便便碰到的一個傢伙真的會想分析解釋駭客那一方在想些什麼嗎？？

嫌疑人說個不停。卡拉佩澤斯的腦子也停不下來：難道？？？

每個人都已經得到他們的以太幣和大部分的經典以太幣，卡拉佩澤斯覺得這個人非常可愛和友善。他不想在沒有證據的情況下指控他，或以可能影響他事業或生活的方式對他肉搜（公開洩露有關他的個資），因而沒有與他當面對質。但事情過了5年後，他仍然很想知道是誰把他送上他最終稱為「我生命中最糟糕的一年」的旅程。

當彥區從DAO漏洞中走出來時，發表了關於智能合約安全性的演講。「我已經為以太坊工作了2年多了，」他開始說，「實際上，我的工作是防止硬分叉。」他在演講結束時說：「我想對大家表達我個人的感謝。最近幾個月……」說到這，全場爆出如雷掌聲和歡呼聲，持續了近半分鐘，直到他打斷了他們才停下。[17]「只是因為坐在這裡的人，」——他的聲音裡透著一絲情緒——「因為以太坊社群，我今天才能站在這裡發表這個演講，我只想說非常非常謝謝你們。」響亮的吶喊聲和掌聲持續到他下舞台。

在大會最後一個晚上，接近尾聲、人們在會後四處社交的時候，又發生一次更嚴重的DoS攻擊。這次同樣是以太坊上的一個功能被錯價——它迫使Geth從硬碟中擷取比付費還要多的數據，要求以太坊在每個區塊中讀取大約5萬次訊息，因此每個區塊需要20到60秒來處理。[18]即使無法立即建立補丁程式，但他們讓礦工更改gas成本的作法，至少讓區塊鏈可以運轉起來。同時，他們鼓勵礦工改用Parity。[19]

因為第一輪攻擊只造成Geth節點失效，也因為伍德沒有參加DevCon 2，

所以有人問，「是伍德嗎？是Parity嗎？」[20] 他們推測是他精心策劃了這次攻擊，好讓Parity看起來比較優。事實上，在10月6日，伍德會發一篇部落格文章說：「一個只有Parity的網路……能夠處理的gas限制比起現在以太坊網路所允許的還要高。」[21]

接下來的1個月裡，攻擊者不斷想出新招，全都是針對某個特定計算所需的gas費用太低所導致的漏洞，讓阻礙區塊鏈運作的成本變為零或很低──有點像以購買數千或數百萬個價格低於製作成本的鬆餅，用來經營一家麵包店。最後是伍德發動攻擊的理論並不成立，因為Parity也成了被攻擊的對象。開發人員對每次攻擊都進行了打地鼠式（Whac-A-Mole style）的修復，結果Geth錢包的更新版本用了諸如「魔法黑森林」（Into the Woods）、「我們還應該重寫什麼？」（What else should we rewrite?）和「來吧！老兄」（Come at me Bro）之類的名稱。[22]

其後攻擊者發現以太坊本身而非客戶端軟體的漏洞。這就像在http（啟用網頁瀏覽的一組標準）中發現缺陷，而不是在Chrome或Firefox網頁瀏覽器中找漏洞。這次攻擊涉及「自殺」指令，這是讓合約自我刪除的作法。自殺指令會把合約中的任何以太幣發送到另一個指定合約，不過就算沒有剩餘的以太幣，它也會建立一個帳戶。由於自殺指令不花錢，攻擊者一次又一次地「自殺」，直到儲存的物件從70萬件膨脹到2,000萬件。如此龐大的儲存規模很快就會令開發人員束手無策，這基本上會殺了以太坊。

這段時間，布特林人在上海和新加坡，但經常通宵達旦掛在網上。以太坊最終不得不執行兩次緊急硬分叉。第一次是「橙哨」（Tangerine Whistle），於10月18日進行必要修復，保住以太坊網路。[23] 之後，攻擊者又進行了一次DoS攻擊。倘若以太坊的帳戶樹只有70萬個物件，那不會有問題，但現在它可是2,000萬個。此外，由於以太坊本身基本上就是所有帳戶的巨大列表，

它的設計是將存取需求更頻繁的一些帳戶放在主記憶體。但是這次攻擊中的交易涉及隨機的帳戶，使得以太坊無法使用這種策略提昇效率。

11月22日的第二次硬分叉代號「假龍」（Spurious Dragon），要讓空帳戶無法存在——以前建立的空帳戶將被刪除。[24] 此外，若自殺者建立帳戶，則將收取交易費。假龍還可以刪除被其他交易「觸及」的空帳戶。在假龍行動之後，布特林計畫要執行一個腳本捅破空帳戶並讓它們消失。

在第二次硬分叉期間，Geth和Parity客戶端都發現更多漏洞，團隊也及時修復了。2天之後的晚上10點，布特林在執行他的腳本時，引發另一個導致區塊鏈分裂的漏洞。他無意中造成以太坊第一次由共識錯誤引起的分叉，接著徹夜未眠與其他人一起修補漏洞，早上7點推送完修正版後，他去睡了2個小時。

煩人的捅破和刪除空帳戶操作，花了布特林1個禮拜，而在以太坊上執行計算所需的gas費用，燒掉基金會共40萬美元。透過這些硬分叉，開發人員還想出如何建構資料，讓交易可以調用隨機帳戶而不會拖垮區塊鏈。因為過去不曾有過那麼多帳戶，他們之前並未注意到這個問題。這次修復將使以太坊得以成長至更大的規模。

DoS攻擊終於結束了。儘管那段時間壓力很大，但布特林發現這場網路戰爭中的博鬥和最終勝利，在某種程度上挺有意思的。在整個過程中，攻擊者的動機並不明確。即便攻擊者可以作空以太幣，在財務上也不會有明顯的獲利（以太幣的價格在遭受攻擊的2個月內，確實從大約13美元跌至10美元以下）。實際上，攻擊者花費了1,000枚以太幣（大約12,000美元）的交易費，還得加上研究和執行攻擊的時間成本。許多人認為，唯一有這種動機的人也許是比特幣極端主義者。無論如何，經此一役，以太坊變得更強大，有能力處理更高負載的交易——考慮到未來的發展，這是一個對它有益的成長

過程。

在DAO和硬分叉的幾個月裡，雖然布特林和其他主要參與者都不知情，但另一場鎂光燈之外的私人戲碼正在以太坊上演。Geth的負責人威爾克預計在9月迎來他的第一個孩子。雖然他一直是個憂鬱症患者，那年6月，也就是DAO遭駭的月份，他開始覺得自己可能會死。他列出在告別人生前想做的事情，其中一項是撐到9月見他的兒子。但那個夏天的好幾個夜裡，他上床時都在想這可能是他人生的最後一天，也許他會死於心臟病發作或得了癌症。

雖然他只有32歲，而且沒有這些家族病史，但他還是沒法不擔憂。有時他會感到莫名的憤怒——好比走進公園怒火就湧上心頭。他還會因過度換氣而頭暈目眩，然後陷入自己是否患有腦瘤的小劇場。他上網查了腦瘤，發現這會導致視力障礙，因此篤信自己的腦袋內一定有長東西，想著自己是不是要瘋了。

他撐過DAO硬分叉一直到兒子出生，又挺過DoS攻擊，但在2017年初的一天晚上躺在床上時，他感覺到心臟在胸膛裡怦怦地跳。當時又沒在賽跑，但心臟比平時跳得更快。他對女友說：「不對勁，我一直感覺心悸。」接著他大聲問：「如果我心臟病發作怎麼辦？」女友見他如此害怕，說道：「你現在需要叫救護車。」威爾克當時覺得自己就要死了。

他女朋友的媽媽帶他去了醫院。醫生注意到他的血壓偏高，於是在他身上裝了電子感測器，還做了些抽血檢查。幾個小時後，一名護士進來告訴他，血液檢查顯示他可能是心臟病發作了。威爾克躺在病床上，滿腦子想自己真的出了問題。50分鐘後，護士又來了，這次是萬分抱歉，原來她把他和另一位同年齡的病人搞混了。他一點問題也沒有，可以出院回家了。

　　2週後，同樣的事情又發生了——心跳每分鐘200下。醫院先前給他一罐擴張血管的噴劑，讓心跳不會這麼不舒服，所以他自己把它噴在舌頭下面。暖意流過全身，但什麼效果也沒有，於是他再噴一遍，並且叫了救護車。他從4樓的公寓可以看到救護車閃爍的警示燈，耳中傳來刺耳的鳴笛聲。他出了問題，對自己的生命感到恐懼，傑夫的女友哭著跑出門後，他自己走了出去，但在門外倒下。一名護理人員將他扶起抬進屋內並做檢查。診斷結果：「你的心臟沒問題，你是恐慌症發作。」

　　威爾克說他開始看治療師。他想起10歲左右與父母一起露營時，半夜有名婦女在營地中風了。即使她沒有死，他覺得這種事情也可能發生在自己身上。此外，他有一個弟弟因為心臟問題只活了2天就夭折了。但最重要的是，他看到工作中的錯誤可能會導致人們損失數十億美元，這壓力對他實在太沉重。再加上他渴望成為一個好父親和好男友，壓力變得更大。在以太坊工作的3年中，他是醒也以太坊、睡也以太坊。即使在週末或假日，也可能會有伍德的好戲或其他以太坊的事件發生。另外，工作本身是無情的。2015年7月發布的只是第一版，他們不只必須不斷改進Geth，另外還有其他案子要解決。但團隊不僅人少，還研究這種沒人聽說過的加密貨幣，尤其那時比特幣和加密貨幣仍是犯罪洗錢的同義詞，這樣很難找到願意辭去穩定工作的好夥伴，特別是如果他是有家庭的人，基金會的低薪更派不上用場。碰到像希拉吉這樣真正優秀的員工純屬運氣，要不是希拉吉對以太坊充滿熱情，他要找到一份薪水高得多的工作並不難。

　　但是因為有希拉吉在，威爾克有人可以依靠，所以他告訴團隊自己有恐慌症的問題，並讓希拉吉來領導團隊。由於威爾克沒有領到薪水，而荷蘭分公司（對基金會而言）是外包商的角色，他乾脆不發送請款單了。除了布特林，他是最後一位離開以太坊基金會的聯合創辦人。

　　2016年10月25日，在因應第一次DoS攻擊而執行硬分叉1週後，一個新的以太坊法人實體——以太坊亞太有限公司（Ethereum Asia Pacific Ltd.，EAPL）在新加坡成立。[25] 這早該成立了。陳敏和布特林一開始還緊密合作，但現在，在陳敏上任1年多後，他們越來越疏遠。起初陳敏還很快樂，甚至看起來有點傻，他們一直想為人類試驗以太坊的這項技術。但過不久，布特林發現陳敏會咆哮、心情沮喪，而且精神一直很緊繃。這讓他很難快樂起來，工作效率也差。此外，他還注意到，儘管她抱怨每週工作80到100個小時，但她的產出卻不相稱。這也與她非常多次宣稱的有差距：她是麻省理工學院追求完美的A+畢業生。2016年5月，DAO即將成為史上最大的眾籌計畫，布特林有次在氣氛緊張的情況下和她談了3個小時的話，從那之後便想把她換掉了。但當時，許多法律和官僚式的操作正在進行中，例如重組伍德、威爾克、圖爾和布特林在以太坊眾籌後創建的法人實體，並試圖從魯賓那裡收回加密貨幣研究小組的100萬美元，替換陳敏可能會讓這些事推遲數月。此外，由於她在分派工作的作為如此之糟，所以她真的是唯一知道這些任務的人。最重要的是，他不知道該怎麼找執行董事，因為按他之前那樣公開徵才，陳敏立刻就會知道。

　　但是，她讓布特林煩心的情況越演越烈。當DAO硬分叉的時候，布特林正參加IC3培訓營，IC3結束之後，陳敏、迪特里奧、布特林和貝茲共乘租車要回各自的家。陳敏、迪特里奧和貝茲會在多倫多以南先放布特林下車，他再從那裡搭巴士，然後他們3人繼續前往密西根州和印第安納州。在旅途中，陳敏開始抱怨沒人感謝她。接著她還想強迫布特林穿西裝出席一些活動，但他拒絕了。據知情人士透露，當他們到達布特林的車站時，他跳下車，陳敏很沮喪地要求他們留下來，直到布特林發訊息說感謝她才能走。布

特林照做發了短訊後，他們才離開，但隨後她又和迪特里奧吵起架來，在爭執之中甚至威脅要在過邊境回美國時，對警衛大喊大叫。

比起以太坊中的大多數人，布特林對陳敏的幻想破滅來得算晚的。從2015年秋天開始，很多人就覺得他們的關係怪怪的。陳敏告訴很多人，她認為布特林就像是她親生的兒子，或者是她必須保護以免受到惡魔傷害的小孩。她還買了布特林喜歡的那種迷幻獨角獸風格的T恤給他，並以某種方式模仿他——買他背的那種不實用的貓背包——儘管她平常表現得像個女強人／執行長。大家不確定她做這些事情是出於友誼，或只為了讓她的老闆開心，還是為了操縱他（布特林說他覺得陳敏是一個情緒化的人，希望自己快樂，但他從不覺得她是那種詭計多端的人）。2015年末其他人觀察陳敏和布特林，認為陳敏看起來像是在討好他，過於友好地利用罪惡感操縱他，但由於布特林有社交恐懼，無從察覺。另一個人看到陳敏以裝可憐的姿態被動式攻擊布特林：「我好難過，你怎麼就這樣站著讓我這麼難過？我以為我們彼此了解。我在這裡、保護你、給你留一個位置、聽你的，我是你從沒有過的支柱，而所有這些人都在操控你。」看到這幕的人，嗯……你現在才是在操控他。

在更廣的一面來看，基金會許多人認為陳敏對布特林過度保護。一些人用「微觀經理人」這個詞來形容她和布特林的關係，或者說她像保姆一樣照顧他。還有人稱她為「坐在布特林頭上的母雞」。例如，當他們在康乃爾參加IC3時，她會確保布特林有東西吃，並一路跟在他旁邊，就好像她是他的隨從般，或是她是教練，而布特林是她的運動員。

不少人認為她試圖給布特林營造一種印象，即她一手包辦所有事情並拯救基金會。最後她確實也擔下了他不在乎的營運責任。畢竟，她大幅削減開支、解僱低效的自由工作者、將以太坊基金會從太空飛船遷出、解僱伍

德（儘管有些人認為，布特林和伍德的關係還沒有惡化到必須這樣做的地步）、給監管機構展現良好的一面，以及鞏固布特林領導下的權力，因為他在董事會所握的那3票，在前1年董事會成員反對後仍未受到挑戰。基金會的基層開發人員對她梳理事情的方式印象深刻。一些對伍德抱持懷疑態度的人對於陳敏是有好感的，覺得她像慈母般親切，而且對電子郵件的回應很積極。

但即使這些優秀特質也有缺點。例如，即便基金會的財務狀況較有餘裕，她還是用低薪來徵聘員工。當Google員工前來應徵並說明他們的工資要求時，她會說「沒有人拿那麼多」之類的話，或者說她和布特林也沒有那麼高的薪水——就好像開發人員的薪資應該以她自己的薪資為基準一樣（Google的菜鳥工程師收入加上配股，通常高於當時的陳敏，而資深工程師的薪水包括股票的話，可能達到100萬美元）。基金會有至少一名前Google員工的薪水是之前的一半，再加上他是約聘，所以沒有休假或其他福利；來自Google的另一位應徵者則根本不想加入以太坊基金會。

陳敏掌控某些事情的方式也引起大家的注意。比方說，她讓妹妹擔任法律顧問，這引發利益衝突的問題。她裁掉一個薪水很高的員工，因為他只做參加會議之類的事——這是明智之舉——但隨後她把這件事告訴其他員工、說出那個人的名字，還說基金會其他人不想和他共事。或是說，即使她擺脫伍德，她會抱怨威爾克不信任她，這讓她很生氣。而DAO事件就發生在她的監視下。雖然有些人認為她在內部Skype上明確表示，DAO和以太坊基金會是分開的，但其他人則指向兩者緊密相聯的偏激言論和FUD（恐懼、不確定性和懷疑），再加上一個基本事實：參與DAO的人當中，有很大的比例在目前或以前都與基金會有關聯。

時間久了，壞處開始蓋過好處。首先是在一些工作的基本要求。威爾

克作為 Geth 的領導者，也是最資深的人員之一，理應定期與執行董事互動。但是因為他沒有辦法讓陳敏不說話，只好想盡一切辦法躲她。一旦躲不掉非得和她通話時，他覺得陳敏會為她所有的問題哭泣，而當他說她需要將工作分派下去時，很明顯她不知道方法——她就是沒有辦法在執行董事這職務上穩住情緒。另外，就如某個人所說的，她是一個控制狂，或「黑手黨老大」（mafia boss）。在 Skype 群聊中，如果有人說了她不愛聽的話，她會立即私訊或打電話給這個人說：「你為什麼提出這個問題？你應該先把這件事告訴我。」她似乎偏執地想把事情寫下來。於是，電話就來了。由於她的微觀管理，開發者給她起了綽號叫明朝（Ming Dynasty）和毀滅者敏（Ming the Destroyer）。

大家注意到陳敏是在衝突中茁壯成長的。她每天都打電話給妹妹陳彤（Tung Chan），即基金會的法律顧問。有時一天打好幾次，而且經常發生爭吵。與迪特里奧和陳敏一起住在楚格公寓的人經常聽到他們吵架——每天大概有 10 次吧，就連迪特里奧買給陳敏的外賣辣度之類的小事也可以吵。他們房間在晚上每每傳出激烈的吵鬧聲。

陳敏好鬥的個性也影響了她對待員工的方式。有時在她史詩般冗長的電話中，她會對正在電話那頭的人大發雷霆。多年後，一名是也是她朋友的員工回憶，這種談話是「一種辱罵」，然後補充說：「從理性角度來看，這在當時是必要的，因為加密貨幣本身就存在衝突。有時為了搬開石頭，甚至需要激動得發瘋才能成事。我希望這不是心理上的問題，也不是為她的惡言相向找藉口。」甚至這個人也承認，相處時間越久，發現她的行為的確欠妥。

她的辱罵嘶吼和爆炸性的性格，讓人們私下猜測她一定有心理問題。有人推測她可能患有雙極性憂鬱症（bipolar depression）。據另一位認為陳敏患有精神障礙的人說，陳敏有時會談到情緒沮喪，但不清楚她是否有接受醫師

診斷過。一名工作人員將她的問題描述為「父親情結」（daddy issues），而一個朋友則認為她有過受虐經歷，起碼是在很大的壓力下長大的。陳敏曾告訴以太坊基金會開發團隊的某個人，她曾被男友虐待過，而不是她的父親。但她也會談論陳彤，說她的妹妹像是天選之子（陳彤曾是夏威夷州的證券委員）。有心理治療背景的人說，陳敏可能患有人格障礙，理由是她「完全無法接受訊息，然後不偏頗地重述此訊息」。無論根本原因是什麼，人們都稱她對現實的看法是「妄想」、「扭曲」以及「不理智」。也有人說：「有些人會說她有點妄想症。我倒不認為有到那種程度，但肯定有些對她不太客觀的地方。」

那些因為看她不稱其位或是不明白她是如何穩坐執行董事一職的人，猜測或指出他們曾聽到布特林請她教中文。這種說法毫無根據，因為布特林本人除了否認之外，還說陳敏的中文比他還差。其他人將她能坐上執行董事的位子，歸因於布特林對亞洲女性的看法。他們說，陳敏自己實際上可能會取笑布特林對亞洲女性感興趣。以太坊還有人認為，布特林對她的感情不是100%柏拉圖式的。一位開發者有時看他們互動時，會覺得自己不禁想知道，等等——他們到底只是朋友還是在一起了？儘管陳敏對待他像兒子一樣，但這個人說，「（布特林）對她不是母子一般的感覺……儘管布特林知道迪特里奧是她男朋友，但他想要這種家庭形式的浪漫關係。」此人推測布特林過去與亞洲女友的經歷有一定的影響（布特林說他對陳敏沒興趣）。

有另一個人也認為布特林對亞洲女性感興趣，是陳敏擔任執行董事唯一合邏輯的解釋。他在談到這個論點時說：「我的蜘蛛感知在發麻。」（譯註：電影《蜘蛛人》的口頭禪，暗示其察覺情況不對勁）進一步說他自己知道青澀的21歲是什麼感覺。他回憶說，自己在那個年紀的時候，有一個比他年長20多歲而且關係很好的女上司，好到可以替代浪漫關係。

　　想像一下，如果你可以選擇自己的老闆，一個你會花很多時間在一起的人。這種關係真的很安全，因為它的強度不會導致任何性方面的可能，反而還有一種母性連結。它填補了情感空白，而且你可以在這種情況下與某人建立深厚的情感連結……這很正常。你想想，如果你是一個（21歲）的小伙子，經營一個龐大的基金會，沒有任何空閒時間，唯一花時間對待的人就是一起工作的人，而且你擁有獨斷的控制權，在一切超出正常的情況下，會有這種結果幾乎是不可避免的。

　　布特林在通訊軟體上對於這個問題的回應是：「wat。」（譯註：what的簡寫）

　　但過了一段時間後，陳敏和布特林原本快樂、開玩笑的關係變成了惡言相向。陳敏經常讓布特林長時間承受她的大吼大叫，一般是對著別人的吼叫，但也經常是衝著他來。過一陣子，陳敏無情的暴怒令他痛苦萬分。儘管他知道到陳敏可能對他有母性的關懷，但並不尊重他的自主權。他為了擺脫陳敏的控制，想出要在新加坡建立法人實體的辦法，而她對此一無所知，直到布特林的父親米特里在DevCon 2上提到這件事，並且隨口說基金會可能會從瑞士搬到新加坡（米特里不記得這次談話，甚至連EAPL是什麼都不知）。陳敏很震驚，感覺到未來這家設在新加坡的公司（以太坊亞太有限公司）將從她手中奪走權力，而已經在亞洲待過很長時間的布特林正要溜走。她扯後腿不願幫忙，但最終她還是同意撥出一些基金會的錢來幫助建立這家公司。布特林開始自己規劃一切，並找上他朋友維吉爾‧葛瑞菲斯來幫他（Virgil Griffith）。葛瑞菲斯是研究科學家，畢業於加州理工的博士，布特林曾將以太坊白皮書的初稿發給他。擁有這個公司後，布特林能夠自己找人進

研究團隊，無需每次招聘都得問陳敏。這是邁向自由的一小步，讓他嘗到如果沒有陳敏，為以太坊工作會是什麼滋味。

　　但陳敏最近獲得自己的優勢。據《瑞士紀事報》（*Swiss Register*）報導，前「專業」董事會成員克勞維特、海尼斯—巴雷特和列維廷辭職近1年後，他們仍留任以太坊基金會董事會，而基金會最近宣布了最新候選董事名單：布特林、駐楚格的律師帕特里克·斯托徹內格（Patrick Storchenegger）以及陳敏。[26]

第十章

代幣發行價格屢創新高
2016年秋天至2017年7月19日

　　整體來說，加密貨幣圈正在更廣闊的世界裡顯示出發展的潛力，特別是以太坊，而以太坊開發人員在面對DAO和DoS攻擊時，開始意識到協議的弱點。

　　那年稍早，也就是2016年5月，當DAO正逼近眾籌史上的歷史時刻之際，美國加密貨幣交易所Coinbase的聯合創辦人弗瑞德·厄薩姆（Fred Ehrsam），發表一篇題為〈以太坊走在數位貨幣的前端〉的部落格文章。[1] 他在文章中提出了一個問題，為什麼此前建立在比特幣之上唯一的東西是錢包和交易所（相比之下，網際網路帶來了Google、亞馬遜、臉書、Netflix等應用軟體）。「我的理論是在比特幣內用來交易的程式語言，太侷限了，」他寫道。「進入以太坊吧。以太坊採用了比特幣程式語言中的一個四功能計算器，把以太坊變成一台發展成熟的電腦。」他說，比起7歲的比特幣，以太坊在9個月大的時候，已經出現更多關於去中心化應用程式開發的活動。

　　同年8月，他在另一篇題為〈去中心化商業模式的曙光與區塊鏈代幣〉的文章中提出，創投到目前為止對聚焦於數位貨幣的傳統新創企業已投入逾10億美元，而在過去4個月中，基於區塊鏈技術的去中心化計畫（相對於

有執行長的新創企業）則已經籌集了超過2.5億美元——沒有一分錢來自創投。[2]「那麼到底是怎麼一回事？」他問。「區塊鏈代幣。」

有許多專案，例如DAO，以創造指定用於特定網路使用的代幣來籌集資金。他說，這些代幣不僅讓首次代幣發行的發行人賺飽以太幣，它們實際上被用於去中心化應用程式本身。那些向網路提供服務的人所得到的報酬就是這種代幣，他們可以再將它兌換成其他貨幣。這些專案的不同之處在於，每個專案都不是以公司為中心的傳統應用程式，不會由公司推出更新和進行商業交易，而是「去中心化的軟體協定」（decentralized software protocols）（特別強調）。回顧歷史，這樣的協定欠缺一套拿來盈利的模式。舉例來說，為收發電子郵件開發簡單郵件傳輸協定（simple mail transfer protocol，SMTP）的那些人沒有賺錢，但Outlook、Hotmail和Gmail，這些使用SMTP的應用軟體都賺了錢。然而現在由於代幣的出現，協定開發者可以獎勵自己了，因為代幣可以透過網路打造出來，而他們可以保留一些，並分配一些代幣讓協定可以繼續運作，就好像新創公司保留股權一樣。

代幣還解決了另一個商業問題：如何發展網路。「想想一開始的推特，」他寫道。「身為網路上最早的幾個用戶之一的價值很低——沒有其他人在用，所以沒有內容！現在因為有數百萬人在推特上，所以人們從中發現了很多價值。」要如何在網路規模還小時激勵人們儘早加入網路？這個問題就如同先有雞還是先有蛋，不過代幣給出了解答：給用戶部分所有權，就如同新創公司釋放股權，越早加入回報越大。而這當中的所有權要用什麼來代表？代幣。

幾天後，當以太坊退出與經典以太坊的角力戰，而特諾夫斯基用法律信函威脅白帽團隊時，創投公司Union Square Ventures的分析師喬爾・莫內格羅（Joel Monegro）在一篇題為〈胖協定〉（Fat Protocols）部落格文章中，用簡單

的黑白記號圖示說明厄薩姆所描述的概念。[3] 不同於網際網路在協定層價值微薄而應用層價值不菲的事實，比特幣的市值達100億美元，「但那些建立在比特幣基礎之上的公司，就算最大的也才值幾億，」他寫道。「同樣地，以太坊在它公開發布僅1年之後，而且還沒有真正突破性的應用出現之前，市值就已經達到10億美元。」也許是因為一看就懂的視覺效果，加密社群把這個理論稱為「胖協定論點」。

一時之間，每個人都在尋找下一個大型協定代幣，而且要在以太坊上建立新協定非常容易。去年秋天，羅賓漢團隊的沃格史特勒為布特林討論很久的想法徵求大家的意見：將建立新代幣的智能合約標準化。沃格史特勒在一個名為「以太坊徵求意見」（Ethereum Request for Comments）的討論區上貼文，這是專門探討改進協定的論壇，提案編號排在20。他們在得到362條評論之後，確定一個稱為ERC-20的代幣標準，這標準成為一種代幣類別，因為它們隸屬標準化的智能合約中，可以很容易地被加到交易所、錢包等地方使用。[4]

除了打造新代幣現在變得輕而易舉之外，一大堆開發人員也為DAO的故事所吸引——不是驚人的駭客竊取事件，而是從群眾籌集了將近1.4億美元——以及以太坊是如何籌集1,800萬美元的資金到如今價值10億美元的歷程。有些原本打算向The DAO申請資金的提案，現在決定創建、出售自己的代幣給大眾。2016年8月，透過這種方式所籌集到資金僅130萬美元，但9月以ICO募款達到2,320萬美元，10月、11月的ICO總額則分別為1,340萬美元與2,000萬美元。

1990年代後期以來，股市幾乎都處在萎靡的時代，而公司則拉長上市前的私有化時間。[5] 等到公司最後真的上市時，對普通投資者來說，上漲空間就變小了。Yahoo於1994年成立、1996年上市；相比之下，Uber成立於2009

年，但截至2016年秋季仍為私人控股公司。ICO發行人在如此的時代下進行銷售，普通大眾渴望投資機會，但是那些想要加密貨幣的人面臨一個主要障礙：沒有門路。儘管一些交易所如Gatecoin和Bittrex，已經可以直接從他們的平台購買DAO代幣，但大多數交易所並沒有為其他ICO這樣做。在ICO中入手代幣的唯一方法是使用以太幣錢包，由用戶自己管理他們的私鑰（而交易所承諾為用戶保障代幣安全）。

最簡單的方法之一是透過MyEtherWallet，該網站其中一個創辦人是DAO的擁護者泰勒·凡歐登），她讓當時的未婚夫凱文以丟硬幣的方式，決定選擇DAO的合約（他們在因應DoS攻擊的「橙哨」硬分叉後不久結婚。由於凱文在經典以太幣交易上賺了一筆，他們得以將婚禮用的啤酒從Bud/Bud Light/Coors/Coors Light升級到包含更高檔的Blue Moon、Sam Adams，還有葡萄酒）。

MyEtherWallet的出現可以追溯到2014年，當時聯合創辦人凡歐登和寇薩拉·漢瑪姜達（Kosala Hemachandra）、兩個麻吉和共事多年的同事，發掘到比特幣。凡歐登是洛杉磯人，曾是紐約大學電影學院的學生。她身材嬌小結實，是膚色黝黑的白人，有張可以瞬間從睿智變成滑稽的臉。她經常在說些有趣的話之後，擺出張開下巴的表情，像在無聲地笑著說：「你能相信嗎？」。至於漢瑪姜達，他是在斯里蘭卡長大，17歲時移居美國攻讀電腦學位。他性格內向而且一直沉迷於電腦。他們在一家為可口可樂（Coca-Cola）、普瑞納（Purina，寵物食品）、塔吉特（Target，百貨零售商）和微軟等跨國公司製作網站和行銷素材的公司工作。2014年，兩人都成為比特幣愛好者。他們在以太幣預售展開時，投入了一些比特幣——對漢瑪姜達來說，這幾乎是他畢生的積蓄。

2015年7月以太幣推出時，用戶只能通過輸入文字指令的界面處理他們的代幣——想想一個帶有發光綠色字母的黑色背景螢幕吧。凡歐登身為設計

師受不了這一點，她想知道是不是所有的預售參與者都一樣用不下去，或者她是唯一一個不會用終端界面（輸入指令的界面）的白痴。她還問漢瑪姜達是否問問Google大神「我如何移轉我的以太幣？」會出現相關指示，但漢瑪姜達解釋說不會，因為以前沒有人問過這個問題，這讓她大吃一驚。漢瑪姜達決定建立一個網站，讓大家可以處理他們的以太坊錢包。他開放原始碼，這樣一來人們就可以檢查他的原始碼，確定他不是要網路釣魚或竊取他們的以太幣。

對比在實際紙張上寫下個人私鑰列表的「紙鈔錢包」，他製作了數位版本，他的版本是一個網站，其中有一個用於加密私鑰的密碼輸入欄位，和一個用於產生地址的按鈕（加密貨幣的地址或說公鑰，就像郵箱上的一個前槽孔，只允許人們把錢放進去；把錢寄出去則需要私鑰）。[6] 該網站輸出用戶的加密和未加密版本的私鑰，還有地址和私鑰的QR codes。由於MyEtherWallet不保存人們的代幣，也沒有記錄用戶的密碼──保管這些密碼是他們自己的事。如果用戶遺失密碼，他與自己的錢就不會再相見了。漢瑪姜達知道自己的能力局限在哪，因此請求凡歐登幫忙設計網站。

4天後，當凡歐登在卡塔利娜島（Catalina Island）附近一艘船上慶生，而漢瑪姜達在洛杉磯時，他們上GoDaddy網站嘗試註冊網域名字，有些域名非常之貴，要價高達200美元。MyEtherWallet只要11.99美元，於是他們就拿下這個名字了。[7]

就在他們推出MyEtherWallet的時候，Augur正公開預售，這是一個去中心化的預測市場平台，人們可以在上面預測並下注與加密貨幣相關的不同結果。當凡歐登要去存錢時，逼死人的技術說明又一次礙到她了。她請漢瑪姜達幫她做一個一鍵式按鈕。他照做了，而且他們在網站上加了一個「Augur Crowdsale」標籤。[8] 這場預售在2015年10月1日結束，預售結束前，Augur時

事通訊對 MyEtherWallet 的一鍵式按鈕公開致意。凡歐登和漢瑪姜達在聊天中一直打出「歐買尬！歐買尬！」（omg omg）──能被社群中的其他人注意到，真是太高興了。

隔天，他們還收到捐款，來自一位對網站很滿意的用戶。

2016 年 2 月，他們製作一個在 Chrome 瀏覽器上的擴充功能，讓人們不用瀏覽 MyEtherWallet.com 網站即可處理他們的以太幣。[9] 接著他們在 The DAO 推出時讓購買 DAO 代幣變得更容易；在硬分叉發生後，他們建立一個簡單的按鈕，讓使用者可以從額外餘額、提款 DAO 和經典以太幣提款合約中提取自己的錢。[10] 凡歐登在這段期間經常上 Reddit，在她最古老、業力值最高的 Reddit 帳戶下回答問題（業力值即 karma，反映 Reddi 用戶對社群的貢獻）：u/insomniaasexx。她還會回覆客服的電子郵件，她說在 DAO 之前每週約有 2 封，在籌款期間每天會有 10 到 20 封──再加上她在 Reddit、Stack Exchange 問答網站和 DAO Slack 即時通訊平台上收到的所有問題。雖然她在現實生活中從未見過這些人，但已經是 DAO ／以太坊社群不可缺少的一員，加上還是僅有的女性之一，因此獲得了「DAO 之母」（the mother of The DAO）的暱稱。

這個時候，凡歐登仍然自己每週接 10 到 15 個小時的網頁設計工作，每小時收費 50 到 60 美元，其餘時間都無償花在 MyEtherWallet 上。她和丈夫凱文為了支付租金，以低於 10 美元的價格出售了他們的以太幣。

那年夏天，他們意識到 MyEtherWallet 需要變成一家真正的公司，在社群成員的催促下，凡歐登和漢瑪姜達研究在 Bity 的幫助下創建一家瑞士公司的可能性。凡歐登在準備這場瑞士之旅的當下──在現實生活中從未見過任何以太坊的人，除了葛林之外，他們透過 DAO 彼此認識之前，曾經短暫碰過面──她想看起來更專業，於是打包西裝外套和襯衫。她的丈夫覺得自己吸點大麻的時候表現更好，現在正煩惱如果他不能隨身攜帶大麻怎麼辦。凡

歐登告訴他，「你必須答應我。不要向任何與我們有業務關係的人詢問任何大麻的問題。」當她、漢瑪姜達和凱文走進Bity辦公室的院子時，他們發現有4個人正圍坐在大麻煙捲周圍。凡歐登說：「凱文你看，有大麻了。」他想，嗯，這很酷。儘管凡歐登自己沒有抽大麻，但是她發現自己的直覺沒錯，即加密世界不像一般企業界，以往去可口可樂總部出差時，她總感到格格不入。加密貨幣有更多的夜生活和週末假日文化，幣圈人們在凌晨4點上網、質疑權威，並且對於風險有很高的容忍度——這跟她很合。

那年秋天，MyEtherWallet針對即將於2016年11月11日推出的Golem ICO增加一種購買方式。Golem將自己定位為「電腦界的Airbnb」，一個使用Golem網路代幣（Golem Network Token）的區塊鏈，讓人們在睡覺時，出租空閒電腦的運算能力。[11] 這個波蘭團隊的目標是籌集820,000枚以太幣，以符合布特林在DAO內爆癱瘓後所建議的1,000萬美元上限。

Golem ICO在20分鐘內就達到設定的上限（根據當天的匯率約860萬美元）。[12] DAO在最初的24小時內，不管收到的是以太幣還是美元，都比Golem ICO要少。此次的籌資規模，導致MyEtherWallet的以太坊節點當機——只是這對用戶來說並不明顯。MyEtherWallet本身只是一個界面，允許用戶透過執行MyEtherWallet的節點與以太坊區塊鏈進行交易。該網站本身並沒有為用戶帶來任何好處。然而，在Golem ICO期間，用戶依照網頁上的步驟參與募資，但點擊發送後，網站就當掉沒反應。因為以太坊節點之前從未被如此大量的交易淹沒過，所以如果10秒後以太坊節點沒有發生任何事情，也不會彈出任何解釋。交易延遲讓用戶們感到沮喪，他們更新網頁卻導致更多的負載。夢想成為Golem ICO買家們的責難排山倒海而來，凡歐登認為，如果你如此迫切地想要參與ICO，那就操作你自己的以太坊節點吧！儘管如此，漢瑪姜達還是對後端進行了重組，繼而在交易激增時會啟動新節點。現

在的MyEtherWallet就像經DoS修復後的以太坊一樣，已經為一切做好準備。

在DevCon 2時，桑默威爾和齊斯並沒有放棄讓企業公司使用以太坊。魯賓理解到Hyperledger和以太坊不可能合作後，開始接洽瑞銀創新實驗室（UBS Innovation Lab）、紐約梅隆投資管理（BNY Mellon）、桑坦德銀行和德意志銀行的人，這些銀行家很喜歡以太坊，他們認為社群已經成熟地處理DAO系列事件，因為兩個互不認同的社群乾淨俐落地分開了。他們對於技術本身能促成此事感到很詫異。儘管對以太坊感興趣，但銀行家們認為最好有一個類似公司的實體，即一個與加密無政府主義者分開的資本遊戲場。他們計畫成立一個非營利組織來管理企業版的以太坊。

2017年1月23日，齊斯寫了一封電子郵件，邀請陳敏在企業以太坊（Enterprise Ethereum）計畫上「同步」（sync）。她回答說：「我沒想到我會在對此計畫大部分一無所知的情況下，從ConsenSys時事通訊上了解到這個『以太坊企業』的作為，並看到作者說它得到了基金會的祝福。」

這個新組織的名字準備叫企業以太坊基金會（Enterprise Ethereum Foundation），但陳敏一聽就動氣了。兩位消息人士稱，陳敏認為他們故意、惡意地取一個與以太坊基金會超像的名字（魯賓則說：「這是一個荒謬的假設惡意指控。」），於是他們轉而改名為企業以太坊聯盟（Enterprise Ethereum Alliance，EEA）。1月25日，以太坊基金會（讀作：陳敏）申請註冊商標「企業以太坊」和「企業以太坊聯盟」。[13] 陳敏迫使EEA承諾它會在某些主題上使用明確措辭，並付費使用現在已註冊的「以太坊」和「企業以太坊」。

陳敏一路氣到2月中旬。她在Skype聊天中解釋說：「我們正在處理各種商標侵權問題（不僅僅是ConsenSys的問題），而是最近我收到許多來自社群

的詢問，大家都對於ConsenSys的『企業』聯盟感到困惑。」

她修正：「我指的是『企業以太坊』聯盟。」

她繼續說：「魯賓對基金會徹底撒謊，違背了所有承諾。」他使用了「他之前承諾過在簽署書面協議之前，不會使用具誤導性和不具代表性的名稱」，他甚至「進一步讓錯誤訊息續存下去」。她說他的行為「很可恥」，並提到人們「向魯賓的新『以太坊』實體捐款」的可能性。她說，對於收到來自不同人和公司的投訴感到驚訝，並且聲稱他們被ConsenSys誤導或混淆了，或者他們已經簽約成為那個企業組織的一部分，因為魯賓的公司引導他們相信以太坊基金會或布特林支持它。

陳敏幾天後在基金會的Skype聊天群組中寫道：

〔侵權公告——內部〕喬・魯賓／安德魯・齊斯作為企業聯盟的指定代表，在2017年1月25日參加基金會排定的正式電話會議，與會者包括一名主要的（未來）企業董事會成員和我們的法律團隊。他承諾在與以太坊基金會簽訂許可協議之前，他不會以任何名稱為企業團隊專案或實體使用商標名稱「ETHEREUM」。

這件事不值得在這裡寫一篇長文說明

請不要現在酸我引戰。

我們持續關注這件事，也希望很快得到解決。

儘管內部有來自范德桑德和沃格史特勒的抗議，但是敏令如山，抗議無效。

2017年2月27日，EEA宣布成立，摩根大通、微軟、威普羅（Wipro）、

桑坦德銀行、埃森哲（Accenture）、英特爾（Intel）、紐約梅隆銀行和芝加哥商品交易所為創始會員，而英國石油公司（BP）、瑞銀、瑞士信貸、荷蘭安智銀行（ING）、湯森路透（Thomson Reuters）等為非董事會創始成員。[14]

EEA為了在第一年使用它的商標，向以太坊基金會支付了2,500美元。

陳敏繼續追擊，要從根本除去她所認為的絆腳石。泰勒·格林是星艦的IT經理，他曾製作霍斯金森檔案卷宗，在眾籌之後曾在威爾克的團隊工作，但離開後開始在世界各地發表以太坊主題演講，這是布特林不想做的事。要是陳敏和格林講電話，格林說他通常必須聽上1個半小時的抱怨，但是當他想提工作上的事時，陳敏會把話題轉回她的個人問題上。如果他說「請專業一點」，陳敏會生氣。到了2016年底，格林給陳敏發電子郵件，詢問合約已經到期的事，以及他是否可以繼續教育工作，但寄出的郵件石沈大海。

在EEA宣布成立的同一天，他收到陳敏的妹夫（陳彤的丈夫）施密特（J. P. Schmidt）從Gmail帳戶發來的電子郵件：

> 我謹代表以太坊基金會給您寫信通知，對於您所提供的服務，基金會在仔細考慮需求後，已確定不需要您的服務，因此不會在此時或可預見的未來，續簽您的合約。

格林不清楚他的聘任狀況是否真的可以由執行董事的家庭成員（以及法律顧問的丈夫）、從私人的Gmail帳戶發出的電子郵件來決定，但無論如何，由於他的合約已經過期便不再追究。隨著霍斯金森、阿米爾、伍德、威爾克、魯賓、伊歐里歐、圖爾、阿利希和現在的格林都退出，以太坊的整個早期領導團隊都不在了，除了布特林。

在2017年初到春季的前幾個月，布特林經常出差，大多在亞洲活動，同時以太幣也正在上漲。在2016年秋季，多半以太幣的交易價格落在10美元至13美元之間，到11月中旬已下探至10美元以下，假期期間的交易價格約為7美元。不過，到了2017年2月，價格又回升至10美元並穩步持續上漲，直到EEA宣布的那一天，它突破了15美元。人們開始盯著加密數據網站CoinMarketCap上各種代幣的整體加密貨幣市占率圖，在加密貨幣歷史中，幾乎所有的時間都是由比特幣主導80%或以上的市占率。2017年3月，比特幣開始下跌，第一次跌破80%，之前也曾兩次低於80%；然後在3月中旬，它首次降到70%的低點。與此同時，以太幣市占率在幾天內從8%上升到17%，這主要是價格暴漲所帶動，它在3月24日首次高於50美元——這甚至是站上15美元後不到1個月就發生的事。3月26日，比特幣的市占率地位下滑至67%，但仍以157億美元市值占據市場主導地位。相較之下，以太坊的市占率略低於20%，市值為46億美元。人們開始討論他們稱之為「翻轉」（flippening）的劇情——以太幣的市值超過比特幣的關鍵時刻。[15]

約莫此時，全球加密貨幣交易總量回升（在1月份中國交易所收取交易費用後曾趨平緩），從1月底每週交易約10億美元，飆升至3月份交易逾30億美元。隨著以太坊收入不斷增長，交易需求也隨之增加——特別是讓一家加密貨幣交易所受益匪淺：Poloniex，它是交易以太幣數一數二的交易所。這間交易所對經典以太幣的生存至關重要，僅此一家就占全球所有加密貨幣交易量的一半，這主要是因為它對以太幣和保證金交易很感興趣。儘管Poloniex經常在全球加密交易所排行榜上有名，但對外界來說它是間謎樣的交易所，因為這間公司並沒有任何創投資金支持，這點讓它多少有點不同於其他交易所。雖然大多數交易所老闆彼此認識，但對於Polo或它的老闆知之

甚少，例如他們的總部所在地。在此時，Poloniex 不僅是其溫文爾雅的創辦人崔斯坦・達格斯塔的孩子，也是兩位新的合夥人的孩子。這兩位合夥人分別是茱兒・金（Jules Kim）和麥克・迪瑪帕勒斯（Mike Demopoulos）。茱兒是一位漂亮、「體格厚實」或「偏大隻」的亞洲女性，留著波浪形的長髮；迪瑪帕勒斯則是個邋遢的大個子，留有山羊鬍，穿著搖滾樂隊的 T 恤。據一位前 Polo 員工所說，這對未婚夫婦之前擁有一家位於波士頓、名為 RDVO 的市場和使用者體驗諮商公司，該公司曾為波士頓不少主要機構提供服務。茱兒最初是一個在 trollbox 聊天室閒逛的顧客，這是 Polo 的狂野聊天室，裡面到處都是垃圾話和加密貨幣交易迷因。當達格斯塔表示有興趣為 Poloniex 做行銷時，茱兒回應自己 2016 年 10 月底才發現這件事，這起碼是簽約後 1 年或更久的時間。

這 3 個人就好像是三劍客。先說達格斯塔，大家都認為他是個天才，已經 30 多歲，還在網上開玩笑說玩寶可夢（Pokemon）和薩爾達傳說（Zelda）等任天堂（Nintendo）遊戲的事，嘴砲自己的成績；然而面對面時，他是「令人難以置信的平庸」和不擅交際（見過他和布特林的人推測，達格斯塔在社交上比布特林還要尷尬）。達格斯塔在視訊通話中會關掉攝影機——然後他只會用幾乎聽不見的耳語說「是的，我想是的」之類的話。當 Polo 員工在現實生活中遇到他時，他們說他幾乎無法與人眼神交流。

在茱兒和迪瑪帕勒斯加入 Poloniex 之前，達格斯塔傾向於優先考慮客戶的利益。如果顧客遭駭 Polo 可以追回資金，即使這需要 3 個小時，達格斯塔仍會指示員工這樣做。據一位早期員工透露，2014 年初，當交易所沒錢時，Polo 被駭了 2 次，損失 227.6 枚比特幣，價值約 10 萬美金。達格斯塔以把錢償還所有用戶為己任，為此還放棄了公司的所有利潤。這件事花了 1 年才解決。因為加密市場是 24／7 全天候交易，客戶服務從月初做到月末，沒有

一天休息。達格斯塔和其他早期員工會在聊天中嘴砲他們每個月出勤幾個小時。這些員工認為，由於他們很早就加入，雖然沒有獲得股權，但他們已經從Polo海撈不少錢（最後，在2017年冬季，早期員工獲得了選擇權，並在1月簽署，但第一部分將在董事會於4月批准後1年才真正歸於員工）。

再來是迪瑪帕勒斯，隨和親切——他是網頁設計師，屬於「跟每個人都很好」的類型。兩個互不相識的人用幾乎同樣的字眼描述他：「along for the ride」和「one for the ride」（譯註：好搭檔、好夥伴、好咖之意）。

在這3個人中，茱兒像是出謀畫策的人。有個從未與她共事過的人形容她和迪瑪帕勒斯「非常友善」。那些與她共事過的人則說，她的表面形象是人好又和氣，另一面則是狡猾、神秘、偏執、冷酷、「詭計多端」、「惡毒」和「控制狂」（她的推特帳號是@cointrolfreak）。[16]如果茱兒想解僱某人，她會以不做就一起走人為威脅，唆使其他員工動手。她似乎認為對下面的人大喊大叫會讓他們工作得更快或更好。後來工作人員意識到她其實是在辱罵毀謗。他們覺得只要有機會毀掉某人，她就會去做。客服團隊通常會盡可能為某個人解決問題，但她會說：「我們沒有法律義務幫助他們。讓他們去死吧。」一般說來，當茱兒得不到她想要的東西時，她就會不高興。

早些時候，茱兒請來一位朋友麗莎（Lisa）負責管理辦公室，麗莎沒多久便受到大家的喜愛。麗莎保證廚房裡零食充足，洋芋片、堅果、燕麥棒和水果樣樣不缺。過了一陣子，茱兒在電話裡跟一名不在同個辦公室工作的早期員工宣布，Polo要請麗莎離開，並且說：「事實證明，她是一個糟糕的辦公室經理。不知道你有沒有聽說過零食這件事。」當茱兒知道麗莎為每個人買零食之後，據這位員工描述，茱兒整個人是「完全歇斯底里地抓狂」。之後，每個人必須自己買零食，而且要一連工作4個小時才可以休息。

在茱兒和迪瑪帕勒斯成為合夥人之後，達格斯塔突然間從聊天室中消失

了。要聯繫他的唯一方法是透過茱兒和迪瑪帕勒斯。一名員工後來說，「很明顯他們把達格斯塔從我們身邊搶走了」。但在2016年後半，他幾乎是在反抗，最後還做了個手勢，彷彿這是他最後一次不需要任何人的批准就可以做某事。茱兒聯繫客服主管強尼・賈西亞（Johnny Garcia），說：「嘿，我必須把這個給你。」這是用比特幣支付的獎金——當時價值約24,000美元。茱兒說是達格斯塔給的——還有她和迪瑪帕勒斯。然後她說：「現在我還有別的事要做，再見。」她顯然不喜歡給他這筆錢。賈西亞認為達格斯塔想感謝他，以前在聊天時兩人關係很好。

2016年，隨著交易轉熱，交易所老闆們開始賺飽飽。儘管達格斯塔、茱兒和迪瑪帕勒斯盡可能不透露商業祕密，但員工們還是會猜測公司收入。由於每筆交易的交易費0.2%、保證金0.25%，加上交易所從平台上的貸款所賺到15%的利息收入，他們估計交易所每天的收入大概占交易量的0.25%，2016年每天平均一定有五位數的進帳。[17] 據兩位熟悉Polo帳本的人士說，他們猜對了，每日收入有時甚至會達到10萬美元。

這個時候，一些觀察者說一些業主的選擇是有問題的。例如，在2016年下半年，茱兒和迪瑪帕勒斯反對建立基本的安全功能，而這功能是為了防止大部分的顧客淪為駭客攻擊的受害者，即一種稱為雙重認證（2FA）的措施，它會在顧客想登錄時發送訊息到他們的手機裡。迪瑪帕勒斯說這會有用戶體驗的問題，但客服部門提出證據說明，如果把雙重認證納作選項，將如何大幅減少客服處理遭駭帳戶所耗費的大量時間。由於Polo只有5個客服人員，並且也不打算請更多人，這個安全措施將使現有員工能夠幫助到更多用戶。最後，他們花了好幾週才說服茱兒和迪瑪帕勒斯。

等爭取到雙重認證時，交易所又面臨一個新問題。Polo因為美國對伊朗政府的制裁，將需要阻斷伊朗人使用Poloniex。但是它做不到，因為交易所

沒有程序可驗證顧客身分（根據一位早期員工的說法，2015年建立的系統是「超級陽春」，並且「真的非常容易被駭」）。而顧客身分驗證系統是一個3層架構的系統，要較高等級的驗證才授予用戶更大的交易權限。但茱兒和迪瑪帕勒斯反對的部分原因是希望盡量減少用戶註冊和存入資金的困難度。這些討論從2016年底一直拖到2017年上半年，最後茱兒和迪瑪帕勒斯終於讓步了。

　　ICO熱潮持續加溫。在12月籌集1,170萬美元之後，隔年1月和2月的融資額分別膨脹到6,700萬和7,300萬美元左右；3月份跌至2,200萬美元；4月份13個ICO計畫圈進的資金總共達近8,600萬美元。

　　其中一個ICO—— Gnosis（GNO），甚至打破11月份Golem的紀綠。Gnosis與Augur一樣，是一個去中心化的預測市場平台。這個柏林團隊將總部設在直布羅陀（Gibraltar），直布羅陀與瑞士和新加坡一樣，對加密貨幣的法規採取較友善的態度。Gnosis的ICO目標是1,250萬美元，這次它嘗試一種新機制取代一般ICO先到先得的出售方式，改採荷蘭式拍賣（譯註：由高價開始往下報價的拍賣方式）。這表示起價30美元上限的情況下，價格會不斷降低，2週後可能只要5美元。理論上來說，人們會以他們認為最合理的價格出價，而不是早出手多付錢。他們準備了1,000萬枚代幣銷售，在ICO前1個月還認為這次銷售會持續1到3週。然而，事實與預測相反，由於FOMO（Fear Of Missing Out，即害怕錯過）心理群起湧入，在4月24日僅僅11分鐘內就達標1,250萬美元，但1,000枚萬代幣只拍出了4.2%，每枚GNO代幣的最終價格為29.85美元。[18] 當GNO在8天後於交易所上市時，那些黃牛票販——呃，對不起，是買家——每一枚GNO可以轉賣到92美元。2個月後，GNO的售價為361美元。該專案其實尚未啟動，主要是在GitHub上有一份新開放版

本的白皮書，現在已價值95億美元。

　　根據建立ICO詳細視覺化分析的ConsenSys開發人員的說法，有一些Gnosis參與者利用智能合約的功能競標。[19]例如，上海的一個買家在當地凌晨1點開始眾籌時，提前把投標放入所謂的程序化投標環中，這是一種收集人們的以太幣並為他們送交投標的智能合約，當GNO開賣時——這位買家已經睡著的時候——智能合約再把GNO送回去。買家不必信任在法定義務下有執行長的公司，只需要相信程式碼即可。

　　由於有這麼多人購買以太幣其實是為了賭博——呃，應該說投資——以太幣的價格在這些眾籌中，正處於漲勢，4月底的交易價格為79美元，但幾天後，收盤價已是97美元。在ICO方面，5月讓4月看起來變小兒科，當月22次的ICO共籌集了2.29億美元。再看由兩個至交發起的小型專案MyEtherWallet，在僅僅5個月內流量就暴漲10倍：從1月份的10萬點擊量衝到5月份的100萬。

　　那年冬天，隨著ICO的崛起，漢瑪姜達發現無法跟上所有代幣的速度，凡歐登身為社群聯絡人，不斷要求他增加支援的代幣種類，這同時也是為了MyEtherWallet本身的發展目標。他們決定創建「自定義代幣支援」，讓所有人都可以將任何ERC-20代幣添加到MyEtherWallet。漢瑪姜達和凡歐登這樣做原本是出於懶惰，但現在隨便一個ICO的發行人都自己添加，再也不用請求MyEtherWallet支援他們的代幣了。這類似於紐約證券交易所允許公司在交易所內交易自己的股票。

　　5月17日，Aragon在25分鐘內籌集了2,480萬美元，這個ICO的目的是為了幫助「無法阻擋的組織」（unstoppable organizations）成立——儘管由於gas或交易費用不足而導致總計超過3萬枚以太幣（約270萬美元）共651筆交易失敗。[20]5月19日，以太幣收盤價僅略略低於130美元；2天後，再差

幾美分就到158美元；5月22日，在紐約市舉辦最大的區塊鏈會議共識大會（Consensus）的第一天，達到了174美元。[21] 5月24日，也就是會議的最後一天，衝破228美元的高點。接著5月25日是代幣高峰會（Token Summit），這是一個專門討論代幣的會後會。開發聊天軟體的公司Kik當時尚未涉足加密貨幣，在會上首度宣布要進行ICO，這是第一次有現存非加密領域的公司使用ICO。同一天，有兩個ICO一共籌集了8,400萬美元：「第一個以加密貨幣為中心的手遊平台」MobileGo一舉拿到了5,300萬美元，而Dropbox的去中心化版本Storj則籌了3,000萬美元。[22] 代幣高峰會的票本身也超賣，幾十個從世界各地飛過來的人在雨中遭拒門外。接下來的5月30日週二，以太幣24小時交易量首次超過比特幣，價值12億美元的以太幣完成交易，而當天價格飆漲近20%走高到近234美元。這個時候，比特幣的市占已掉到50%以下，而以太坊的市值則從1月1日的160億美元翻了2倍多到356億美元，拿下超過20%的市占率。

　　在Golem ICO導致MyEtherWallet的以太坊節點當機時，凡歐登就已經很驚訝了，現在她看到大眾對代幣的胃口越來越大。4月6日有兩個ICO，MyEtherWallet第一次收到每小時多達225萬個請求。至於5月2日的TokenCard ICO（代幣信用卡），有人在Reddit發布MyEtherWallet在這個ICO開賣時未能提交或完成交易的帖子。文中寫道，MyEtherWallet在每次嘗試交易失敗時都看似正常，但其實是到了第五次那筆交易才在以太坊區塊鏈上通過。[23] 另一位用戶則指出，這可能是區塊鏈的問題，因為它每秒只能處理15筆交易。[24] 凡歐登回說：「真是見鬼了。我想你可能是對的。我一直在測試並試著找出什麼原因導致無法交易，我們這邊完全沒有任何錯誤訊息的紀錄。我們沒有錯誤訊息，我們沒有排隊處理的交易，我們沒有丟棄txs（交易）。我們發送交易，然後，沒有被礦工挖掘，交易就進不去區塊鏈⋯⋯該死的他媽的

代幣銷售。」[25] ICO的需求太強烈，但它並沒有壓倒MyEtherWallet的節點，而是讓以太坊本身超載了。她從MyEtherWallet的Reddit帳號推了Reddit討論串：「兄弟們，事情就是這樣。我們的FOMO心理容量實際上已經到了臨界值。ICO現在別玩了，可以回家洗洗睡了。」

那絕不可能是最大的FOMO。隨著ICO持續成長，凡歐登開始根據她所說的「交易池大屠殺等級」（tx pool carnage level）對ICO評分，她給了TokenCard 7分，Aragon 6分，Storj 0分（「喔耶！大家實際上還有超過10分鐘可以跳進來！！！！」她在她的評分圖上寫道），5月下旬一個叫Mysterium的ICO，她給9分。

然後在5月31日，有Basic Attention Token（BAT）ICO計畫要進行30天，或是達到其156,250枚以太幣的上限。BAT在24秒內從210名買家那裡籌集了近3,600萬美元——平均每位參與者投入的資金略高於171,000美元。其中一位買了價值約470萬美元的代幣，另外還有個人支付了大約6,375美元的交易費以保證購買交易會被處理。[26] 只有1.89%的嘗試交易成功，而想要參與的買家一共花費了67,000美元的交易費試圖進入ICO交易世界。[27] 以太幣當天創下近237美元的歷史新高，凡歐登從MyEtherWallet帳號推文：

> 區塊鏈大屠殺級別：X他媽的，你們為什麼還在發送交易？！？！？！？！24秒就秒殺了！3個區塊！！！
> #batshitcrazy

在交易所的聊天群組中，ShapeShift的人估計，由於BAT ICO造成買單積壓，要再過7到8個小時，才能再次發東西到區塊鏈上。大約在這個時候，凡歐登開始對客服支援和小白的詢問應接不暇，這些人無法從資料庫中分

辦區塊鏈，但想參與快速致富的計畫，「嗨，我上個月在myetherwallet.com
上建立了一個帳戶，我之前是使用parity……」、「你們的錢包支援哪些山寨
幣？」、「我能夠從交易所的錢包中提款，但我是想發送……」

　　凡歐登醒來就會回答用戶的問題，要是她無法回答，她就將問題截圖發
給漢瑪姜達。她會和Bity聯繫，好讓MyEtherWallet用戶能夠將比特幣換成以
太幣。她也會跳進不同的Slack問答網站來回答問題，並在MyEtherWallet的
推特帳戶上回覆留言。如果有代幣銷售，她要到凌晨3點或4點才能上床睡
覺，然後一直睡到中午。雖然她覺得5月MyEtherWallet的100萬造訪紀錄已
經讓她忙翻了，但是6月將會有270萬的盛況。

　　隨著ICO爆炸式的成長，陳敏越來越關注細節。雖然開發人員以前可以
提交請款單並拿到薪水，但現在她要求至少有一些人要在15分鐘之前送交
工作報告。儘管他們該交的都交了，但有時還是會收到「這還不夠詳細」的
意見。即使陳敏不是開發人員，她也會決定一些團隊領導的優先事項。有人
會滿足她最起碼的要求，然後做自己的工作。

　　在4月時，開發人員尼克・強生，他編寫過以太幣提款合約，現在負責
改善基於以太坊的域名系統（系統名稱為以太坊域名服務，Ethereum Name
Service，其中的網址將以eth結尾），在服務推出期間配有1名志工支援。不
過，陳敏開始擔心這名志工會說自己是以太坊基金會的一員，因為她說過去
曾與為了拿好處而聲稱自己是基金會志工的人打過交道。由於這名志工稱
自己為「產品上市經理」（launch manager），這是強生賦予他的角色，陳敏寫
道：

　　　他所說的話和做的事是個隱患，現在我們必須防患於未然

　　現在，我對於潛在問題的雷達經過特別微調，因為我正在匯總2014和2015年發生的一些問題，這些問題讓我們付出了沉重的代價

　　到了5月份要競標以太坊域名時，陳敏想要標下企業以太坊聯盟可能會想要的域名，因為如此以太坊基金會將握有企業以太坊的商標。強生問道：「我們真的想在這樣一個公共領域與EEA爭這塊牛肉嗎？」

　　　保險桿陳：這不是牛肉

　　　保險桿陳：我們擁有這個商標

　　　尼克・強生：我明白

　　　尼克・強生：但我在想那些不知道事件背景的人會怎麼看。

　　　保險桿陳：他們有的是有限制的授權許可

　　　保險桿陳：我們已經握有商標

　　　保險桿陳：保護我們的智慧財產符合我們的利益

　　　保險桿陳：魯賓已經發表聲明要減少使用商標，他對我和我們的
　　　　　　　　律師做出非常明確的說明了

　　　保險桿陳：他甚至還說他也會為ConsenSys爭取使用「以太坊」。

　　　尼克・強生：基金會以外沒人知道這樣的背景

　　　保險桿陳：他已經證明了1,000遍，他既不值得信賴，也不是個好
　　　　　　　　人

　　　尼克・強生：大家只會看到我們抓著與EEA相關的名字不放

　　在那之後陳敏引用了他的評論，即基金會以外的人都不知道這件事情的背景，並回說：「這就是諷刺的地方。我只想告訴全世界。我們之所以不把

事件背景說開來，就是為了給魯賓／ConsenSys／EEA留後路，因為他們並不想讓人們知道。」

陳敏的回文還暗示自己已經或即將採取的行政措施，談到她在2015年加入：「我承接了很多問題，但在近21個月的過程中，大概有17還20個大問題已經解除。很快會是19還20個。這是美好的一天，儘管在這個問題上還有幾個月的工作要做。」在陳敏談論EEA相關域名和魯賓不值得信任過一會之後，她寫道：「現在我手上正在處理重組問題，這比第三方的不當行為要重要得多。」20分鐘後，她又寫道：

我的天啊！！

我現在不能說太多，但我有一則關於魯賓／Consen最壞的消息

在極度缺乏誠信的情況下，在我們圈子中最昂貴和最有問題的兩群人合併了！他們自己提供了紙本證據。

瑞士的董事和法律團隊應該能夠幫助解決這個問題，他們應該預料得到我自去年秋天以來，一直在進行的所有其他組織改善事宜。

在這件事持續進行的同時，享受當下。當然還有工作要做，但所有的痛苦都是值得的——整體來看，這將對基金會和我們的開發人員產生正面的影響。

**上面的一切都是真的

真相是最好的保護

請不要酸我……

即便我的音量（大嗓門）和文字量（長文）是如此，但不要被我的「強度」所愚弄。我解決問題和邏輯思考的能力，是我畢生都能達成且「成功做到」所有任務的原因。我在這方面沒有不安全感或不足

的感覺。

　　這對我的上司和所有的共事者來說，都是一件好事。

　　正常來說，一旦挑戰消失，我的工作也就完成了，我可以將一台運轉良好的機器交給其他人來維護——大多數人都不想做這種不會開心的苦差事（他們沒有理由要這樣做），或者他們缺乏做這些事的技能。雖然還是有像我這樣的人，但他們通常壓力也很大、很難找、很緊張。

　　還有更多——關於清理基金會的「最後一個大角落」，以及「加密貨幣可能把我留得比往常更久些，因為它不到缺乏智力刺激和挑戰的地步。但如果沒有團隊的支持，我不會留下來，這不合邏輯」。然後她說：「想到我必須做的那些令人不快（重組）的工作將會加速進行，我仍然很興奮。」

　　大約同一時間，陳敏開始籌劃 DevCon 3，並且有了新助手陶雅‧巴當格（Toya Budunggud），她是上海 DevCon 2 時的志工，一直在名為以太坊愛好者（Ethfans）的中國以太坊社群工作。雖然陶雅的任務應該是幫忙籌備 DevCon 3，但她說這份工作免不了要兼作陳敏的私人助理。兩人和迪特里奧一起住在以太坊在楚格的公寓，裡面有客廳、工作室和兩間臥室。陶雅擁有電機工程和計算機科學雙學位，還得負責陳敏的日常採買和烹飪工作。

　　在陶雅上工的第一天，她的任務是預訂迪特里奧飛往柏林參加以太坊相關聚會的航班和飯店，但她沒辦法訂，因為地點尚未確定，而且陳敏想要在近一點的地方。陶雅說，唯一適合聚會的場所要 800 歐元，儘管這大概只是不到 10 枚以太幣的錢，但陳敏還是覺得太貴了，所以她和聚會負責人討價還價了好幾個小時。

　　同樣在陶雅上班的第一天，ConsenSys 買了 100 多張 DevCon 3 的門票。陳

敏與詹姆森、皮茨用Skype通話，講到哭起來。任何單一實體可以獲得的門票數量是有上限的，因此她認為ConsenSys掃票是想威脅、破壞DevCon 3，以致於皮茨不得不取消所有訂票。由於ConsenSys採幅射式營運模式，專案先是獲得組織支持才會存在，後續由魯賓支付員工的薪水，而不是讓他們經歷新創企業四處湊錢的嚴酷考驗。ConsenSys為這些開發人員買票，但他們可以向以太坊基金會申請開發人員折扣。陳敏指示陶雅，對於來自ConsenSys的申請不要輕易放行。「官方」的說法是ConsenSys讓開發者大會變得不那麼多元，所以以太坊基金會希望保留一些票給ConsenSys以外的人（魯賓聽到這番話說：「我們已經習慣了要應付解決陳敏這些非理性的問題。」）。

　　但根據陶雅的說法，陳敏的反對主要來自她對魯賓的不滿。比方她不喜歡魯賓自稱為以太坊聯合創辦人。陳敏認為魯賓只是早期的投資者。她還認為魯賓有自戀人格，對以太坊感興趣並非出於真誠或單純心思，而是對於名利的渴望（魯賓說他這輩子從來沒有為了錢去做過任何事，而且寧可保有隱私）。陶雅覺得，既然陳敏決定不喜歡魯賓，她就會找出更多不喜歡他的理由。

　　約莫此時，與魯賓合作的攝影師亞瑟・佛斯寫了一封電子郵件給一些人，包括魯賓、齊斯、ConsenSys的其他人，以及一些以太坊社群的人。他在信中提及打算寫一封公開信給布特林，要求將陳敏解職。此時正值以太幣價格在150美元到400美元之間波動，以太坊基金會啟動至今已長達數年之久，現在基金會現金充裕，但還有這麼多專案沒有獲得資助，基金會工資又如此之低，他和社群中的開發人員以及基金會本身對此都感到很沮喪（還有隨著所有這些新的ICO用以太幣啟動運轉，許多新的代幣團隊正在以豐厚的薪水竊取開發人員的心血）。再加上佛斯主持對以太坊友善的podcast節目，陳敏居然拒絕佛斯採訪她和其他以太坊基金會員工，似乎沒什麼道理。在佛

斯呼籲寫這封公開信之後，一些人勸他別這樣做，因為他們也打算寫類似的東西，但會找50名社群成員簽名。

　　布特林對此一無所知。自從他有了要替換陳敏的想法後，已經過了1年了。現在他經由新加坡的以太坊亞太有限公司，感受到沒有陳敏的情況下，在以太坊上工作的自由和快樂後，他們的關係進一步惡化。陳敏人在楚格的時候，會告訴陶雅諸如「我們不再在一起了」之類的話。布特林大部分時間都待在新加坡和亞洲，而不是和她一起待在楚格或北美，她會為此感到不安和哭訴。但陶雅感覺到，陳敏傷心不僅是因為她不在布特林身邊，還包括她的影響力日益下滑的關係。能在基金會掌權，是因為有來自布特林的支持。同時，因為布特林厭惡衝突、無法拒絕他人，所以讓接近他的人能藉機影響他。當大家相繼向布特林投訴時，陳敏的許多決定都被推翻了。

　　除此之外，布特林從2016年開始與一位名叫姜英英（Pandia Jiang）的企業家約會，她負責中國以太坊的活動。陶雅兩個人都認識，她說，到2017年5月，陳敏和姜英英彼此都互看不順眼。陳敏懷疑姜英英對布特林感興趣的原因不是出於愛情，而是為了金錢利益或她自己的事業發展。陳敏還會發表諸如「布特林被壞人包圍」之類的意見，陶雅認為這指的就是姜英英。在當時，正如陶雅所說的那樣，開發者大會是「基金會唯一可展示的產品」，而姜英英是一個活動組織者，這對基金會沒有太大的幫助。陳敏感到威脅，說姜英英負責的會議可能會轉移大眾對開發者大會的注意。兩人的關係一開始還很好，姜英英甚至曾在9月的DevCon 2上擔任演講者，但在姜英英策劃2月在巴黎舉行的第一個活動EdCon的過程中，陳敏開始覺得EdCon故意誤導，讓大眾以為EdCon是「官方活動」。陳敏開始說「如果以太坊基金會不採取積極措施保護自己的名稱和品牌，以太坊基金會在瑞士的法律地位可能會受到威脅」，她可能不得不訴諸法律。在DevCon 3的規劃過程中，陳敏

和姜英英之間的敵意已經干擾到工作進行。如果有潛在贊助商來找姜英英，她會先推薦給陶雅，然後陶雅必須對他們是姜英英介紹來的事實保密，「否則陳敏不會考慮與他們簽訂合約，無論他們符不符合資格。」陶雅說（姜英英對陳敏的厭惡始於陳敏開始對她表現敵意。陶雅說他們之間的裂痕越來越大，到11月DevCon 3舉辦時還未見消停。當布特林、姜英英和他的朋友們出現在預訂的Airbnb住宿時，陳敏碰巧在那裡，儘管她住在別處。這迫使姜英英在街上閒逛——至少在布特林的一位好友陪伴下——直到陳敏離開）。布特林拒絕表達意見，稱他不想回應這個故事情節。

布特林說，這段期間，陳敏在他們的長時間通話中，指責自己不感謝她、對她很糟糕。她不能對事情保持專業態度——這都是私人情緒。她會哭泣，而她也會讓自己哭。很久之後，布特林才開始認為她的控訴是錯的。

柏林辦公室的經理克里斯帝安・弗梅爾（Christian Vömel）是一個頭髮稀疏灰白、戴著玳瑁眼鏡的中年男子。他在陶雅開始為陳敏工作前聽說，陳敏跟柏林辦公室的一些開發人員說，別告訴他辦公室要關閉或搬家。當時營運長／董事凱莉・蓓可仍在休產假，因此弗梅爾被授權與陳敏協商簽署官方文件。在陳敏拒絕溝通後，經營這家德國公司對他來說就變得很困難。

雖然弗梅爾在2月份得到加薪，但陳敏在3月份突然不怎麼和他聯繫了，4月份根本沒和他說話。他在聽說辦公室將要關閉或重組時，看到自己已不在以太坊基金會的Skype群組中。弗梅爾給陳敏發了電子郵件，詢問他的聘僱狀況，因為他有兩個小孩。陳敏的回應是，已經1年沒有弗梅爾的消息了，他只單獨為ETH Dev財務長弗里喬夫・韋納特工作，她也曾要求弗梅爾在基金會幫助她，但他拒絕了，而柏林的UG（ETH Dev）是家營利性公司，因此以太坊基金會必須和它畫清界線

　　這家德國的UG與基金會簽有合約，根據合約，以太坊基金會每個月都會給UG發放工資、經常性開支和德國稅款。這些都是在月底約莫26日或27日到期，但到了2017年初，以太坊基金會匯款時間開始越拖越晚。5月的狀況是，直至付款的前2天，這筆錢都還沒進入UG帳戶。如果UG沒有繳納社會保險，那麼身為UG的負責人，蓓可個人將要為此負法律責任。此外，德國法律規定，如果一家公司知道未來3個月會有流動性問題，則必須啟動破產程序。如果不這樣做，對負責人來說是刑事犯罪。[28]

　　而且，基金會是在沒有和UG討論的情況下，不按原本協議，沒有足額匯錢給UG。陳敏和基金會決定在不更改合約的前提下，削減以太坊基金會支付給ETH Dev的金額，這裡頭大部分的錢是要發給程式人員和約聘人員的（以太坊基金會董事會成員斯托徹內格後來否認這一點以及延遲付款）。當時的兩份文件顯示，韋納特和蓓可聯繫了陳敏和斯托徹內格想問清楚怎麼回事，但他們拒絕交談。蓓可心裡有底，按事情發展下去，UG勢必要關門大吉。

　　蓓可的預產期在6月中旬，這是她第二個小孩，對她而言，這個時候要冒著為UG的社會保險承擔個人法律責任，並可能面臨刑事指控的風險，是最糟糕的時間點。她設法安排在分娩前3天與斯托徹內格和基金會的律師會面，目的是簽字將董事職位交給斯托徹內格。當她出席時，很驚訝地發現陳敏也在場。

　　陳敏和斯托徹內格在會議上指責蓓可對以太坊基金會隱瞞賬簿資訊（斯托徹內格否認這一點），合約中說，假使以太坊基金會要求這類資訊，UG會及時提供，但正如文件顯示的那樣，以太坊基金會從未提出要求。蓓可說，如果以太坊基金會來要，UG不會不給。會議最後，雙方同意斯托徹內格接任董事職務。

雖然陳敏沒有明說，但在審查ETH Dev的預算時，陳敏確信財務長韋納特挪用高達10萬美元的資金，而且蓓可和弗梅爾也有份。韋納特是獨立約聘人員，因為按蓓可說他拒絕轉正；不過，韋納特說，他有拿到約聘協議，要對除荷蘭以外的所有以太坊實體負擔部分財務責任。他的任務是清理長期以來簿記、行政和稅務管理不適當之處。布特林從未調查過這些指控是否屬實，斯托徹內格後來說，雖然一直沒有任何證據證明這件事，但基金會需要更透明，以及讓事務妥善整理歸檔。當斯托徹內格被問及是否懷疑韋納特挪用公款時，他回說不知道，因為他不能做出錯誤指控。韋納特說：「我們順利通過幾項外部審計：法定的一般公認會計原則（GAAP）、賦稅、薪資稅、社會保險等，審計人員的評價是帳目非常清楚明確。」陳敏本人從未就此與弗梅爾、蓓可或韋納特對質，而且她也從未要求他們提供有助於她調查此事的資訊。韋納特說：「我們從來沒有當面討論過（類似的事情），甚至連透過遠端方式提出都沒有過。」無論兩造說法如何，陳敏在接下來的幾個月裡，在她的長時間通話中告訴她的助手和其他基金會開發人員，行政人員從基金會汙了錢。

蓓可、陳敏、斯托徹內格和他們的律師會面後不久，弗梅爾和蓓可就辭職了（弗梅爾說，陳敏聽到這消息在Skype留言說他應該留下）。陳敏、斯托徹內格在與韋納特討論時說，他們需要一切更透明，並且認為韋納特可能無法勝任。韋納特同意辭職，儘管弗梅爾事前沒有事先知會，但他請求蓓可准簽，那是她以ETH Dev UG董事的身分簽的最後一份文件。

當陳敏剛開進以太坊基金會時，有次她以為自己在回別人訊息，不小心對當時的董事會成員拉斯·克勞維特說，現在她可以「選擇（她）自己的顧問委員會（不是蓓可）」。還有她「與布特林一起（取得了）控制權」。

2017年，Poloniex的交易量比2016年12月要爆增50至75倍。[29]顧客數、交易量隨之增加的同時，現在流程還變多了，這家公司被事情淹沒了。大約20個人管理將近500萬個帳戶，而大老闆們根本沒有再投入資金。Polo員工不像許多公司那樣有第三方供應商負責身分驗證的工作，這些供應商會確保每個提交的ID（身分）與自拍照對得起來，並且所提供的地址不會是內華達州（Nevada）某家露天購物中心那種幽靈地址；Polo員工是一個一個處理ID。客服支援也只有大概雛型：根據當時一位經理的說法，5個人要處理超過10萬起客服需求。那年上半，客服主管賈西亞設法「挖來」一些troll box版主作為新的客服人員，總客服人數才達到8位。根據賈西亞的說法，茱兒要員工在進辦公室時就把手機放在小櫃子裡、禁止他們聽音樂，還阻止他們用電腦上網，縱使這可能是出於安全考量，但這樣他們就只能在電腦上做一件事：工作。他們必須戴上耳機，以免意外聽到任何對話，同時辦公室內有攝影機記錄他們的一舉一動，而且按指示只能在線上聊天中相互交流（後來茱兒向員工承認，他們監視所有員工的聊天，包括私訊）。

大老闆們長期以低營運費用坐享10億美元的交易量。熟悉Polo的人士表示，它的淨利率竟高達90%。Polo每天的收入通常超過100萬美元——例如，在6月12日截止的1週內，交易量約50億美元，算下來平均每天的純利達160萬美元。有一天，交易所甚至賺進300萬美元。員工們對流入的資金一無所知，但有些人打探到，喜歡在賽道上賽車的迪瑪帕勒斯有BMW收藏品。為達到金融法規的要求，公司員工爭取建立健全的身分驗證流程，數月以來一直遭到茱兒和迪瑪帕勒斯否決，突然之間，員工的主要優先事項變成是徹底改革Polo的反洗錢專案，以確保公司不為恐怖分子和來自受制裁國家的個人提供服務。8月下旬，大老闆們最終妥協聘請第三方身分驗證供應商Jumio，並於9月開始將其整合到平台中。

那年春天，茱兒和迪瑪帕勒斯就像達格斯塔一樣，幾乎不見蹤影。他們聘請一位新員工叫露比・許（Ruby Hsu）。由於她是空降進公司的，有些員工問茱兒，這個憑空冒出來管東管西的人到底是誰。茱兒回說，露比是代她的班，因為她正在應付律師和監管機構脫不開身。她說要把露比當作達格斯塔、茱兒和迪瑪帕勒斯3位一體的分身。員工們認為她是專門僱來苛刻他們的，這樣大老闆們就不必再親身動手了。

此時正值ICO熱度攀升。6月12日，即BAT進行24秒、3,600萬美元的ICO之後13天，Bancor ICO登場。這支總部位於以色列特拉維夫（Tel Aviv）的團隊正在建構一個去中心化的流動性協議，該團隊在出售當天早上宣布，它獲得了著名矽谷創投教父提姆・卓普（Tim Draper）的支持，他過去的投資包括Hotmail、百度、Skype和特斯拉（Tesla）等等。雖然最初的計畫是排除美國人以免觸犯美國證券法，但最終團隊還是決定開放美國人購買（Bancor對美國證券交易委員會顧忌之多，以至於將它的ICO稱為「TDE」〔token distribution event〕，即代幣分發活動的縮寫。一些團隊認為使用「首次代幣發行」這個詞基本上是在向美國證券交易委員會挑釁。另一個較受歡迎的替代方案是「代幣生成活動」〔token generation event〕）。[30] 該團隊也試著從以前代幣銷售的種種錯誤中記取教訓。如果ICO是要提供種子，希望將來在網路上開枝散葉，那麼BAT的硬頂籌資之舉（僅售給210頭鯨魚——呃，買家）當然就不理想。Bancor希望遵循金融系統民主化的加密精神，決定銷售時間至少要1小時，這將有助於確保任何想要參與的人都有機會。1小時之後，Bancor團隊會設隱藏上限（250,000枚以太幣），此一上限只有當募到的以太幣達到上限80%時才會顯示。如果這次銷售在第一個小時內就達標甚至超標，Bancor將在第一個小時後立即關閉。[31]

但是，由於以太坊區塊鏈在銷售期間交易大量積壓，一些用戶的交易延遲了數小時。當時有3,000多筆交易處在等待中的狀況。[32] 當 Bancor 就要達到募資上限時，團隊發送要將250,000枚以太幣設定寫死到智能合約中的交易，卡在其他交易之後。結果，Bancor 又多籌了150,000枚以太幣（5,100萬美元），這個作法激怒了投資者，他們現在擁有的代幣分配比例占比他們預想的要小了。[33] 然而，他們確實設法向10,887個地址出售——最重要的是，他們募到近1.53億美元，擊敗了 DAO，而且只用了3個小時而非1個月。以太幣創下歷史新高價位——接近415美元——而市值也站上新高點：371億美元。

MyEtherWallet 伺服器記錄一種叫「每小時 sendRaw 交易」的活動，該活動計算人們每小時有意執行某項操作（例如匯款）的次數。在2週前 BAT ICO 期間，MyEtherWallet 記錄的每小時 sendRaw 交易量，從非 ICO 時平均不到1,000次增加到了9,000次，這讓凡歐登極為震驚。但是，Bancor ICO 看到是將近3萬筆。由於漢瑪姜達在 Golem ICO 之後所做的修復，MyEtherWallet 的以太坊節點一直有在運作。這是技術上的一大傑作。正如凡歐登當時告訴《石英財經網》（Quartz）那樣，「透過這些 ICO，你基本上是在要求一項服務的負載容量在不到1分鐘的時間內從10%擴展到1,000%。他們每個人都是同時按下發送的。」[34]

ICO 交易活動引起人們對以太坊的極大興趣。以太幣延續強勁走勢，在6月18日當天走高到近391美元，翻轉時刻似乎隨時都會到來。比特幣的市場占有率低得出奇，暴跌至37.84%，而以太坊的市占已到了31.17%。[35] 與比特幣418億美元的市值相比，現在以太坊的市值約為344億美元。

2天後，另一個大型 ICO 上場了，但這一次它將嘗試其他方法使銷售民

主化。澳洲伯斯人傑瑞・霍普（Jarrad Hope）是一位網際網路營銷商，他靠撲克機器人賺錢，他的長期商業夥伴卡爾・班尼特（Carl Bennetts）正在建構Status，一個開放原始碼的訊息傳遞平台和web3.0瀏覽器。霍普和班尼特在被創投公司拒絕後轉向群眾募資。起初，他們的Slack頻道有3,000多名粉絲，可是當Status.im宣布要ICO之時，會員人數激增至15,000多人。大多數新帳號都是網路詐騙者、網路釣魚者，以及只關心比特幣何時「登月」的「何時登月者」（when-mooners）。基本上，這些鯊魚現蹤在社群裡徘徊繞圈，準備搶走任何不小心掉落的私鑰。

霍普和班尼特是數位遊民，ICO前一週的某天，兩人恰好在新加坡，霍普正在寫一條訊息，警告人們永遠不要洩露他們的私鑰（因為任何想要它的人都在網路釣魚），當他的螢幕上彈出一個控制台，顯示「ㄟ＿（ツ）＿／」的訊息，他的防火牆應用程式開始發出有關連入連線的通知。他關上筆電，跑到班尼特的旅館房間外面敲門，大喊著他的電腦被入侵了。班尼特穿著睡衣跑下來，兩人花了一整天才保住他們的所有帳戶，包括他們的Status、業務和私人生活。

這時，一方面他們成為詐騙者的目標；另一方面，他們收到來自美國證券交易委員會等監管機構的提問（美國證券交易委員會對此拒絕表示意見）。他們為了建構Status網路代幣（SNT）曾研究過豪威測試，這也是為了避免違反證券法。同時，他們還根據IP位址排除來自美國的參與者。

霍普覺得他像在拉著印第安納・瓊斯（Indiana Jones），就在一塊巨石即將把出口封死的時候，從山洞裡盪了出來。他為了充分利用自己的時間只吃Joylent代餐飲料，而且他一天工作14個小時甚至更長的時間。

他們想解決一個大問題，就是鯨魚大戶們所獲得代幣數量不成比例。尤第是霍普的好朋友，也是白帽團隊的成員，他想出了一個想法，使用動態

天花板或隱藏式硬頂上限，這些限制可以在不同的時機向上放寬。例如，第一個硬頂上限會在達到1,200萬瑞士法郎時公開；之後，若達到隱藏硬頂上限，資金投入期則將在24小時內停止，甚至更早。此外，這還會觸發連續降低的外加隱藏上限，每個上限是用一定數量的區塊來間隔。白皮書稱這套方法是「試圖阻止巨額投資者（鯨魚）消耗整個SNT的分配」。[36] 如果有人發送的錢太多，只有部分會被接受，其餘的會退回。

新加坡時間凌晨4點開賣時，霍普的心涼了半截，沒有錢進來。他最後了解到因為大家發送的金額如此之大，以致於智能合約一概拒絕交易。短短幾分鐘內，未經確認的交易就有近1萬1,000筆，共價值450,481枚以太幣（1.617億美元）。[37] 這導致網路堵塞，因為交易被拒絕的人會發送新交易，因此衍生更多交易。[38] 任何人要在以太坊上做其他事幾乎不可能。由於以太坊本身太過擁堵，一些以太坊域名拍賣的競標也失敗了。Status ICO持續了24小時，好讓每個時區都能參與。到最後，Status籌到超過1億美元（一名社群成員評論說：「Status只是為了聊天貼圖和廣告，盡可能籌到他們想要的資金。」[39]）。但是，合約退款的金額超過它所接受的部分，所以如果當時沒有隱藏上限，它募得的金額會超過2億美元。不幸的是，霍普說，這種設計並沒有阻止鯨魚們出手，他們把每次購買都控制在上限之內，不過後來他們抱怨付了不少交易手續費。

對於凡歐登來說，Status ICO就像一場海嘯。MyEtherWallet上的sendRaw交易量在BAT ICO期間每小時9,000次、Bancor ICO期間達到30,000次，已讓她倍感驚訝，但Status衝上10萬次！這甚至不是那個禮拜唯一的ICO——在Status ICO完成後的第二天，一個名為Civic的身分驗證專案圈進了3,300萬美元，沒過幾天，去中心化交易所加上加密貨幣簽帳金融卡TenX吸進8,300萬

美元。隔天是週五，由泰國支付公司Omise支持的金融服務平台OmiseGo，靠著一次ICO籌到了2,630萬美元，這個ICO透過瑞士的加密貨幣公司比特幣瑞士銀行驗證每個參與者的身分。以後人們在MyEtherWallet的網路流量圖上看這一週的表現，將會是一座巨峰。

那個週日，4chan（一個黑暗、匿名、無政府主義的Reddit版本）上的一篇帖子宣稱，「維塔利克・布特林確認已死。內部人士正在卸載以太坊。」帖子上寫：「致命車禍，現在我們有答案了，他就是秘封劑。」以太幣的價格從315美元下挫8.6%至288美元，而市值蒸發了40億美元。[40]說時遲那時快，布特林在推特上發布一張他自己的照片，迅速平息這則謠言，照片上面有一張紙寫了：

Block 3,930,000

=

0xe2f1fc56da

這是以太坊區塊鏈的最新區塊編號，以及該區塊的雜湊值。他為照片加上了標題「新的一天，新的區塊鏈用例」。[41]儘管他證明那是假新聞，以太幣的市占率仍然走跌至26.7%，而比特幣則回升至40.3%。[42]

隔天，EOS啟動為期1年的ICO。EOS自我定位是比以太坊更快（但較中心化）的競爭對手。1個月前，它在有2,700名與會者的共識大會會議期間，在時報廣場（Times Square）刊登巨幅廣告宣傳這次的銷售活動。這個廣告放置的地點帶有諷刺意味，因為EOS ICO將阻擋美國IP位址。那1週，以太幣價格再度在330美元和200美元之間振盪。

凡歐登看到這種狂熱覺得非常失望，她在MyEtherWallet帳戶上推文寫

著像是：「拜——託（Cmonnnnnnn）你們上週什麼都沒學到嗎？！把你的腦袋從貪婪的屁屁裡抽出來（你也是，FOMO投資者！）＆好好看一下四周」（指EOS ICO），「坐下來——我們有些消息要告訴你。這些垃圾產品可以在沒有代幣的情況下存在＆拿走所有的錢。」還有一張美國職業摔角選手約翰・希南（John Cena）打赤膊、張大嘴巴吃驚被放大的梗圖。[43]

6月的ICO共籌集了大約6.2億美元，而7月1日是最熱門ICO之一Tezos的開跑日。這個專案也獲得卓普的投資，市場視它為以太坊的潛在競爭對手，因其具備了兩個改進的功能：第一個是形式驗證，一種在數學上證明智能合約會按照開發人員預期而運行的方法，繼而防止類似DAO攻擊的情況；第二個是鏈上內建治理，用以管理是否在DAO之後分叉諸如此類的問題。它將籌集到2.32億美元，再創紀錄。

凡歐登和霍普一樣，大約從這個時候開始注意到很多安全問題。例如，虛假複製的Status網站（Status.im）彈出帶有statusim.info和statustoken.im之類的URL網址，導向一個釣魚網站，而這個網站宣傳「空投」（airdrop），領了它就會有免費的SNT掉到你的以太坊錢包中。但由於這並非合法空投，而是網路釣魚詐騙，它聲稱只有在網站上輸入私鑰才能獲得空投（因為私鑰用於轉移帳戶裡的錢，把它給其他人就如同洩露了你的銀行保險庫密碼）。

網路釣魚也將目光轉向凡歐登和漢瑪姜達的孩子MyEtherWallet，相關的URL網址包括myethewallet.net、myetherwillet.com、myelherwallet.com、myeltherwallet.com等等。他們會為myetherwallet.com和相關詞彙購買Google關鍵字廣告，以便這些拼寫錯誤的URL會出現在搜索結果的最上方，這些是所謂的Coinhoarder騙局的一部分。這些網站名字很像MyEtherWallet的網址，只要用戶一輸入密碼就成了受害者，讓駭客掠奪他們的錢包。[44]

甚至布特林也上過當。有人入侵威爾克的Skype帳戶並寫信給布特林，

「嘿V，我們仍在等待一筆金額925枚以太幣的請款單」，並且指定了一個地址。布特林發訊息給威爾夫說他已經寄錢了，但威爾夫通知布特林，這不是他的以太坊地址。然而布特林已經送出了25萬美元的以太幣。

假使說ICO在5月讓凡歐登陷入了不健康的日常生活，那麼這些騙局現在會使她的日程表更加混亂。如果她在晚上10點醒來，得熬夜到凌晨5、6點，小睡到早上7、8點，讓她的操作人員報告客服最新狀況、要他注意任何駭客攻擊或其他安全問題，然後繼續昏睡到中午或下午1點醒來。要是沒有爆炸事件，就往嘴巴塞些食物、淋浴和換裝；要是有發生安全事件，她會從床上滾下來工作到下午6點，然後才發現自己還沒有開始新的一天。

7月17日是CoinDash ICO，但在銷售開始之前，它的網站遭駭、付款地址遭到竄改。駭客領走43,500枚以太幣（以當天最高價換算接近850萬美元）。儘管加密安全人員在推特上發布相關消息，但是1小時內還是又白白送出了100萬美元。這讓凡歐登幾近崩潰。她從MyEtherWallet帳戶推文，

1／好吧，沒路用的代幣製造者（Crappy Token Creators）聽好了，我100%沒耐心了。現在是上午10點，我還沒睡……

4／你追逐一個滿是笨錢的金礦，而不是幫助以太坊成為它應該成為的樣子。你承諾一堆，但送交的成果是資金不見了。

5／假地址、詐騙機器人、網路釣魚、利用漏洞、域名接管＆手機劫持從第一天開始就一直在發生，但現在你還沒準備好……

8／別以為你是事不關己的投資者：你也該罵。

9／隨意按下滑鼠，把錢隨便扔給一個地址，就像從來沒有奈及利亞騙徒（Nigerian Prince）一樣＆投了錢還別無所求也是個問題

10 ／有點作為吧。在多年來一直騙錢的同一種騙局前，2,000個地址在 2 小時內中箭落馬。是時候長大了。[45]

第二天早上，她一醒來便聽到凱文和她的營運經理談得很起勁。她走了下樓。凱文提到以太坊基金會說：「基金會的多重簽名被駭了。」仍然昏昏沉沉的凡歐登說：「不，它沒有。」然後轉身又走上樓梯。果真如此，她的手機早就爆炸了。不過，接著她才發現，她的手機沒電了。

第十一章

網路詐騙層出不窮
2017年7月19日至11月4日

去中心化商業平台Swarm City的總裁邦茲・賴普（Bernd Lapp）在Skype群組中發文宣稱：「我不想製造恐慌，但我想我們的多重簽名被駭了。至少錢包它現在是空的。44,000枚以太幣（約1,000萬美元）不見了。」

凡歐登團隊的人為了搞清楚怎麼回事，查看多重簽名智能合約的原始碼。在最開頭的註解，它寫道：

//這個多重簽名錢包是根據嘉文・伍德的錢包合約

……

//@ 作者：

//Gav Wood <g@ethdev.com>

也許是看到伍德（Gav Wood）的名字，又或許是看到它是一個多重簽名，而所有多重簽名錢包中，最有名的是誰？以太坊基金會的。因此，就像傳話遊戲一樣，凱文和MyEtherWallet的營運經理向凡歐登傳達的訊息變成是：以太坊基金會的多重簽名在Swarm City平台被駭客入侵了。雖然Swarm

City平台遭駭確實令人擔憂，但它的嚴重性遠遠不及以太坊基金會的多重簽名被駭。

即便在事實釐清之後，仍然存在一個難題：多重簽名怎麼會被駭客入侵？一個多重簽名錢包，就好像以太坊基金會的核按鈕公事包，需要數個簽名者才能進行交易，所以要讓它成功被駭，必須有好幾個人，要嘛相互勾結從中竊取、要嘛是他們的設備同時被駭客入侵。

當葛林接到Swarm City的金・福樂寇（King Flurkel）從WhatsApp來電提到這次駭客攻擊時，他和貝林那以及新企業團隊正在巴塞隆納一個駭客住家的門廊上喝酒，從那裡可以看到聖家堂（La Sagrada Familia）。當下葛林認為福樂寇錯了，但是等到檢查時才發現，有一筆交易僅憑1個簽名，而不是5個當中的3個就放行轉移一大筆錢。

看到Swarm City的錢包是由Parity、葛林、貝林那和其他白帽團隊的人編寫的，這意味任何Parity旗下的多重簽名錢包都有可能會被破解。只是他們不知道有多少公司用了它。

他們打電話給以太坊基金會的詹姆森，他之前和布特林、范德桑德、陳敏、迪特里奧、貝茲等人一起在康乃爾大學的IC3以太坊培訓營。不知何故，這次傳話再一次遭到曲解，詹姆森跑進他和陳敏、范德桑德先前一直在評判比賽的房間，大喊：「緊急狀況！緊急狀況！以太坊基金會的多重簽名被駭了！」然後他砰的一聲關上門，跑下大廳去找布特林。在看過基金會的多重簽名確定沒事之後，大家才冷靜下來。

然而，一共有153,037枚以太幣已經從Swarm City、區塊鏈賭博平台Edgeless Casino，以及有「歐洲版以太坊」之稱的æternity平台中被盜走。這些以太幣以當天的高點計算，價值約3,600萬美元（駭客事件消息傳出後為2,930萬美元），這3個受災戶的專案標誌都帶有無窮大符號。

　　同一時間，前《巨鴨奇兵》（*Mighty Ducks*）演員、後轉為加密貨幣創投者的布洛克・皮爾斯（Brock Pierce），在遍布岩石、蜥蜴和蕨類植物的西班牙伊比薩島（Ibiza）上，租下一間以可愛赤陶磚、異國植物裝飾的房子，而Parity團隊和朋友們在此剛結束為期1週的公司渡假。對於某些參加者來說，這有時是酒精和藥物加持下的恍惚時光。上個週日，這群人在失憶俱樂部夜店（the club Amnesia）的VIP貴賓室裡，玩得可開心了。

　　週三，也就是假期最後一個晚上，在酒吧歡樂時光之際，突然有人大喊：「每個Parity開發人員現在上樓！」這時大家立馬都跑到泳池區，因為那裡的Wi-Fi訊號最強。Parity團隊得知駭客攻擊後，就坐在游泳池和熱水池周圍的躺椅上，弓著背看著筆電，螢幕的亮光照在他們的臉上映出了藍光。所有的人都聚在一起，這點與之前DoS攻擊時一樣，但有一點是不一樣的：錢不見了。對Parity來說，除了回答問題並進行更新外，他們也無能為力。

　　解決問題的任務落到了白帽團隊的頭上。他們搞清楚駭客的手法後，面臨一個困境：[1]他們無法公開宣布這個漏洞，因為這樣一來，任何人都可以洗劫Parity的多重簽名錢包。他們必須像DAO那樣，自己竊取／拯救所有資金並將其歸還給合法所有者。他們讓IC3與會者對區塊鏈進行分析，查看位元組碼模式（byte code pattern，類似一種指紋），確定哪些代幣團隊使用Parity的多重簽名。但是，伍德犯了一個低級錯誤。伊維薩島的晚上8點32分，他在Parity Gitter上發帖：

重要提示：安全警報

・嚴重性：危急。

・描述：利用Parity錢包中的「多重簽名」功能所建立的錢包存在嚴重的安全漏洞。其內資金有被盜的立即風險。

・補救措施：請立即將其中的所有資金轉移到另一個錢包。

這不是演習。[2]

8分鐘後，比特幣支持者WhalePanda看到這篇貼文並在推特上發布截圖，他說：「把以太幣存放在由Parity技術所提供的錢包的人看過來，如果你正在用Parity的多重簽名，這是危急性安全警報。」[3]此人曾寫過一篇關於以太坊基金會、Slock.it和DAO是如何糾結在一起的史詩級部落格文章。

有人在推特上寫道：「你準備好迎接非常經典以太坊（Ethereum Very Classic）了嗎？」[4]另一個人說：「所以，要進行硬分叉好讓3,200萬美元入袋了嗎？還是說，那些與基金會關係不怎麼好的人實在太混蛋了？」[5]（硬分叉需要數週的規劃和開發，但對目前這種情況沒有任何幫助，因為駭客的行動並不會因此有所延遲。事實上，小偷在第二天就兌現了近50枚以太幣，約11,300美元[6]）

既然消息已經傳開（截至伊比薩島時間晚上8點56分，Parity在部落格貼文並在推特上發布了），[7]每個人都在與時間賽跑，因為任何弄清楚攻擊如何運作的人都可以橫掃帳戶大舉吸金。晚上11點14分，Parity推送了錢包的代碼更新；它在一篇部落格文章中說，任何從那時起建立的多重簽名現在都安全無虞。[8]

白帽團隊拿到一個應該是Parity多重簽名控制的地址表格，以及一個可以將交易從貝林那的地址發送到上列所有地址的腳本，這促使他能夠控制該多重簽名以獲取資金。

貝林那執行腳本後，他（或者更確切地說是他的地址）最終獲得377,106枚以太幣，價值約8,860萬美元，加上價值3,000萬美元的BAT、2,700萬美元

的Iconomi、1,790萬美元的Cofoundit、140萬美元的EOS以及許多其他加密貨幣，包括169.69枚FUCKTokens，[9] 總價值為2.08億美元。[10] 貝林那在想，2億美元夠你簽下一支完整的軍隊後還剩餘1億美元。貝林那擔心拿這麼多錢待在家裡會危及他和他的家人，他想和其他白帽去睡另一個地方。貝林那試圖說服他的妻子睡在葛林新投資企業Giveth的辦公室，但因地址不公開遭拒。所以葛林、另一名白帽和貝林那只好把他們睡覺的床墊擋在門後，身邊還備著一支棒球棒。

第二天，貝林那臨時租了沒幾人知道的公寓好在裡面工作。他們從DAO／經典以太幣崩潰中吸取到教訓，決定在盡可能不改變任何東西的情況下，快速安全地把錢退回。儘管貝林那比較熟悉並更喜歡Gnosis多重簽名而不是Parity，但他決定不將錢包切換到Gnosis錢包，而是使用修補過的Parity多重簽名。之後，他們將每個原始帳戶對應到一個新的多重簽名，以便每個團隊都可以找出資金目前的所在位置。4天後，當他們準備把錢放回去時，社群有人問他們，如何才能將價值數億美元的代幣放入幾乎沒有經過審查的新程式碼中。[11] 最後，他們建立了一個智能合約，讓多重簽名的所有者能夠指定他們想接收資金的位置，而白帽團隊直接打電話給每個人並進行轉帳，但是，還剩下1,000萬美元，所以他們盡可能聯繫開發人員來檢查原始碼。經過1個多星期的測試，他們並未發現任何嚴重的錯誤，便將剩餘資金送回多重簽名。[12]

9月時，有人在部落格發布平台Medium上發表一篇虛構的故事，題為〈我如何在糟糕的Tinder約會後搶走153,037枚以太幣〉，這是一個關於Parity錢包駭客的虛構故事。[13] 它得到了6,700個掌聲。最精采的亮點：「看！重點來囉。如果你在未經審查的250行程式碼中持有3,000萬美元，那是你家的事，後果自負。」

當 Tezos 籌集 2.32 億美元時，EOS 為期 1 年的 ICO 才剛開始，另外還有創紀錄的 ICO（多達 40 個）計畫在 7 月進行，這個月正慢慢成為全球加密貨幣派對中最大單月，每個人都在嬉笑打鬧，但不是在球池裡，而是在神奇的網路貨幣堆裡。就像在吸毒後看到虛幻的景象，代幣像金色的五彩紙片一樣，從空中繽紛落下。而場邊清醒的人看著他們的手錶，腳掌輕拍地面，想知道警察到底在哪裡。

許多具有法律或商業背景的加密貨幣律師、比特幣支持者和其他人，都特別關注美國證券交易委員會的動靜。雖然證交會已經對一些涉及加密貨幣的案件出手，但 2016 年只有一起，而 2017 年也僅破獲一起比特幣詐騙案。[14] 然而證交會還是給了一些暗示。在 5 月的共識大會上，美國證交會分散式帳本技術工作小組（Distributed Ledger Technology Working Group）負責人法拉莉‧史古潘尼克（Valerie Szczepanik）表達她個人觀點，她說：「無論你是否受美國證券交易委員會監管，你仍然對你的投資者負有信託責任。如果你想讓這個行業蓬勃發展，保護投資者應該是首要之務。」[15]

雖然加密領域一些最早的參與者表示，監管機構本來是希望寬鬆處理，以免妨礙創新，但事發至此，情勢正在失控。雖然在 2016 年和 2017 年初，大多數 ICO 是由具有合法區塊鏈理念的加密貨幣建造者主持，但現在有更多是由幾乎完全沒有加密貨幣背景的團體，正向幾乎不了解區塊鏈技術的普通人那裡集資。

例如在 5 月 26 日，也就是代幣高峰會的第二天，有一個名為 Veritaseum 的 ICO，它沒有公開原始碼、沒有發布白皮書，從其混亂的行銷手法看來就像一家可以輕易接受美元付款的中心化公司，而不是去中心化的網路。儘管駭客橫行整個加密領域早已不是新聞，但它甚至沒有為建立的網站採取網路

安全的基本步驟。它籌集了1,100萬美元。按早一點的市值計算，VERI代幣在加密資產中排名第10。7月22日，按流通供應的市值計算達4.58億美元。但考慮到Veritaseum僅釋出2%的代幣，其總流通市值實為229億美元。按照這個標準，這家成立才1個月的公司的價值幾乎是那斯達克的2倍。它的市值超過了當天收於215億美元的以太坊。那麼，是誰控制了98%的VERI？創辦人。

然後到了7月23日，創辦人在BitcoinTalk帖子中聲稱被駭客入侵。[16]駭客從Veritaseum自己控制的地址竊取近3.7萬枚VERI代幣。[17]Reddit上立即有人做出回應。「當然……『被駭』的魚腥味，真腥啊。」一個說。另一個人說：「無論如何，VERI都是騙局，這是騙局中的騙局。」最奇怪的部分是，「駭客」既然已經伸手摸進一個擁有1億枚VERI的帳戶，居然只拿走36,686.9枚，即0.037%（還不到0.1%），在錢包內留下當時價值247億美元的代幣。

2017年的5月、6月和7月是三種人的季節：持有一些看似未註冊證券產品的踏實企業家、大批從事區塊鏈快速致富計畫的業餘跟風者、還有精通技術的騙子（7月有一個無用以太坊代幣〔Useless Ethereum Token，UET〕ICO的幽默廣告，其標語是「世界上第一個100%誠實的以太幣ICO……老實說，每個人都厭倦了ICO。他們在炒作幾個禮拜之後啟動並且一連好幾天塞爆以太坊網路，等到Coinbase交易所下跌一段時間，『投資者』看到新代幣失去大部分『價值』。這次ICO將會有所不同。UET ICO公開透明地不提供投資者任何價值，所以不會預期有任何收益」）。[18]在這種環境下，美國證交會終於開了第一槍，這將變成監管機構追究「區塊鏈是否合法」的戰爭。

美國證交會在7月25日發布一份針對DAO代幣的調查報告，界定它們為證券。報告中稱：「分散式帳本或基於區塊鏈技術的證券發行人必須註冊此類證券的要約和銷售，除非有效豁免適用。」報告繼續說：「參與發行未註

冊證券的人也可能因違反證券法而承擔責任。」（意思是：買家也可能違反證券法）最後：「此外，提供這些證券交易的證券交易所必須註冊，除非它們獲得豁免。」

至於DAO，美國證交會表示，雖然DAO將自己描述為「眾籌合約」（crowdfunding contract），但並不符合名為「眾籌法規」（Regulation Crowdfunding）的類似豁免。儘管如此，Slock.it、其聯合創辦人和DAO監護人仍可鬆一口氣，因為報告的第二句話稱：「委員會已決定不根據委員會目前所知的行為和活動，對此事採取執法行動。」但隨後它用18頁回顧了DAO傳奇，強調監護人的影響：

　　根據白皮書，DAO實體的監護人擁有「相當大的權力」。監護人執行關鍵的安全功能，並最終控制哪些提案可以提交、投票和由DAO資助……The DAO的監護人對是否提交提案以供DAO代幣持有者投票擁有最終決定權。監護人還決定提案的順序和頻率，並可以對提案是否應列入白名單施加主觀標準。該組的一名成員……公開表示，監護人「完全控制了白名單……事物列入白名單的順序、（提案）列入白名單所需時間、事物何時列入白名單……（和）明確控制提案順序及頻率的能力」，並指出「監護人擁有好大的權力」。另一位監護人公開表達他決定是否將提案列入白名單的主觀標準，其中包括他的個人道德操守。

然後，在標題為「DAO代幣是證券」那節中，它檢驗豪威測試的四個面向。最確鑿的發現是第四個——DAO代幣是（1）資金投資在（2）普通企業（3）利潤合理預期（4）取決於他人的努力。美國證交會在這裡犀利地寫道：「特別是Slock.it及其聯合創辦人，以及The DAO的監護人。」它描述

了 Slock.it 如何創建 DAO 網站、維護其線上的論壇並計畫送交第一個提案。
證交會報告稱：「Slock.it 及其聯合創辦人透過他們的行為和行銷內容讓投資
者相信，可以依靠他們提供使 The DAO 成功所需在管理上投入的心力。」它
談到了 Slock.it 如何選擇監護人，以及監護人如何審查提案人、「確定是否以
及何時提交提案以供投票」，還有執行關於提案的其他功能。該章節結束時
提到：「當攻擊者利用代碼中的弱點並移除投資者資金時，Slock.it 及其聯合
創辦人介入幫助解決問題。」[19]（雖然聯合創辦人彥區兄弟沒有做到，但員
工葛林和卡拉佩澤斯有）

　　雖然這份文件看起來像是對加密行業的定罪及警告，但這種說法也並不
完全準確（證交會拒絕就此事發表評論，也沒有約談 Slock.it，只是聯繫至少
一位美國監護人。2020 年 10 月的美國資訊自由法（FOIA）申請並沒有任何
討論關於誰部署 DAO 的文件）。Slock.it 並未建立 DAOhub 論壇（儘管它建立
了 Slack），它也沒有部署 DAO 智能合約（不知名的 DAO 社群成員建立了其
中的 8 個，當時凡歐登的未婚夫凱文擲銅板選擇使用哪個 DAO），羅賓漢和
白帽團隊，其中包括一些 Slock.it 員工利用自己的時間，幫助解決駭客攻擊。
無論如何，美國證交員會的意思是該文件為彰顯美國證交會是如何看待這個
領域奠定了基礎。律師們推測證交會只選擇了一份「21a 調查報告」──警
告其他人，委員會可能會針對類似行為採取執法行動──因為 DAO 已不復
存在，人們並沒有蒙受損失。[20]

　　現在的問題是這份報告對以太坊本身意味著什麼：以太坊已經進行了一
次 ICO ──儘管在這個術語出現之前──而且在美國出售它的代幣。在以太
坊預售中，人們已將資金投資於一家普通企業，期望利潤取決於他人的努
力。證交會是否會對布特林、聯合創辦人和以太坊基金會採取執法行動？

　　儘管 Parity 駭客事件得到解決，但加密社群仍處於詐騙／駭客／網路釣魚攻擊的陣痛中。週一是 CoinDash 被駭，週三是 Parity，8天後是 Ziber。Ziber ICO 應該改名為「初始代幣接收」（initial coin taking）更恰當，因為該團隊啟動 ICO 後，沒多久其合約就被「自殺」或刪除。在其網站上，ICO 的地址已改為非智能合約的地址，變成是普通的以太坊地址。在 24 小時內，買家將以太幣直接送入持有新地址私鑰的口袋裡，卻什麼東西都沒拿到。[21]

　　網路釣魚詐騙正在興起，在沒有任何重大駭客攻擊的情況下，為加密貨幣帶來了防不勝防的漏篩效應。MyEtherWallet 在推特上不斷發布網路釣魚這類針對其用戶的詐騙截圖，例如 Parity 駭客攻擊後第二天的截圖中，偽裝成 MyEtherWallet 的網路釣魚者發送電子郵件說：「我們宣布已被駭客攻擊。你的帳戶的安全性可能已受到損害。」該電子郵件敦促收件人在目前安全的網站上檢查他們的以太幣餘額，「以了解你的錢包是否已被盜用。」MyEtherWallet 在推特上發布電子郵件的截圖並寫道：

> 1. 我們沒有被駭客入侵
> 2. 我們沒有你的電子郵件地址！
> 3. 我們沒有你可以被駭的私鑰。[22]

　　這些攻擊在加密社群的主流平台 Slack 上尤其嚴重。網路釣魚者會劫持一個叫 Slackbot 的工具，讓 DAO Slack 能夠在任何人輸入「預售」（presale）一詞時給出預先編寫好的答案。直到現在，網路釣魚者使用 Slackbot 來引起人們恐慌、忘記安全協議並洩露他們的私鑰。例如，在 Aragon Slack 中的網路釣魚者寫道：

來自ICO安全團隊的重要通知

請注意，我們的以太坊的代幣智能合約存在一些問題。

我們決定解決問題的最佳方法是分叉智能合約……

請瀏覽以下網頁https://myetherwallet.co.uk/#view-wallet-info，解鎖您的錢包並按照網頁上的說明進行操作。

若不如此，可能會導致您的代幣遺失。

　　當然，遵循該網站上的說明，其中包括故意出錯的URL網址，正是導致代幣丟失的原因。其他網路釣魚者會說，由於網路釣魚攻擊的數量越來越多，網站的安全性正在升級，因此人們必須登錄才能利用更高的安全功能。另外有人會宣稱該團隊已決定提前開始代幣銷售：「**Santiment團隊的官方公告**Santiment代幣最後銷售現已開放！」當然，代幣是以「特價」出售的。他們會宣傳關於假空投的通知——基本上是免費的代幣——引誘人們點擊網路釣魚連結。大批加密貨幣新手輕信點擊，希望賺更多錢或保護他們的資產。結果正好相反，他們洩露了加密貨幣的密鑰。Slack允許人們選擇任何顯示名稱對此更是沒有幫助，現在即便是社群中的新成員，也可以使用代幣創造者的名字。[23]

　　在以太坊區塊瀏覽器Etherscan中，一些網路釣魚者的地址上會帶有對他們的評論，例如：

請把我的14枚以太幣還給我（評論者的以太坊地址）

請有點人性。

我們來這裡是為了遠離小偷（銀行家）。你偷錯人了……我什麼都沒有了。

　　因為他們向許多加密貨幣的 Slack 群組發送垃圾郵件，以致於利用免費服務臨時信箱 Mailinator 的垃圾郵件發送者的帳戶，充滿來自 Slack 的各種 ICO 註冊電子郵件：「歡迎使用 AI Coin！」、「Slack 上的 LAToken：新帳戶詳細訊息」、「您的帳戶在 Cindicator_community」等等。[24] 據一家加密安全公司所稱，截至 9 月中旬，將近 17,000 名受害者因此類騙局而中計。代幣團隊成為攻擊目標，詐騙者在銷售開始前就入侵 Enigma ICO 網站，並宣布進行「特別預售」——將所有收到的資金轉入駭客錢包，輕輕鬆鬆獲得 50 萬美元的以太幣。[25]

　　駭客特別瞄準了 MyEtherWallet。由於交易所至少還有一些防止詐欺的機制，因此將代幣存放在交易所的用戶享有較大程度的保護（不過，網路釣魚者還是會從交易所的客戶那裡竊取代幣）。但是，以 MyEtherWallet 來說，因為在那裡輸入的密碼直接就解鎖了用戶的錢包，而 MyEtherWallet 無法查看客戶的錢包，或以電子郵件向他們發送警告可疑的活動；再者，因為很多新手為了參與 ICO 而開設帳戶，駭客可以很輕鬆地從這些天真的加密用戶竊取代幣。這正是天時地利人和。MyEtherWallet 從 2017 年啟用時每月有 10 萬人造訪，但到 8 月已有 350 萬人。

　　那年秋天，駭客拿到凡歐登的手機號碼——這是自 2016 年上半以來，針對加密貨幣用戶出現的受駭現象之一。[26] 駭客會打電話給電信公司，例如 T-Mobile，假裝是受害者（比如凡歐登），並聲稱她想將電話號碼從 Sprint 轉到 T-Mobile。然後，駭客將凡歐登的所有電話和簡訊發送到他或她在 T-Mobile 上的手機，並嘗試登錄凡歐登的各種帳戶，點擊「忘記密碼」，這會將一個驗證代碼發送到她的電話號碼，但現在這驗證代碼是送到駭客的裝置，然後駭客從那個裝置更改凡歐登的所有密碼，將她鎖在所有帳戶之外（實際上，

幹這件事的人很可能是一個駭客團隊，因為受害者通常會在幾分鐘內遭幾十個帳戶拒於門外）。駭客專門針對加密貨幣的人，因為加密貨幣交易是不可逆轉的，所以即使在受害者找回他或她的電話號碼之後，代幣也是誰撿到就是誰的。駭客通過這些電話劫持賺了數百萬美元——有時來自單一個受害者。在凡歐登的案例中，一旦駭客獲得了她的電話號碼，他們就開始入侵提供MyEtherWallet支援系統的公司，最後該公司只好放棄MyEtherWallet。雖然只有一個凡歐登，但有多種方法可以攻擊她和MyEtherWallet ——透過每個帳戶、客戶以及凡歐登和漢瑪姜達的所有帳戶，再乘以數百萬剛使用加密貨幣進行交易的人們。對於詐騙者來說，這是一個數位扒竊的金礦。

2017年8月10日，也是以太幣收於296美元的那一天，布特林、陳敏和早期以太坊船員的楚格聯絡人赫伯特·史特奇收到了瑞士律師的來信，後者曾幫助楚格隊員安頓下來並找到了星艦。信的開頭是：「親愛的董事們，我受安東尼·伊歐里歐先生聘用，並寫信要求追回積欠他的525,000枚以太幣。」信上繼續說道，「如你所知，伊歐里歐先生於2014年3月14日從以太坊瑞士公司（Ethereum Switzerland GmbH）購買了525,000枚以太幣（按當天的價格計算約為1.55億美元）。」信上說他從未收到過以太幣。這位律師指出，他已經審查了與施密特（陳敏的妹夫，他從個人的Gmail帳號發信，拒絕續簽泰勒·格林的合約）的通信，雖然通信稱伊歐里歐已得到償還，但支付給伊歐里歐的所有法定款項，其實都對應於他提供給以太坊的貸款和其他服務。這位律師補充說：「像伊歐里歐先生這樣精練的投資者……不可能會接受法定貨幣，而不是525,000枚以太幣之類的建議。」

這封信繼續解釋說，當伊歐里歐審查關於有爭議的525,000枚以太幣文件時，「這提醒他並發現你們作為以太坊瑞士公司和以太坊基金會的董事所

採取的某些可疑行為。我已經審查受到質疑的部分，並得出結論，認為它已經嚴重到可能需要在瑞士進行刑事調查。」信中說伊歐里歐在等待他們對這封信的回應時，「正在考慮他的選擇」，他「不願意」做任何促使刑事調查的事情，因為這與他「不想傷害以太坊」的意願，「顯然是矛盾的」。

律師列出了伊歐里歐認為有問題的行為。第一個是關於「他和其他原始創辦人在詐騙的藉口下，受邀參加在瑞士的會議」的時間——當時他們認為正在簽署有限責任公司的文件，但其實是以太坊的權力遊戲日。這位律師寫道，在那次會議上，某些人「威脅要分叉原始碼並劫持專案」。第二個問題是「從以太坊的眾籌資金流向其他國家（德國、英國和荷蘭）實體的相關情況疑點重重，這裡頭似乎有某些個人從中受益」（這是關於將資金轉移到設在柏林的ETH Dev等營利性公司的爭辯）。然後信中表示這種「資金管理不善違反瑞士法律」。最後兩點是「某些董事從事違反會計準則的行為，其中一些可能是詐欺行為」和「某些在瑞士工作的以太坊員工未遵守瑞士移民法」。

信中說道，伊歐里歐有理由在瑞士對他們每個人和以太坊提起民事訴訟，並且展開刑事調查，他還引用了瑞士刑法中的適用條款（其中一項最高可判處10年監禁）。[27]信中隨後表示，如果伊歐里歐需要提起訴訟以獲得525,000枚以太幣，他將「必須公開披露上述疑慮和其他事項，加上文件、電子郵件、聊天、錄音和其他錄影」。信中給了一個以太地址以及5天的期限來發送525,000枚以太幣。[28]

在ICO熱潮中，此時伊歐里歐已經為自己闖出名號——不過不一定是好名聲。他在ICO上以顧問的身分換取代幣：Civic、Blockmason、Etherparty、Enjin Coin、Worldwide Asset eXchange、Skrumble Network、Cindicator、Polymath、AION、PayPie、Storm、Unikrn、WAX、Po.et和Veriblock。[29]雖然Civic、Polymath、

WAX 和 Unikrn 有一定知名度，但其他都是無名的案子。他還投資了兩個中國人的專案，唯鏈（Vechain）和量子鏈（Qtum）。對於不知情的加密貨幣投資者來說，在 ICO 顧問委員會中有一位以太坊聯合創辦人，這給予它正當理由獲得認可，但其他加密貨幣社群成員認為伊歐里歐大多只是讓他們使用他的名字（多年後，伊歐里歐會說他一直在為他們提供戰略、ICO 結構和代幣經濟方面的指導，但他沒有為代幣提供建議，原因在於他覺得有些案子只是在利用他的名氣）。伊歐里歐從他正在經營 Decentral 裡面挑選一個人隨行，他們會在聚會後一起喝酒。但一位與他關係密切的人說，這些人不是他的朋友。他還經營潮玩品牌 Jaxx，他從那裡購買 Double Robotics 公司推出的遙控機器人，這是一種裝在賽格威（Segway）電動滑板車上可遠端控制的視訊會議機器人。當他在辦公室外面時，他會打開機器人，從員工身後滑過，如果抓到他們在做與工作無關的事情，還會來一段視訊談話。2016 年，他擔任多倫多證券交易所（Toronto Stock Exchange）的數位長（chief digital officer），但僅僅待了 8 個月就離職，以專注於 Decentral。

雖然伊歐里歐說他有一份霍斯金森和阿利希簽署的文件可以說明，他借出的每一個比特幣將獲得 3,000 枚以太幣，但他拒絕分享這份文件。布特林表示，「關於所有比特幣都將以比特幣償還，有明確的決議。」以太坊基金會有證據證明，它已經用比特幣支付伊歐里歐積欠的一切。所以在一番爭論之後，伊歐里歐讓步了。

從此他和布特林就沒什麼聯絡了。

在以太坊聯合創辦人中，伊歐里歐並不是唯一一位在商業判斷上遭受質疑的人。同年早些時候，也就是 2 月，魯賓也收到一份發人深省的報告，那是來自 ConsenSys 幾名員工。

　　報告首先指出，儘管該公司取得了一些小成功，但「成本激增、員工內訌的情況日益嚴重，創業投資的上市時間讓人感到失望」。信中將ConsenSys稱為「實際上是創業投資基金」，它建議該公司「對ROI（投資報酬率）、KPI（關鍵績效指標），和任何其他後續框架文件進行建模，以監視和控制風險產出工作室（Venture Production Studio）的營運模式（ConsenSys對自身的描述）」。報告中表示，公司不得不面對一個源自「薪資消耗如此之高」的嚴酷現實：

　　　　高薪燒錢的挑戰在於，它使ConsenSys AG基金成為一個沒有吸引力的投資工具……由於沒有真正的財務預測、沒有P&L（損益）模型、也缺乏對平均報酬率的任何了解，ConsenSys AG基金很難在2017年找到像A16Z（著名創業投資公司安德森・霍洛維茲〔Andreessen Horowitz〕這種內行的投資者。

　　因為魯賓發薪水給尚未建立有效牽引力的新創企業，這些「輻條」（spoke，譯註：在此指ConsenSys下的新創專案）的存在超過了應有的時間：「將風險投資放入市場將產生一種『非生即死』的心態，這迫使新創的風險投資做出早該提出的艱難決定（這是一個想像實驗：有多少ConsenSys的原型創辦人為節省成本而吃了幾個月的泡麵？）。」

　　魯賓說他從來沒注意這個報告，報告上面繼續說：「早期聘僱流程並沒有強調較高的招聘門檻。」此外，

　　　　公司現有的「C套件」（C suite，譯註：指公司內各種頭銜是Chief開頭的一群人）過度膨脹他們作為首席的能力。從財務到策略，如果對

這個組織中擁有 C 級頭銜的人進行職責和執行成果的評比，結果簡單來說就是表現不佳……ConsenSys 需要一個真正的諮詢委員會和一個能夠提供關鍵、未經過濾的反饋與建議的董事會……我們在這個組織中有太多人過度膨脹自己，反而打擊最高績效者的士氣，更有人用他們虛假不實的技能玷汙了我們的品牌。

　　（魯賓說他從一個「大聲的小眾隊伍」那裡聽到了這樣的觀點）

　　許多現在和離職員工的批評可能還更加嚴厲。他們當中一些人提出了基本的危險信號，例如從一開始，超過 1 年多的時間，ConsenSys 用新鑄造的比特幣支付薪資給許多員工，並沒有對員工開立稅單，其中大多數是約聘人員，而他們應該收到 1099 表（譯註：相當於扣繳憑單）。即使在最近的 2016 報稅年度，儘管魯賓說：「在適當的情況下，有些人在 2016 年確實收到了 1099 表。」（一位喜歡選擇已經封裝報價的早期以太坊員工，他選擇魯賓的這句話來總結：「我只支付我想支付的稅。」魯賓說：「我永遠不會說那樣愚蠢的話。」）那些選擇以美元支付的人並沒有收到官方薪資單。魯賓或某些指定的工作人員會安排比特幣交換平台 LocalBitcoins 的賣家，賣家從魯賓的地址收到比特幣後，再從實體銀行將現金存入員工的銀行帳戶。一位選擇以美元支付的早期員工表示，此類支付從未超過 3,000 美元；根據銀行保密法（Bank Secrecy Act）的規定，LocalBitcoins 賣家應該要留下交易紀錄。魯賓說，ConsenSys 支付許多款項都超過 3,000 美元。

　　其他人則認為，魯賓袒護一名辱罵多名女性員工的主管。有位應聘者一聽說此人在公司工作後就立刻走人，因為他在前一家公司認識這名主管。一名員工稱此人為「魯賓最大的敗筆」。即使在員工大會上，工作人員經常提起這位主管的辱虐行為，或者指出此人所在部門雖然規模龐大但營收不足，

可是魯賓會迴避問題或因此動氣（魯賓說他從來沒有祖護任何人去凌駕於其他人之上，而且公司一直有在徹查敏感問題並採取適當行動）。

　　幾乎所有員工齊聲指出缺乏績效指標、目標和績效評鑑，其中一些原因是人們未被賦予特定職位、任務或工作內容。他們自己給自己頭銜（以前還有一位伊莉拉・艾思皮諾沙〔Yalila Espinoza〕，許多人稱她為「公司薩滿」，她出現在峇里島的公司渡假場合，並在Ethereal等ConsenSys會議上進行了頌缽聲癒（sound bath）。她是當時策略長山姆・卡薩特〔Sam Cassatt〕的朋友。山姆否認有公司薩滿這號人物，但在2018年，伊莉拉以隸屬於ConsenSys公司的身分，報名參加在紐約的開發者技術活動。2019年6月，她經診斷患有四期癌症，並於2020年3月去世）。魯賓和資深管理人員避免階層制，提倡去中心化的全體共治（holacracy）（在ConsenSys中稱為「相互協調治理」〔meshocracy〕），人們可以在其中有效地「自我組織」。[30] 一位工作人員得出結論，這是無政府狀態的委婉說法。另一位團隊負責人回憶人力資源部如何要求他審查團隊中的人員，而其中一半是2年前離開ConsenSys的員工。鬆散的管理運作加上輕鬆無負擔的薪水，意味很大一部分員工閒閒沒事幹。即使一些剛開始表現出色的人也會看到其他人，比如在峇里島工作的人，並意識到他們可以擺脫25%的工作。一位前員工說，「工作出色並沒有得到回報。」另一位說：「很多人在辦公室只是抽抽大麻悠閒放鬆，那是辦公室裡尋常的一天。」

　　隨心所欲的花費文化助長ConsenSys對於參加會議的奢侈態度。到2017年，全球各地的加密會議一直應接不暇，通常有數十名來自ConsenSys的人會參加，他們不必工作還每晚派對，每人連日的晚餐預算在10,000美元到15,000美元之間。即使是熟悉Google、臉書和推特等公司文化的員工也從未見過這樣的事情（魯賓說，「關於晚餐的評論很荒謬」，懷疑是前2年在公

司工作的人亂傳的；事實並非如此）。

　　這種不尋常的文化也在其他方面表現出來。公司會在峇里島等地舉行員工渡假靜修，至少在峇里島之後，「公司薩滿」與魯賓、卡薩特、行銷長阿曼達・古特曼（Amanda Gutterman）和其他幾人進行了私下的死藤水儀式（ayahuasca ceremony）（魯賓和卡薩特否認這一點。卡薩特說伊莉拉在峇里島渡假靜修會主持冥想，魯賓說是公司觀看峇里島的灌沐儀式）。根據一位與會者的說法，男性員工的某些行為導致一些在峇里島渡假靜修的女性員工，哭訴她們遭受到性騷擾。許多人表示，當以太幣達到某個價格之後，卡薩特就不再進辦公室了（卡薩特說這是因為他可以遠端工作，並在杜拜進行「數月的業務開發」，領導公司的「首次公開發行準備流程」，並在「似乎世界上每家公司都需要區塊鏈戰略的時候」，於飛機上花時間進行諮詢）。一位ConsenSys的員工回憶說，因為公司需要將以太幣轉換為薪資，所以在魯賓去參加火人祭（Burning Man）時，薪水一度延遲兩個禮拜（魯賓說他不記得這件事，並說他不會長期與外界隔絕，也不會讓財務部門陷入糟糕的處境。他說通常他會在週三或週四到達火人祭的地方，然後在週日或週一飛回紐約）。一位前員工這樣形容：「老實說，ConsenSys的整個情況很奇怪，與建立一家真正的公司相比，『主管們』似乎更感興趣的是參加聚會和僱用不合格的自己人。他們好像都看到了以太坊和區塊鏈的潛力，但對成為一家真正的盈利公司實際上需要做的工作，一無所知。」曾參加過ConsenSys在瑞士達弗斯（Davos）活動的另一家公司主管，告訴這位前員工，ConsenSys像是一家談論去中心化，但無法指出任何具體正在做什麼事情的「煙幕幻影公司」（魯賓稱這些說法「大致上是錯誤的」，儘管他不知道這些評論從何而來，但他說這些評論一定是出自在ConsenSys不成功的人，或者不夠理解公司的人）。另一位前員工說，「整個ConsenSys感覺就像一個波坦金村

（Potemkin village），他們在那裡豎起了虛假的看板，看起來一直有工作在進行。要證明這樣的事情是非常困難的。要嘛是真的失職，要嘛是故意的。」ConsenSys律師麥特・寇法（Matt Corva）回應說：「我們為地球上使用最廣泛的區塊鏈發布了使用最廣泛的工具、基礎設施和錢包，擁有數百萬用戶和以倍數成長的成功投資。這一切真的不言自明有目共睹。」

在其他公司有些成績的員工，尤其是來自矽谷的員工，對ConsenSys的天真和對創業基礎知識的無知感到尷尬。ConsenSys將員工分為從事去中心化的專案／輻條的員工；那些從事中心營運的人員，例如行銷、企業、法律等，可以為任何dapp團隊所用。然後是「漂浮者」（floaters），他們的定義非常模糊，以至於4名不同的員工給出四種不同的定義，但魯賓解釋說他們是手上沒有專案的人。ConsenSys有一個資源分配委員會（Resource Allocation Committee，RAC），漂浮者可以加入，專案對委員會提出在下個季度他們的需求。一位具有創業投資經驗的員工稱RAC是「《創智贏家》（Shark Tank）無組織且愚蠢的版本」。這些專案沒有做出成果，缺乏吸引力，為RAC進行評估的人也沒有創業投資經驗。不過無論如何，RAC並不重要。重要的是該專案是否與魯賓有良好的關係。如果有，就能拿到它想要的資源；如果沒有，就沒戲唱了（魯賓說這些說法是「100%錯誤的」）。

對魯賓最不滿的工作人員說，魯賓曾口頭向他們承諾過一些事情，但遲遲不化為書面形式，當事情最終變成白紙黑字時，內容變成對魯賓有利（魯賓說：「這個愚蠢又籠統的聲明不值得評論。通常交易涉及多方和相互協議，否則就沒有交易產生了。」）。一位覺得自己被魯賓搞砸的人說，ConsenSys的主要故事是魯賓如何用「一個關於權力下放和相互賦權的愛與光明的故事」，來掩蓋他老派、渴望權力、支配和粉碎的征服方式，他是口惠而實不至。一位前員工也附和這種觀點，並說從前未曾經歷過「談論

此情此景時如此這般的冷漠」（律師寇法說這種觀點是「一個極端的異常值」，並且該公司「一直根植於權力下放、相互授權和尊重」）。許多參與ConsenSys輻條專案的人都相信，專案最終將被分離出來，他們會成為有股權的聯合創辦人，但魯賓後來決定將該專案保留在內部，因此他們卡在員工的位子上（股權方面的這種不確定性是另一個阻礙員工努力的因素）。出於這些原因，ConsenSys形成一種高層員工的文化，他們積極參與新的代幣專案，試圖成為像伊歐里歐那樣的「顧問」，能分到一些代幣，而需要付出的東西很少超出他們的名字之外（魯賓說：「所有人員以前是，現在也一樣，必須向我們的法律部門揭示他們的潛在利益衝突，這樣我們才能確保內部決策沒有偏頗。」）。

據多名員工稱，魯賓主要是根據自己的好惡程度來判斷人，加上ConsenSys缺乏階層制和衡量標準，形成了如同人氣競賽的公司文化，成就和晉升與討好魯賓綁在一起，導致無止盡的內部權力鬥爭。魯賓似乎對他周圍的權力鬥爭，以及他在煽動這些鬥爭中所扮演的角色視而不見，所以他的一位粉絲斷定，他一定涉入其中（魯賓說他從來沒有聽過任何人這樣評價他）。這種偏袒的規則，導致許多人的頭銜大大超出了他們的經歷──他們只需認領這些職銜，魯賓便予以同意。當大學才畢業3年的阿曼達自稱為行銷長時，引起了軒然大波。但喬說在ConsenSys頭銜並不重要，所以她保住這個位子（魯賓說：「我沒有、也不會對我周圍的人際交往關係裝聾作啞。」）。另一位說，要完成工作，只需給同事發電子郵件並寄副本給魯賓：「有些時候，我覺得我是在父親的公司工作，我現在寄副本給我父親，所以你會做我需要（你）去做的事。」（魯賓說這不是一個有效的策略）此時，ETH Dev的前財務長韋納特（就是被陳敏在沒有證據的情況下，以八卦傳聞指控挪用以太坊基會的資金的那位）正擔任ConsenSys的財務長。員工

開玩笑說，任何人都可以透過電子郵件向韋納特要求發送500萬美元到他的帳戶——只要這封電子郵件有給魯賓副本，韋納特就會照做（韋納特說：「ConsenSys採取了廣泛的措施，例如職責分離、四眼原則、內部控制、風險管理等，以確保完全合乎法遵和治理。」）。

魯賓有一些狂熱的粉絲——其中許多人是這樣形容他的：有遠見、革命性、理想主義、利他、才華橫溢和慷慨之類，並不吝表達他們對魯賓的熱愛（但即使是這一些愛他的人也承認魯賓不應該成為一名商人，更不用說執行長了）。例如，有一個人喜歡這種非結構化的氛圍，並說魯賓希望大家快樂、自主、有能力。這位員工覺得魯賓想要像促進異株授粉般地激勵大家，並確保每個人都在學習。這就是為什麼，如果有公司代表來與魯賓會面，他有時會喊道：「有人想加入嗎？」

但魯賓的輕鬆態度讓一些笑梗有了發展空間。由於員工可以給自己起頭銜，有人自稱為「無政府狀態首長」（chief anarchy officer），並寫了一封「律師函」，要求人們在Google文檔中揭露他們的薪水，稱這將有助於每個人的薪資談判。[31] 寇法補充說，此人「提供了許多網站連結是關於支持和反對薪質透明度案例」（起因是ConsenSys有薪資上限，所以很多員工是減薪到ConsenSys工作，以為大家都會同在一條船上。由於最終不是如此，該員工的想法是要幫助大家得到更多的報酬）。他說他被告知如果不撤下貼文將遭解僱。人力資源部的理由是，由於事關員工隱私，特別是考慮到歐盟一般資料保護規則（General Data Protection Regulation，GDPR），ConsenSys不想在自己的系統上管理這些敏感的員工訊息。結果這名員工把他認為的「威脅」轉發給整個公司。儘管魯賓對去中心化發表過烏托邦式的談論，但ConsenSys對代幣非常貪婪，多名員工表示，以代幣為特色的輻條標準抽成是一半一半，公司有時甚至會拿走70%（寇法說，代幣沒有抽成標準）。不過此時，

ConsenSys也因抄襲其他專案而聲名大噪。甚至早在2016年、2017年，西岸的去中心化專案就在八卦說，一個代幣團隊向ConsenSys投遞計畫書後，風險工作室如何拒絕投資，但後來沒多久它自己就宣布一個類似的專案。這發生在去中心化預測市場Augur（ConsenSys有Gnosis）以及去中心化交換協議0x（ConsenSys後來宣布了一個名為AirSwap的去中心化點對點交易系統）（一位ConsenSys主管否認任何ConsenSys專案都是從提交給他們的計畫複製而來的，魯賓說ConsenSys「根本沒機會投資」0x，但文件顯示魯賓最先接觸0x，他和ConsenSys的成員，包括AirSwap的創辦人，與0x團隊進行了兩次會議，很明顯，ConsenSys被邀請參加「本次眾籌的前一輪活動」。在AirSwap專案宣布之後，一位0x投資者向團隊發送一封主題為「ConsenSys == Rocket Internet of Ethereum」〔ConsenSys等於以太坊網路的火箭〕的電子郵件。《紐約時報》有一篇關於火箭的文章提到，它的商業模式是「模仿已經成功的網路公司」）。不過，ConsenSys在此時面臨到更嚴重的聲譽問題。在ICO瘋狂熱潮的中期，以太坊終於成功了，可是儘管ConsenSys已經建構一些不錯的以太坊基礎設施工具，但ConsenSys沒有一個去中心化應用程式專案，可以讓認真的加密貨幣人士覺得眼前一亮地興奮起來（在Gnosis ICO之前，Gnosis已經從ConsenSys中分離出來）。即使在ICO熱潮的高峰期，前100名中也只有幾個或者3個是ConsenSys代幣。正如一位前員工所說，「整體而言並沒有好的代幣專案。」

　　一位非ConsenSys以太坊開發人員推測，這是因為公司提供的條件太糟糕了，精明的開發人員不可能會同意加入，儘管魯賓說，在任何領域如果交易行不通，那是因為條件談不攏不為雙方所接受。

　　許多ConsenSys員工認為，魯賓最少可以說沒在關心公司成功與否（魯賓說如果公司能夠盈利，他當然會很高興，但這對於新創企業來說很少

見）。他們認為，魯賓似乎不知道他們的年度會議Ethereal從未賺錢——儘管加密會議相當有利可圖（魯賓說他們沒有準確讀懂他的想法）。有一次，在Ethereal 2017之後的幾個月，一名員工說，魯賓驚訝地發現，雖然會議的T恤上印有微軟的商標，但微軟並沒有提供贊助費（魯賓則說早期的Ethereals不期望會盈利，而他根本不記得這件事）。

　　魯賓對公司的盈利狀況興趣缺缺讓他們非常困惑，基於魯賓出借以太幣和比特幣以資助ConsenSys的事實，他們提出一個理論。由於貸款不需要魯賓將他大量升值的以太幣轉換為法定貨幣，因此不會觸發魯賓的任何報稅問題——而且由於此時他可能是加密貨幣億萬富翁，這相當於他不必把一大筆錢送給政府。ConsenSys本身幾乎沒有繳稅，因為該公司的支出遠高於收入；事實上，魯賓作為公司的個人外國投資者，本就享受稅務減免，在這種情況下，如果ConsenSys不賺錢，魯賓會賺得更多。正如一位股東所說，「從一開始，這對魯賓來說就具有戰略優勢。」魯賓則說：「錯。試問我能用稅損來抵消哪些稅？」一位早期員工推測，魯賓可能在登錄股權方面使用拖延戰術，因為在公司成立2年後的2016年10月才首次登錄股權，所以在這之前，魯賓不必透露他用來資助ConsenSys的比特幣和以太幣是貸款。如果他越早提供股權，股東就會對公司安排越早有發言權。但是當任何人獲得股權時，他已經用加密貨幣為ConsenSys提供了2年的資金貸款（魯賓對於他延遲登錄股權提出異議）。

　　然而，這也意味著隨著以太幣價格上漲，ConsenSys以美元計算欠魯賓的金額，將比魯賓借出比特幣和以太幣時的數目要高得多，如果發生清算事件的話，這會是個問題（對股東而言，這是之後的潛在問題）。正如這位前持股員工所說：「魯賓以20美元左右的價格用以太幣支付所有薪資，所以無論當時的燒錢率是多少，以每個月來說，我們現在要還的都至少都是當

時帳面的10倍以上。即使假設當時它是200美元對1枚以太幣，那個月的燒錢率是1,000萬美元，而這只是那個月而已」──在這次談話的時間點，以太幣略高於2,000美元──「單單是為那個月，公司可能要不得不支付2億美元。」寇法說：「這絕對不是事實，資金調度並不是那樣運作的。」

魯賓除了看似不在乎ConsenSys是否盈利之外，還對專業規範不屑一顧。例如，他開始與ConsenSys的年輕用戶體驗（user experience，UX）設計師陳芸芸（Yunyun Chen）約會（在峇里島渡假靜修後，她是少數參加魯賓和山姆否認的私人死藤水儀式的人之一）。[32]魯賓帶著她在瑞士達弗斯參加了許多會議，在出差到印度、法國與高級部長和政府官員會面時，也是如此。員工覺得他似乎忘記了與員工約會對他來說不太恰當，他應該公歸公、私歸私，而且帶她參加會議可能會讓員工感到尷尬、也可能很搞笑。可能會有一個要討論合約事宜的高層會議，只允許少數ConsenSys員工參加，而其中一個竟是陳芸芸，這種情況讓人感到很荒謬：為什麼UX設計師在這裡，而直接參與專案的人卻不在？魯賓甚至會帶陳芸芸去一些他與員工的一對一會議。其中一位ConsenSys的前員工表示：「我的工作是盡我所能利用我的40分鐘。我不會說什麼。這是他的女朋友、他的公司、他的問題。這樣專業嗎？不專業，但他會這樣做嗎？他就是會。」（魯賓說這種關係沒有什麼不恰當的，他們將個人生活和職場生活分得很開，重要的另一半只是受邀請共進晚餐，但工作人員說陳芸芸實際上是在與高級政府部長官員會面，而不僅僅是共進晚餐）

如果在ConsenSys的運作有什麼好理由的話，員工認為任何事情都可以從推高以太幣價格的理論中得到證明。把以太坊和以太幣價格視為一體，是2017年2月的一份報告中的一個批評點，該報告提到，魯賓的目標到底是要讓ConsenSys還是以太坊成功，讓人霧裡看花。它還呼籲ConsenSys「炒

作」以太幣的價格，但這對於不認同冒險支持特定加密貨幣的客戶來說，會引發利益衝突問題（魯賓說他不知道這份報告，也沒有遵循報告中的任何建議）。

　　ConsenSys高層對魯賓不關注ConsenSys盈利狀況還有另一個解釋：它是推高以太幣價格的工具。例如，如果魯賓有500萬枚以太幣，那麼他願意花費其中的100萬來讓另外80%的以太幣價值更高。從魯賓的例子來看，假設他在以太幣眾籌開始的那天購買比特幣——這只是一個保守的估計，因為他可能更早就買了，當時它便宜得多了，或者由他自己挖礦，在這種情況下，他的取得成本甚至更低——現在價值可能至少比他花在上面的價格高出1,000倍。由於以太坊開發人員正在使用的基礎設施工具是由ConsenSys所提供，即使不是ConsenSys的輻條專案，他們至少也在幫助能夠為以太幣帶來更多需求的應用程式。因此，如果這是魯賓的策略，這就值得了（魯賓說，在這段時間裡，提高以太幣的價格「從來都不是一種策略」，而且該公司基於自律不談論以太幣的價格，更不用說公開炒作了）。

　　無論魯賓設立ConsenSys的動機為何，他對其盈利能力似乎不感興趣，但只要以太幣的價格上漲，大多數員工至少覺得他們能保住工作。他們推測，如果魯賓不是世界上最大的以太幣持有者，他至少也是前幾名的大鯨。[33] 在2017年秋季，以太幣絕對是漲了——從年初的8美元左右之後，它現在飆到300到800美元之間。

　　然而，儘管魯賓有金融資本，可是他跟以太坊中最重要的人物——布特林之間，並沒有社交資本。布特林基本上不和他說話，實際上布特林告訴過至少一名ConsenSys的新員工，對魯賓的任何理解要以書面形式寫下，因為魯賓本人永遠不會信守承諾。又因為他和布特林的關係不好，所以魯賓沒有辦法對付陳敏。

　　那年秋天，Poloniex的主導地位開始下降。如果在6月份每週交易量可以達到50億美元，那麼在秋季初期，峰值大概是40億美元。儘管交易量下跌，交易所仍然大賺一筆。下跌的原因之一是競爭對手正投入服務升級，但Polo只做了最低限度的工作。看到競爭對手Kraken吹噓一系列新功能，Polo員工問道：「我們為什麼不也這樣做？為什麼就任由他們搶走我們的生意？」舉一個例子：Kraken推出一種高效的自助服務功能，用於雙因素身份驗證，允許用戶自己關閉它。儘管客戶服務部門表示推出類似的功能會減少三分之一未結案的客服問題，但茱兒和迪瑪帕勒斯不放手讓達格斯塔去做（據大多數人所知，達格斯塔幾乎控制了Poloniex各方面的原始碼——對每週交易價值數十億美元的加密貨幣交易所來說，Poloniex團隊對錯綜複雜的原始碼，並沒有像預期的那樣有多人能掌握）。據知情人士透露，截至目前為止，Poloniex交易所已積壓近50萬筆客服提問未結案。賈西亞設法挖來更多的trollbox版主擔任客服代理，到年底已達12名。2017年秋天有幾次他們將未結案客服提問的數量減少到10萬筆，賈西亞因此感覺非常好。茱兒和迪瑪帕勒斯的確讓他們簽下一些自由工作者，在客服主管賈西亞的培訓下，幫助解決積壓的身分驗證問題。他們表現得很好，所以賈西亞建議立即僱用他們。他回憶茱兒和迪瑪帕勒斯基本上說，不，我們不會僱用任何人。用你已經找到的人。

　　在那個時候，Polo確實招進了幾名新員工，但不是在客服部門：他們都來自傳統的金融服務業。一位是桑坦德銀行的資深副總裁，另一位是來自富達投資公司（Fidelity）的年輕交易員泰勒・弗雷德里克（Tyler Frederick），這是唯一一家公開表示對加密貨幣感興趣的傳統金融服務公司，為該領域提供了合法性。[34] 泰勒於2017年9月11日開始上班，因為有種不祥的911預感。

他光以電話和電子郵件完成面試過程就已經有點奇怪,當他要求參觀辦公室時,茱兒和迪瑪帕勒斯問他有什麼顧慮,他說想看看工作環境,他們答應給他回覆,最後決定在位於大波士頓地區的辦公室見他。環境很好,不過是空的辦公室。他們告訴泰勒,在他開始上班的時候 Poloniex 就會在那裡了。

但泰勒說,上班的第一天,他們要他去另一間辦公室,當他走進去時,一群臨時工作人員正坐在折疊桌前——甚至連辦公隔板都沒有——到處都是網路線,因為無線 Wi-Fi 被認為不夠安全(最終,Polo 確實搬到了另一間辦公室)。在4個月內,他開始找另一個工作,因為僱主顯然沒有在為交易所投資,這種環境似乎無法支撐飆升的交易量。

儘管泰勒是向茱兒匯報,但在他開始工作後,他幾乎沒見過茱兒或迪瑪帕勒斯。他們從來不在辦公室,但是當他要求看辦公室時,他們倆都來了,這讓他感到困惑——他為什麼如此重要?當他要求股份時,他們回答這是不可能的。儘管泰勒曾在知名的績優股金融服務公司富達投資工作過,但他經驗不足,不知道這對於新創企業來說不太尋常。

因為老闆對任何改善公司的投資完全不感興趣,一些員工開始懷疑茱兒、達格斯塔和迪瑪帕勒斯打算出售 Polo。而事實上,他們一開始拒絕引進身分驗證,但之後又突然把它列為優先事項;還找來這個新的中間人:露比。

露比會禁止某些員工(例如法遵主管和客服主管賈西亞)碰面,即便他們需要合作也一樣,儘管其中一些理由可能是他們不想為兩人同時住宿的費用買單。這甚至發生在位於巴西的賈西亞要前往波士頓,親自會見法遵主管時。他們隨後改動賈西亞預訂的飯店,讓他睡在露比飯店房間的沙發上。當賈西亞抱怨此事時,茱兒告訴他,如果他不喜歡,可以自己訂票回家。此外,在那次出差期間,儘管賈西亞實際上人在辦公室,可以與他的部門員工

和自由工作者面對面交談，但露比禁止他們這樣做，並表示他們必須在網路的聊天室中交談，以便能監控他們的談話。

賈西亞的一些報告確實讓他懷疑老闆是否正在準備出售Polo。客服人員在面對未結案件積壓如山的問題上，沒有得到任何幫助。對他們來說，茱兒、迪瑪帕勒斯和達格斯塔似乎不再關心公司——就好像員工們只是為了表演做做樣子而工作一樣。當露比在抽煙休息時間走近他時，他鼓起勇氣盯著她看，然後十分嚴肅地問：「我們公司要賣嗎？」

露比低頭轉身要離開，但還沒等她踏出第一步，她微微側過頭，看著他的眼睛說道：「當然沒有。」

但從她的表情來看，他有一種直覺，她在說謊。

2017年11月1日在墨西哥康昆（Cancun）舉行的DevCon 3的籌備過程中，陳敏變得越來越古怪和情緒化，即使是平凡的Skype聊天也可能突然變個人似的。有人對他們本可以在DevCon 3上預訂豪華經濟艙而不是經濟艙表示失望，竟釣出陳敏回應「今天請不要酸我引戰」，接著她說：「這真的很難，我養了16年的狗走了。」她承認自己情緒不穩定，發帖說：「對於剛進這個平台的人來說，我不應該在我已經有30、40或50小時沒睡時，還在這裡發帖。你將會知道我什麼時候睡眠不足，因為會有貼文『被刪除』（當我無法阻止自己發帖時）。」

同一時候，隨著越來越多的人希望陳敏離開，以太坊團隊出現的騷亂正在加劇，而布特林本人更有信心讓它成為現實。在以太幣的價格如此之高的情況下，雖然基金會有一大筆錢，但由於陳敏的關係，基金會專案的資金嚴重不足。另一方面，布特林希望基金會向所有有價值的實體撒錢。如果她仍然是資金進出的瓶頸關卡，涓涓細流的情形可能會永遠持續下去——但他們

可沒有無限的時間，因為其他具競爭力的智能合約區塊鏈正準備推出。[35] 到目前為止，布特林意識到，如果沒有她，基金會可能也不至於破產。那年夏天在 IC3 上，Parity 多重簽名錢包遭到駭客攻擊時，布特林第一次向詹姆森表達了他想要弄走陳敏的想法。詹姆森什麼也不知道，只說她做得很好。儘管如此，布特林給人的印象是，他對陳敏的支持並非那麼牢固了。

布特林不知道以太坊基金會內很多人都覺得陳敏的控制欲太強了。他們不再能說出他們想要什麼，並且覺得陳敏的作為，好像還停留在 2015 年秋天以太幣低於 1 美元的那時候，而不是 300 美元的現在。她把一切都弄得太複雜了，例如單純聘僱一個開發人員這種事，更不用說資助不同的專案了。大家也認為基金會內部非常混亂、沒有組織。

現在，某些開發人員甚至一想到要和陳敏通電話就感到壓力山大，因為他們不知道這個電話要談公事（當然也會離題），還是極度尖酸刻薄的話題。即使有些人的問題最好由執行董事處理，他們也會嘗試以不同的方式解決；而有一些人則選擇離開基金會不與陳敏對槓。

甚至布特林的一位新朋友也注意到陳敏散發出來的緊張情緒。當他以外人的角度來看基金會時，會認為以太坊是一個統一的實體，但當他更深入參與後，他意識到有 3 個群體：研究人員、開發團隊和基金會——最後一個基本上是陳敏。由布特林帶進來以太坊的新人，對這個去中心化專案有種隨意的感覺，而陳敏則給人一種適合傳統基金會執行董事的印象，似乎不再適合以太坊。與她密切合作的人覺得，她好像對區塊鏈技術並不感興趣，儘管她聲稱有興趣。大家覺得奇怪的是，布特林人在新加坡並在那裡開立了一個獨立於以太坊基金會的公司，而他們似乎害怕分裂。

11 月 1 日週三在康昆舉行的 DevCon 3 開始時，陳敏周圍的緊張局勢與加密貨幣市場陷入極度亢奮形成鮮明對比。年初以太幣落在 8 美元左右、以太

坊市值7.15億美元，現在則到了以太幣300美元、以太坊市值280億美元。比特幣也一直在上漲，從1月開始略低於1,000美元的價格、市值160億美元，到現在比特幣已超過6,400美元、市值為1,130億美元。2017年開始時的加密貨幣市場總額約為180億美元，而11月1日當天收盤爆漲至1,840億美元之上。比特幣經常出現在美國全國廣播公司財經頻道（CNBC）上——「如果它是黃金價格的5%，那麼在5年內，它每單位會來到25,000美元，而今天是3,300美元。」一位專家表示，以太坊、ConsenSys和相關的代幣專案甚至還拿到節目播出時段。[36] 布特林的個人財富隨著加密貨幣狂熱如火如荼，達到了數億美元，而墨西哥正發生一連串的犯罪情事，所以布特林住宿的地點刻意跟大會錯開，以朋友的名義預訂不同的下榻之處。開發者大會本身的參與者也從前一年的800人大增至近2,000人。

　　舉辦此類大型活動的組織通常會聘請製作公司；而以太坊基金會除了一家負責音效影音的公司和原本場地就有提供的支援外，還有一個陳敏。就像她在DevCon 2的表現，她對所有事情都進行微觀管理，仍然沒有授權，而這次活動規模更大，她一直馬不停蹄地工作，沒有睡眠時間，身心俱疲。前一天晚上，詹姆森和蘿拉偶然發現了一群志願者，他們原本應幫忙處理分類錯誤的識別證和有問題的掛繩，但卻不知道該怎麼做。因為陳敏之前一直在那裡發號施令，但她現在突然消失了，而如果有人未經她的允許做事，她會生氣。最後詹姆森在她的房間裡找到她：她出奇的冷漠，正全神貫注在一台印表機上。有幾個耐不住性子的志願者發短訊給詹姆森，使得他不得不一再地問陳敏，好確認自己獲得指導他們的許可，以便在第二天早上之前整理好掛繩和識別證。

　　和前一年一樣，一些枝微末節變成了問題，且又是因為它們沒有被授權所致。詹姆森不得不處理T恤和直播（需要夜間照明設備）的事件。然後

到早上，他必須待在A/V中控室內度過大會大部分的時間，偶爾還要跳上舞台擔任司儀。在一連幾天救火一場又一場之後，詹姆森終於可以喘第一口氣時，他流下了男兒淚。

一些外人無動於衷，而與會者注意到註冊登記是一團糟——幾乎所有年輕人都排著長隊不耐煩地看著註冊表——想不通為什麼連水都沒有提供。來自企業的主管們對這種混亂沒留下什麼好印象，心想不知道他們是怎麼回事。一家銀行贊助25,000美元花了將近6週才談下來，其間的法律費用比贊助本身還要高——這對銀行和以太坊基金會來說都是一個笑話，這時候以太坊已擁有數億美元的身價了。DevCon 3的潛在贊助商打電話給陳敏，這是他們之間第一次談話。當陳敏對ConsenSys如何試圖主導以太坊基金會大發雷霆時，他大吃一驚。

儘管一些與會者說每道門都有多名警衛，但布特林本人對保安糟糕的程度感到震驚。因為有許多新進以太幣百萬富翁、因為這個更廣闊的世界暗示資金正在加密貨幣當中四處亂竄—— DevCon 3的第一天，一個名為Dentacoin的牙醫代幣結束為期1個月的ICO，籌集近200萬美元——並且因為墨西哥正出現一波暴力事件，這事件最終還讓2017年被冠上墨西哥史上最致命的一年，所以安全措施需要更加嚴密。[37] 但布特林和一位「試圖避開人群」、同時也在測試安全性的朋友，居然能夠在沒有門票的情況下從後門潛入。[38] 同樣地，雖然陳敏阻止ConsenSys贊助大會，但該公司的許多開發人員還是都來了。

總體來說，布特林認為會議進展得並不順利。食物很糟糕，唯一的點心是早上的茶和咖啡。這意味著每個人必須分散各處吃午飯，這扼殺了社群相聚的感覺。另外，他注意到像詹姆森這樣的人工作有多瘋狂。陳敏大部分時間都花在大會上，而為她工作的主要員工覺得陳敏對他們並不好，用的產品

是次等的，而且對布特林來說，流程似乎效率低下。另外，自從他在IC3與詹姆森第一次談到解僱陳敏以來，在這幾個月當中，他開始意識到陳敏正在扯後腿，減低以太坊員工的工作能力。

分布在世界各地的基金會工作人員終於來到一個可以面對面交談的地方，他們在彼此言談中開始察覺到大家對陳敏的不滿。大約有十幾個人在一個聊天群組中制定如何把她除名的策略——這提議有些冒險，因為她可是老闆。儘管他們很感激她為基金會所做的一切，但也認為以太坊基金會現在的需求不是一個陳敏可以滿足的。陶雅記得在小組中，大家表示擔心沒有人真正知道陳敏做了什麼。陳敏經常提到會計和法律問題，暗示如果她離開，整個基金會就會崩潰。雖然大家對她的說法持疑，但由於沒人了解瑞士的法律或會計準則，他們對除掉陳敏的最大恐懼，是基金會可能會垮掉。

由於陶雅每天都和陳敏一起工作，所以在這個群組中，她幾乎就像「間諜」一樣。陶雅知道陳敏在和誰說話、她每天都在做什麼，所以他們依靠她來了解陳敏是否真的在處理要事。但陶雅的感覺是，陳敏誇大了事態嚇唬大家，好讓他們擺脫不了她。

實際上，這也是在開發者大會開始前幾天，陶雅和布特林私下談話的話題。陶雅原本打算和迪特里奧、陳敏住在一起，但他們最終住在別處。這讓布特林和陶雅有機會聊了至少2個小時，期間他問陶雅是否認為陳敏應該留下來。

同一時間，一場看似無關的轉變悄然開始。那年秋天，布特林的社交生活以未曾有的方式變得融洽起來。他有一小群朋友一起旅行，住在低調的Airbnb或飯店，在那裡他們會花幾個小時掛在網路上、在論壇上寫文章、看影片、在推特上發文、做研究和寫程式。他們主要的非螢幕興趣是喝普洱茶和長距離散步。許多研究人員基本上是獨立於基金會和開發團隊的，而這個

內部團隊中至少有一些人私下在談論如何除掉陳敏（有些人是由新加坡的以太坊亞太有限公司僱用的，他們對基金會內與陳敏的緊張關係知之甚少，因為他們不必與她合作）。

在開發者大會上，一些好友告訴布特林陳敏必須離開，其中有人甚至推薦一位布特林有點熟悉的新執行董事人選：宮口彩（Aya Miyaguchi），她當時即將離任日本Kraken董事總經理，恰好也在大會上。雖然他們早在2013年，當布特林借用Kraken的辦公室撰寫以太坊白皮書時就認識，並且最近在韓國時也常在一起，但他們在這次大會上才第一次有認真的交談。到現在，布特林才覺得陳敏「非常頻繁、長時間地對他鬼吼鬼叫」，而且陳敏用辱罵方式指責自己不感激她。布特林在知道很多人也對陳敏不滿後，才了解到自己沒有發瘋。不知何時，他把詹姆森拉到一邊說：「我要你幫我擺脫陳敏。」但是詹姆森26歲，布特林也只有23歲，他們都不知道該從何下手——尤其是陳敏不會輕易離開。開發者大會的第二天，布特林給陶雅發了一條微信，詢問她是否可以在他們尋找替代人選時擔任臨時執行董事，她答應了。

儘管有這些勾心鬥角，但因為加密貨幣席捲全球，不僅在美國而且在亞洲起飛，在韓國甚至成為全面痴迷，那裡的以太幣價格可能比世界其他地方高出30%到50%（被稱為「泡菜溢價」〔kimchee premium〕現象），這時每個人還在康昆海灘享受新獲財富。[39] 在這些從過去資產微不足道到現在致富成為加密貨幣百萬富翁中，有人談論該如何多元化：你在兌現嗎？進軍房地產？黃金？海灘上的平房裡有晚會在進行。ShapeShift交易所則辦了遊艇晚宴，船上霓虹燈閃爍，人們穿著連身衣和《美國隊長》服裝跳舞；有人戴著ShapeShift狐狸標誌的全頭面具。成立僅1年但已非常知名的加密避險基金Polychain Capital，其創辦人曾登上《富比士》的封面（可能是唯一一個以小

狼尾髮型〔mullet〕上封面的人），在一棟別墅中與海灘接壤的大後院裡舉辦一場泳池派對。酒是無限量供應，人們喝著龍舌蘭酒四處閒逛，火舞表演者踩著高蹺漫步，旋轉熾熱的火環。

　　不過，在大會的最後一天，焦點又轉向基金會的當務之急。11月4日週六，一位ConsenSys員工發送一封簡短的群組電子郵件：

　　陳敏必須走人。

第十二章

加密貨幣狂飆

2017年11月4日至2018年1月20日

　　ConsenSys的安德魯・齊斯回信說：「我太喜歡這個想法了，但我認為V絕不會這樣做（解僱陳敏）。我認為我們只需要在以太坊基金會中加入更多成年人，她的地位就會被稀釋。」魯賓，也許是最受陳敏困擾的人，他回答說：「對於所有相關人員來說，這聽起來像是一條無形的地獄之路。我們需要具有近乎無限耐心高度進化的啟蒙戰士來擔任這樣的角色。」魯賓似乎不知道新加坡的以太坊亞太有限公司，他在回應他們時，建議可以建立一個新的研發組織，他說這可能會奏效，但「如果新組織專注於以太坊的研究，那麼和以太坊基金會／布特林的角色重疊，而如果新組織是想推動以太坊的發展，那麼這個提議看起來像是要推翻和取代」。然後，魯賓說ConsenSys正在建構自己的以太坊客戶端，以防「Parity決定嘗試消滅以太坊以支持自己的PolkaDot+（波卡網路）」。這代表魯賓和伍德的戰爭在2017年底時仍然持續中。2016年11月，伍德發布一個名為Polkadot新網路的白皮書（實際的論文是粉紅色的，上頭有著白色波卡圓點），雖然與以太坊沒有直接競爭關係，但也可能會構成威脅；10月27日，它完成ICO，籌集超過1.45億美元。

　　為了要從陳敏手中奪權，對於慢慢將資源投入這個新研發組織的建議，

魯賓寫道，「不確定這是否會引起注意或是可行，但這將直接打擊『大明王朝』。」其他人插話道：「如果有一個強有力的人選來取代她，我認為這會讓布特林的決策轉向正確方向。」有人提出Hyperledger的畢連朵夫可以替代陳敏。魯賓回信說：「這可以算是殺手鐧，但不看好他會跳槽來以太坊，可能需要將其定位為像軟性合併／協作的方向。」魯賓的幕僚長傑瑞米・米勒（Jeremy Millar）回應陳敏的噩夢時直接說：「如果他真這樣做，那我們可以認真考慮將EEA合併到EF中。兩個組織同一個老闆──他可以兼顧兩者。」一位名叫安喬爾・梅塔（Angel Mehta）的以太幣鯨魚表示，他們需要處理核心問題：「一、說服布特林做出陳敏會反對的改變（輕描淡寫地）；二、了解基金會中還有誰是敵人／忠於大明王朝。」他補充說，針對亞瑟・佛斯提出要向布特林發表公開信以推動陳敏下台的想法後，以太坊和ConsenSys內部人員計畫寫給布特林的信：「如果我們要寫這封信……我們需要開始準備文件，列出陳敏應該去職的原因。」

　　魯賓邀請鮑勃・桑默威爾加入到對話中。桑默威爾寫道：「太多消息要告訴大家了，但最重要的是這一點：根據多個消息來源，布特林已準備好對陳敏採取行動。唯一的阻礙是他需要大家提供可行的候選人。」桑默威爾隨後解釋說，候選人不需要成為基金會的大使。「V是基金會的看板人物，是旅行者，也是演講者，」桑默威爾寫道。「就技能而言，執行董事只需要從身邊周遭的人建立起適當的組織就能成事……最重要的是成為布特林能夠信任的人。」然後他問，布特林是否信任魯賓。「還是陳敏在這方面講你的壞話？顯然在某種程度上，陳敏就是有能力毒化他的思想來對抗她所認定的敵人……我想讓陳敏離開。這會讓我們解纜起錨，加快腳步在明年有所成就，航向我們必然的勝利。」他還提出了像他自己、詹姆森、皮茨（他也幫助過DevCons）和格林這樣的潛在人選，最後說：「還有誰也可以？」。

最後，在11月6日週一凌晨，布特林的父親加入討論：「所以，大家請暫時保持沉默，預計很快就會有重大變化，屆時還請全力支持布特林。」

開發者大會結束後的那個週日，在墨西哥土魯母（Tulum），Parity、Web3基金會（負責Parity的Polkadot發展）、Polychain Capital和其他一些Polychain投資組合公司、伍德和其他一些人正計畫著舉行會使用到迷幻藥的儀式。每個人都被告知，如果他們想參加，那麼至少在48小時內不能喝酒、吸毒或吃肉——時間越長越好。大家對迷幻藥有很好的體驗，而且大多數人都喜歡這東西——除了伍德，他待在角落滿身大汗，看起來情況很不妙。有人挽著他的手臂上樓，把他放在床上，他一直流鼻水。

屋漏偏逢連夜雨，對伍德來說，還有更糟糕的事。中歐時間（CET）11月6日週一下午4點54分，當大部分Parity的工作人員在前一天的迷幻藥儀式結束後還在睡大覺時，一位名為ghost的開發人員在GitHub上寫了一篇文章，題為「任何人都可以殺你的合約#6995」。[1] 內文說：「我不小心把它弄死了。」然後ghost發布了一個指向Etherscan地址的連結。下午5點33分，帳號devops199在Parity的Gitter上發布貼文指向#6995的連結，並附帶一個問題：「這是一個嚴重的問題嗎？」[2] 直到第二天早上7點27分才有人寫道，

大家好

你知道你們的多重簽名被駭了嗎？

為什麼沒有人出來回應？

幾百萬美元被凍結在多重簽名錢包上，指向一個被刪除的程式庫

所以多重簽名合約無法作用，也不能領回以太幣[3]

雖然大家反應很慢，但587個錢包中的50萬枚以太幣（當時價值1.5億美元）已經被困住了——永遠被鎖住了——而罪魁禍首ghost／devops199聲稱是不小心的意外。錯誤的程式碼實際上是Parity團隊在伊比薩島放蕩一週的最後一晚，為了修補第一個Parity被駭的漏洞，倉促編寫的新多重簽名錢包程式碼，這段程式碼包含不只一個而是兩個致命的缺陷。大體來說，Parity建立一個銀行，並告訴人們將錢存放在它的金庫中是安全的，所以大家在裡面已經放進價值數億美元的以太幣。但這個銀行沒有指定所有人，因此devops199指定自己成為銀行的所有者，把門上鎖後，徹底抹除鑰匙，將裡面的錢永遠封存起來。有人懷疑這是惡意行為，但也有人把它解讀為失誤：「刪除程式庫的人犯了一個可以理解的錯誤。我看到自己也很容易做類似的事情。但我無法想像我可以刪除一份不是由我所建立的合約。」[4]這些人相信，當devops199「終止」合約時，他還一直在試圖撤銷對銀行的所有權。

下午2點29分，devops199加入了聊天，一開始只貼上表情符號：

:([5]

過了一會兒，他寫道，「我會因為這樣被捕嗎？:(」[6]

許納斯（Tienus）使用「transaction」的簡寫回答，「你就是呼叫刪除交易（kill tx）的那個人？」

devops199回道：

是的

我是以太坊幣圈的新手⋯⋯還在學習中

qx133說：「現在你出名了，哈哈！」

伍德本人從墨西哥起飛，一直到蘇黎世下了飛機才得知此事。這時候，他身體發著高燒。

Parity犯了兩個錯誤，第一個錯誤是可以指定公共基礎設施的所有者；第二個錯誤更嚴重，居然允許該所有者終止或自殺合約，這就是devops199對一大堆Parity錢包所做的事情。在受到波及的587個錢包中，一些ICO發行人的錢包中塞滿了眾籌的以太幣，其中包括Iconomi的3,400萬美元，以及較小型的ICO Musiconomi的480萬美元，全數凍結了。[7]

但毫無疑問，絕大多數被鎖住的都屬於Parity本身自己的資金。它的錢包有306,276枚以太幣（約9,200萬美元），占所有被封印以太幣的60%；其他586個錢包只占40%。[8] 就好像原本Parity建造銀行是為了保管自己的錢，但現在有人跌跌撞撞把門鎖上後，還把鑰匙給扔了。

在Reddit上，人們不相信Parity的多重簽名錢包再次被駭客入侵，而且實際上這次有漏洞的程式碼還是上次駭客攻擊後「修補好」的程式碼。一位Reddit鄉民說：「Parity的多重簽名錢包怎麼會如此輕率？……在這種情況下，我不會支持全額退款給Parity。」[9]

更令人惱火的是，Parity在8月就已經收到關於這個問題的警告，當時GitHub的一位貢獻者建議Parity「初始化」錢包（相當於指定銀行的所有者）。Parity在事後分析引用這一建議，但表示：「當時有考慮（它）可以增加便利性……並打算在未來某個時間點進行定期更新部署時再處理。」[10] 但一位Reddit用戶指出，這樣做只能解決第一個問題，而第二個問題還在：「即使進行初始化，也有人能夠刪除程式庫。如果某個心懷不滿的員工決定在他離開的時候把所有東西都燒掉，我們就會遇到非常類似的情況。」[11] 審

查原始碼的開發人員相當震驚地發現，讓自己成為所有者以及殺掉合約這兩個功能是緊鄰在一起的。

　　隨即討論轉向如何拿回被鎖在內部的以太幣——當然，硬分叉也在討論名單上。柏林時間週三早上，布特林在推特上暗示：「我刻意不對錢包問題發表評論，但是對那些努力編寫更簡單、更安全的錢包合約，或審查和形式驗證現有合約安全性的人，表示強烈支持。」[12]

　　然而在前1年，他就寫了一份編號156的以太坊改進提案（EIP），標題為〈在被卡住的普通類型帳戶中收回以太幣〉。他寫道，該提議「允許在普通帳戶類別中擁有以太幣或其他資產的用戶，當帳戶被『卡住』時，提取他們的資產」。EIP涵蓋了意外建立沒有程式碼合約的情況、涉及經典以太幣的重放攻擊導致的情況，以及由於以太坊JavaScript程式庫缺陷而造成的損失。他說：「請注意，在所有這些情況下，合法所有者是顯而易見並且在數學上是可證明的，並且沒有任何用戶被剝奪任何資產。」他承認可將此提案視為「一種『拯救』而不是『技術改進』」，並表示他這個提議是希望大家來辯論——而不是認可。雖然布特林在2016年10月14日就發布了EIP 156，但截至2017年8月17日，相關討論仍在進行中。[13]

　　11月7日，隨著Parity駭客事件的消息傳開，這些評論再次熱絡起來。然而有一位用戶指出，正如所寫，該提案不會解鎖凍結的Parity錢包，因為它們的地址確實有程式碼。[14]

　　儘管布特林沒有發表意見，但他從伍德那感受到壓力，要求他保持中立，不要積極反對Parity收回資金（伍德說他不會向人們施壓）。布特林沒有表態，但他以前是反對的——他認為社群需要一個與DAO情況相反的先例，以表明DAO之後的分叉，並不意味著分叉是開放的，不應該任何人都可以做分叉。但當他提出EIP 156時，情況有所不同：被卡住的資金遠不及

1.5億美元，而且它們是在以太坊早期還不成熟的階段丟失的。無論如何，他對Parity沒有絲毫的同情。這是它們的錢包第二次被駭客入侵。在凍結的1.5億美元中，大部分是Parity的。事實上，少數幾個ICO占了幾乎所有的錢，Parity、Iconomi和Musiconomi就占了85%。[15] 其餘的多重簽名錢包中大部分只有少量的以太幣，從幾百枚到不到1枚不等。另外，Parity對自己的定位一直是比Geth團隊更專業。布特林覺得沒有必要發表他的個人觀點，他預測社群會拒絕援助。

　　他是對的：在這一點上，社群的感覺與DAO時期不同。那時，DAO幾乎就是以太坊；而現在，隨著ICO的繁榮，創造了從Golem到BAT到Bancor再到Status的一切（以及像Veritaseum和Dentacoin這樣較無法律風險的企業），加密貨幣資訊網站CoinMarketCap上的代幣數量總計有1,205種，而DAO被攻擊時數量只有614，在整個加密貨幣生態系統中，似乎只有少數公司在虧損。[16] 再者，雖然換算成美元的話，這次凍結金額是比DAO時多，但主要是由於以太幣價格已經升值。現在凍結的代幣數量為513,774枚，僅占以太幣流通供應量的0.5%，而不是4.5%，即使以絕對數量比較的話，也比DAO攻擊者吸走的數量——364萬枚以太幣，要來得少。

　　但最重要的是，在DAO大戲中，情節有所不同。那時候，以太坊之前已經做過很多次的硬分叉，社群認為硬分叉是沒什麼不良後果的。那時，不分叉才是威脅。然而，在DAO之後，他們知道硬分叉可以創造另一個以太鏈，這變成了一個威脅。還有一個因素是，與DAO不同，它沒有時間壓力。資金被凍結，如果沒有任何決定介入，它們只是永遠凍結。但是DAO的救援時間是有限的，這促使人們採取行動。此外，由於在以太坊上已經建立如此多的新代幣，有爭議的硬分叉會導致在另一條鏈上產生各種重複資產的風險——Gnosis Very Classic、BAT Very Classic、Status Very Classic等等。

之前伍德在以太坊社群自斷多條人脈，所以儘管沒有人明確說出口，但現在沒人要幫他。在故意使用操縱指標來詆毀Geth的部落格文章之後、在感謝布特林提供黃皮書的「核心」之後、在破壞長達數月的努力以獲得C++原始碼程式庫的寬鬆授權許可之後、在改造Parity卻只有它的用戶受益之後，除了他自己在Parity的員工之外，幾乎沒有人肯為他出力。即使在8月時，布特林還在推特上發布伍德給他的第一封電子郵件的截圖，並感謝他對以太坊的貢獻。伍德回應：

我同樣也謝謝@VitalikButerin─沒有你，我絕不可能建構#Ethereum :-)[17]

希拉吉推文回應：

喔，沒錯，謝謝你@gavofyork隻手建構#Ethereum！我們─其他30+程式人員─真的很享受看你在工作！[18]

至少有些人，即使是非常小一部分，現在正享受看著Polkadot著火。

等到凍結Parity資金的喧囂平息後，ConsenSys、桑默威爾和其他人之間再次出現關於陳敏話題的電子郵件串。一些人主張「由相關領域頂級的獵人頭公司牽線，並適當（評估）候選人」，但其他人同意某一位的警告，「我希望我們能避免第一次犯下的錯誤，那就是『好吧，陳敏紙上履歷看起來很棒。那應該沒問題。』」

在這段過渡時期，陳敏在開發者大會之後崩潰了。一些以太坊基金會的工作人員在墨西哥預訂了幾天的額外時間待在海灘上閒逛，他們也邀了陳敏。她以工作為由待在自己的房間裡，事先預約的水療也沒去。

　　11月7日，詹姆森應布特林的要求建立一個Skype群組，成員包括他們兩人，以及皮茨、陶雅、范德桑德、沃格史特勒、賴特維斯納、希拉吉和其他基金會工作人員，討論「以太坊基金會領導階層的改變」，正如詹姆森所命名那樣。在一開始，詹姆森說他和布特林將飛往楚格告訴陳敏這個決定，這個小組制定了如何將消息告訴她的策略。同一時間，布特林飛回新加坡。布特林從開發者大會上所聽到關於陳敏的談話中，覺得宮口彩有以太坊基金會需要的那種平靜特質。他打電話給基金會的一些團隊領導人，告知他們打算解僱陳敏。

　　11月14日，布特林從新加坡打電話給正在密西根的陳敏（他意識到安排一次去楚格的旅行會打草驚蛇）。就像與陳敏的所有談話一樣，這次談了2個小時。布特林把壞消息告訴她：她必須走。他提到了「性格問題」──她太緊張、太強勢；她無中生有製造問題，還妨礙人們工作。基本上，布特林告訴陳敏，她太難相處了。他還解釋為什麼DevCon 3會失敗，不過陳敏認為這次會議是她的最高成就，堅稱自己的表現是「A+」。

　　儘管陳敏再怎樣傷心，但最終還是同意辭職。即使她愛以太坊和布特林，但如果布特林想讓她走人，留下對她來說就毫無意義。

　　大約在同一時間，我在《富比士》擔任加密貨幣的資深編輯，得到陳敏遭解僱的內幕消息。我給桑默威爾發了一封電子郵件，主題是「緊急：《富比士》：陳敏被以太坊基金會解僱？」

　　他轉發這封信給魯賓，加了兩個字：「叮咚。」

　　在我跟布特林溝通之後，桑默威爾又寫信給魯賓：

　　　　布特林給我發了電子郵件，說這不是真的。但我仍然發現看似徒勞的追問很有用──蘿拉。

我仍然懷疑V對蘿拉撒了謊，它可能已經發生了。

尼克‧強生說，迪特里奧告訴他這件事即將塵埃落定。

魯賓寫道：「有意思。但我不知道是真是假。」

桑默威爾更新一則電郵：

似乎已經發生了，但尚未宣布。

在這段過渡期，我會向V提供建議。我會用任何方式與他聯繫、提供我的想法來幫忙，他先前很歡迎我的建議／意見。

尼克‧強生向我證實（私底下）這件事確實敲下定音錘，而且V確實對蘿拉‧辛（Laura Shin）撒了謊（大概是為了給內部爭議騰出一些緩衝空間）。V在回覆我時，暗示性地向我確認這一點。

（我在與多方消息來源交談後，仍無法得到任何證實，因此沒有在《富比士》發布這個消息）

在我發信詢問陳敏是否被解僱的第二天，陳敏在以太坊基金會的內部Skype聊天群組中發帖：「重要：我短期內不會去任何地方，所以請澄清謠言。這些謠言對基金會、這裡的每個人在多個層面上都會造成傷害。我仍然是在位的執行董事，並且仍將招聘、訓練新人、參加會議、與大學專案合作，並與布特林和我們所有的團隊合作，以確保我們在2018年朝著正確的方向前進……如果我在9分鐘內不離開，我會錯過我的班機。」（她有錯過飛機的習慣）

雖然陳敏最初對布特林說同意辭職，但她現在開始運作，要說服布特林同意1年的移交期給她的繼任者。

當然，她的Skype訊息在基金會內部引起了騷動，很多人不解陳敏為什麼會說出這些話。在她發訊息之前，聊天室裡的幾十個人，大部分都沒有聽到任何傳聞，但現在謠言滿天飛。有少數知道我在查探這消息，以及來自加密貨幣新聞網站CoinDesk的人，在看到陳敏發文後，認為是她把自己搞砸了。

陳敏繼續做著執行董事的工作，但陶雅說，大約在這個時候，陳敏可能從開發者大會上聽說了聊天群組，或是自己推斷大家一直在討論她的離職。她開始打電話給以太坊基金會各處工作人員，勸他們不要參與任何要把她踢走的計畫。她打電話給陶雅說：「陶雅，你讀很多書，你知道，悲劇的發生是因為溝通不良。」等類似的話，然後她說——陶雅說這就是陳敏的原話——「有人告訴我，你積極密謀反對我。」根據陶雅的說法，接下來是長達3個小時的電話交談。陶雅說，陳敏說了些話像「我哪兒也不去。我知道有些人不屬於這個組織，但我不是其中之一」。似乎在暗示任何反對她的人都不屬於以太坊基金會。

陳敏還確信詹姆森正在策劃一場政變來奪取她的位子——她告訴以太坊基金會的工作人員，後者又告訴了詹姆森。詹姆森經歷了他後來稱之為斯德哥爾摩症候群（Stockholm syndrome）的情結（譯註：因與加害者相處後，產生同情加害者的心理），他向陳敏道歉。因為陳敏已經被警告好一段時間無法做好授權的工作，她提議會將詹姆森提升為溝通部門主管，證明她有努力授權。起初詹姆森同意了，陳敏告訴他自己有套保住工作的計畫。詹姆森在意識到新職位是這個計畫的一部分後決定反對。陳敏的去留還懸而未決，以至於在11月下旬，陶雅飛往台北參加布特林的聚會，以了解陳敏是否會留任。

在那裡，她看到人們簇擁著布特林，大家都睜大眼睛注視著以太坊基金

會頂部的潛在空缺。因為布特林依賴他信任的人,所以那些密友的角色幾乎就像他的經紀人。她說,任何人若要邀請他參加活動,很難直接問到他本人,但透過姜英英或其他與布特林關係密切的人,較有可能成功。陶雅看到有多少不同的人在提名執行董事職位的人選——甚至她認識的某人也求她幫忙——正如她所說,她感覺他們知道接替陳敏能「爭取到更多的東西」。

那年12月,當布特林在中國時,陳敏要求與他在香港見面。出於基本尊重,他答應了。布特林說,在旺角,一個閃爍著燈光和霓虹燈的擁擠購物商圈,他、陳敏和迪特里奧在一個只有兩張床和一個廁所的小旅館房間裡碰面。[19] 陳敏很不高興,因為布特林先與基金會的人討論解僱她,而不是直接找她談。她一邊大哭,一邊抱怨布特林解僱她的方式,但也說她已經精疲力盡,所以無論如何都想做一個交接。她只是需要時間把事情做好。開發者大會話題再次出現,她不願相信自己的表現不夠出色。此時,迪特里奧充當了陳敏的情感支柱。雖然他們那天大部分時間都在交談,但布特林並沒有試圖強迫她接受過渡方案。他需要的是一個董事會。

這場逼退戲碼的背景,是自2013年以來最大的加密貨幣泡沫,當時比特幣的價值在1年內上漲了100多倍。2017年,比特幣從不到1,000美元起步,並逐漸上漲。5月底到8月初,它一直保持在2,000美元左右。8月2日,監管美國最大選擇權交易所的芝加哥選擇權交易所(CBOE,簡稱芝權所)和溫克沃斯雙胞胎兄弟(Winklevoss twins)的加密貨幣交易所Gemini,宣布在芝權所上就比特幣期貨(一種衍生性金融商品)展開合作。[20] 幾天後,比特幣價格穩步地進入3,000至4,000美元的區間。這種情況一直持續到10月中旬,當時攀升至5,000美元以上。

芝加哥商品交易所成立於1848年,是一家每年處理帳面價值1,000兆美

元的大宗商品交易所，它在10月31日宣布推出比特幣期貨。[21] 在芝商所發布比特幣期貨公告的前2天，比特幣價格飆升至6,000美元，而在消息發布2天後，價格更到了7,000美元。不幸的是，當時比特幣正在經歷一場內戰。這個社群一直是個奇怪組合，裡面有自由主義者、矽谷企業家、密碼無政府主義者、風險創投本家、密碼龐克、快速致富的陰謀家，和一小群但擁有大量比特幣的華爾街巨鯨。就在華爾街開始對比特幣產生濃厚興趣的時候，社群正瀕臨內爆。如我在《富比士》中所寫：「比特幣推特一直是由謾罵、酸諷、欺凌、封鎖和威脅累積起來的毒物，有些爭執會持續數月，回覆數量達數百條。任何人發表的推文或在Bitcoin Talk論壇發表的評論，都可能會被挖掘出來開幹；而斷章取義中本聰（或虛構）的引述，也都可以用來支持自己的論點。」[22] 比特幣網路看起來正處於有爭議的區塊鏈分裂邊緣，就在提議執行硬分叉日子的前8天，有一方退縮了。比特幣躲過這場災難之後，上行步伐繼續加快。11月17日，芝權所公布其比特幣期貨產品的詳細訊息；[23] 11月19日，比特幣價格飆升至8,000美元以上；11月28日，首次衝上10,000美元，並在第二天短暫越過11,000美元。12月1日，芝商所宣布將於12月18日推出比特幣期貨。[24] 接下來的幾天裡，比特幣收於11,000美元以上。12月4日，芝權所搶先一步，宣布比特幣期貨將於12月10日開始交易。12月6日，比特幣價格激升至14,000美元，第二天收於近17,900美元。12月15日，它達到了18,154美元的高點。12月17日，衝破另一個天花板，觸及20,089美元。

雖然以太幣和ICO可能是加密貨幣熱潮的催化劑，但以太幣的價格自從6月中旬Bancor ICO推上414美元的高位後，並未繼續上漲，直到11月23日感恩節，它達到近426美元的新高。那天在以太網上也啟動一款名為《謎戀貓》（CryptoKitties）的遊戲，這款遊戲的特色是獨一無二的可愛數位卡通

貓，它們的眼睛有缺陷，可以通過培育來改良某些特徵。[25] 這是除了想快速致富的人之外，第一次有一般普通人對以太坊上的東西感興趣。6天之後，以太幣突破500美元，創下超過522美元的歷史新高。同時，一隻名為Genesis的謎戀貓以117,712美元的價格售出，謎戀貓的交易開始堵塞以太坊網路，占所有交易的20%。[26] 芝權所的比特幣期貨於12月10日推出2天後，以太幣又創下超過657美元的歷史新高，並在第二天以略低於748美元的價格打破了新紀錄。與此同時，因為有太多一般大眾接觸到謎戀貓，甚至布特林的非加密貨幣圈朋友和家人，如阿姨、叔叔和麻吉的父母，之前從未對以太坊表示過興趣，現在也開始來問有關謎戀貓收藏品的問題。區塊鏈是如此擁擠，以至於他每天早上都會醒來查看發生了多少筆交易。儘管他對以太坊上的某些東西具有主流吸引力感到鼓舞，但在過去的24小時內，每次看到交易超過100萬筆時，他都會覺得沮喪（《謎戀貓》團隊也感到沮喪，不過是出於相反的原因：他們估計，由於使用以太坊的困難度，他們失去近99%對遊戲有實際興趣的客戶）。[27] 儘管如此，種種因素為以太幣添加更多需求。12月18日，從芝商所的期貨推出開始，以太幣連續幾天或突破或交易在800美元的歷史高點附近（Parity凍結的以太幣，最初價值9,200萬美元，現在已價值約2.5億美元）。

CNBC追加密貨幣的新聞是一波接一波。頭條新聞寫道，「溫克沃斯兄弟預測比特幣的價值將達到數兆美元」、「預測比特幣上漲的分析師現在認為它會達到30至40萬美元」，以及「宣稱比特幣反彈的交易員表示，加密貨幣將在2018年飆升至10萬美元以上」。[28] 關於比特幣和以太坊的新聞爆增：靠比特幣變成百萬富翁的青少年、利用槓桿加密貨幣交易6個月內將8,500美元變成750萬美元的以太幣交易員，以及維基解密（WikiLeaks）的創始人朱利安・阿桑奇（Julian Assange）感謝美國政府，因為該網站遭信用卡和

PayPal第三方支付平台封鎖後被迫使用比特幣，現在因禍得福獲得50,000%的回報。[29] 既然比特幣已經「登上月球」，一家名為Moonlambos的公司讓任何想要購買藍寶堅尼的人都可以使用比特幣或以太幣購買，[30] 還計畫啟動ILO（initial Lambo offering）眾籌。[31] 12月13日，一位匿名的早期比特幣愛好者PineappleFund在Reddit上發帖，宣布他或她「擁有的錢遠比能花的錢多得多」，因此要捐贈5,057枚比特幣（8,600萬美元），並且把它命名為鳳梨基金（The Pineapple Fund）（一位透過電子郵件幫助「Pine」分配資金的軟體工程師，從Pine的舉動和表情符號使用中強烈感覺到Pine是女性，並且從Pine提及像「駭客新聞」（Hacker News）網站等內容，判斷可能是一位熟悉矽谷的工程師）。[32]

MyEtherWallet在夏末／初秋每月約有350萬的訪客，11月有460萬，12月達到了770萬。在12個月內，這個由兩個最好的朋友作為副業而創建的小網站，已經成長到原來的77倍規模。

在這個時候，布特林待在亞洲，在台灣舉辦活動，然後在泰國普吉島過聖誕假期／公司旅遊，與葛瑞菲斯、宮口彩、研究人員和其他朋友待在高峻面海的薩米拉別墅飯店（Samira Villa），其中一位出席的朋友還擁有此飯店的部分所有權：比特幣、萊特幣和以太幣等礦池（F2pool）營運商的王純（Chun Wang）。正如網站所描述的，「山坡莊園」是百萬富翁大道上奢華、陽光般耀眼、高懸天花板的寶石之一，裡面有無邊泳池、傑克茲按摩浴缸（Jacuzzi）、淋浴間、火爐、遊戲間，以及蔚藍和綠松石海洋等眾多繽紛景觀，海水非常澄澈，從屋裡可以看到水下的珊瑚礁。

宮口彩是一位安靜、溫柔、漂亮的日本女性，她原本是高中老師。她經常告訴學生應該多看看這個世界，也意識到如果自己不這樣做的話，那不就

很虛偽？於是，她搬到舊金山就讀商學院。在2011年時，她對使用比特幣為發展中國家的女性提供小額信貸萌生興趣。不久之後，她找到了一份在Kraken的工作，這是一家加密貨幣交易所，4年前布特林撰寫以太坊白皮書時，這間公司曾提供辦公空間給布特林。她後來成為日本Kraken的董事總經理。

到了2017年底，以太坊的市值約為700億美元，而布特林本人則是上億的富翁；他與法國總統艾曼紐・馬克宏（Emmanuel Macron）、近藤麻理惠（Marie Kondo）、林曼努爾・米蘭達（Lin-Manuel Miranda）和提摩西・費里斯（Tim Ferriss）等人一起入選《財星》40位40歲以下菁英，他甚至擊敗馬克・祖克柏（Mark Zuckerberg）（以及其他人）獲得世界科技獎（World Technology Award）。[33] 布特林本可搜尋合適的主管，並吸納具有管理開放原始碼技術經驗的人。事實上，在2017年的最後幾個月裡，桑默威爾就陳敏的交接向布特林提出建議，主張以太坊基金會應有選舉產生的社群委員會，和完全透明、明確的治理等等──適合一個引導去中心化技術發展組織的典型專業結構特徵。

但布特林似乎並不關心下一位執行董事是否是經驗豐富的領導者，就如同其他大多數基金會在類似職務上所尋求的那種。一些社群成員想要清晰、透明、專業的治理（布特林認為以太坊基金會曾在2015年嘗試過，但那是一場災難）。那些想要更具專業商業領導力的人認為，他的方法是造成他對朋友和商業夥伴判斷力不佳的重要因素（他沒有區分他的工作和個人生活：一切都混在一起），這可能源自於他不善於社交，且無法讀懂他人的情緒；其他人則認為他鄙視商業、投資者和管理領域。布特林本人承認，他發現風險投資人是一窩「蛇」。一位加密貨幣投資者則希望，布特林能夠就以太坊團隊領導人和其他員工的管理技能給予反饋，雖然他知道布特林永遠不會這

樣做。布特林試圖迴避專業董事會的結論是「契合度比能力更重要」,「如果所謂的『專家』是從外面請來高手,但不在乎價值觀是否彼此契合」,那「專家」可能是有害的。這就像早期以太坊的商業導向和開發導向的辯論,開發者再次占了上風。

對於布特林如何迴避傳統的商業規範與階層制,以及對主管類型的猜疑,以太坊社群成員感到沮喪。而他對於如何選擇陳敏繼任者的態度更加嚴重。多年來,以太坊網站缺乏有關基金會基本運作的資訊。早在2015年,當陳敏宣布董事會成員後,該網站從未確認他們倉促離職的訊息。[34]他們在2016年初就這麼從網站上消失,取而代之的是新的管理委員會和一組顧問。[35]

在2017年末,確實有一位像禪宗人物的湯瑪仕・葛瑞戈(Thomas Greco),能在維塔利克耳邊說話,他是以太坊基金會一位有影響力的幕後人物,之前曾在2016年3月被任命為以太坊的特別顧問,現在則是名為OmiseGo ICO專案的特別顧問。[36]葛瑞戈看起來像是半個亞洲人——大多數人都認為他是,有消息認為他有一半的泰國血統,一半義大利血統——他的棕色長髮盤成馬尾髻,並且有鞠躬的習慣,就像在亞洲長大一樣(這個人也認為他幾乎可說是在泰國長大的)。[37]他沒有技術背景,但喜歡冥想打坐,正如OmiseGo的一名員工所說,柔和而猶豫不決的聲調,喜歡用「老智者的演講模式給出哲學話頭」。他是以太坊基金會「內」幾個沒有正式職位卻很有影響力的人物之一。有人談到葛瑞戈時這樣說:「他從未擔任過正式職務,但他可能是對維塔利克最有影響力的人。」並補充說他長期負責布特林的日程安排(後來布特林否認這一點),為他安排了很多會議。因此,從某種意義上說,葛瑞戈審查布特林所做的很多事情或他遇到的人。當布特林周圍的親近的朋友出遊閒逛時,葛瑞戈決定他們去哪裡以及何時去,並主導談話的內容(葛瑞戈是布特林的朋友,在墨西哥時姜英英和他們一起,所以她不會和陳敏出現在

同一個地方）。

葛瑞戈和他的另一半——頭髮濃密的溫德爾‧戴維斯（Wendell Davis）（他們都是死忠的自由主義者，在以太坊出現之前，也都是頑固的比特幣人），以及以太坊裡一些非官方、有權勢的人，都表現像個顧問，但沒人知道他們是否有掛頭銜。以太坊基金會的人已經習慣將葛瑞戈、戴維斯和其他像他們一樣的人稱為基金會的「影子政府」。其他與葛瑞戈和戴維斯一起工作的人認為，正是因為沒有頭銜，他們的行為不會產生明顯的影響，所以更容易撇清，因為他們的名字不會出現。甚至有些人似乎害怕他們。大家知道他們喜歡祕密工作，所以一提及他們的名字時都會感到緊張，因為他們可能與任何特定事件有關，或者可能在特定地點和時間觀察重大事件。大家甚至不願描述他們的性格。有一個人說：「湯瑪仕（在基金會中）有某種影響這件事已是公開討論的問題。這快成了需要解決的問題……（葛瑞戈和戴維斯）是唯一真正讓我在加密貨幣領域感到不舒服的人。如果有人會讓我擔心，那就是這對二人組。」有時人們會懷疑湯瑪仕‧葛瑞戈是不是他的真名。另一個人在被問到為什麼湯瑪仕不是正式員工，但在基金會卻有這麼大的權力時說，「很明顯這聽起來是個問題，但從房間裡的氣氛來判斷，這不會是一個好問題……就像是川普和傑瑞德‧庫許納（Jared Kushner）（譯註：川普女婿），他就在身邊，沒有好或壞，這是綁定在一起的交易，他就是一直會在那裡。葛瑞戈可能是當時最接近布特林的人。」這個人還表示，他們與葛瑞戈相處了很長時間，但還是一再稱他是個「謎」，並說：「我就是不完全了解他的角色或者他是誰。」當布特林被問及葛瑞戈時，他吹了聲口哨，好像對記者提到這個名字感到驚訝和不安。他的回答是，葛瑞戈是一位非正式顧問，他的建議很有價值。

有人猜測，這個影子政府之所以壯大，是因為以太坊基金會擔心證交

會。所以如果以太坊沒有中心故障點，即使證交會緊盯基金會，它也會全身而退。但其他人則認為，以太坊基金會將中心化與組織化混為一談。有一個人說：「有一段時間，他們認為如果他們很有組織的話，那就會太有效率、太中心化，會在社群裡擁有過多的決策權。」

但基金會不透明的另一個原因，可能歸結到這樣一個事實：即使布特林沒有控制以太坊本身，至少在基金會，他在董事會擁有多數票。當克勞維特、海尼斯－巴雷特和列維廷還在董事會時，他就有3票，還加上平手時的關鍵票。他們走後，只有另外2張選票——陳敏和斯托徹內格。社群中的人們認為，以太坊的目標原是為一個開放、透明和公平組織建構一種科技，但如果本身卻是不透明的，這就顯得很虛偽。而布特林控制基金會的董事會可能就被視為其中最為虛偽的一件事。

儘管如此，影子政府還是完成了一件事，而這是許多基金會內的人和更廣泛的以太坊社群期盼已久的：它提出一個砍掉陳敏的計畫，稱了布特林的心。在DevCon 3上，將宮口彩介紹給布特林的人正是葛瑞戈。就在布特林離開康昆的時候，他已經決定讓宮口彩擔任下一任執行董事。雖然沒有好好調查，但他急著讓陳敏快點走人，他認為把她弄走比爭吵誰來代替她更重要；同時覺得，宮口彩的不完美在於不夠好，而不是她會主動做壞事——這個缺陷比較容易彌補。

事實上，雖然宮口彩的履歷比陳敏更合適，但許多人認為她根本不是正式招聘程序所會選擇的候選人。宮口彩本人後來承認，她並不清楚以太坊基金會到底是什麼組織。[38]一些觀察者（其中許多人喜歡宮口彩）不禁指出，她確實具備從履歷上不一定能找到的資格：她是一名亞洲女性。正如有人所說：「年輕人血氣方剛、爭勝好鬥，即使沒有肢體上的衝突威脅，職場上也會有類似的競爭關係。」（布特林在一個通訊軟體上寫道，他選擇宮口彩是

因為她的個性「冷靜而且不追求個人榮耀」，然後他補充說：「我猜這是亞洲文化因子？」）

在假期裡，布特林、陳敏和開發人員可說是進退維谷，雖然陳敏同意辭職，但隨後布特林默許長達1年的交接。聖誕節和新年期間，布特林和他的朋友們先去了普吉島，他們在那裡大多在游泳和吃飯，然後去了曼谷渡假，輪流住在一些鯨魚的家。在所有這些活動中，他們致力於撥款補助和技術升級，以便以太坊可以處理更多交易，以及明年以太幣達到700美元時的預算和計畫；此外，他們還推出了一個重要的測試網。一位與會者回憶說，湯瑪仕「喜歡有很多女朋友」，而他一直開玩笑說布特林的女朋友可以有第二個男朋友。但布特林不知道的是，他的朋友們也有一個他們稱之為「曼谷計畫」（the Bangkok Plan）的議程。

假期結束前2天是元旦，下午他們在曼谷公園裡沿著一條狹窄的河流散步時，看到一株枝幹低垂的樹木。其中一個人爬了上去，其他人隨後也跟上。布特林、葛瑞戈、宮口彩，還有其他人坐在那兒，望著水面。不知是否因為寧靜的環境、山光水色，還是倚靠在樹上的新奇體驗，讓他們都敞開心扉，說出心中的想法。布特林的朋友告訴他，需要加快從陳敏轉換到宮口彩的速度，不能拖到1年。正如他後來回憶的那樣，他們都「壓」在布特林身上，並告訴他必須要鐵起心腸。這個決定不僅僅是關於他，過渡期每推遲1分鐘，所有其他人都多受苦1分鐘。他們告訴布特林，他必須給陳敏到1月底的最後期限。他明白自己部分錯在讓陳敏自己設定時間表，同時也意識到，如果他不這樣做，會讓其他人都失望。

他後來將當時的情況描述為他的朋友「進行干預」，只是似乎沒有意識到，實際上他們幾個月來一直找機會提這件事。雖然布特林有一段時間對自己不喜歡和陳敏共事抱持相當開放的態度，但他也不願意傷害別人的感情，

所以即使葛瑞戈說應該解僱陳敏，因為那樣做對基金會有好處，一位在旁看過這些互動的朋友覺得布特林不會說不——他只是點頭走開，閃避不得不解僱陳敏的大衝突，同時也避免一個小衝突：他不知如何告訴葛瑞戈，他不想開口對陳敏說要請她走路的話。

但在樹上那時候，布特林明白讓陳敏延後離開是在傷害他的朋友，布特林終於被說服了。

12月下旬，一位朋友向Polo的客服經理賈西亞提到，他的鯨魚朋友問他Polo是否要賣給Circle。這是賈西亞第一次聽到有人說出買家的名字。

Circle是一家總部位於波士頓的區塊鏈支付公司，背後有高盛集團的支持，高盛的執行長是位成功的連續創業家，不過Circle本身的消費者應用程式在市場上從未大受歡迎。即使在2017年，最終當加密貨幣成為主流時，Circle也沒有像競爭對手那樣受惠於蜂擁的用戶潮。然而它確實有一個非常活躍的客戶Poloniex，它正使用著Circle的店頭交易櫃檯——當時在加密貨幣圈內是最大的交易所——將加密貨幣兌現為法定貨幣。因此，Circle了解Polo裡面令人瞠目結舌的帳本。

1月下旬，Polo從富達新聘用的法遵人員泰勒·弗雷德里克正計畫度過一個長週末。然而，他收到通知週六將召開一次員工電話會議。因為Polo非常擔心安全問題，所以他根本無法連線到他公司的電子郵件或電腦，而且因為要去外州，所以不會被允許參加電話會議。他後來猜測，茱兒不想讓他發現不對勁，於是在離開的前一天晚上，給他發了一個訊息：Polo將被Circle收購。因為弗雷德里克從發生的事判斷Polo是撐不下去的，所以他挺高興的。

大約同一時間，法遵經理被叫去參加面對面的會議。他在Poloniex工作4年，算是前五名元老級員工。一到會議現場，迎接他的是來自一家活躍在

加密領域的律師事務所的律師。儘管1年多前他簽了他的選擇權，但在1月份被告知在他的選擇權於2018年4月生效之前，也就是董事會批准這些選擇權的1年後，Circle就會收購Polo。他可以簽署一份棄權書，同意一次性支付2,000美元，否則他將什麼都拿不到。

他很震驚——他和達格斯塔還是朋友。一位參加過這類會議的消息來源宣稱，律師不會告訴他收購價格或是股票的價值是多少。他們還告訴他，不能請律師審查該文件——他必須當場簽字，逾時不候。他在加入Polo之前是工匠出身，對併購一無所知，以為不簽的話會什麼也拿不到，於是他為了那2,000美元簽了。協議的一部分是他必須刪除或銷毀手上所有關於Polo的文本、訊息和其他文件。

賈西亞在Polo的第一次假期時去了葡萄牙。茱兒、露比和一位律師通過視訊會議向他說明此次收購案。茱兒在一邊，露比離開鏡頭，而律師在中間。律師堆起「笑臉」告訴賈西亞，這是為Circle工作的大好機會，而他的選擇權毫無價值——即使已經歸之於他。但是，現在的情況是，無論如何他都無法行使他的選擇權。賈西亞拒絕了，他說：「不，我不會為Circle工作。我想要我的選擇權。」賈西亞說，茱兒站了起來，告訴他無權獲得任何東西，如果他不想為Poloniex工作，他可以馬上辭職。那時，賈西亞說他會開始錄音，除非允許他諮詢律師。賈西亞還說，Polo的律師說當時不可能做什麼有建設性的事，所以他們應該與賈西亞的律師約時間。他們掛斷了電話。

賈西亞又工作了幾天，但他的律師耗了太長時間，所以他辭職了。

當弗雷德里克在下一個週二回來時，有人告訴他，一些員工在聽到這個消息後已經辭職，因為他們是加密貨幣的夢想家，而Circle背後是高盛在支持，所以認為Polo正在出賣自己的靈魂。當弗雷德里克當時還以為他們可能

已經在以太幣上賺了很多錢，所以不需要工作。突然間發現，原來他所經歷奇怪談話都對得上了——回想之前，他能看到茱兒和迪瑪帕勒斯描繪Polo會變成什麼樣的美好畫面，實際上那是在描述Circle。

2017年12月下旬，隨著以太幣的交易價格在700美元左右，布特林看到了他的老朋友「無政府主義者艾米爾」的一條推文。艾米爾曾在2013年邀請他參加米蘭的Macao占領空屋，然後與阿利希體驗了倫敦的占領空屋，在那裡他帶伍德四處參觀並幫助他進入比特幣世界。艾米爾在推特上寫道：「比特幣正淪為失敗的專案。毀滅的種子散落在社群的廢墟中，它為價格上漲和當前的神化改造所遮蔽。總有一天你們都會明白我的話，但到那時就太晚了，沈船已然啟航。」[39] 布特林引用了他的推文並寫道：「*所有*加密社群，包括以太坊，都應該注意這些警告。需要明辨是要擁有四處亂竄價值數千億美元的數位財富，還是要真正實現對社會有意義的事情。」[40] 他跟進發布了另一條推文，提到了分片（sharding），這是一種在區塊鏈上實現每秒能處理更多交易的方法：

> 如果我們所做的只是藍寶堅尼迷因和用一些不成熟的雙關語放屁兼拉屎，那麼我會退出。
>
> 雖然我仍然非常希望社群能夠朝著正確的方向前進。[41]

2018年1月4日，以太幣首次突破1,000美元，創下1,045美元左右的歷史新高。接下來的幾天，它的交易價格為1,000美元，呈現小幅上漲，直到1月7日，創下略高於1,153美元的新紀錄。第二天，它再次突破上限，達到近1,267美元；第三天，略低於1,321美元；再隔天，1,417美元多一點（同一天

《石英財經網》報導日本有一個名為加密貨幣女孩〔Kasotsuka Shojo〕的偶像
女團，又名「虛擬貨幣女孩」〔Virtual Currency Girls〕，其中8名女成員中每一
個代表不同的加密貨幣）。[42] 1月13日，以太幣創下超過1,432美元的歷史新
高。同一天，《紐約時報》發表一篇題為〈每個人都變得超級富有，只有你
沒有〉的文章。新聞圖片是舊金山比特幣聚會假日派對的兩名參加者，其中
一名身穿藍色以太坊聖誕毛衣，上面印有黑色橫條紋、白色幾何雪花和以太
坊雙四面體標誌；另一名則是穿比特幣版黃色上衣，上面印著斜體B標誌。
記者花了一些時間訪問其中一位打扮像阿甘正傳角色的加密貨幣人士，他穿
著佩有粉紅色鈕扣的粉紅褲，告訴記者：「我做I.C.O.s，這是我的風格……
這裡頭是我、幾個風險新創投資，還有很多江湖騙子。」他帶記者參觀他
的家，就是有名的「加密城堡」，還有裡面的脫衣舞桿。他在與記者談到還
不太確定自己收到真人秀節目邀請時說：「我確實有和名模貝拉・哈蒂德
（Bella Hadid）約會，但她沒有參加真人秀節目。」[43]

　　大約是在這個時候，布特林觀察到了泡沫現象，他對價格飛漲感到害
怕，思考著以太坊是否真的應當至此時，心中升起一種直覺。他以大約
1,300美元的價格出售了7萬枚基金會的以太幣（總價超過9,000萬美元）。

　　他好像壯了膽似的。因為他害怕面對陳敏，所以當他的朋友給他一個送
走陳敏的最後期限時，他們還逼他練習做一些他不喜歡的事情，比如從垃圾
桶裡撿起一粒米吃掉（他不記得自己是否真的吃了任何東西。他不喜歡這個
建議）。他們也試圖幫助他學習減壓練習，比如冥想。一種常見的技巧是一
遍又一遍重複一個短語或咒語，例如「Hamsa」或「Soham」。布特林試了，
但在上面加上自己的方法，數整數的平方：1、4、9、16、25、36、49等等。

　　大約在公園「干預」事件後一個禮拜，他發了電子郵件給陳敏，要求她
在月底前辭職。這個過程需要簽署文件以正式拔除陳敏的職位，讓宮口彩

就任。由於布特林和宮口彩都在舊金山，因此安排1月20日在那裡召開董事會。

幾天前，布特林、葛瑞戈、名叫約瑟夫・潘恩（Joseph Poon）的OmiseGo開發人員和其他人在約瑟夫父母位於舊金山的家中聚會時，陳敏打電話給維塔利克連珠炮似發洩1個多小時。但是，布特林已不再是2015年與陳敏第一次通上電話的那個人了，那時他們聊到同是極客、上傳統學校而結識。事後回顧，他可以看到當時周圍的人都表現得像他的朋友，但事實並非如此，而且實際上他發現與他們交往很困難──他們讓他的生活更加難過而不是更愉快。他想到了伊歐里歐、霍斯金森，也許還有伍德。現在他知道，有人對他很好，並不代表那個人是真心喜歡他的。那個時候，他從來沒有經歷過別人先對他刻薄無情，但總是在孤獨中掙扎，所以只要有人關注他，他就很開心。他從沒想過別人為什麼會對他感興趣。現在的他，可以偵測危險信號：人們對他好，沒別的，就是受金錢驅使。正如有人親眼目睹過的那樣，魯賓開玩笑地想知道他是否有一個女朋友叫電腦。同樣地，現在網路迷因把他稱為外星人、機器人或「金錢骷髏」──但他的朋友們不會。[44] 他有生以來第一次遇到和他一起出去玩的人，不會一心只想往上爬，也不是追逐社會地位的人，他們只對和諧地共享生活感興趣。現在他和陳敏說話，不像以前那般焦慮。事實上，他很開心，因為他知道這是他們最後一次談話。

然後，陳敏帶來一個令他驚愕的消息：布特林不再擁有3張董事會選票！他只有1張，就跟陳敏和斯托徹內格一樣。他以為是斯托徹內格在沒有通知他的情況下做出這個改變。多年後，布特林仍然不確定真正的原因，他假設這是由於一些官僚組織變動，例如基金會條款有所調整，因而取消了他的超級投票權。

儘管斯托徹內格最近告訴布特林，他會支持取消陳敏擔任執行董事的資

格，但布特林還是嚇壞了，他的朋友也不例外。他們知道陳敏有多不可預測，也意識到布特林不再擁有他的王牌，他們在接下來的幾天裡都提心吊膽。後來有人回憶說，「那是非常緊張的時刻。」另一個人後來說他並沒有把握陳敏的權力可以和平轉移：「從邏輯上講，這是場爛秀。」

　　1月20日的早晨，舊金山異常晴朗。雖然只有華氏50幾度，但布特林的朋友們都汗流浹背──仿佛他們是早期創始員工，而執行長要去籌措資金，他們迫不及待想知道有沒有闖關成功。[45] 因為陳敏是難以預測的人，而且比他們幾天前所想的要強大得多，有個問題讓他們心煩意亂：陳敏會簽字嗎？

　　Geary街140號距離聯合廣場一個街區，一側是寶緹嘉（Bottega Veneta，BV）和聖羅蘭（YSL），另一側是約翰瓦維托斯（John Varvatos）和香奈兒（Chanel）。會議在10樓。斯托徹內格、宮口彩、布特林和陳敏的妹妹陳彤（以太坊基金會的總法律顧問）互打了招呼。布特林給自己倒了杯茶。宮口彩很緊張，因為她聽說布特林原本認為他有3張選票，結果發現他只有1張。雖然她不知道背後的故事，但光這一點聽起來就很戲劇化。斯托徹內格的助手以Skype連線，而陳敏原定要來舊金山，卻在最後一刻告訴他們，她出於健康因素不能來，所以她也是用Skype連上線。此時她的臉出現在牆上的大屏幕上。

　　會議開始，除了陳彤是陳敏妹妹的身份很尷尬，還有大家都知道會議的目的是要取消陳敏的執行董事之外，一切都按預期照常開始。隨著會議進行，陳敏像往常一樣情緒化了起來。她要求宮口彩離開會議室，結果宮口彩在大廳站了半個小時。

　　房間裡面與陳敏的討論還在繼續。布特林的壓力很大，就像過去每次與她交談那樣緊張。談話表面上是無害的──關於資遣費和其他關於工作交接

的瑣事，比如日期和公告——但每提出一個問題都讓布特林更加焦慮。他擔心陳敏、斯托徹內格、陳彤或其他人會想出什麼詭計來拖延權力轉移，除了試著把這些擔心壓下去，他也提醒自己，儘管失去超級選票，但如果斯托徹內格信守諾言，一切應該按計畫進行。終於，走完一些程序和簽名，他實現了將近2年的心願：陳敏不再擔任以太坊基金會的執行董事。

5年前，維塔利克帶著價值10,000美元的比特幣和一篇關於加密貨幣的作品離開大學，現在他擁有價值數億美元的以太幣。他在價格約700美元的時候賣掉以太幣的明智決定，讓他可以維持不停旅行的生活方式，而這種生活方式已升級為商務艙航班和舒適的Airbnb。經濟獨立後，他再也不用擔心錢了。除此之外，他的生活方式並沒有改變：一個小背包裡面裝著他的筆記本電腦、7天的衣服、一件夾克、一件毛衣、一把牙刷、牙膏、一堆混亂的數據線、USB隨身碟密鑰、一個小袋子，以及裝滿許多國家貨幣和世界各地十幾個城市的地鐵卡，還有一個通用電源轉接頭。而現在，他一直以來背負的最大負擔消失了。

會議結束了。宮口彩、斯托徹內格、陳彤和布特林去奇波雷墨西哥燒烤（Chipotle）吃午飯，然後他和宮口彩回到潘恩父母的家。2013年，布特林在同一區撰寫以太坊白皮書。他挑選伍德、威爾克、阿利希、伊歐里歐、霍斯金森、艾米爾與魯賓作為聯合創辦人，現在他再一次孤身一人，但也不完全是如此。多年後，他回首往事，將2018年1月標記為他生命中的一個分水嶺：那個時候，與他共度時光的人終於成了真正的朋友。不到8公里外，咆哮的蔚藍的太平洋與舊金山綠油油的西北角交接之處就是普雷西迪奧，而那裡是他們閒散漫步的理想之地。

尾聲

　　如果2017年是加密貨幣泡沫膨脹的1年，那麼2018年就是它長期通貨緊縮的開始。以太幣在1月的大部分時間裡都保持在1,000美元以上，但到了最後，它開始跌至數百美元。2月份的價格從500到900美元不等。但到3月底，它的收盤價低於400美元，在5月初再次上漲至750美元。但此後隨著監管機構日益關注，投機派對顯然已經結束，價格也開始緩降，到了2018年12月，跌到100至300美元的區間（一度跌至低於83美元）。同一時期，全球加密貨幣市值暴跌87%，大部分ICO承諾的去中心化應用程式很少是有成果的，即便真的推出了，使用量也不大，因此對以太幣的需求並不高。

　　但還是有一個亮點。隨著2018年到來，情況越來越明朗的是美國證券交易委員會認為絕大多數ICO都是未註冊的證券發行。加密貨幣圈認真分析證交會董事講話的態度，就像最初代幣發行投資者目不轉睛看著代幣開賣倒數計時一樣的心態。以太坊基金會最終聯繫了證交會。6月1日，宮口彩、布特林、一些企業以太坊聯盟成員和以太坊基金會律師與證交會官員通了電話，他們詢問證交會如何就以太坊協議做出決定，是否基金會擁有以太坊，以及有關眾籌的詳細情報（美國證交會拒絕針對是否召開會議或可能討論的

內容發表意見）。6月18日，一位據說參加過會議的證交會資深官員在一次演講中表示，「基於（他）對以太坊當前狀態的理解」，它不是一種證券。[1]

2017年中，當網路詐騙開始橫行時，漢瑪姜達似乎退出了MyEtherWallet。在GitHub上看不到他做任何工作，雖然他後來說他正在做後端的事情，比如監控安全性、審查原始碼和維護基礎設施。一直到2017年6月的最後一個禮拜，他對MyEtherWallet原始碼資料庫的GitHub貢獻仍然超過凡歐登。但就在Status ICO造成網路阻塞、EOS開始為期1年的銷售之後，以及Tezos創紀錄的眾籌開始之際，他變得平靜不再活躍。從那時到年底，他總共做了3次GitHub的貢獻（並在加州馬里布〔Malibu〕買了房子）。2017年，他的GitHub貢獻總計465次，而凡歐登有2,184次。[2]

在這段期間，這兩位昔日好友打了一場官司，牽涉許多輪的律師，至少包含一次收購對方的要約、一次調解失敗。最後，凡歐登的第四位律師，一個鬥志旺盛的年輕綜合格鬥愛好者，非常渴望用加密貨幣打開利基市場，在假期期間出人意料解散了公司。由於凡歐登不再對MyEtherWallet負擔任何義務，她成為自己公司MyCrypto的執行長，而漢瑪姜達成為MyEtherWallet的執行長（消息傳出後，安德烈·特諾夫斯基透過電子郵件向凡歐登提出要以1,000萬美元幫助她買回MyEtherWallet，但她沒有回應）。

Circle對Poloniex的收購於2018年2月22日完成。《財星》雜誌報導這筆交易為4億美元，但據知情人士透露，最終支付的實際金額在2億至3億美元之間。[3] 此次出售的時機幾乎完美，當時不僅Polo的交易量開始減弱，而且加密貨幣泡沫本身也開始破裂，全球交易量低於12月中旬的峰值。自2017年春天以來，Polo一直在尋找買家，例如巴里·西爾伯特的數位貨幣集團和Blockchain.com。Circle一直希望在11月完成交易，但茱兒、迪瑪帕勒斯和達格斯塔以工作量甚巨（一名員工和與他們共事的另一個人將其歸咎於他

們「貪得無厭」，拒絕僱用更多的員工）為由，在交易所仍然坐收巨額營收的情況下拖延收購，但又在員工股份尚未決定歸屬之前設法完成交易。一些早期的員工計算，他們每個人的身價都壓在500萬到1,000萬美元之間。

有些人懷疑達格斯塔不知道他們被騙了，因為他們之前和達格斯塔關係非常好——他太天真了，不可能會做這種事。有人去打聽，但什麼蛛絲馬跡都沒有。儘管律師告訴這名員工，他可以證明他的選擇權是在簽署1年後的1月份歸屬，而不是在4月份董事會批准的1年後。但在看到茱兒可以無情地僱用律師來維護她的事業之後，他決定不要花自己幾年的生命與茱兒作戰。客服主管賈西亞給達格斯塔發了一封加密的電子郵件，問道：「你真的在騙我們嗎？」儘管達格斯塔回信說他沒有惡意，但賈西亞想知道他是否不能公開發言，因為他的加密密鑰與茱兒共享；如果是這樣，她也可以讀這些訊息（茱兒與露比也分享一個密鑰）。他提供另一種溝通途徑給達格斯塔，以發送加密私人訊息，避開茱兒和迪瑪帕勒斯的監控，但達格斯塔從未回應。

茱兒和迪瑪帕勒斯從此人間蒸發。知道他們在哪裡的人聲稱已經發誓要保密。一位前員工談到茱兒時說：「如果她這時候改名，我也不會感到意外。」知道他們所在位置的人說：「他們退休了。他們不僅賣掉Polo，也擁有很多加密貨幣。他們過得很爽，真夠爽的。」

（透過中間人，茱兒、迪瑪帕勒斯和達格斯塔拒絕發表意見，也沒有回應事實求證）

不到2年的時間，在2019年秋天，Circle出售Polo，它的市占率從未回復到曾經擁有的輝煌。

霍斯金森創立一個名為Cardano的網路，該網路在前1年就進行過一次ICO，主要是賣給日本投資者。[4] 2018年1月上旬，其市值達到約290億美元的高點。那年秋天，當霍斯金森被問及他的學位時，他在推特上聲稱，

多年前就已經退出了博士課程。[5] 丹佛大都會州立大學（Metropolitan State University of Denver）並未設有數學研究所課程，校方表示，他在2006至2008年，以及2012至2014年期間註冊為主修數學的在職生。科羅拉多大學波德分校（University of Colorado, Boulder）表示，從2009年春季到2011年秋季期間，他有4個學期以非全日制學生在大學部主修數學，他從未在此獲得過任何學位。美國國防先進研發計畫署（Defense Advanced Research Projects Agency，DARPA）證實他從未直接為該機構工作。

霍斯金森在初次面談後，沒有參與原定的後續電話會議。他公司的全球媒體關係總監、霍斯金森的助理，以及他公司處理一般新聞電子郵件中的任何人，都沒有回覆我那3封關於採訪失約的電子郵件，或那4封關於事實查核的電子郵件，信中問到關於他的教育學位，還有他的聲明與學校聲明之間的差異問題。

伊歐里歐的前女友南希（Nancy）對「金錢不會改變一個人，它只會放大他們的真面目」這句話深有體會。2017年，伊歐里歐已經找了保鏢，開始在室內戴太陽眼鏡（因為他有遠視，也不喜歡普通眼鏡的樣子，所以他決定戴有度數的太陽眼鏡），他還配了隨從。最後他開始與一位同樣在Decentral的年輕女員工交往，有人稱她為「更年輕、更漂亮的南希」。他和南希陷入一場法律糾紛，原因則正如兩位消息人士所說，伊歐里歐幾乎沒有分享他們共同建立的資產。伊歐里歐嘲笑「共同建立」這個詞，稱她「只不過是一名行政人員……事實上，即使不靠她，我還是建立了我所建立的東西。沒有什麼共同建立這回事。是我建立的。」（南希拒絕表示意見）當時與伊歐里歐密切合作的人說，南希「非常非常地投入，如果沒有她，伊歐里歐甚麼也做不成。她負責所有的營運、財務、前台、行政工作，確保員工工作愉快」。這位人士表示，伊歐里歐對待南希就像他對待其他人那般：「這仍然

是（她）一開始沒有簽訂適當的合約，然後被一腳踢開的故事⋯⋯她絕對沒有得到足夠的肯定，每個人都知道這一點。她是我們看到的第一個進公司、最後一個離開的。如果有人與伊歐里歐關係緊張，她會出來打圓場，緩解緊張局勢並化解任何情況。」當聽到我轉述這句話的開頭時，伊歐里歐還沒等我說完就打斷了我──「荒謬！太荒謬了，太瘋狂了⋯⋯南希所做的任何事情都是任何初階行政人員能做到的，不，絕對沒有──沒有策略、沒有招聘人員、沒有法律上的決策，跟會計也沒有關係，和什麼事都扯不上關係。她甚至沒有高中學歷。」

　　正如一位以太坊內部人士所說，到2018年初，伊歐里歐「沒有太多技術經驗或一定的才能但爆富了」、「他有點像『金光閃閃的保鏢』」（安東尼說他從8歲起就開始研究電腦和技術，並開發軟體，儘管他聘請開發人員來代勞）（《紐約郵報》報導稱2018年共識大會上，他在840坪的豪華遊艇Cornucopia Majesty號上辦了長達6小時的出海遊船，並請他最喜歡的DJ西肯〔Chicane〕從倫敦飛來主持活動。他還送出兩輛奧斯頓・馬丁〔Aston Martins〕──至少一輛上面飾有以太坊標誌）。[6] 他之後在那年買下前川普國際酒店暨多倫多大廈（Trump International Hotel and Toronto Tower）價值2,800萬加幣（約2,100萬美元）、450坪、一共3層的豪宅頂樓戶，並且與他的新女友一同入住。《彭博商業周刊》發布這消息附上他人在裡面戴著太陽眼鏡的照片，當時房子原本內部裝潢已完全拆除。[7]

　　我和我的事實查證人員就伊歐里歐的情報進行事實查證，其中一部分涉及追查本書中所有負面訊息的消息來源，1個多月後，當我們完成查證程序時，《彭博商業周刊》的一篇文章宣布他正在「退出加密貨幣圈」，聲稱這是由於他擔心自身的安全。[8]

　　在威爾克離開以太坊後，他專注於當爸爸的角色。這讓他有時間思考自

己的健康可能出了什麼問題，所以他決定做出改變。他和他的兄弟一直想開一家自己的遊戲公司。2018年3月，他們開始打造一款大型多人線上角色扮演遊戲，他的精神狀態因此改善。他不再關注以太坊的情況。

　　那年冬天，ConsenSys首次在瑞士達弗斯的世界經濟論壇（World Economic Forum）上正式亮相。當年和隔年共花費了100萬美元，但這兩次參與並沒有為它帶來任何客戶。2018年2月，它還在葡萄牙辦了公司員工渡假。一些員工以典型的無政府主義方式，出版並發布一本小誌，裡頭是關於ConsenSys是怎麼以正當理由開展，但現在正在為企業和政府工作，並且質問公司的靈魂和使命是什麼，特別是當以太幣徘徊在它的歷史新高點時。小誌名字是「無狀態」（Stateless），開卷文是一篇名為「Darq Times」的文章，文章一開始寫道：

　　　　深夜狠批損壞的系統。燒焦的燕子咖啡（Swallow）氣味。高腳椅、沙發椅、睡覺用的地板。俄羅斯方塊組合桌（Table Tetris）和小人物（Tiny Human）。任天堂的FUZE和卡坦島桌遊（Catan）。微軟、紅帽（Redhat）、ubuntu，明天還有勤業。在辦公室時不到2美元，海陸雙拼組合就10美元了，企業以太坊聯盟只是價格暴跌就抄底的新聞。披薩、多角戀和迷幻短褲；那種令人毛骨悚然、怪誕的、格網狀的愛。附本：每個人，還有請款單寄給Wendycoin。從重力井頂端可以看到白色、黃色、淡紫色圓點的天空和亨弗利鮑嘉風格（Bogartian）的日落。

　　（其中一些參考資料指的是如何沒有分配座位而是共享辦公桌、ConsenSys的區塊鏈音樂專案與音樂家伊莫珍·希普（Imogen Heap）合作完成她的歌曲「Tiny Human」、以及過一段時間之後，一位來自中國名為

「Wendy」的美國員工，如何從喬那裡接管透過LocalBitcoins平台支付薪資單。Bogart則是ConsenSys辦公室所在街道的名稱）

文章說：「ConsenSys的前2年還算原汁原味，是加密無政府主義者、電腦科學家、量化風險專家、永久文化主義者、老派密碼龐克的混合體，也是叛軍和亂民的喧囂子集，在整個地球散布自由開放。」然後它繼續描述ConsenSys如何慢慢地為企業客戶服務，因為ConsenSys Enterprise是「唯一產生收益的部門」，在公司中造成了「文化張力」，驅使人們接受傳統的頭銜，如「長」（Chief）和「頭」（Head）。然後它提到峇里島渡假時緊張局勢是如何浮上檯面，「從輻條專案之間的內部競爭到幾起互不關聯、對女性不當行為的案例」。它按時間記錄公司變化和組織問題，並指出2017年10月的一份報告稱該公司有大約400名員工，「其中75%是在2017年下半年加入」，並多次提到以太幣價格一路上是如何隨著之變動，並塑造一個稱為「加密暴發戶」（crypteau-riche）的新興階級。它總結道，「我們還有時間可以清理自己打造的這個網格（Mesh）。」（譯註：ConsenSys Mesh聲稱是區塊鏈技術解決方案的加速器和孵化器）儘管這個小誌發行的數量有限，只保留給那些為自己寫一封信反思為什麼在ConsenSys工作的人，但魯賓也得到了一份，他請人複印，然後交給小誌的一位創辦人，說「盜版」出來了。魯賓對此的回應是：「我們通常鼓勵公開討論。」

魯賓後來記不得同月份的以太幣仍在700到900美元之間，他告訴一名員工，說他希望ConsenSys在年底前擁有1,500名員工。當被問及原因時，他並未提出特別的理由——對工作人員來說，似乎是這個數字對他來說聽起來不錯。那一年，《富比士》估計ConsenSys的年燒錢率超過1億美元——而2018年它只有2,100萬美元的收入。[9]它將收購一家名為Planetary Resources的小行星採礦公司。魯賓發表聲明說：「將深邃宇宙的能力帶入ConsenSys生態

系統，反映了我們對以太坊的信念：以太坊有潛力透過自動信任和保證執行來幫助人類制定新的社會規範系統。」[10]

　　根據 The Verge 新聞網站報導，雖然 ConsenSys 沒有達到 1,500 人，但最後在 12 月擴增到大約 1,200 人。當月上旬，它宣布裁員 13% 的員工。[11] 幾週後，它把大部分新創企業分拆出來。[12] 最終正如科技新聞網站 The Information 報導的，到 2019 年 3 月，只剩下 900 名員工，而公司將尋求 2 億美元的外部投資。[13] 2020 年 4 月，ConsenSys 仍然沒有找到有意願的投資者，儘管員工人數已縮減至約 550 人，它又宣布了另一波裁員——14% 的員工。5 月，它釋出原始碼，開放其小行星採礦收購案的知識財產權，並拍賣其實體資產。[14] 2020 年 8 月，它收購摩根大通的企業區塊鏈平台。專注數位資產的網站 The Block 的報告指出，ConsenSys 將會得到摩根大通銀行 2,000 萬美元的策略投資，但交易條款尚未定案，可能還會有變化。[15] 最後在 2021 年 4 月，ConsenSys 宣布從摩根大通、萬事達卡（Mastercard）、瑞銀、Protocol Labs 以及其他公司籌集 6,500 萬美元，其中 Protocol Labs 曾擁有最大的 ICO 紀錄。[16] 就如一位在公司葡萄牙渡假時曾幫助分發小誌的前員工所說，「最初發現以太坊、致力於去中心化，以及建立一個新社會以不同方式運作的那些人——那幫人離開了（ConsenSys），留下來的人就像是，『讓我們使摩根大通發揮所長吧。』」（魯賓不同意這個說法，他指出公司內部幾家的以太坊基礎設施提供商，包括 MetaMask 錢包，到 2021 年春季時每個月的活躍用戶已達 500 萬）

　　有一些（但不是全部）早期員工最終將他們的股權記錄在案。獲得股權的人似乎喜歡魯賓，並且對 ConsenSys 積欠他們很多比特幣和以太幣一事毫不在乎。根據會議的螢幕截圖，魯賓最終在 2019 年 12 月舉行的 2018 年度股東大會上，以總計 2.66 億瑞士法郎的公平價格免除了以太幣貸款（律師寇

法說這比真實數字誇大有25%之多）。該公司分成兩個實體——原始的那個
重點放在投資，另一個專注於軟體。[17]根據ConsenSys股東在即時通訊軟體
Telegram上的群組，這筆交易稀釋了他們的股票，因此他們現在的價值只剩
原來的十分之一——這還是在股東大會後已經稀釋33%過的數字，雖然截至
2021年6月新股尚未發布（談到股份稀釋至之前價值的十分之一，寇法表示
公司無法發表評論，至於股東大會，他表示已經授權大約額外15%的普通股
授予尚未收到股權的員工）。2020年8月，在摩根大通交易完成之前，一位
聊天群組成員表示，摩根大通想要一個乾淨的美國公司，而不是最初瑞士的
AG（股份有限公司），後者幾乎沒有它擁有哪些知識財產權的明確文件。
「所以這就是正在發生的事情：清除AG並將其全部轉移到美國公司，而AG
股東就完蛋了。」該組織的一名成員指出，「從為了投資者審慎調查的觀點
來看，AG都是個災難。」該組織的一名成員表示，新的軟體公司試圖將資
產轉移到一個更容易實踐審慎注意義務的乾淨組織，然後他連結到一篇關於
針對ConsenSys最新訴訟的文章，這篇文章指控ConsenSys剽竊它所投資的公
司之程式碼，並自己發展出競爭性產品。

　　另一部分的主管們離開了，他們當中許多人彼此都有相似的經歷：魯
賓喜歡看他們在他面前爭吵，有一位說「所以他同時掌控兩個人」，另一個
人則稱他的風格為「分而治之」。他們說，當這些主管離開時，魯賓讓他的
團隊扒他們的醜事、說他們的壞話。有一人說：「我不敢相信他們還待在那
裡，卻沒有意識到他們就是下一個被幹掉的人。」（魯賓否認這一點，並表
示他們永遠不會揭前員工的瘡疤。他說「我們做事光明磊落」）陳敏的離職
至少幫助魯賓和布特林之間的隔閡冰釋。在2018年5月於多倫多舉行的以太
坊會議上，ConsenSys主管卡維塔・古帕塔（Kavita Gupta），之前為布特林安
排和一些科技巨頭舉行幾次會議，這次也安排他和魯賓（還有陳芸芸）之間

的一個會議。她回憶說，布特林「對此並沒有很高興，只是像機器一樣回答魯賓的問題」。古帕塔隨後為他們兩人安排與Google前執行長艾立克·史密特（Eric Schmidt）會面。之後，魯賓和布特林對事情的進展非常滿意，他們擁抱並聊了半小時到45分鐘。古帕塔在布特林離開後說，魯賓對於能與布特林再次愉快交談感到非常激動。不過魯賓說不記得這件事了。

就連以太坊基金會和ConsenSys也終於能和平相處：以太坊基金會的新任執行董事宮口彩和當時的ConsenSys策略長山姆·卡薩特是朋友。卡薩特就是員工口中那個好幾年很少進辦公室的那位，他最後搬到波多黎各。

至於伍德，Parity團隊和Web3基金會在2018年冬天，試圖了解以太坊治理是如何運作的，想看他們是否能透過EIP（以太坊改進提案）來解凍Polkadot ICO資金。結論就是以太坊內部人士幾個月來一直在抱怨的那樣：沒有明確的決策過程。在2018年以太幣的巔峰時期，Parity被凍結的資金價值約為4.34億美元。Parity開發人員仍然提出一個EIP (999)來解凍Parity錢包中的資金，隨後發生了激烈的辯論，一些人擔心Parity客戶端會自行執行程式碼，從而創建硬分叉。2018年4月，Parity進行了代幣投票，僅開了639張票，有將近160萬枚以太幣支持、220萬反對。最終，他們沒有採取任何行動。[18] 儘管如此，雖然以太坊中許多人對伍德的看法充其也不過是好壞參半——大部分覺得他是「卑鄙」、「小氣」、「傲慢」、「自私」，大致來說是個「混蛋」——但他們也傾向認為他對以太坊產生積極的影響，並因他的遠見、雄心和奉獻精神而尊重他（伍德說，當面臨選擇衝撞，或選擇看著你花了無數時間與心血的計畫，「消失在一條廢棄、混亂和最終對每個人都有害的失敗道路……，我會選擇去衝撞」）。

伍德本人對魯賓有一種長久偏見，將自己身上發生的許多倒楣壞事——從他被以太坊基金會開除、多重簽名凍結——全都歸咎於魯賓或底下工作

的人。Parity ／ Web3的一名員工形容這是「一種根深蒂固的偏見。是不健康的」。伍德回答說：「如果他們真的在後面搞你，那就不是偏見。」然後連結到一張1998年電影《全民公敵》（*Enemy of the State*）的海報，海報上有相同的標語。他還暗示Parity失去解凍資金的代幣投票，因為「一個持有以太幣的大戶，也許口袋夠深到為1,000多人的組織提供資金，然後（決定）這不符合他們的利益」。

　　在資金凍結的情況下，某種程度的偏執或許有正當理由。儘管devops199聲稱自己是「意外」殺了多重簽名的以太幣新手，但有趣的是，他事先掩蓋了他的行跡，就好像是有預謀的行動。凍結Parity多重簽名錢包的交易來自一個帳戶，該帳戶於11月1日從UTC（世界協調時間）時間18點28分收到來自ShapeShift交易所的交易，從0.0102枚比特幣轉換成0.225枚以太幣。[19] 但是，這些比特幣本身是18點23分從0.245枚以太幣轉換成0.0104枚比特幣而來。[20] 為什麼devops199會拿完全沒問題的以太幣轉成比特幣，然後在5分鐘後，又把它換回以太幣，再執行凍結Parity多重簽名的交易？

　　更有意思的是，最初的以太幣（用來轉成比特幣後，再轉成被凍結在多重簽名的以太幣）是來自一個在過去6天完成1,215筆交易的帳戶。[21] 一位分析師表示，這交易的特徵與一種稱為「滲透測試」的技術一致，該技術是在尋找可利用的漏洞。另一位研究人員表示，他們似乎也在測試網路上測試這種策略──並且已經發送610條「kill」指令給隨機的合約──但在他看來，這不像是滲透測試，而更像是試圖收割以太幣（基本上是發送「kill」指令給合約，看看他們是否願意給devops199錢）。不過，他也表示，這些證據也可能是「很好的掩護」。devops199似乎還參與一個名為PlexCoin的ICO專案，美國證券交易委員會於2017年12月針對該專案提起訴訟，理由是「向潛在和實際投資者做出虛假和誤導性陳述」，其創辦人在加拿大被判處2個

月的監禁。[22] 從他們可以使用的 Plexcoin 數量來看：4,000 萬枚，占乙太幣總量的0.4%。一位了解這類活動的分析師說，devops199看起來像是一名諮詢或顧問，所以，稱不上是新手。

2018年1月16日5點43分，可能是devops199拿走了凍結的多重簽名帳戶中剩餘的0.09枚以太幣，並通過ShapeShift轉成0.256枚的匿名幣門羅幣。[23] 儘管無從證明，但可以合理推測，在7點41分，devops199還將0.23枚門羅幣轉換為0.073枚以太幣。[24] 為什麼好好的以太幣，要拿去轉換為門羅幣，然後再將換回以太幣，是不是為了掩蓋他的行跡？

當伍德談到2018年9月在網路新聞媒體BuzzFeed的一篇文章時，對魯賓的偏見也可能是有理由的。這篇文章講述，他在以太坊出現之前，是如何寫了一篇關於與死於愛滋病的青春期女孩發生性關係的部落格文章（伍德說這是一部虛構作品，BuzzFeed沒有找到任何證據顯示，那個地點有一個同名小孩在文章提及的時間死亡）。[25] 這篇文章是魯賓一位大學好友的同事在以前給我的內幕消息（魯賓否認對此有任何了解）。

2018年1月31日，陳敏在以太坊部落格上發布她第五篇、也是最後一篇貼文，宣布這是她在以太坊的最後一天。[26] 緊接著，「以太坊團隊」放了另一篇文章是關於她的離任和宮口彩的任命。[27] 在陳敏被解僱／辭職後，她告訴至少一位朋友，她離開是因為醫生建議她需要長時間休息——過去幾年她工作太多、睡得太少。她在職業社群服務網站LinkedIn上的頭銜改為「以太坊基金會前執行董事」。陳敏的個人資料顯示在就學期間，她從1984到1988年就讀於麻省理工學院主修計算機科學和建築，同時就讀於衛斯理學院（Wellesley College）主修東亞哲學。雖然她在很多地方宣稱自己是麻省理工學院的校友，並且在討論她個人追求卓越的哲學時經常提到麻省理工學院，但她實際上是衛斯理學院的學生，在麻省理工學院交叉註冊選修課程，而這不

代表她就是麻省理工學院的學生。她在LinkedIn上還顯示，她從1988到1991年就讀麻省理工學院主修媒體藝術與科學（以前隸屬於建築與設計系），並且她是LinkedIn上麻省理工學院校友會的成員。然而麻省理工學院註冊辦公室表示，她於1989年2月以建築系研究生的身分入學，同年5月輟學，從未獲得學位。

　　在寫這本書的過程中，我給陳敏發了11封採訪邀請的電子郵件。有一次，她回應說，出於個人原因，現在不是一個好時機（我也給迪特里奧發了4封電子郵件，問他是否可以說服陳敏與我談一談，或者他是否願意自己接受採訪）。我後續又發送些電子郵件給她，在5個月之後，我再次向陳敏提出邀訪請求，得到了這樣的回覆：

```
Subject: Delivery Failure
Delivery to the following recipient failed:
[Ming's email address]@gamail.com
```

　　仔細檢查發現這並不是系統管理員所發的實際寄送失敗的訊息。雖然電子郵件的文字寫著「Subject: Delivery Failure」（主題：寄送失敗），但電子郵件實際的主題欄並沒有改變。這封電子郵件利用了Gmail的一項特殊功能，其中任何地址都可以在後面添加由＋符號帶出的詞尾，而不會實際影響到該電子郵件地址的發送和接收。這封電子郵件來自[她的電子郵件]+canned.response@gmail.com。

　　她和迪特里奧並未回覆我的事實查核員發的另外4封電子郵件。到目前為止，我不相信有人發現娜拉（Nora）的身分（譯註：挪威劇作家易卜生的作品《玩偶之家》女主角的名字）。

　　最後，在我聽到布特林在陳敏被免職時在董事會只握1票的故事之前，

我採訪過帕特里克・斯托徹內格。儘管斯托徹內格沒有回覆我8封後續信件和2次電話、或我的事實查核員的2封信，但後來我想到先前我問過他：「布特林在董事會上有多少票——你在董事會的那段時期？」斯托徹內格回答說：「他的票比其他任何人都多：3票。」這就有一個可能性，即陳敏聲稱布特林在她被免職時只有1票的說法不是真的。

　　在宮口彩的領導下，以太坊基金會影子政府的問題仍舊存在。即使員工向她抱怨所有在基金會行使權力的非官方人士——以至於員工們常常覺得這些不被問責的人物比宮口彩的影響力還大——但是，她沒有把權力結構安排得更清楚，或者說她在這方面沒發揮什麼作用。DevCon 4即將在哥本哈根舉辦，籌備團隊已經一切就緒。在他們即將宣布舉辦地點的前一天晚上——籌備人員表示已經與場館簽訂合約，並且一篇部落格文章也已準備好可以發布——哥本哈根這座城市被取消舉辦了（原因可能是「對於這樣一個全球性的社群來說，它過於精緻和昂貴」，正如策劃團隊的某個人所說，基金會希望人人都能參與這項活動；最終它選在布拉格舉行）。一位活動策劃者在他接這個工作的第一週聽說，最終把哥本哈根拉下馬的人是葛瑞戈。這位活動策劃者會聽到人們八卦，「哦，是葛瑞戈。」這給了他一種神秘的光環。雖然葛瑞戈人沒出現也不在團隊中，卻有足夠的影響力阻止這樣重大決定，所以他覺得葛瑞戈給人的印象是以太坊基金會的「隱形傀儡師」。在這個自2018年成立的影子政府中，有另一個讓人覺得在幕後指揮的是愛伯特・倪（Albert Ni），他沒有正式的基金會職位，曾在基金會於泰國渡假時拜訪過基金會一行人。其他人認為，正因為他，宮口彩無法自己做決定，即使她是執行董事，而愛伯特沒有掛任何頭銜。

　　宮口彩說：「任何組織的領導人都有其他人在委派工作，這是很正常的。」她還指出，以太坊基金會有意不採用傳統的層級結構。「你會只因為

某些聰明人有頭銜才聽他們的話嗎？」愛伯特將宮口彩被架空操縱的故事情節歸因於性別刻板印象，並補充說，也許是因為英語不是她的母語，如果愛伯特，一個麻省理工學院數學系和計算機科學系校友、前工程師和Dropbox工程招聘負責人，闡明一些技術層面的決策，他們可能就會認為這些指令來自於他。但決定是由她和布特林下的（在與我討論影子政府的消息來源中，2個是技術性的；3個是非技術性的）。愛伯特還談到那些批評他在沒有頭銜的情況下能行使如此大的權力者，「我們會對區塊鏈感興趣，一部分原因不就是因為我們希望事情在有意義的情況下完成，而不是因為這個人有頭銜——因此頭銜有意義嗎？如果我早知道人們會如此糾結這一點，我就會去弄一個頭銜。」宮口彩還對影子政府存在的觀點提出異議，將其歸因於一個在推特上製造雜音的人（Texture）（Texture不是對影子政府表示擔憂的消息來源之一）。宮口彩說：「老實說，沒有什麼是真正的影子政府，」「我們不能隱瞞任何事情，因為無論如何大家都會談論它。」至於DevCon 4，她和以太坊基金會發言人表示，舉行大會的城市改過好幾次，至於葛瑞戈是否影響對哥本哈根的決定，她說，「他不是決策者。他是社群的一員。」

　　2019年春天，專門諷刺加密貨幣的新聞網站Coin Jazeera發表一篇題為〈布特林探索性愛後以太坊發展停頓〉的文章。這篇文章質問以太坊的發展到底怎麼了，並說它的「特約記者」佩佩・格魯伊（Pepe Grenouille）前往曼谷進行調查。在那裡，佩佩發現布特林的GitHub提交速度變慢了，因為他一直在與葛瑞戈耗在一起。這篇文章將葛瑞戈描述為「隱晦而神秘的人物，曾擔任OmiseGo的特別顧問，這個完全不是騙局的10億美元專案正試圖『取消銀行帳戶』……我們還了解到，葛瑞戈先生是高靈性人士，而東南亞是充分利用未成年少女靈修的理想之境」。然後文章引用了某人的話說，「葛瑞戈向布特林展示了……生活的另一面。世界上無法簡化為一行程式碼或可擴

增分散式計算平台的一部分。我要說的是，他向布特林展示了陰陽合和的力量。」甚至還有一張布特林、葛瑞戈和一名身分不明亞洲女性的照片。

　　1天之內，文章中所有提及葛瑞戈的部分和照片都遭刪除。布特林的GitHub提交速度變慢的原因改成是「我們不確定他怎麼了，從那以後他一直就像是個幽靈」，還引述一位朋友的話，說布特林看到了生活的另一面是因為泰國，而不是因為葛瑞戈。[28]

　　一些聯合創辦人在早期選擇工作夥伴時失準的判斷力仍有後續效應。律師出身的技術專家史蒂芬‧內瑞歐夫，曾經幫忙打通與美國律師事務所關係，讓該律師事務所出具意見書稱以太幣不是證券，並在預售時與魯賓密切合作。2019年9月，內瑞歐夫因涉嫌敲詐勒索在2017年秋天進行ICO的公司而遭逮捕。[29]他不認罪，仍在等待審判。

　　2019年10月1日，一封來自聊天輪盤的安德烈‧特諾夫斯基的電子郵件投進了布特林的收件匣：

　　親愛的V

　　這封電子郵件跟我在2016年對硬分叉白帽DAO額外餘額的法律要求信函有關。

　　我現在意識到，你們的所作所為，都是出於最純真的善意。我當時做出這些法律威脅是非常錯誤的行為。我很抱歉，我當時很迷惑，也是一個悲傷的可憐人。雖然我的資金確實被鎖在那裡，但很顯然我沒有任何道德權利這樣要求別人。

　　他接著說，願意匿名捐贈20萬美元或任何布特林選擇的更高金額，並

尾聲　379

補充說：「我認為以太坊基金會並不需要我的錢。」

　　2019年10月30日，特諾夫斯基打電話給葛林，以確保他們之間的關係一切都還無恙。葛林向他保證是的。現在回想起來，特諾夫斯基說他之所以有嘗試讓經典以太幣價格暴跌的想法，是因為這麼做會很有趣，正如他所說：「就像在現實世界中上演電影《華爾街之狼》（*Wolf of Wall Street*）一樣」。他還認為，既然經典以太幣很糟糕，壓低它的價格「就像是在為社群服務一樣……經典以太坊就像一個笑話。就像，就像什麼呢？但是，怎麼會有價值1億美元之類的區塊鏈副本呢？……就像狗狗幣（Dogecoin）一樣」。當被問及他採取法律途徑威脅時，他幾乎是把它當作學術研究報告在做，因為這些問題在法律上沒有前例。他說當時他「不管別人死活」，並補充說：「我更像是一個酸民。」自嘲想登上Reddit頭版。5年後，他長大了，認為他的法律信件是「一個愚蠢的錯誤而且胡說八道，但當時我沒想那麼多。我只認為這很有趣──就像『公文』。之前，我就像『酷喔，律師們』──電影演得那樣，拿出『一封神秘的信件』。」特諾夫斯基說，比特幣瑞士銀行不能談論客戶關係，甚至無法確認特諾夫斯基是不是客戶。不過，他們也不會反駁特諾夫斯基的話。他還補充說，不管客戶想用他或她在比特幣瑞士銀行上的資產幹什麼，只要不違法，公司就有義務照著做。

　　2019年11月，倫敦《泰晤士報》報導指出，克里斯·哈波有一個泰國「分身」。他曾在2019年向英國脫歐黨（Brexit party）捐贈300萬英鎊。[30] 在泰國證券公司Seamico Securities的2014年年報中，刊登了一位名為洽克里特·薩昆克里特（Chakrit Sakunkrit）的大頭照，他的長相與哈波一模一樣，成就紀錄也與這位英國佬相同，出生年月也同為：1962年12月。2021年4月，加密貨幣新聞網站Protos報導，哈波對英國改革黨（Reform UK party，前身為英國脫歐黨）的捐款總額為1,370萬英鎊（1,900萬美元）。它指出，英國改革

黨籌集的總資金為1,800萬英鎊（2,500萬美元），「這意味著哈波的捐款占該黨脫歐資金的絕大部分。」[31]

Poloniex對DAO攻擊者的調查則未有定論。DAO攻擊者在ShapeShift交易所上的返回地址與瑞士商人之間的關聯，原來是因為他們同時在ShapeShift上進行交易。

然而，這位瑞士商人於攻擊前一晚在Bity上就已經購買了1,000多枚以太幣，因為他知道交易將以他銀行資金到達時的以太幣價格來執行——也就是第二天，當它跌至13.57美元時（Polo調查員認定的前Bity員工以太坊地址，實際上是Bity用於客戶交易的「熱錢包」）。但這位商人不可能成功實施攻擊。他的兩個技術夥伴（包括卡拉佩澤斯那位來自DevCon 2的快樂朋友）否認他們有做這樣的事。

似乎這就是路的盡頭，線索到此斷了。當我要結束這本書時，范德桑德聯繫到我，說巴西執法部門已經對DAO和他展開正式調查，這促使他委託別人做一份鑑識報告，但報告內容與區塊鏈資料分析公司Coinfirm提供給本書參考的分析資料並不完全一致。

我和范德桑德開始從報告和其他數據中，檢查與DAO攻擊者相關的各種地址的活動。從勾稽虛榮地址往後退幾步會發現，一個以0xf0e42開頭的地址，在DAO眾籌期間試圖對以太坊進行DoS攻擊。[32]

眾籌結束大約2週後，0xf0e42向隨機的地址發送0枚以太幣，使區塊鏈膨脹，[33] 它進入DAO有1,001次，每次送1個Wei，外加一筆0.000111111111111枚以太幣的交易。[34] 最後在5月2日，0xf0e42發送一連串1個Wei的交易，給區塊鏈帶來永久性地的不便（不是暫時性的阻塞）。[35] 這波攻擊總計超過1.5萬筆交易。

硬分叉後，他們將暗DAO以太幣轉移到一個孫DAO。[36] 9月5日，又將

這筆款項轉移到0xc362ef，也就是范德桑德將為HackerOne的地址，[37] 然後再轉移到0x5e8f（HackerTwo），[38] 從這裡把錢捐贈給經典以太坊開發者基金（之後，11個A開頭的虛榮地址向HackerTwo發送了0.693枚經典以太幣）。[39]

　　10月下旬，假定的攻擊者開始利用ShapeShift交易所進行數位貓捉老鼠的遊戲，因為ShapeShift經常凍結他們試圖兌現的經典以太幣。起初，攻擊者透過ShapeShift將經典以太幣換成比特幣，並提取到1M2aaN開頭的比特幣地址。[40] 他們主要的錢包是HackerTwo，同時用另一個范德桑德稱為HackerThree的錢包兌現，並定期從HackerTwo加值15,000到30,000枚經典以太幣。在10月25日週二，他們從UTC時間早上4點50分到10點41分進行了32次轉換。晚上11點56分又進行了17筆交易，[41] 一直到週三上午3點15分才結束（最終ShapeShift封鎖1M2aaN）。[42]

　　幾天後，位在俄羅斯的經典以太坊開發人員迪哈浪（Dexaran），他的錢包向HackerThree發送1.05枚經典以太幣。[43] 迪哈浪是否就是攻擊者，何以他意外地在本應無關聯的錢包之間進行交易？迪哈浪同意接受採訪，但沒有回覆我的最後4封信，即便我只是問他為什麼將錢匯到假定的攻擊者的錢包中。但迪哈浪在接受一個經典以太幣支持者的採訪時，他否認自己是攻擊者：「如果我是[T]heDAO駭客，那我為什麼需要ICO來資助我自己的團隊？」[44]

　　11月14日是成功兌現的一天，但是卻以一筆交易被阻止而結束，[45] 和2天後的另一筆交易一樣。[46] 攻擊者在3天內損失5,326枚經典以太幣後，從而改變了策略：把錢轉到一個新的經典以太幣帳戶、發送到ShapeShift，然後提領到一個新的比特幣地址。移轉經典以太幣花了6到19分鐘，但每筆ShapeShift交易都在不到1分鐘後發送，就好像他們試圖讓ShapeShift措手不及，以防他們的交易被擋下。這個策略在12月2日、5日、6日和7日都奏

效，[47] 但在 12 月 9 日和 11 日一共試了 6 次都被攔下了。[48]

在此之後，假定的 DAO 攻擊者就沒動靜了，在 HackerTwo 中留下了超過 336 萬枚經典以太幣（截至 2021 年 10 月上旬為 1.81 億美元），[49] 還有在一個以 0x1b63b 開頭的地址中留有 47,262 枚經典以太幣（在 2021 年 10 月上旬為 260 萬美元），[50] 加上在其他地址中較少量的經典以太幣。

他們將 235,114 枚經典以太幣（當時為 214,000 美元）換成了近 282 枚比特幣（2021 年 10 月初為 1,500 萬美元）。

DAO 攻擊者的兌現時間一般從凌晨 0 點 0 分到 15 點，幾乎都沒有在 15 點到 24 點兌現，儘管少數發生在 22 點和 23 點之間。這位商人、他的同事和迪哈浪的社交媒體活動大致是從 5 點跨到 21 點／ 23 點，這與攻擊者假定的睡眠時間重疊。所有這些人都在歐洲／俄羅斯，但兌現時間對下來是亞洲的早晨到晚上的時間，比如東京的上午 9 點到午夜。

雖然攻擊者給 ShapeShift 的訊息是用速記方式，但似乎是出自英語流利人士：「dao tokens still missing. should be this tx. please send refund tx hash or dao token. thank you.」（dao 代幣仍然不見。應該是這個 tx。請發送退款 tx 地址或 dao 代幣。謝謝你）。另一本書的作者馬修・萊辛（Matthew Leising）曾追查一條來自模仿攻擊者的線索，該攻擊者向羅賓漢團隊發送一則訊息，其中一句話是「Don't you do it also to see productive future?」（你這樣做不就是為了看到高效的未來嗎？），讓馬修找到一位日本開發人員。我先前忽略這條訊息，是因為它來自一個模仿攻擊者，而且英語不流利，讓我覺得看起來像是不同的人。但兌現時間又讓我懷疑自己是不是弄錯了。

從 Coinfirm 公司的數據來看，兩名消息人士發現，假定的攻擊者向 Wasabi 錢包發送了 50 枚比特幣，這是一個私人的桌機版比特幣錢包，旨在利用所謂的 CoinJoin 比特幣混合器，混合多個比特幣來匿名交易，[51] 他們有幾

次這樣做。但是，區塊鏈分析公司 Chainalysis 分離了他們的 Wasabi 交易，並按他們的輸出追蹤到了 4 個交易所。其中一個交易所員工向消息來源證實，這些資金被換成 Grin 匿名幣，並提取到 Grin 節點。這個節點名稱包含一個認得出來的西方名字的別名。

這節點的 IP 位址還託管包含相同別名的比特幣閃電網路（Bitcoin Lightning）的節點。所有這些節點的 IP 位址在 18 個月內都是一致的，所以它不是 VPN 虛擬私有網路。

它放在新加坡亞馬遜資料服務（Amazon Data Services Singapore）上。

比特幣閃電網路瀏覽器 1ML 顯示，這個 IP 上的節點有另一個顯眼的名稱——這一次，是一家公司的名稱。

該公司所有者的西方名字與 Grin 節點中使用的別名相同。事實上，他　曾　在 AngelList、Betalist、GitHub、Keybase、LinkedIn、Medium、Pinterest、Reddit、StackOverflow 和推特上使用這個別名。

這傢伙在新加坡，英文很流利。

大部分兌現交易的時間是新加坡的早上 8 點到晚上 11 點。

還有此人在交易所使用的帳號的電子郵件地址網域名稱就是他的別名。

2016 年春天，此人進入了 DAO。5 月 14 日，也就是 Slock.it 意識到每個人還有 1 天的時間可以用 1 個以太幣對換 100 枚 DAO 代幣的那天，他在社交媒體上發文，嘲笑 Slock.it 犯了一個錯誤。

幾天後，他在 DAO Slack 上發表 52 條關於 DAO 漏洞的評論。有人催促他向彥區、卡拉佩澤斯和葛林發信。他先是說正在為 DAO 寫一份提案，然後說：「為了審慎調查（此漏洞），我們檢查 DAO 的程式碼，發現一些令人擔憂的事情。」他概述了攻擊者可以勒索帳戶持有人的場景，導致攻擊的目標

不得不在沒有任何資金的情況下退出，失去全部存款，或者必須給攻擊者20%的以太幣。不久之後，他透過電子郵件又給了另一個可能的攻擊途逕。

彥區的回應是時而反駁、時而承認他的觀點。他們針對這個主題來來回回發了一串電子郵件，而這個人最後一封信的結尾是：「如果我們發現任何其他事情，我會讓你隨時了解情況。」

他發現更多漏洞。5月28日，他寫了3篇關於DAO中各種漏洞的貼文。第四封更加危言聳聽，指責Slock.it沒有把他的擔憂當真，並且把焦點放在他所看到最嚴重的漏洞上。大約1週後，他最後一篇Medium貼文是關於區塊鏈面臨安全挑戰的風險，並邀請大家以各種方式破解區塊鏈。

2週後，發生了DAO攻擊。他在事後上推特發文也轉發推文，發表的內容不是對布特林、以太坊和DAO的酸文，就是反對硬分叉。當Poloniex上架經典以太幣和巴里・西爾伯特發了「買了我人生第一個非比特幣的數位貨幣……經典以太幣」推文時，他的反應似乎很興奮。

奇怪的是，在攻擊發生幾週後的7月5日，他和卡拉佩澤斯在標題為「暗DAO反擊」（DarkDAO counter attack）的Reddit私訊中交換意見——不過並不清楚私訊內容，因為此人已幾乎刪光他所有Redditw文章。

他寫給卡拉佩澤斯，「很抱歉沒有先聯絡你。我沒有找到它，無從告訴社群有辦法反擊。」

「無論如何，我認為攻擊者沒有辦法使用它。」

卡拉佩澤斯告訴他羅賓漢團隊的計畫後，這個人回答說：「我已經把帖子撤了。」卡拉佩澤斯回答說：「從現在開始，我會讓你了解我們所做的事情。」嫌疑人的最後一條訊息中包括：「如果我搞砸了計畫，我很抱歉。」

卡拉佩澤斯在不知道有證據說明他可能是DAO攻擊者的情況下，一聽到嫌疑人的名字立即說：「他很惹人厭……他一再堅持自己找出很多問

題。」卡拉佩澤斯覺得這些問題是很煩人，但並不嚴重。卡拉佩澤斯從未見過嫌疑人，對他的印象來自照片。「他看起來有點自負，」卡拉佩澤斯還補充說，他對這個名字的直覺反應是「天哪，不，我討厭那傢伙」。

卡拉佩澤斯聽說，暗DAO經典以太幣已經以嫌疑人的別名兌現到某個Grin節點時，他表示如果嫌疑人是拯救了這些資金，那麼以太坊社群會給予他「大大的獎勵」。卡拉佩澤斯驚訝的是，他在凍結資金時沒有嘗試導正事情，因為認為攻擊者「不是好人……因為他們可以選擇真正解決問題。他們有足夠的時間」。

同樣，葛林認為，如果DAO攻擊者通知社群，他的生活會「好得多」。「他會像是早期2016年的Solidity，成為英雄，」格里夫說。「他真的把事情搞砸了……名聲遠比金錢來得更珍貴。」

2017年5月，嫌疑人公司使用的比特幣地址向1EuUQ發送了4.6枚比特幣（10,500美元）（從技術上來說，1EuUQ是代表一組以1E8Kr開頭的地址）。該錢包也在2017年6月至2018年12月期間向公司地址匯款。1EuUQ從一個以3NNmRt開頭的地址收到錢，這個地址與公司的錢包有互動。3NNmRt還向3N1YdR開頭的地址匯款，該地址最終轉到了一個交易所帳戶，而該帳戶也收到從假定攻擊者的Wasabi錢包的匯款。

收過攻擊者Wasabi匯款的第二個交易所告訴消息來源，這些匯款在交易所被換成Grin匿名幣，但沒有提領。

嫌疑人在讀過一份顯示本書對他評價的事實查核文件後，寄了一封電郵回應道：「你的陳述和結論事實上並不準確。」他說，如果我需要，他可以提供更多的細節。儘管後續有3封追問這些細節的訊息，但在我向他提醒了5次的最後期限之前，他並沒有給我答案（譯註：根據作者在2022年2月22日在網上的發文，https://www.forbes.com/sites/laurashin/2022/02/22/

exclusive-austrian-programmer-and-ex-crypto-ceo-likely-stole-11-billion-of-ether/?sh=4a7ed1917f58，The DAO 駭客的身分為 Toby Hoenisch，是一名 36 歲的程式人員，他在德國出生、奧地利長大。2016 年 The DAO 被駭客入侵時住在新加坡，他最為人知的身分是 TenX 的共同創辦人兼執行長）。

在 2016 年的一篇部落格文章中，他寫道：「我是純正的白帽駭客。」但是當談到 DAO 時，他是個黑帽。

隨著陳敏老虎鉗般的控制消失，基金會面臨著迄今為止最大的危機：布特林的朋友維吉爾・葛瑞菲斯是基金會五位最有權勢的人之一（包括影子政府成員），人們經常描述他是「混亂中立」的人物，在 2019 年感恩節，因涉嫌協助北韓逃避制裁而在洛杉磯國際機場被捕。[52] 葛瑞菲斯正在等待審判，如果被定罪，將面臨最高 20 年的監禁。布特林事先就知道葛瑞菲斯打算做什麼，卻一直對葛瑞菲斯的選擇保持中立，認為「他不僅僅是以太坊的人，而且也是獨立的個體，如果他想做什麼就去做。」所以，那年稍早，當葛瑞菲斯在推特上發布他的北韓「渡假」計畫時，布特林回答說：「好好玩吧！」[53]

在加密領域，2020 年感覺就像 2016 年一樣——新趨勢不斷湧現，成長潛力極大，而且速度也非常快，新用戶紛紛湧入成為信徒；億萬富翁級避險基金經理承認購買了比特幣；[54] 包括世界上最有價值的公司之一特斯拉、清醒的保險巨頭美國萬通保險（Mass Mutual）在內的公司都將資金投入其中。第三方支付平台 PayPal 在產品中增列比特幣、以太幣和其他加密貨幣的選項；[55] 甚至，銀行現在也獲得允許儲存加密資產。[56] 以太坊中一種名為 DeFi（去中心化金融）的新潮流突然大熱——頻繁的攻擊不時出現在 DeFi 上，宛如迷你版 DAO。[57] 而以太坊網路也發動重大變革，要升級到以太坊 2.0 的新版本。[58]

隨著 2021 年到來，比特幣已是 2017 年歷史最高點的 3 倍，突破了 60,000

美元，以太幣從ICO泡沫中突破之前的紀錄，超過2,000美元、3,000美元，甚至4,000美元。到8月下旬，即使是霍斯金森的區塊鏈Cardano，也好像因為其擁有330億枚代幣流通供應量（而以太幣為1.17億枚，比特幣為1,880萬枚），所以一直居高不下，已達到約900億美元的市值，並短暫成為第三大加密貨幣。一款類似《謎戀貓》的新遊戲NBA Top Shot，出售籃球精彩片段的數位收藏品（又名非同質化代幣，或NFT，Non-Fungible Token），截至8月底，銷售額已超過7億美元。[59] 里昂王族（Kings of Leon）和格萊慕斯（Grimes）等主要藝術家，靠著銷售基於以太坊的數位收藏品賺了數百萬美元。[60] 著名的拍賣行佳士得（Christie's）以6,900萬美元的價格售出了NFT，打破了以往線上拍賣的紀錄，並且首次接受以太幣付款。有人以大約290萬美元的價格購買名為EtherRock石頭圖檔的NFT。[61] 8月，最大的NFT購買平台OpenSea以超過30億美元的月交易量收盤，[62] 與成立16年的美國網路商店平台Etsy在上一季的交易量相同。[63] 來自無聊猿（Bored Ape Yacht Club）的卡通數位貨幣收藏品「CryptoPunks」和無聊猿的Jpeg圖充斥在Crypto推特上的個人資料圖片上，人們在裡頭爭論NFT是否就是2021年的ICO。[64] 這看起來像是加密貨幣圈內第二次巨浪熱潮的前鋒波濤。

（本書註解請掃描QR code，或直接輸入網址 reurl.cc/bEoQ8E 閱讀）

致謝

寫這本書可說是我職業生涯中最艱鉅也最有趣的任務。我從這個過程學到了很多人生教訓，所以雖然這也許像是脫稿演出，但我要感謝這本書為我的生活帶來如此多的樂趣，也感謝它成為我的良師。

我應該在此大肆稱讚我的消息來源。他們不僅奉獻自己、撥出許多時間經常向我解釋技術層面的細節，而且他們還給了我文件、聊天群組日誌、電子郵件、錄音、影片、照片以及大量的其他內幕消息和情報。如果不是有數百人和公司耐心回答了我的問題，並傳達細節幫助我細緻入微又能兼顧整體地講述這個故事，我所能完成的部分跟現在相比，真的所剩無幾。我對他們的感激之情再怎麼強調也不為過。致我無名的數百個消息來源：謝謝，謝謝，再謝謝。

特別感謝本書末尾的四個來源，他們幫助我解決了加密貨幣領域最大的謎團之一。你們知道我說的是誰。尤其是最後那兩位至關重要的人：從現在到臨終，願你每晚睡覺時，宇宙會特別為你灑下格外美妙的仙塵。

我懷著萬分感激之情，感謝我的經紀人柯比·金（Kirby Kim），他為我做了許多工作——以一貫優雅和沈著面對一切。柯比，你是作家夢寐以求最

好的治療師／談判者／支持者。我從第一天起就覺得我的職業生涯掌握在我可以信任的人手中，不論事情變得不確定或是機會來臨時，我都由衷感謝。謝謝你相信我。

致我的編輯班‧亞當斯（Ben Adams）：我極為感謝你在上次熊市低谷期間，拉了我一把，還給了我寫這本加密書籍的機會。從我第一次與你交談的那一刻起，就知道我們會合作愉快，我很感激你以明智和堅定的觀點來指導這本書。感謝你在初稿之後一直陪伴著我，並將這個零散的故事塑造成強有力的陳述。

致我的事實查核員班‧卡林（Ben Kalin）：對於你，我只有深深的感激和敬畏，因為你接下了對你而言有史以來最艱難的工作。感謝你在1個月內學習區塊鏈技術，幫助我精雕細琢每個動詞和屬性的用字遣詞，以及熬夜檢查纖毫細節。我一直覺得你是我的後盾，在壓力最大的最後幾個月裡給了我許多平靜和安慰。

感謝我的生產編輯蜜雪兒‧威爾士—霍斯特（Michelle Welsh-Horst），感謝你讓一切正常運行，即使在我誤點時也能理解我。我很欣賞你在最後截稿期限冷靜而合宜的作法。

致我的文字加工編輯珍妮弗‧凱蘭德（Jennifer Kelland）：感謝你極其注重細節，而且這麼專業。即使幾近是完稿還一團亂，我也從不懷疑到了付梓時，一切都會很完美。致我的有聲書製作人凱瑟琳‧凱洛（Kathryn Carroll）：非常感謝你讓我說我自己的書，因為我知道不是每個作者都有機會這麼做。同時感謝有聲書導演皮特‧羅漢（Pete Rohan），和你一起工作是如此有趣，感謝你忍受我出錯，並願意隨時讓我重新錄製。

非常感謝PublicAffairs出版公司的行銷和宣傳團隊：感謝米格爾‧塞凡提斯三世（Miguel Cervantes III）提供許多優異的行銷竅門，並且耐心完善漸

層上的每一個像素；感謝皮特・格塞歐（Pete Garceau），為我設計華麗的封面；還有喬海娜・狄克森（Johanna Dickson），感謝她迅速而愉快地把這本書的消息宣傳到所有對的地方，並處理許多陸續收到的媒體詢問。我還要向設計師崔許・威金森（Trish Wilkinson）、校對員蘿麗・路易斯（Lori Lewis）和製作索引的珍・迪巴碧兒（Jean deBarbieri），抱以熱烈的掌聲。

致我親愛的朋友和初稿讀者們：蜜雪兒（Michelle）、盧班（Ruben）、雪莉（Shirley）、瑪蒂亞斯（Matthias）和陶辛（Tosin），感謝你們閱讀未臻完善的作品並給我有用的反饋，使我能夠讓非加密貨幣讀者更易於閱讀這本書。我永遠愛你們，迫不及待地想見到你們每一個人。

多謝我的《富比士》編輯珍妮特・諾瓦克（Janet Novack）和馬修・施弗林（Matt Schifrin），多年來一直給予我大力支持。我從你們那裡學到很多報導和寫作技巧，如果這本書有什麼優點，大部分都是因為你們慷慨地傳授了專業知識。

致我多位其他的寫作老師，有些認識我、有些並不認識我，包括大衛・霍克曼（David Hochman）、勞拉・希倫布蘭德（Laura Hillenbrand）、伊莉莎白・吉爾伯特（Elizabeth Gilbert）、強納生・威諾（Jonathan Weiner）、尼古拉斯・萊曼（Nicholas Lemann）和艾文・科諾（Evan Cornog），以及我的人生老師德格尼特（Deganit）、索尼婭（Sonia），瑪麗（Marie）和凱瑟琳（Catherine），感謝你們的指導和啟發。

致我分散在全球各地的部落家族——史上最佳夥伴家族（尤其是梅吉〔Megy〕，我在過去幾個月裡的責任夥伴）、發光的法老家族（金色太陽給我的光明夥伴莎拉〔Sarah〕，閃閃發光的宇宙之愛給珍妮〔Jenny〕、塔希拉〔Tahira〕、貝基〔Becky〕和克里斯托〔Crystal〕，在最後幾週裡，他們都給了我很大的幫助），以及各種社交粘合家族（尤其是布雷〔Bourree〕，他把

我介紹給了柯比），還有我的畫師家族（特別感謝南西〔Nancy〕）——非常感謝你們所有人的支持。我喜歡可以依靠你們的感覺。

衷心感謝所有幫助我製作podcast／影片的人——克里斯·克蘭（Chris Curran）、安東尼·尹（Anthony Yoon）、丹尼爾·納斯（Daniel Nuss）、馬克·蒙達克（Mark Murdock）、伊蓮·那比（Elaine Zelby）、喬許·德罕（Josh Durham）、沙尚克·凡卡特（Shashank Venkat）、鮑西·貝克（Bossi Baker）、雷蘭·古拉帕利（Raelene Gullapalli）、辛西婭·荷蓮（Cynthia Hellen）和史蒂芬妮·布萊爾（Stephanie Bleyer）——還有我的律師約翰·梅森（John Mason）。我很幸運我的團隊能有你們同在其中。

同樣地，我非常感謝多年來閱讀我的文章和／或收聽我的podcast，或觀看我的影片的每個人。當我在2015年痴迷於比特幣時，幾乎沒想過這種熱情會引導我到今天。

我也非常感謝多年來贊助我節目的大德們，真心感謝你們支持我個人、我的podcast和影片，還有謝謝我的節目Unchained的聽眾和觀眾們。

向線上協作平台Focusmate致敬，它對我寫這本書來說至關重要。

謝謝我的摯友們，他們忍受了我因為這本書而長期保持社交距離——遠在Covid-19疫情大流行之前——除了我的讀者，史黛西（Stacie）、湯姆（Tom）、貝基（Beckey）、漢德（Hande）、馬里亞納（Mariana）、葛蕾西拉（Graciela）、吉贊（Gizem）、凡妮莎（Vanessa）、潔西卡（Jessica）、奧爾登（Alden）、菲歐娜（Fiona）、丹尼爾（Daniel）和科琳（Colleen），你們都在我心中占有一席之地。

致我那非常酷、有創造力和勇敢的祖先們：儘管我們在地球上從未共同呼吸過，但幾十年來你們的人生故事一直激勵著我，希望我的工作能傳承你們的精神。

　　感謝我的姐姐梅麗莎（Melissa）、姐夫斯賓塞（Spencer）和外甥們，感謝你們在本書漫長的醞釀過程中對我的支持和款待，並傾聽我的心聲。

　　最重要的是，感謝我的父母是如此親切、不帶偏見、謙遜、善良的人。我真的是中了大獎，才能在這個家出生和長大，希望我所做的一切都讓你們倆感到驕傲。我非常非常愛你們。

年表

2011年

年初深冬	維塔利克・布特林開始接觸比特幣，為《比特幣週刊》寫文章
6月1日	部落格《高客》發表文章「一個地下網站可買任何想像得到的毒品」，比特幣價格在1週內從不到9美元飆升至近32美元
8月	布特林成為《比特幣雜誌》的撰稿作家

2012年

5月	《比特幣雜誌》創刊號出版 布特林高中畢業
9月	布特林就讀滑鐵盧大學

2013年

5月	布特林決定離開學校
8月	布特林決定展延離校的時間

9月	布特林和艾米爾‧塔奇待在米蘭的占領空屋1週
9月	布特林待在以色列4到6週；展示比特幣的「第二層」功能
10月初	比特幣在100美元初頭
11月初	比特幣在200美元初頭
11月4～8日	布特林在洛杉磯
11月8日～ 12月10日	布特林在舊金山
11月中	比特幣價格從400美元左右突破800美元 布特林在普雷西迪奧散步時，想到以太坊結構技術突破的方法
11月27日	布特林向朋友發送「以太坊白皮書」 比特幣價格首次突破1,000美元
12月10～11日	布特林和安東尼‧伊歐里歐出席 Inside Bitcoins 會議
12月19日	嘉文‧伍德寫信給布特林
12月25日	傑弗瑞‧威爾克和伍德開始編寫如何實作以太坊白皮書

2014年

1月1日	伊歐里歐的公司 Decentral 在多倫多開張
1月20～21日	以太坊小組抵達邁阿密
1月25～26日	比特幣邁阿密大會
2月中至2月底	威爾克、伍德和魯賓以聯合創辦人的身分加入（以太坊） （在3月5日的部落格中宣布）
3月1日	楚格全體成員搬進星艦
3月5日	以太坊 GmbH 在瑞士成立

4月初	伍德發布「以太坊黃皮書」
4月11～13日	比特幣博覽會在多倫多舉行
5月26日	斯蒂芬・圖爾和馬提斯・關努貝克在英國特威克納姆，而米海・阿利希、泰勒・格林、羅珊娜・蘇菈努和理察・斯托特在瑞士楚格透過Skype通話
5月31日～ 6月1日	布特林和伍德在維也納；接到圖爾和關努貝克的電話
6月3日	以太坊的權力遊戲日
7月9日	以太坊基金會成立
7月22日	眾籌開始
9月2日	眾籌截止
11月24～28日	年度以太坊開發者大會DevCon 0在柏林ETH Dev公司舉行

2015年

2月底至3月初	基金會會議；決定移除現任董事會成員並招募「專業董事會」
2至3月	凱莉・蓓可上任為ETH Dev UG營運長
6月12日	伊歐里歐被指控「挾持」一組用於存放以太坊基金會眾籌比特幣錢包的多重簽名密鑰
6月中	韋恩・海尼斯－巴雷特、拉斯・克勞維特和瓦迪姆・列維廷被引進董事會 陳敏受聘為執行董事
7月30日	以太坊網路啟動
約8月1～2日	陳敏指控列維廷
8月9日那週	圖爾試著讓布特林更改早期貢獻者的分配

8月10日	第一版MyEtherWallet建立
8月15日	以太坊基金會支付給早期貢獻者
8月16日	圖爾和布特林在Reddit爭論早期貢獻者的分配問題
8月18日	註冊MyEtherWallet的網域名稱
8月中至8月底	圖爾被解僱
8月22～23日	第一次以太坊基金會董事會
約9月2～7日	布特林、陳敏和迪特里奧一起待在多倫多的一間小屋
9月11日	迪特里奧、陳敏、布特林、魯賓、安德魯・齊斯和其他人在魯賓的ConsenSys公司會面討論DevCon 1事宜
9月28日	布特林在一篇部落格文章提及以太坊的錢快燒光了 幾位董事發出正式辭職信
11月9～13日	DevCon 1在倫敦舉行 克里斯托夫・彥區展示智慧鎖Slock；宣布DAO專案
11月底／12月初	伍德被解僱

2016年

1月24日	以太幣收盤價高於2美元
2月2日	以太核心發布一篇部落格文章，說明為什麼Parity是最快的以太坊客戶端軟體
2月11日	以太幣收盤價首度高於6美元
3月2日	The DAO在GitHub上架
3月13日	以太幣站上15.26美元的新高點；布特林對以太坊基金會第二年的情況感到滿意
4月中	陳敏在電話中質問Hyperledger的布萊恩・畢連朵夫
4月25日	宣告布特林、伍德，和以太坊基金會其他人為DAO的監護人

4月26日	宣布成立DAO.link
4月29日	Slock.it向The DAO提出第一個提案 泰勒凡歐登的未婚夫凱文以丟硬幣的方式選擇DAO合約
4月30日	The DAO眾籌（「創建時期」）啟動
5月13日	伍德辭去The DAO的監護人
5月14日	誤判DAO代幣價格上漲時機
5月24日	Coinbase加密貨幣交易所的聯合創辦人在部落格貼文：「以太坊走在數位貨幣的前端。」
5月25日	Slock.it提出第一個DAO安全提案
5月27日	艾敏·古恩·西拉鞠和論文共同作者呼籲暫停The DAO
5月28日	DAO眾籌結束／DAO創建成立
6月5日	克里斯帝安·賴特維斯納發現利用重入漏洞的方法，警告其他開發人員
6月9日	彼得·維塞內斯發表一篇有關重入攻擊的部落格文章
6月10日	賴特維斯納也在部落格發帖討論重入攻擊
6月11日	布特林在推特推文說自從安全性新聞報導後，他已經持續買入DAO代幣
6月12日	圖爾在部落格發帖說「DAO資金沒有危險」
6月14日	02:52UTC　變成暗DAO的子DAO第59號已經清空 11:42UTC　DAO攻擊者開始在ShapeShift交易所，經由多筆交易，把比特幣轉成DAO代幣和以太幣（持續至6月16日為止）
6月15日	4:26UTC　DAO攻擊者為第59號提案投下贊成票

6月17日	DAO市值達到2.5億美元 03:34UTC　DAO攻擊者開始在The DAO展開重入攻擊 12:27UTC　攻擊者停止吸取資金 格雷戈里・麥斯威爾給布特林發電子郵件,「不要當一個貪婪的白痴」 那天晚上,開發人員後來打電話給羅賓漢團隊,考慮攻擊The DAO;艾力克斯・范德桑德的網路斷線 以太幣交易量最高的一天
6月18日	10:21UTC　自稱是DAO攻擊者的人發表一封公開信,說明 　　　　　他或她如何「合法正當地獲得3,641,694枚以太 　　　　　幣」 彥區在部落格發表文章,列出各種應對選項 羅賓漢團隊電話討論嘗試拯救The DAO
6月19日	萊弗特里斯・卡拉佩澤斯在部落格發表文章,解釋彥區所列的選項
6月21日	模仿攻擊開始;羅賓漢團隊拯救了720萬枚以太幣
6月22日	卡拉佩澤斯在部落格發另一帖文,詳細解釋軟分叉和硬分叉是如何作用 RHG意識到白帽DAO中存在「可疑的惡意行為者」
6月23日	比特幣瑞士銀行在Reddit貼出一封來自可疑的惡意行為者的信
6月24日	彼得・希拉吉貼出Geth和Parity客戶端的軟分叉版本 發現DoS阻斷服務攻擊對軟分叉的影響 軟分叉取消
7月初至7月中	RHG在各種迷你暗DAO進行「DAO戰爭」(重入攻擊／救援),確保DAO攻擊者和模仿者都無法套現 調查DAO攻擊者身分的Polo員工認為他可能對罪犯掌握很好的線索

7月7日	彥區發表部落格文章，列出有關硬分叉留下的問題，包括如何處理額外餘額
7月9日	圖爾發表部落格文章「為什麼DAO強盜很可能在7月14日或之後歸還以太幣」
7月10日	創建經典以太坊的GitHub頁面
7月11日	RHG在監護人多重簽名中將暗DAO地址列入白名單，希望DAO攻擊者將抽走的資金發送到那裡
7月16日	CarbonVote顯示有87％贊成硬分叉
7月17日	布特林發表部落格文章，解釋硬分叉如何發生
7月20日	以太坊執行硬分叉 胖手指在硬分叉之後意外送出38,383枚以太幣到The DAO
7月21日	在BitcoinTalk論壇上，有人出價購買「經典以太幣」 Kraken交易員向彥區發信詢問想購買他的經典以太幣 麥斯威爾向布特林發信表示，要用比特幣買他的經典以太幣
7月23日	DAO攻擊者把暗DAO裡的經典以太幣送到孫DAO中 以太坊基金會開發人員在內部Skype聊天群組中抨擊經典以太鏈
7月24日	Poloniex交易所掛牌經典以太幣 以太坊基金會開發人員繼續在內部Skype聊天中挪揄經典以太鏈；對話截圖被發布到Reddit
7月25日	西爾伯特在推特推文，說他買了經典以太幣 Genesis開始提供經典以太幣的店頭交易
7月26日	Bittrex和Kraken兩家交易所掛牌經典以太幣 經典以太幣：以太幣雜湊算力比從東部夏令時間（Eastern Daylight Time，EDT）早上的6：94到傍晚的17.5：82.5

7月27日	BTC-e 交易所在部落格發布文章，稱其大部分經典以太幣已被其用戶發送到 Polo 交易所 麥斯威爾再次發電子郵件給布特林，重提收購經典以太幣
7月28日	白帽團隊從 The DAO 中救出胖手指全數的錢，一 Wei 不少
8月1日	經典以太幣價格攀升；以太幣價格下跌 布特林推文：「我100%是在以太坊工作。」
8月2日	以太幣跌至8.20美元，而經典以太幣躍升至3.53美元新高，占以太幣市值的43% Bitfinex 交易所被駭；加密市場暴跌14%
8月5日	白帽團隊開始飛到瑞士紐沙提勒，準備返還經典以太幣
8月6日	（白帽團隊）與比特幣瑞士銀行通話
8月7～8日	白帽團隊決定用以太幣而非經典以太幣退款
8月8日	白帽團隊收到第一封來自博格・新格曼律師事務所的法律威脅信函 部落格文章發表「胖協定」論點
8月9日	白帽／Bity 將經典以太幣存入交易所；Polo 上的存款被擋下，最終允許存入，然後在 Polo 上被阻止交易
8月10日	第二個鯨魚大戶透過電話要求返還經典以太幣，而非以太幣
8月11日	白帽團隊收到從 MME 法律顧問公司的第二封法律威脅信函，要求立即以經典以太幣的方式退款
8月12日	白帽團隊宣布以經典以太幣方式返還資金
8月16日	WhalePanda 發表部落格文章：「以太坊：騙子和小偷之鏈」
8月18日	圖爾發表道歉的部落格貼文
8月26日	Bity 貼上並宣布將部署修正過的經典以太幣退款合約
8月30日	Bity／白帽團隊布署經典以太幣退款合約
8月31日	Polo 和 Kraken 兩交易所將白帽經典以太幣存入退款合約

9月6日	最後一筆白帽經典以太幣存入退款合約 假定的DAO攻擊者將孫暗DAO內的經典以太幣轉移到他或她的主帳戶 0x5e8f
9月15日	在以太坊上的額外餘額退款合約已存入資金
9月19日	DevCon 2在上海舉行 對以太鏈的DoS攻擊開始
10月	Poloniex員工發現公司有新加入的合夥人 今年秋天的某個時間點，茱兒‧金不情願地給強尼‧賈西亞比特幣紅利 據稱在2016年中後期的某個時候，茱兒和麥克‧迪瑪帕勒斯原本反對，最終默許為Polo添購雙因素認證系統
10月18日	橙哨硬分叉
10月25日	以太坊亞太有限公司在新加坡註冊成立 DAO攻擊者開始將經典以太幣轉到ShapeShift交易所
11月10日	Golem ICO
11月22日	假龍硬分叉
12月	據稱，茱兒和迪瑪帕勒斯反對為Poloniex添購身分驗證計畫，該計畫能讓交易所遵守美國對伊朗的制裁；最終在2017年上半年默許

2017年

1月	早期的Poloniex員工簽署公司股權的選擇權合約，儘管直到4月才得到董事會的批准
1月25日	以太坊基金會申請「Enterprise Ethereum」和「Enterprise Ethereum Alliance」商標

1月31日	1月份9起ICO，總共籌得將近6,700萬美元 MyEtherWallet 1月份造訪數達到10萬次 全球每週加密貨幣交易量達到約10億美元
1月／2月	威爾克崩潰
2月27日	企業以太坊聯盟（EEA）宣布成立 自DAO攻擊以來，以太幣價格首次突破15美元 以太坊基金會沒有續約格林
2月28日	2月份8起ICO共籌集超過7,300萬美元 MyEtherWallet 2月份造訪數達到15萬次
春季	Poloniex老闆開始尋找買家
3月11日	以太幣首次收在20美元以上
3月24日	以太幣首次收在50美元以上
3月31日	3月份的6起ICO籌集2,200萬美元 MyEtherWallet 3月份造訪數達到30萬次 全球每週加密貨幣交易量超過30億美元
4月24日	Gnosis ICO結束
4月27日	陳敏對「志願者」專案經理感到不滿
4月30日	4月份13起ICO籌集8,550萬美元 MyEtherWallet 4月份造訪數達到386,000次
5月4日	以太幣收盤價略低於97美元 在Skype聊天對話中，陳敏表示希望在以太坊域名系統上購買與EEA相關的域名
5月22日	以太幣收盤價高於174美元 2017年共識大會開始
5月23日	美國證交會「加密沙皇」（crypto czar）法拉莉‧史古潘尼克第一次發表她個人對ICO的看法

5月25日	代幣高峰會
5月26～27日	以太坊基金會延遲付款給瑞士的ETH DEV UG
5月30日	以太幣在24小時內的交易量首度超越比特幣 以太幣收盤價略低於232美元
5月31日	BAT ICO在24小時內從210位買家籌集近3,600萬美元 5月份22起ICO總共籌集2.29億美元 MyEtherWallet 5月份造訪數達到100萬次
6月	安全問題──詐騙、網路釣魚、駭客攻擊──接踵而至 Poloniex有時每週交易量達到50億美元
6月10日	以太幣收盤價略低於338美元
6月12日	Bancor ICO籌集1.53億美元 以太幣收盤價高於401美元
6月14日	蓓可、陳敏和帕特里克‧斯托徹內格會面；蓓可辭職
6月中～7月中	其他ETH Dev人員─財務長弗里喬夫‧韋納特，和辦公室 經理克里斯帝安‧弗梅爾也離職
6月20日	Status ICO
6月25日	4chan網站貼文宣稱布特林死亡 以太幣下跌，收盤高於303美元
6月26日	EOS啟動為期1年的ICO
6月30日	6月份31起ICO籌集近6.19億美元 MyEtherWallet 6月份造訪量達270萬次
7月1～13日	Tezos ICO籌集2.32億美元
7月11日	以太幣下跌，收盤低於198美元
7月13～19日	布特林告訴哈德森‧詹姆森，他想要陳敏離職
7月16日	以太幣收盤高於157美元

7月18日	CoinDash網站遭駭
7月19日	第一次Parity多重簽名被駭
7月25日	美國證交會公布DAO調查報告 7月份35起ICO籌集超過5.55億美元 MyEtherWallet 7月份造訪數達260萬次
8月初	以太坊網路上交易數量開始持續超過比特幣網路
8月10日	伊歐里歐寄出法律信函給布特林、陳敏和赫伯特・史特奇 伍德在推特推文給布特林，說如果沒有布特林，他不可能建構出以太坊
8月31日	8月份41起ICO籌集近4.38億美元 MyEtherWallet 8月份造訪數達310萬次
9月	Polo每週交易量峰值從50億美元降至40億美元
9月11日	Polo聘用來自富達投資公司的交易員和來自桑坦德銀行的資深副總裁
9月30日	9月份62起ICO籌集近5.33億美元 MyEtherWallet 9月份造訪數達350萬次
10月27日	Polkadot ICO籌集超過1.4億美元
10月27日～ 11月1日	推測被devops199控制的帳戶似乎在進行滲透測試，疑似尋找合約漏洞
10月31日	10月份80起ICO籌集超過30億美元 MyEtherWallet 10月份造訪數達350萬次
11月1～4日	DevCon 3在墨西哥康昆舉行
11月4日	ConsenSys電子郵件串連「陳敏必須離開」開始
11月5日	Polychain投資組合公司進行迷幻藥儀式
11月6日	第二次Parity多重簽名受攻擊；資金被devops199凍結
11月8日	比特幣網路取消硬分叉

11月14日	布特林在電話上解僱陳敏
11月15日	我發信詢問陳敏是否已經被解僱
11月16日	陳敏在Skype貼文要「澄清謠言」
11月23日	《謎戀貓》遊戲發行
11月30日	11月份84起ICO籌集近10億美元 MyEtherWallet 11月份造訪數達460萬次
12月初	陳敏，布特林和迪特里奧在香港碰面
12月17日	比特幣達到歷史新高的2萬美元
12月底至 隔年1月	布特林、宮口彩和布特林的朋友在泰國渡假
12月31日	12月份90起ICO籌集13億美元 MyEtherWallet 12月份造訪數達770萬次

2018年

1月1日	布特林的朋友說服他加快讓陳敏離任的行動
1月4日	以太幣突破1,000美元，來到稍高於1,045美元
1月7日	以太幣成交於1,153美元
1月8日	以太幣成交價略低於1,267美元
1月9日	以太幣逼近1,321美元 約在此時，布特林賣掉基金會的7萬枚以太幣
1月10日	以太幣達到1,417美元
1月13日	以太幣站上歷史新高超過1,432美元 《紐約時報》發表「每個人都變得超級富有，只有你沒有」
1月20日	布特林和董事會在舊金山最後確認陳敏離職、宮口彩接任執行董事

1月底	Polo員工被告知Circle將收購Polo
1月31日	1月份79起ICO籌集12.8億美元 MyEtherWallet 1月份造訪數達1,000萬次 陳敏在以太坊部落格貼文說再見 任命宮口彩為執行董事

中英術語／詞彙對照

51% attack	51%攻擊	也稱作多數人攻擊，是一種對區塊鏈的攻擊型式，其中一個實體或多個協同合作實體試圖藉由掌握超過半數以上的採礦權以接管網路
2FA	雙重認證	詳見two-factor authentication「雙因素認證」
account (address)	帳戶（又名地址、位址）	可以接收、持有和發送以太幣的實體；可由擁有私鑰的人或智能合約擁有
address	地址	詳見account「帳戶」
alt-coins	山寨幣、競爭幣	只需調整幾個參數後，任何類似於比特幣的加密貨幣；也被用於貶義指稱任何不是比特幣的加密貨幣，經常被比特幣極端主義者稱為「垃圾幣」（shitcoin）
asset	資產	任何產生經濟價值的事物
Bitcoin（大寫）	比特幣網路	第一個區塊鏈；點對點電子現金網路系統，於其上執行程式，產生第一個無需中介媒體即可轉移的加密貨幣：比特幣

bitcoin（小寫）	比特幣	第一個加密貨幣，比特幣網路原生的數位資產，供應量2,100萬，賦予數位黃金的特徵
Bity		一家位於瑞士紐沙提勒的加密貨幣交易所，幫助過Slock.it組建一個瑞士法人實體，因而可以從DAO收取款項，並幫助白帽團隊試圖將經典以太幣從DAO返還給DAO代幣的持有者
block explorer		區塊瀏覽器
blockchain	區塊鏈	加密網路上以分散式、去中心化的方法，記錄所有交易時間戳記的歷史分類帳；帳本的副本保存在全球電腦網路上；它被視為有時間戳記的交易之黃金副本，可以取代通常負責執行交易的中介媒體
BTC		比特幣在加密貨幣交易所的代碼
carbonvote		一種利用區塊鏈投票的方法，不需要投票者發送代幣，而是發送投票者錢包內代幣數量的紀錄；最終它比對發送到「同意」地址的錢包內代幣總量，與發送到「不同意」地址的錢包內代幣總量
chain split	鏈分裂	詳見hard fork「硬分叉」
child DAO	子DAO	從上層父DAO發送代幣而創建的新DAO實體
client, software	客戶端軟體	將用戶的電腦連接到服務的軟體，類似桌面應用程式；以以太坊為例，幫助個人用戶執行或連接到以太坊網路的軟體

CME	芝加哥商品交易所	交易期貨、選擇權
coin	硬幣	加密貨幣或代幣的另一種說法
CoinMarketCap		一個提供加密貨幣市值排名等資訊的熱門網站
cold storage	冷儲	把私鑰放在沒有網路連結的地方，為最安全儲存加密貨幣的方式
consensus（小寫）	共識	區塊鏈的期望狀態，其中所有節點都同意分類帳的狀態以及應該以什麼順序來包含哪些交易
Consensus（大寫）	區塊鏈共識大會	最大型的區塊鏈會議，每年在紐約市由以加密貨幣為重點的新聞網站 CoinDesk 舉辦
ConsenSys		由喬‧魯賓創立、總部設於紐約布魯克林的軟體公司，主要開發以太坊平台上的基礎設施工具，並試圖在以太坊上培植去中心化的應用程式
cryptocurrency	加密貨幣	一種由區塊鏈產生的數位資產，具有高度可替代性、分割性和流動性，並且能夠追蹤其移轉過程，除非該鏈具有內建的隱私功能
cryptoeconomics (tokenomics)	加密經濟學（又名代幣經濟學）	一種賽局理論，為了能讓去中心化的加密網路保持活力，它為加密網路中的不同參與者提供獎勵，使其願意為網路提供服務，而無需任何公司居中僱用員工、賦予特定的職責

curator, DAO	DAO策展人	審查向DAO提交以英語書寫的文字提案是否與提交的程式碼匹配之角色，如果提案獲得批准，會檢查用於接收資金的以太坊地址是否屬於訂約人
cypherpunk	密碼龐克	提倡強大的加密和隱私保護技術的人或精神，通常是為了逃避政府的偵查監管或推動社會政治變革
DAO	去中心化自治組織	decentralized autonomous organization的縮寫，以區塊鏈上投票管理的組織
The DAO		由Slock.it建立的去中心化創投／風險基金，旨在讓其代幣持有者決定將其資金分配給哪些提案
dapp (decentralized application)	去中心化應用程式	在沒有中介情況下建立於區塊鏈上的任何應用程式，類比於中心內的一家公司，招聘所有角色以提供所有服務；不過它有內建的激勵措施，通常涉及其原生代幣，以吸引個人和實體在網路上提供這些服務
Dark DAO（另見 mini Dark DAO）	暗DAO	第59號子DAO；DAO攻擊者用來吸走364萬以太幣的子DAO
Decentral		由安東尼·伊歐里歐在多倫多創立的區塊鏈／去中心化應用社群中心和聯合辦公空間
DevCon		年度以太坊開發者大會
difficulty	困難度	一種方法以保持加密貨幣挖礦演算法對礦工的競爭力，這樣礦工將以制定的平均間隔找到區塊，例如比特幣10分鐘或以太坊12到15秒

DoS attack	阻斷服務攻擊	一種以發送垃圾訊息或超出其處理能力的請求，因而癱瘓公司或區塊鏈的攻擊方式
early contributors	早期貢獻者	眾籌之前在以太坊工作的人
East Asia Pacific Ltd.	東亞太股份有限公司	是布特林在瑞士創建的一個商業公司，旨在擺脫以太坊前執行長陳敏的束縛；它被用來支付他團隊研究人員的薪資（譯註：East疑應為Ethereum，瑞士亦疑為錯植，應為新加坡，此條目應為以太坊亞太有限公司）
EEA	企業以太坊聯盟	Enterprise Ethereum Alliance的縮寫，促進商業公司使用以太坊的商業組織
EF	以太坊基金會	詳見Ethereum Foundation「以太坊基金會」
EIP	以太坊改進提案	Ethereum Improvement Proposal的縮寫，用於改進與以太坊網路相關事物的技術建議，例如特定類型合約的協議、客戶端或標準
ERC-20 token	ERC-20代幣	遵循以太坊上新代幣標準所創建的代幣。之所以這麼稱呼，是因為它是在名為「以太坊徵求意見」（Ethereum Request for Comments）的討論區上發布的第20篇所討論的主題
ETC		經典以太幣（Ether Classic）在加密貨幣交易所的代號
ETH		以太幣（ether）在加密貨幣交易所的代號

ETH Dev		由嘉文·伍德在柏林創立的德國商業公司（UG）；在眾籌之後，它聘請大量的開發人員建構協議和C++客戶端使用軟體
Ethcore（另見Parity）	以太核心	是嘉文·伍德在離開以太坊基金會時創立的新創公司，現在改名為Parity
Ethereum Foundation (EF / Stiftung Ethereum)	以太坊基金會（又名EF或Stiftung Ethereum）	總部位於瑞士的非營利組織，負責管理以太坊協議的開發
Ethereum GmbH		以太坊最早在瑞士註冊的商業公司；即使在創辦人決定為非營利的架構後，該公司仍持有眾籌，然後在網路啟動後被清算
Etherscan		一個熱門的「區塊瀏覽器」，或指提供以太坊區塊鏈數據的網站
exchange	交易所	一種商業組織，使其客戶能夠將一種資產換成另一種資產，例如將比特幣換成以太幣
Extra Balance	額外餘額	The DAO的眾籌價格從上半期的1枚以太幣：100枚DAO代幣，增加到下半期的1.05至1.5枚以太幣：100枚DAO代幣後，後半期的人所額外支付給DAO組織購買DAO代幣的差額
fiat currency	法定貨幣、法幣	政府透過法令發行的貨幣，沒有黃金等任何東西支撐

fiduciary members	受託人	以太坊聯合創辦人中的一群人，他們也將承擔財務責任
FUD		恐懼（fear）、不確定（uncertainty）、懷疑（doubt）。通常用於駁斥對加密貨幣的批評為不正確的，但有時用於描述由競爭代幣對手的粉絲所煽動，關於加密貨幣的不實批評
Game of Thrones Day	權力遊戲日	以太坊領導階層移除查爾斯‧霍斯金森和阿米爾‧謝特里特的那一天
gas	燃料費	在以太坊去中心化的電腦上處理交易或執行計算所支付的費用
Geth		以Go程式語言所開發的以太坊客戶端軟體
GitHub		透過Git進行版本控制代管軟體原始碼的服務平台
GmbH		德語的有限責任公司
GPU	圖形處理單元	graphics processing unit，一種來自遊戲電腦的（影像處理）晶片，比一般電腦的中央處理單元（CPU）更強大，使其成為一種更有效率和更賺錢的加密貨幣開採方式（儘管不是最有效率和最賺錢的）

hard fork	硬分叉	對加密網路非向後兼容的軟體升級；通常指的是「有爭議的」硬分叉，其中加密網路上的一部分節點進行升級，而另一部分節點不進行升級。這會導致升級的節點創建一個與運行原始軟體的節點分開的區塊鏈，從而導致兩種加密貨幣共享在分叉之前的歷史紀錄（如果全網同時升級，是無爭議的硬分叉，大家都在同一個區塊鏈上，硬分叉不會產生第二條區塊鏈和第二種加密貨幣）
hash	雜湊	一串固定長度的數字和字母，是給定一段數據為參數，經由加密函數運算產生，即使只更改數據中的一個標點符號也會導致完全不同的雜湊結果；可用於唯一標識如區塊鏈交易或地址等事物
hashrate	雜湊率、雜湊算力	一種衡量區塊鏈上計算能力和安全性的方法，以及任何礦工或採礦設備的效率；從技術層面來說，這是區塊鏈礦工每秒創建新的雜湊或進行必要計算以贏得軟體鑄造加密貨幣的速率
holon	合攏空間	生活起居與工作場所合而為一的空間
hot wallet	熱錢包	私鑰在線上的錢包，因其與網路相連，更容易受到駭客攻擊、網路釣魚和盜竊的風險
Howey test	豪威測試	美國證券交易委員會用來確定投資合約是否為證券發行的測試
Hyperledger		是由Linux基金會主辦的企業區塊鏈開放原始碼社群

ICO	首次代幣發行	initial coin offering，新代幣的眾籌，通常以換取加密貨幣，為新區塊鏈的開發提供資金，並將代幣分發給大量投資人，以便在網路中成為種子，激勵用戶拉攏更多人加入，從而看到他們的代幣價值上揚
Immutability	不變性	區塊鏈應該是自身不會變化或不可被竄改的原則
Key	密鑰	詳見 private key「私鑰」
KYC (know-your-customer) process	KYC（認識你的客戶）流程	一種遵循金融法規的身分驗證流程
Mailinator		提供臨時、公共、一次性、匿名電子信箱的服務
maximalist	極端主義者	只相信一種加密貨幣的人；最常用於描述鐵桿比特幣主義者（即「比特幣極端主義者」，Bitcoin maximalist），但也偶爾用於描述其他加密貨幣的鐵粉（例如，「以太幣極端主義者」，Ethereum maximalist）
miner	礦工	執行加密貨幣軟體的人，一般在專用設備上執行，以賺取軟體鑄造的新代幣，通常作為他們參與的副產品，同時也為網路帶來好處，例如安全性
mini Dark DAOs	迷你暗 DAO	模仿原始 DAO 攻擊者，將其資金吸走的子 DAO
mining	挖礦	試圖贏得在區塊鏈上鑄造新加密貨幣的作為，過程中也會導致分類帳添記新交易

mint	鑄幣	創造新的加密資產或貨幣
multisig	多重簽名	一種為增強安全性的加密錢包形式，需要多個可以簽名中的一部分，例如三分之二或五分之三，才能執行交易
MyEtherWallet (MEW)	MyEtherWallet（又名MEW）	一個網站，使人們能夠透過簡單的按鈕，直接與以太坊區塊鏈進行互動，又不需要他們將其代幣的控制權交給任何一家公司
Nakamoto, Satoshi	中本聰	比特幣的匿名創造者
node	節點	指幫助執行加密貨幣或資產程式的電腦，通常是維護其區塊鏈的副本
Parity	用Rust語言的以太坊軟體客戶端	伍德在離開以太坊基金會後創立的公司名字（最初稱為以太核心），該公司創建了基於以太坊的軟體和產品，例如多重簽名錢包，後來又開發了自己的區塊鏈：波卡（Polkadot）
phish	網路釣魚	一種駭客攻擊手法，讓受害者向駭客提供密碼
Polkadot		伍德／Parity提出的去中心化網路；其ICO籌集了1.45億美元，但此後不久，9,500萬美元被凍結
Poloniex（Polo）		熱門的山寨幣加密貨幣交易所，很長一段時間一直是交易以太幣的最佳交易所
pre-mining	預挖礦	在向公眾發布之前預挖新幣，以分配一些新幣給創造者或早期投資人作為獎勵

private key	私鑰	數字和字母的加密字符串，使人們能夠從特定的公共地址發送加密貨幣（加密連接的「公鑰／私鑰對」中的另一半）
protocol	協定、協議	為執行特定類型網路的電腦所制定的一套規則；在比特幣區塊鏈中，則是處理比特幣交易的規則；在以太坊中，乃指執行去中心化應用程式的規則
public key/address	公鑰／地址	數字和字母的加密字符串，可作為地址用途，只要有人擁有匹配的私鑰（加密連接的「公鑰／私鑰對」中的另一半），就可以在其中接收資金
recursive call (re-entrancy attack)	遞迴呼叫（又名重入攻擊）	在DAO中使用的一種攻擊類型，它利用交易執行過程中的不良函式呼叫序列，例如提款，使攻擊者能夠在餘額更新以反映先前提款之前，再次提款
re-entrancy attack	重入攻擊	詳見recursive call「遞迴呼叫」
replay attack	重放攻擊	在沒有重放保護的有爭議硬分叉之後可能發生的一種攻擊，導致其中有人在不知情的情況下，進行他們原本無意發送代幣的交易
replay protection	重放保護	在硬分叉時，要拆分為具有共享歷史的兩條鏈時之步驟；當用戶打算在一條鏈上發送代幣，它會阻止用戶向兩條鏈上同時發送代幣，如果不同的資產位於具有相同身分標識的地址中，則會發生這種情況

Reward Contract/ reward	獎勵合約／獎勵	DAO中的合約，即使簽約人已離開DAO，該合約仍將支付簽約人先前任何投資所獲得的未來收入
Robin Hood Group (RHG)	羅賓漢小組	白帽駭客（White Hat hackers），在最初的364萬美元被提領後，搶救了DAO中剩餘的以太幣
Securities and Exchange Commission	美國證券交易委員會	執行證券法和監管交易所的聯邦機構
service providers (The DAO)	服務提供商	The DAO聘請的承包商，提供創建和銷售產品與服務，用以回報投資給DAO代幣持有者
ShapeShift		一家加密貨幣對加密貨幣的交易所，不持有客戶的代幣，也不需要客戶開立帳戶或表明身分；對於交易，ShapeShift始終是交易對手，購買客戶想要交易的資產並賣回他或她想要的資產
Silk Road	絲路（網站）	第一個網路毒品市場，由於比特幣出現而成真，它使毒販無需使用傳統銀行系統就可以接受網路付款
Slock.it		是由克里斯托夫·彥區、西蒙·彥區和斯蒂芬·圖爾合創的新創公司，它試圖透過先建立一個去中心化的創投／風險基金來為自己提供資金，然後再提供資金給其他計畫
smart contract	智能合約	一種軟體程式，而非公司或其他中介者，它執行兩個交易方之間的協議條款

soft fork	軟分叉	加密貨幣協議中向後兼容的更新；它只會縮小可能的範圍，因此執行舊版軟體的節點，對由新版軟體製作出的區塊，仍將視為有效區塊
Solidity		一種用於編寫智能合約的程式語言
Spaceship	星艦	指以太坊一開始在瑞士中部楚格旁邊的小鎮巴爾所租的房屋
split DAO	分裂DAO	詳見child DAO「子DAO」
spoke (ConsenSys)	輻條	ConsenSys旗下的新創公司，由ConsenSys支付員工薪水
Stiftung	（德文）基金會（譯註：主要指非營利基金會）	目的是確保其資金按照基金設立的使命運用，由瑞士政府機構監督
token	代幣	特別指在ICO中發行的硬幣，通常是ERC-20代幣；這術語可以與加密貨幣互用
tokenomics	代幣經濟學	詳見cryptoeconomics「密碼經濟學」
transaction fees	交易費用	支付給加密貨幣礦工處理交易的費用；較高的交易費用會讓交易被挖掘的可能性更高、速度更快
two-factor authentication	雙因素認證	一種以要求兩種不相關的身份驗證方法，例如密碼和簡訊發送的代碼，達到保護線上帳戶的方法
tx		交易（transaction）的簡稱
UG		一種資本要求較低的德國有限責任公司

wallet	錢包	一種設備或軟體，可確保用戶的私鑰安全、與區塊鏈互動，並使用戶可以查看他們的餘額，也可以發送和接收資金
Whitehat DAO	白帽DAO	一個子DAO，羅賓漢團隊和白帽團隊用來將以太幣從主DAO取出後的暫存處，以便將來歸還給DAO代幣持有者
White Hat Group (WHG)	白帽團隊	在硬分叉後將以太幣和經典以太幣歸還給DAO代幣持有者的人
whitelist	白名單	確定為值得信賴的人或事物名單
yellow paper	黃皮書	由伍德撰寫的以太坊黃皮書，在技術層面上概述以太坊將如何運作

國家圖書館出版品預行編目(CIP)資料

加密風雲：那些不為人知的貪婪與謊言，和啟動新世界的推手與反
派/蘿拉・辛（Laura Shin）著；陳依亭、柯文敏譯. -- 初版. -- 臺北
市：商周出版：英屬蓋曼群島商家庭傳媒股份有限公司城邦分公司
發行, 民111.10
　　面；　公分 --（BA8033）
譯自：The Cryptopians: Idealism, Greed, Lies, and the Making of the
　　　First Big Cryptocurrency Craze
ISBN　978-626-318-440-4（平裝）

1. CST：電子貨幣　　2.CST: 金融史

561.09　　　　　　　　　　　　　　　111015405

莫若以明　BA8033

加密風雲

那些不為人知的貪婪與謊言，和啟動新世界的推手與反派

原 文 書 名／The Cryptopians
作　　　者／蘿拉・辛（Laura Shin）
譯　　　者／陳依亭、柯文敏
責 任 編 輯／陳冠豪
版　　　權／吳亭儀、林易萱、江欣瑜、顏慧儀
行 銷 業 務／周佑潔、華華、黃崇華、賴正祐、郭盈君

總　編　輯／陳美靜
總　經　理／彭之琬
事業群總經理／黃淑貞
發　行　人／何飛鵬
法 律 顧 問／台英國際商務法律事務所
出　　　版／商周出版
　　　　　　台北市中山區民生東路二段141號9樓
　　　　　　電話：(02)2500-7008　傳真：(02)2500-7759
　　　　　　E-mail：bwp.service@cite.com.tw
　　　　　　Blog：http://bwp25007008.pixnet.net/blog
發　　　行／英屬蓋曼群島商家庭傳媒股份有限公司城邦分公司
　　　　　　台北市中山區民生東路二段141號2樓
　　　　　　書虫客服務專線：(02)2500-7718・(02)2500-7719
　　　　　　24小時傳真服務：(02)2500-1990・(02)2500-1991
　　　　　　服務時間：週一至週五09:30-12:00・13:30-17L00
　　　　　　郵撥帳號：19863813　戶名：書虫股份有限公司
　　　　　　讀者服務信箱：service@readingclub.com.tw
　　　　　　歡迎光臨城邦讀書花園　網址：www.cite.com.tw
香港發行所／城邦（香港）出版集團有限公司
　　　　　　香港灣仔駱克道193號東超商業中心1樓
　　　　　　電話：(825)2508-6231　傳真：(852)2578-9337
　　　　　　E-mail：hkcite@biznetvigator.com
馬新發行所／城邦（馬新）出版集團【Cite (M) Sdn. Bhd.】
　　　　　　41, Jalan Radin Anum, Bandar Baru Sri Petaling,
　　　　　　57000 Kuala Lumpur, Malaysia.
　　　　　　電話：(603)9056-3833　傳真：(603)9057-6622
　　　　　　E-mail：services@cite.my

封 面 設 計／兒日設計　　　　內文排版／林婕瀅
印　　　刷／韋懋實業有限公司
經　銷　商／聯合發行股份有限公司　電話：(02)2917-8022　傳真：(02) 2911-0053
　　　　　　地址：新北市新店區寶橋路235巷6弄6號2樓

■ 2022年（民111年）10月初版

Printed in Taiwan

城邦讀書花園
www.cite.com.tw

定價／580元（紙本）　410元（EPUB）
ISBN：978-626-318-440-4（紙本）
ISBN：978-626-318-448-0（EPUB）

版權所有・翻印必究（Printed in Taiwan）